普通高等教育“十三五”规划教材

经管华信 创新系列

U0854659

Financial Accounting

金融会计学

魏永宏 编著

電子工業出版社
Publishing House of Electronics Industry
北京 · BEIJING

内 容 简 介

本书按照现代金融会计发展变革的线索与思路，立足于我国现实，以财政部2006年发布的《企业会计准则》《企业会计准则——应用指南》和2008年出版的《企业会计准则讲解》为基础编撰而成，全面、系统地阐述了金融会计学的基本理论和基本方法，并对商业银行、保险公司和证券公司等金融企业会计进行了全面的阐述。此外，随着基金和租赁等业务的快速发展，本书还较详细地介绍了基金管理公司、租赁公司等金融企业会计业务的核算，基本涵盖了金融领域各行业的会计核算，充分体现了系统性和全面性。

本书既可作为普通高等院校会计学、财务管理、金融学、金融工程等专业的教材，也可作为金融企业会计从业人员培训、自学及实务操作的参考用书。

图书在版编目 (CIP) 数据

金融会计学 / 魏永宏编著. —北京：电子工业出版社，2017.5
ISBN 978-7-121-31380-6

I. ①金…　II. ①魏…　III. ①金融会计　IV.①F830.42

中国版本图书馆 CIP 数据核字(2017)第 078276 号

策划编辑：王二华
责任编辑：王二华　　　　　特约编辑：侯学明
印　　刷：北京捷迅佳彩印刷有限公司
装　　订：北京捷迅佳彩印刷有限公司
出版发行：电子工业出版社
　　　　　北京市海淀区万寿路 173 信箱　　邮编：100036
开　　本：787×1 092　1/16　印张：19.25　　字数：500 千字
版　　次：2017 年 5 月第 1 版
印　　次：2019 年 3 月第 2 次印刷
定　　价：42.00 元

凡所购买电子工业出版社图书有缺损问题，请向购买书店调换。若书店售缺，请与本社发行部联系，联系及邮购电话：(010)88254888，88258888。

质量投诉请发邮件至 zlts@phei.com.cn，盗版侵权举报请发邮件至 dbqq@phei.com.cn。

本书咨询联系方式：(010) 88254532。

前　言

金融是我国经济发展的重要推动力。随着金融机构作用的日益提升，金融业务规模的迅速扩大，对金融企业的管理水平、竞争力提出了更高的挑战。作为对金融企业经济活动进行核算和反映的金融会计工作水平如何，将从根本上影响金融企业的竞争力。因此，做好会计工作、提升财务管理水平显得尤为迫切。“金融会计学”是我国普通高等院校会计学类和金融学类专业开设的主干课程之一，它主要阐述金融会计的核算方法。为了更好地适应我国金融实践与教学的需要，本书立足于我国现实，以财政部2006年发布的《企业会计准则》《企业会计准则——应用指南》和2008年出版的《企业会计准则讲解》为基础编撰而成。全面、系统地阐述了金融会计学的基本理论和基本方法，并对商业银行、保险公司和证券公司等金融企业会计进行了全面的阐述。此外，随着基金和租赁等业务的快速发展，本书还较详细地介绍了基金管理公司、租赁公司等金融企业会计业务的核算，基本涵盖了金融领域各行业的会计核算。在编撰过程中，笔者密切关注金融业务发展的最新动向，主要从四个方面，即金融会计核算基础知识、商业银行基本业务会计核算、非银行金融机构基本业务会计核算及财务会计报告，较为全面、及时地介绍了现行金融会计的基本核算及管理知识。

全书共13章。除第一章金融会计概论以外，第二章至第九章主要讲述了商业银行的具体会计核算，包括商业银行存款与贷款业务的核算、现金出纳业务与重要单证管理、支付结算业务的核算、银行往来与清算的核算、外汇业务的核算、内部财务的核算和财务会计报告；第十章至第十三章主要讲述了除商业银行以外的其他金融企业的会计核算，包括保险公司的会计核算、证券公司的会计核算、基金管理公司的会计核算和租赁公司的会计核算等。

本书的特点在于结构合理、内容新颖、重点突出、通俗易懂。根据金融企业的经营内容，本书针对不同行业分别进行了组织和划分，既包括商业银行的会计核算，也包括保险公司、证券公司、基金管理公司、租赁公司等的会计核算，基本涵盖了金融领域各行业的会计核算，充分体现了系统性和全面性。本书力求做到理论联系实际，内容务实新颖，体系划分合理，讲解规范到位。

本书既可作为普通高等院校会计学、财务管理、金融学、金融工程等专业的教材，也可作为金融企业会计从业人员培训、自学及实务操作的参考用书。

本书在撰写过程中参阅了国内外同行的优秀论著，并得到电子工业出版社的支持与帮助，在此一并致以诚挚的谢意！

由于编著者学术水平与经验有限，书中不妥、疏漏之处在所难免，希望广大读者批评指正。

魏永宏

2017年4月

目　录

第一章

金融会计概论

第一节　金融企业与金融会计

一、金融企业概述

随着我国市场经济制度建设的深入推进，我国已经拥有一个规模庞大、分工明确、种类繁多的金融机构体系，主要包括银行金融机构与非银行金融机构两大类。其中，银行金融机构居支配地位。

银行金融机构按照其各自在经济中的功能可划分为商业银行、中国人民银行、政策性银行三种类型。商业银行是办理各种存款、贷款和汇兑业务的银行，且是唯一能接受活期存款的银行。中国人民银行是我国的金融管理机构，被称为“发行的银行”“国家的银行”“银行的银行”。政策性银行是指由政府投资建立，按照国家宏观政策要求在限定的业务领域从事信贷融资业务的政策性金融机构。其业务经营目标是支持政府发展经济，促进社会全面进步，配合宏观经济调控，包括中国进出口银行、中国农业发展银行、国家开发银行等。现代银行制度中，商业银行居主导地位，因此本书以讲述商业银行的具体会计核算为主，同时兼顾非银行金融机构的会计核算。

非银行金融机构是我国整个金融体系重要的组成部分，其发展状况也是我国金融体系是否成熟的重要标志之一。非银行金融机构不以吸收存款作为其主要资金来源，而是以某种特殊方式吸收资金，并以某种特殊方式运用其资金，且从中获取利润。这类金融机构包括保险公司、证券公司、基金管理公司、租赁公司、信托公司、财务公司等。

商业银行与非银行金融机构的共同点表现在两者都是以某种方式吸收资金，又以某种方式运用资金，都具备金融企业的基本特点。其共同点具体表现在：①都以盈利为经营目的；②主要从事与货币资金运动有关的各项业务活动；③在经济运行中都发挥着融通资金的作用。商业银行和非银行金融机构也有着以下几点明显的区别：①吸收资金的方式不同，商业银行主要以吸收存款的方式吸收资金，而非银行金融机构则以其他方式吸收资金；②业务方式不同，商业银行的主要业务方式是存款和贷款，而非银行金融机构的业务方式则呈现出多样化，如保险公司主要从事保险业务，信托公司主要从事信托业务，租赁公司主要从事租赁业务，证券公司则主要从事投资业务等；③在业务中所处的地位不同，商业银行在其业务中，一方面是作为债务人的集中，另一方面是作为债权人的集中，而非银行金融机构则比较复杂，如保险公司主要是作为保险人，信托公司则主要是作为受托人，证券公司则多作为代理人和经纪人；④在金融领域中发挥的具体职能不同，商业银行主要发挥信用中介职能，而非银行金融机构则根据其业务不同而发挥不同的职能，如保险公司主要发挥社会保障职能，信托公司则主要发挥财产事务管理职能等。

商业银行和非银行金融机构都是我国金融机构体系的重要组成部分，它们共同为社会提供全面、完善的金融服务。商业银行在整个金融机构体系中居主导地位，而非银行金融机构的存在则丰富了金融业务，满足了我国现代市场经济的发展对金融的多样化需求。

二、金融会计的职能

会计职能是指会计客观具有的功能。金融会计是以货币为主要计量单位，反映和监督金融企业经济活动的一种经济管理工具。金融会计的职能是金融会计在经济管理过程中所具有的功能。经济越发展，会计越重要。随着社会经济的发展，会计职能也会有较大的发展。人们一般认为会计的基本职能包括会计核算和会计监督两个方面。这两项职能被明确写入《中华人民共和国会计法》，对会计工作的开展具有重要的指导性意义。

（一）会计核算职能

会计核算职能贯穿于经济活动的全过程，是金融会计最基本的职能，又称反映职能。它是指会计以货币为主要计量单位，对特定主体的经济活动进行确认、计量、记录和报告，为有关各方提供会计信息。

确认，是指运用特定会计方法、以文字和金额同时描述某一交易或事项，使其金额反映在特定主体财务报表的合计数中的会计程序。确认分为初始确认和后续确认。

计量，是指确定会计确认中用以描述某一交易或事项的金额的会计程序。

记录，是指对特定主体的经济活动采用一定的记账方法，在账簿中进行登记的会计程序。

报告，是指在确认、计量和记录的基础上，对特定主体的财务状况、经营成果和现金流量情况，以财务报表的形式向有关方面报告。

金融会计核算的内容具体表现为经营过程中的各种经济业务，包括：①款项和有价证券的收付；②财物的收发、增减和使用；③债权、债务的发生和结算；④资本、基金的增减和经费的收支；⑤收入、费用、成本的计算；⑥财务成果的计算和处理；⑦其他需要办理会计手续、进行会计核算的事项。会计核算的要求是真实、准确、完整、及时。

（二）会计监督职能

会计监督职能又称控制职能，是指对特定主体的经济活动和相关会计核算的合法性、合理性进行审查，即以一定的标准和要求利用会计所提供的信息对各单位的经济活动进行有效的指导、控制和调节，以达到预期的目的。金融会计监督的内容包括：①监督经济业务的真实性；②监督财务收支的合法性；③监督公共财产的完整性。金融会计监督分为事前监督、事中监督和事后监督。

金融会计监督职能要求会计人员在进行会计核算的同时，也要对特定主体经济业务的合法性、合理性进行审查。合法性审查是指保证各项经济业务符合国家相关法律法规的规定，遵守财经纪律，执行国家有关方针政策，杜绝违法乱纪行为。合理性审查是指检查各项财务收支是否符合特定主体的财务收支计划、是否有利于预算目标的实现、是否有奢侈浪费行为、是否有违背内部控制制度要求等现象，为增收节支、提高经济效益严格把关。

上述两项基本会计职能是相辅相成、辩证统一的关系。金融会计核算是会计监督的基础，没有核算所提供的各种信息，监督就失去了依据；而金融会计监督又是会计核算质量的保障，只有核算、没有监督，就难以保证核算所提供信息的真实性、可靠性。

除具有会计核算和会计监督两项基本职能外，金融会计还具有预测经济前景、参与经济决策、计划组织以及绩效评价等职能。随着生产水平的日益提高、社会经济关系的日益复杂和金融管理的不断深化，金融会计所发挥的作用日益重要，其职能也在不断地丰富和发展。

通过了解金融企业会计的基本职能及其特点，可以看出金融会计在经济管理中的特殊作用。金融会计是为金融企业决策提供信息，并利用这些信息对金融企业经济活动进行监督的一种管理活动，目的就是提高金融企业的经济效益。但是这种管理活动又区别于其他管理，如物资管理、劳动管理等，会计不直接处理供销、人财物等业务工作，而是处理能用货币反映的这些业务活动的信息。会计核算与统计、业务核算不同，它主要利用货币计价，并具有完整性、连续性、系统性特点。

三、金融会计的核算对象

前已述及，金融会计需要以货币为主要计量单位，对特定主体的经济活动进行核算与监督。从宏观上来说，会计对象是再生产过程中的资金运动；从微观上来说，会计对象是一个单位能够用货币表现的经济活动。因此，金融会计的核算对象是指会计所核算和监督的内容，即特定主体能够以货币表现的经济活动。以货币表现的经济活动通常又称为价值运动或资金运动。资金运动包括各特定主体的资金投入、资金运用和资金退出等过程，而具体到不同的金融企业又有较大差异，各个金融企业均有各自资金运动的特点。

一方面，为了维持经营活动，金融企业必须拥有一定量的经济资源(即资产)，它们分布在金融企业经营过程的不同阶段(供应、生产、销售等阶段)和不同方面(表现为房屋、机器设备、库存商品及货币资金等)，人们称之为资金占用；另一方面，这些经济资源的取得需要通过一定的途径，包括来自投资者投入的资金或是债权人提供的借款等，人们称之为资金来源。从任一时点上看，资金运动总处于相对静止的状态，即金融企业的资金在任一时点上均表现为资金占用和资金来源两个方面，这两个方面既相互联系，又相互制约。

第二节　金融会计的核算前提与要求

一、金融会计的基本假设

金融会计的基本假设是金融企业会计确认、计量和报告的前提，是对金融企业会计核算所处时间、空间环境等所作的合理假定。与一般企业会计的基本假设一样，金融会计的基本假设也包括会计主体、持续经营、会计分期和货币计量。

(一)会计主体

会计主体，是指金融会计确认、计量和报告的空间范围。为了向财务会计报告使用者反映金融企业财务状况、经营成果和现金流量，提供与其决策有关的信息，会计核算和财务会计报告的编制应当集中反映特定对象的活动，将其与其他经济实体区别开来。在会计主体假设下，金融企业应当对其本身发生的交易或事项进行会计确认、计量和报告，以反映金融企业本身所从事的各项生产经营活动和其他相关活动。明确界定会计主体是开展会计确认、计量和报告工作的重要前提。

明确会计主体，才能划定会计所要处理的各项交易或事项的范围。在金融企业会计工作中，只有那些影响金融企业本身经济利益的各项交易或事项才能加以确认、计量和报告。明确会计主体，才能将会计主体的交易或者事项与会计主体所有者的交易或者事项及其他会计主体的交易或者事项区分开来。例如，金融企业所有者的交易或者事项是属于金融企业所有者主体所发生的，不应纳入金融企业会计核算的范畴。但是金融企业所有者投入金融企业的资本或者金融企业向所有者分配的利润，则属于金融企业主体所发生的交易或者事项，应当纳入金融企业会计核算的范围。会计主体不同于法律主体。一般来说，法律主体必然是一个会计主体。例如，一个金融企业作为一个法律主体，应当建立财务会计系统，独立反映其财务状况、经营成果和现金流量。但是，会计主体不一定是法律主体。例如，在金融企业集团的情况下，一个母公司拥有若干子公司，母、子公司虽然是不同的法律主体，但是母公司对于子公司拥有控制权，为了全面反映金融企业集团的财务状况、经营成果和现金流量，就有必要将金融企业集团作为一个会计主体，编制合并财务报表。

(二)持续经营

持续经营，是指在可以预见的将来，金融企业将会按照当前的规模和状态继续经营下去，不会停业，也不会大规模削减业务。在持续经营假设下，金融企业会计确认、计量和报告应当以金融企业持续、正常的生产经营活动为前提。

金融企业是否持续经营，在会计原则、会计方法的选择上有很大差别。一般情况下，应当假定金融企业将会按照当前的规模和状态持续经营下去。明确这个基本假设，就意味着会计主体将按照既定的用途使用资产、按照既定的合约条件清偿债务，会计人员就可以在此基础上选择会计原则和会计方法。如果判断金融企业会持续经营，就可以假定金融企业的固定资产在金融企业的生产经营过程中将会长期发挥作用，并服务于生产经营过程，会计人员就可以根据固定资产的历史成本进行记录，并采用一定的折旧方法，将固定资产的历史成本分摊到各个会计期间或相关产品的成本中。如果判断金融企业不会持续经营，会计人员就不应根据固定资产的历史成本进行记录并按期计提折旧。如果一个金融企业在不能持续经营时仍按持续经营基本假设选择会计确认、计量和报告的原则和方法，其所提供的会计信息就不能客观地反映金融企业的财务状况、经营成果和现金流量，从而误导会计信息使用者。

(三)会计分期

会计分期，是指将金融企业持续经营的经营活动划分为一个个连续的、长短相同的期间。会计分期的目的在于通过会计期间的划分，将金融企业持续经营的经营活动划分成连续的、相等的期间，金融企业据以结算盈亏，按期编制财务会计报告，从而及时地向财务会计报告使用者提供有关金融企业财务状况、经营成果和现金流量的信息。

在会计分期假设下，金融企业应当划分会计期间，分期结算账目和编制财务会计报告。会计期间通常分为年度和中期。中期是指短于一个完整的会计年度的报告期间。由于有了会计分期，才产生了当期与以前期间、以后期间的差别，也才使不同类型的会计主体有了记账的基础，进而产生了折旧、摊销等会计处理方法。

（四）货币计量

货币计量是指会计主体在会计确认、计量和报告时以货币计量，来反映会计主体的生产经营活动。

在会计的确认、计量和报告过程中之所以选择以货币为基础进行计量，是由货币的本身属性决定的。货币是商品的一般等价物，是衡量一般商品价值的共同尺度，具有价值尺度、流通手段、储藏手段和支付手段等特点。其他计量单位，如重量、长度等，只能从一个侧面反映金融企业的生产经营情况，无法在量上进行汇总和比较，不便于会计计量和经营管理，只有选择货币进行计量，才能充分反映金融企业的生产经营情况。因此《企业会计准则——基本准则》规定，会计确认、计量和报告应当选择货币作为计量单位。

二、金融会计的核算基础

金融会计的确认、计量和报告应当以权责发生制为基础。权责发生制要求，凡是当期已经实现的收入和已经发生或应当负担的费用，无论款项是否在当期收付，都应当作为当期的收入和费用，计入利润表；凡是不属于当期的收入和费用，即使款项是在当期收付，也不应当作为当期的收入和费用。

在实务中，金融企业交易或者事项的发生时间与相关货币的收付时间有时并不完全一致。例如，款项已经收到，但销售并未实现；或者款项已经支付，但并不是为本期经营活动而发生的。收付实现制是与权责发生制相对应的一种会计基础，它是以收到或支付的现金及其时点作为确认收入和费用等的依据。为了更加真实、公允地反映特定会计期间的财务状况和经营成果，按照《企业会计准则——基本准则》的相关规定，金融企业在会计确认、计量和报告中应当以权责发生制为基础。

三、会计信息质量要求

会计信息质量要求是对金融企业财务会计报告中所提供的会计信息质量的基本要求，是使财务会计报告中所提供的会计信息对投资者等信息使用者的决策有用应具备的基本特征。它主要包括可靠性、相关性、可理解性、可比性、实质重于形式、重要性、谨慎性和及时性等。

（一）可靠性

可靠性要求金融企业应当以实际发生的交易或者事项为依据进行确认、计量和报告，如实地反映符合确认和计量要求的会计要素及其他相关信息，保证会计信息真实可靠、内容完整。

会计信息要有用，必须以可靠为基础，如果财务会计报告所提供的会计信息是不可靠的，就会对投资者等使用者的决策产生误导甚至给他们带来损失。为了贯彻可靠性要求，金融企业应当做到以下几点。

(1) 以实际发生的交易或者事项为依据进行确认、计量，将符合会计要素定义及其确认条件的资产、负债、所有者权益、收入、费用和利润等如实反映在财务会计报告中。

(2) 在符合重要性和成本效益原则的前提下，保证会计信息的完整性，其中包括编制的报表及其附注等应当保持完整，不能随意遗漏或者减少应予披露的信息。

（3）财务会计报告中的会计信息应当是中立的、无偏的。如果金融企业在财务会计报告中为了达到事先设定的结果或效果，而通过选择列示有关会计信息以影响使用者的决策和判断的，这样的财务会计报告中的会计信息就不是中立的。

（二）相关性

相关性要求金融企业提供的会计信息应当与投资者等财务会计报告使用者的经济决策需要相关，有助于投资者等财务会计报告使用者对金融企业过去、现在或未来的情况作出评价或者预测。

会计信息是否有用、是否具有价值，关键看其与使用者的决策需要是否相关，是否有助于决策或者提高决策水平。相关的会计信息应当具有反馈价值，有助于使用者通过评价金融企业的过去，证实或者修正过去的有关预测。相关的会计信息还应当具有预测价值，有助于使用者根据财务会计报告所提供的会计信息预测金融企业未来的财务状况、经营成果和现金流量。例如，区分收入和利得、费用和损失，区分流动资产和非流动资产、流动负债和非流动负债及适度引入公允价值等，都可以提高会计信息的预测价值，进而提升会计信息的相关性。

会计信息质量的相关性要求金融企业在确认、计量和报告会计信息的过程中，充分考虑使用者的决策模式和信息需要。但是，相关性是以可靠性为基础的，两者之间并不矛盾，不应将两者对立起来。也就是说，会计信息应在做到可靠性的前提下，尽可能地做到相关性，以满足投资者等财务会计报告使用者的决策需要。

（三）可理解性

可理解性要求金融企业提供的会计信息清晰明了，便于投资者等财务会计报告使用者理解和使用。

金融企业编制财务会计报告、提供会计信息的目的在于使用，而要想让使用者有效地使用会计信息，就应当让其了解会计信息的内涵，弄懂会计信息的内容，这就要求财务会计报告所提供的会计信息清晰明了、易于理解。只有这样，才能提高会计信息的有用性，实现财务会计报告的目标，满足向投资者等财务会计报告使用者提供有用信息的要求。会计信息是一种专业性较强的信息，在强调会计信息的可理解性要求的同时，还应假定使用者具有一定的有关金融企业经营活动和会计方面的知识，并且愿意付出努力去研究这些信息。对于某些复杂的信息，如交易本身较为复杂或者会计处理较为复杂的信息，如果其与使用者的经济决策相关，金融企业就应当在财务会计报告中充分披露。

（四）可比性

可比性要求金融企业提供的会计信息应当相互可比，主要包括以下两层含义。

（1）同一金融企业的不同时期可比。为了便于投资者等财务会计报告使用者了解金融企业财务状况、经营成果和现金流量的变化趋势，比较金融企业在不同时期的财务会计报告信息，全面、客观地评价过去、预测未来，从而作出决策，会计信息质量的可比性要求对同一金融企业不同时期发生的相同或者相似的交易或者事项，应当采用一致的会计政策，不得随意变更。但是，满足会计信息可比性要求，并非要求金融企业不得变更会计政策，如果按照规定或者在会计政策变更后可以提供更可靠、更相关的会计信息的，可以变更会计政策。有关会计政策变更的情况，应当在附注中予以说明。

(2)不同金融企业的相同会计期间可比。为了便于投资者等财务会计报告使用者评价不同金融企业的财务状况、经营成果和现金流量及其变动情况，会计信息质量的可比性要求对不同金融企业在同一会计期间发生的相同或者相似的交易或者事项，应当采用规定的会计政策，以确保会计信息口径一致、相互可比，从而使不同金融企业按照一致的确认、计量和报告要求提供相关会计信息。

(五)实质重于形式

实质重于形式要求金融企业应当按照交易或者事项的经济实质进行会计确认、计量和报告，不仅仅以交易或者事项的法律形式为依据。

金融企业发生的交易或者事项在多数情况下，其经济实质和法律形式是一致的，但在有些情况下，会出现不一致。例如，以融资租赁方式租入的资产，虽然从法律形式来讲金融企业并没有拥有其所有权，但是由于租赁合同中规定的租赁期相当长(往往接近于该资产的使用寿命)、租赁期结束时承租企业有优先购买该资产的选择权、在租赁期内承租企业有权支配资产并从中受益等特点，因此，从其经济实质来看，金融企业能够控制融资租入资产所创造的未来经济利益，在会计确认、计量和报告上应当将以融资租赁方式租入的资产视为金融企业的资产，列入金融企业的资产负债表。

(六)重要性

重要性要求金融企业提供的会计信息应当反映与金融企业的财务状况、经营成果和现金流量有关的所有重要交易或者事项。

在实务中，如果某个会计信息的省略或者错报会影响投资者等财务会计报告使用者据此作出决策，该信息就具有重要性。重要性的应用需要依赖职业判断，金融企业应当根据其所处环境和实际情况，从项目的性质和金额大小两方面加以判断。

(七)谨慎性

谨慎性要求金融企业对交易或者事项进行会计确认、计量和报告时应当保持应有的谨慎，不应高估资产或者收益，或低估负债或者费用。

在市场经济环境下，金融企业的经营活动面临着许多风险和不确定性因素，如应收款项的可收回性、固定资产的使用寿命、无形资产的使用寿命等。会计信息质量的谨慎性要求，金融企业在面临不确定性因素的情况下作出职业判断时，保持应有的谨慎，充分估计到各种风险和损失，既不高估资产或者收益，也不低估负债或者费用。例如，要求金融企业对可能发生的资产减值损失计提资产减值准备等，就体现了会计信息质量的谨慎性要求。

(八)及时性

及时性要求金融企业对于已经发生的交易或者事项，应当及时进行确认、计量和报告，不得提前或延后。

会计信息的价值在于帮助金融企业所有者或者其他使用者作出经济决策,它具有时效性。即使是可靠、相关的会计信息，如果不及时提供，也会失去时效性，对于使用者的效用就会大大降低，甚至不再具有实际意义。在会计确认、计量和报告过程中贯彻及时性，主要有以下要求：①及时收集会计信息，即在交易或者事项发生后，及时收集、整理各种原始单据或者凭证；②及时处理会计信息，即按照《企业会计准则》的规定，及时对交易或者事项进行确认或者计量，并编制财务会计报告；③及时传递会计信息，即按照国家规定的有关时限，及时地将编制的财务会计报告传递给财务会计报告使用者，便于其及时使用和作出决策。

在实务中，为了及时提供会计信息，可能需要在有关交易或者事项的信息全部获得之前即进行会计处理，从而满足会计信息的及时性要求，但可能会影响会计信息的可靠性；反之，如果金融企业等到与交易或者事项有关的全部信息获得之后再进行会计处理，这样的信息披露可能会由于时效性问题，使得财务报告对投资者等财务会计报告使用者决策的有用性大大降低。这就需要金融企业以能最好地满足投资者等财务会计报告使用者的经济决策需要为判断标准，在及时性和可靠性之间作相应权衡。

第三节　金融企业的会计要素与会计科目

一、金融企业的会计要素

为了具体实施会计核算，需要对金融企业会计核算和监督的内容进行分类。会计要素，是指会计对象是由哪些部分所构成，是会计对象按经济特征所作的最基本分类，也是会计核算对象的具体化。合理划分会计要素，有利于清晰地反映产权关系和其他经济关系。金融企业会计要素分为六大类，即资产、负债、所有者权益、收入、费用和利润。其中，资产、负债和所有者权益三项会计要素主要反映金融企业的财务状况；收入、费用和利润三项会计要素主要反映金融企业的经营成果。

前已述及，资金运动具有相对静止状态和显著变动状态。在相对静止状态，金融企业的资金表现为资金占用和资金来源两方面，其中资金占用的具体表现形式就是金融企业的资产，而资金来源可分为金融企业所有者投入资金和债权人投入资金两类。债权人对投入资金的求偿权称为债权人权益，表现为金融企业的负债；金融企业所有者对净资产（资产与负债的差额）的所有权称为所有者权益。一方面，从一定日期这一相对静止状态来看，金融企业的资产总额与负债和所有者权益的合计数必然相等，由此分离出资产、负债及所有者权益这三项表现资金运动相对静止状态的金融企业会计要素；另一方面，金融企业的各项资产经过一定时期的营运，将发生一定的耗费，生产出特定种类和数量的产品，产品销售后获得货币收入，收支相抵后确认出当期损益，由此分离出收入、费用及利润这三项表现资金运动显著变动状态的金融企业会计要素。资产、负债及所有者权益构成资产负债表的基本框架，收入、费用及利润构成利润表的基本框架，因而这六项会计要素又称为财务报表要素。

（一）反映金融企业财务状况的会计要素

财务状况是指金融企业一定时期的资产及权益情况，是资金运动相对静止状态时的表现。反映金融企业财务状况的会计要素包括资产、负债、所有者权益三项。

1．资产

资产，是指金融企业过去的交易或者事项形成的、由金融企业拥有或者控制的、预期会给金融企业带来经济利益的资源。金融企业过去的交易或者事项包括购买、生产、建造行为或其他交易或者事项。预期在未来发生的交易或者事项不形成资产。由金融企业拥有或者控制是指金融企业享有某项资源的所有权，或者虽然不享有某项资源的所有权，但该资源能被金融企业所控制。预期会给金融企业带来经济利益是指直接或者间接导致现金和现金等价物流入金融企业的潜力。具体来讲，金融企业从事经营活动必须具有一定的物质资源，如货币资金、厂房场地、机器设备等，这些都是金融企业从事经营活动的物质基础，都属于金融企业的资产。此外，像专利权、商标权等虽不具有实物形态，但却有助于经营活动的进行的无形资产，以及金融企业对其他单位的投资等，也都属于金融企业的资产。

资产按其流动性不同，分为流动资产和非流动资产。流动资产是指预计在一个正常的营业周期中变现、出售或耗用，主要为交易目的而持有，预计在资产负债表日起一年内(含一年)变现的资产，以及自资产负债表日起一年内，交换其他资产或清偿负债的能力不受限制的现金或现金等价物。流动资产主要包括现金及存放中央银行款项、短期贷款、交易性金融资产、应收利息、其他应收款等。非流动资产是指流动资产以外的资产，主要包括中长期贷款、长期股权投资、固定资产、无形资产等。

2. 负债

负债，是指金融企业过去的交易或者事项形成的预期会导致经济利益流出金融企业的现时义务。现时义务是指金融企业在现行条件下已承担的义务。未来可能发生的交易或者事项形成的义务，不属于现时义务，不应当确认为负债。

负债按其流动性不同，分为流动负债和非流动负债。流动负债是指预计在一个正常营业周期中清偿、主要为交易目的而持有、自资产负债表日起一年内(含一年)到期应予以清偿、金融企业无权自主地将清偿推迟至资产负债表日后一年以上的负债。金融企业流动负债主要包括短期存款、向中央银行借款、应付职工薪酬、应交税费、应付利息等。金融企业非流动负债是指流动负债以外的负债，主要包括长期存款、应付债券、预计负债等。

3. 所有者权益

所有者权益，是指金融企业资产扣除负债后由所有者享有的剩余权益。所有者权益又称为股东权益。对于任何金融企业而言，其资产形成的资金来源不外乎两个：一个是债权人；另一个是所有者。债权人对金融企业资产的要求权形成金融企业的负债，所有者对金融企业资产的要求权形成金融企业的所有者权益。所有者权益的来源包括所有者投入的资本、直接计入所有者权益的利得和损失、留存收益等。

所有者权益具有以下特征：①除非发生减资、清算或分派现金股利，否则金融企业不需要偿还所有者权益；②金融企业清算时，只有在清偿了所有的负债后，才能把所有者权益返还给所有者；③所有者凭借所有者权益能够参与金融企业利润的分配。

所有者权益包括实收资本(或者股本)、资本公积、盈余公积和未分配利润。其中，资本公积包括金融企业收到的投资者出资超过其在注册资本或股本中所占份额的部分以及直接计入所有者权益的利得和损失等。盈余公积和未分配利润合称为留存收益。

(二) 反映金融企业经营成果的会计要素

经营成果，是指金融企业在一定时期内从事生产经营活动所取得的最终成果，是资金运动显著变动状态的主要体现。反映金融企业经营成果的会计要素包括收入、费用、利润三项。

1. 收入

收入，是指金融企业在日常活动中形成的、会导致所有者权益增加的、与所有者投入资本无关的经济利益的总流入。其中，日常活动包括销售商品、提供劳务及让渡资产使用权等。金融企业提供金融服务所取得的收入主要包括利息收入、金融企业往来收入、手续费收入、贴现利息收入、证券发行差价收入、买入返售证券收入、汇兑收益和其他业务收入等。收入不包括为第三方或者客户代收的款项，如金融企业代收的水电费等。

2. 费用

费用，是指金融企业在日常活动中发生的、会导致所有者权益减少的、与向所有者分配利润无关的经济利益的总流出。金融企业费用包括利息支出、金融企业往来支出、手续费支出、业务及管理费、汇兑损失、其他业务成本。

3. 利润

利润，是指金融企业在一定会计期间的经营成果。利润包括收入减去费用后的净额、直接计入当期利润的利得和损失等。利润有营业利润、利润总额和净利润之分。对于商业银行来说，营业利润是营业收入减去营业支出，其中营业收入包括利息净收入、手续费及佣金净收入、投资净收益、公允价值变动净收益、汇兑净收益、其他业务收入后的金额，营业支出包括营业税金及附加、业务及管理费、资产减值损失、其他业务成本。利润总额是指营业利润加上营业外收入，减去营业外支出后的金额。净利润是指利润总额减去所得税费用后的金额。

二、金融企业的会计等式

金融企业六项会计要素反映了金融企业资金运动的静态和动态两个方面，具有紧密的相关性，它们在数量上存在着特定的平衡关系，这种平衡关系用公式来表示，就是通常所说的会计等式。金融企业的会计等式是反映金融企业会计要素之间平衡关系的计算公式，是各种会计核算方法的理论基础。

（一）资产=负债+所有者权益

这是最基本的会计等式。如前所述，资产是由金融企业过去的交易或事项形成的，能为金融企业带来经济利益的资源。资产来源于所有者的投入资本和债权人的借入资金及金融企业在经营中所产生的效益的积累，分别归属于所有者和债权人。归属于所有者的部分形成所有者权益，归属于债权人的部分形成债权人权益（即金融企业的负债）。

资产和权益（包括所有者权益和债权人权益）实际上是金融企业所拥有的经济资源在同一时点上所表现的不同形式。资产表明的是资源在金融企业存在、分布的形态，而权益则表明了资源取得和形成的渠道。资产来源于权益，资产与权益必然相等。

金融企业在经营过程中，每天都会发生各种各样错综复杂的经济业务，从而引起各个会计要素的增减变动，但这并不影响资产与权益的恒等关系。下面将通过分析 A 金融企业 2016 年 1 月份发生的几项经济业务，说明资产与权益的恒等关系。资产与权益的恒等关系，是复式记账法的理论基础，也是编制资产负债表的依据。

经济业务的发生引起等式两边会计要素变动的方式可以归纳为以下四种类型。

(1)经济业务的发生引起等式两边金额同时增加，增加金额相等，变动后等式仍保持平衡。

例 1-1 A 金融企业收到所有者追加的投资 500 000 元，款项存入银行。

这项经济业务使 A 金融企业的银行存款增加了 500 000 元，即等式左边的资产增加了 500 000 元，同时等式右边的所有者权益也增加 500 000 元，因此并没有改变等式的平衡关系。

(2)经济业务的发生引起等式两边金额同时减少，减少金额相等，变动后等式仍保持平衡。

例 1-2 A 金融企业用银行存款归还所欠 B 企业的利息 20 000 元。

这项经济业务使 A 金融企业的银行存款即资产减少了 20 000 元，同时应付利息即负债也减少了 20 000 元，也就是说等式两边同时减少 20 000 元，等式依然成立。

(3)经济业务的发生引起等式左边即资产内部的项目此增彼减，增减的金额相等，变动后资产的总额不变，等式仍保持平衡。

例 1-3 A 金融企业用银行存款 80 000 元购买一台经营设备，设备已交付使用。

这项经济业务使 A 金融企业的固定资产增加了 80 000 元，但同时银行存款减少了 80 000 元，也就是说 A 金融企业的资产内部发生增减变动，但资产总额不变。

(4)经济业务的发生引起等式右边负债内部的项目此增彼减，或所有者权益内部的项目此增彼减，或负债与所有者权益项目之间此增彼减，增减的金额相等，变动后等式右边总额不变，等式仍保持平衡。

例 1-4 A 金融企业向 C 金融企业拆入资金 100 000 元直接用于归还拖欠的利息。

这项经济业务使 A 金融企业的应付利息减少了 100 000 元，同时拆入资金增加了 100 000 元，即 A 金融企业的负债内部发生增减变动，但负债总额不变。

例 1-5 A 金融企业经批准同意以资本公积 10 000 000 元转增实收资本。

这项经济业务使 A 金融企业的资本公积减少了 10 000 000 元，同时实收资本增加了 10 000 000 元，即 A 金融企业的所有者权益内部发生增减变动，但所有者权益总额不变。

在实际工作中，金融企业每天发生的经济业务要复杂得多，但无论其如何引起会计要素变动，都不会破坏资产与权益的恒等关系(即会计等式的平衡)。

(二)收入-费用=利润

金融企业经营的目的是为了取得收入，实现盈利。金融企业在取得收入的同时，也必然要发生相应的费用。通过收入与费用的比较，才能确定金融企业在一定时期的盈利水平。

一般来说，金融企业在一定时期所获得的收入扣除所发生的各项费用后的余额，即表现为利润。在实际工作中，由于收入不包括处置固定资产净收益、固定资产盘盈、出售无形资产收益等，费用也不包括处置固定资产净损失、自然灾害损失等，所以，收入减去费用，并经过调整后，才能等于利润。

收入、费用和利润之间的关系，是编制利润表的基础。

三、金融企业的会计科目

金融企业会计要素是对金融企业会计对象的基本分类，而这些会计要素仍显得过于粗糙，难以满足各有关方面对金融企业会计信息的需要。例如，所有者需要了解利润构成及其分配情况、了解负债及其构成情况；债权人需要了解流动比率、速动比率等有关指标，以判断其债权的安全情况；税务机关要了解金融企业欠缴税金的详细情况；等等。因此，还必须对会计要素作进一步分类，这种对金融企业会计要素的具体内容进行分类的项目，称为金融企业会计科目。

（一）金融企业会计科目的作用

会计科目是金融企业进行各项会计记录和提供各项会计信息的基础，在会计核算中具有以下重要作用。

(1)会计科目是复式记账的基础。复式记账要求每一笔经济业务在两个或两个以上相互联系的账户中进行登记，以反映资金运动的来龙去脉。

(2)会计科目是编制记账凭证的基础。记账凭证是确定所发生的经济业务应记入何种科目以及分门别类登记账簿的凭据。

(3)会计科目为成本计算与财产清查提供了前提条件。通过会计科目的设置，有助于成本核算，使各种成本计算成为可能；而通过账面记录与实际结存的核对，又为财产清查、保证账实相符提供了必备的条件。

(4)会计科目为编制财务报表提供了方便。财务报表是提供会计信息的主要手段，为了保证会计信息的质量及其提供的及时性，财务报表中的许多项目与会计科目是一致的，并根据会计科目的本期发生额或余额填列。

（二）金融企业会计科目的设置

1. 会计科目设置的原则

会计科目作为反映会计要素的构成及其变化情况，为投资者、债权人、金融企业经营管理者等提供会计信息的重要手段，在其设置过程中应努力做到科学、合理、适用，并应遵循下列原则。

(1)合法性原则。为了保证会计信息的合法性，所设置的会计科目应当符合《企业会计准则》的相关规定。

(2)相关性原则。会计科目的设置，应为提供有关各方所需要的会计信息服务，满足对外报告与对内管理的要求。

(3)实用性原则。金融企业的组织形式、所处行业、经营内容及业务种类等不同，在会计科目的设置上也应有所区别。在合法性的基础上，应根据金融企业自身特点，设置符合金融企业需要的会计科目。

2. 金融企业常用的会计科目

具体会计科目的设置一般是从会计要素出发，将会计科目分为资产、负债、共同、所有者权益、成本、损益六大类。参照我国《企业会计准则——应用指南》，金融企业常用会计科目的设置，如表 1-1 所示。

金融企业会计科目按其所提供信息的详细程度及其统驭关系不同，又分为总分类科目和明细分类科目。前者是对会计要素具体内容进行总括分类、提供总括信息的会计科目；后者是对总分类科目作进一步分类，提供更详细、更具体的会计信息的科目。对于明细分类科目较多的总分类科目，可在总分类科目与明细分类科目之间设置二级或多级科目。

表 1-1　金融企业常用会计科目表

科目编号	科目名称	使用范围
一、资产类		
1001	库存现金	
1002	银行存款	
1003	存放中央银行存款	银行专用
1011	存放同业	银行专用
1021	结算备付金	证券专用
1031	存出保证金	金融共用
1051	拆出资金	金融共用
1111	买入返售金融资产	金融共用
1132	应收利息	
1211	应收保户储金	保险专用
1221	应收代位追偿款	保险专用
1222	应收分保账款	保险专用
1223	应收分保未到期责任准备金	保险专用
1224	应收分保保险责任准备金	保险专用
1231	其他应收款	
1241	坏账准备	
1251	贴现资产	银行专用
1301	贷款	银行和保险共用
1302	贷款损失准备	银行和保险共用
1311	代理兑付证券	银行和证券共用
1321	代理业务资产	
1441	贵金属	银行专用
1442	抵债资产	金融共用
1451	损余物资	保险专用
1511	独立账户资产	保险专用
1521	持有至到期投资	
1522	持有至到期投资减值准备	
1523	可供出售金融资产	
1524	长期股权投资	
1525	长期股权投资减值准备	
1526	投资性房地产	
1551	存出资本保证金	保险专用
1601	固定资产	
1602	累计折旧	
1603	固定资产减值准备	
1604	在建工程	
1605	工程物资	
1606	固定资产清理	
1611	融资租赁资产	租赁专用
1612	未担保余值	租赁专用
1701	无形资产	
1702	累计摊销	
1703	无形资产减值准备	
1711	商誉	
1801	长期待摊费用	
1811	递延所得税资产	
1901	待处理财产损益	
二、负债类		
2002	存入保证金	金融共用
2003	拆入资金	金融共用
2004	向中央银行借款	银行专用
2011	同业存放	银行专用
2012	吸收存款	银行专用
2021	贴现负债	银行专用
2111	卖出回购金融资产款	金融共用
2211	应付职工薪酬	
2221	应交税费	
2231	应付股利	
2232	应付利息	
2241	其他应付款	
2251	应付保单红利	保险专用
2261	应付分保账款	保险专用
2311	代理买卖证券款	证券专用
2312	代理承销证券款	银行和证券共用
2313	代理兑付证券款	银行和证券共用
2314	代理业务负债	
2411	预计负债	
2601	未到期责任准备金	保险专用
2602	保险责任准备金	保险专用
2611	保护储金	保险专用
2621	独立账户负债	保险专用
2701	长期应付款	
2702	未确认融资费用	
2901	递延所得税负债	
三、共同类		
3001	清算资金往来	银行专用
3002	外汇买卖	金融共用
3101	衍生工具	
3201	套期工具	
3202	被套期项目	
四、所有者权益类		
4001	实收资本	
4002	资本公积	
4101	盈余公积	
4102	一般风险准备	金融共用
4103	本年利润	
4104	利润分配	
4201	库存股	
五、成本类(略)		
六、损益类		
6011	利息收入	金融共用
6021	手续费及佣金收入	金融共用
6031	保费收入	保险专用
6032	分保费收入	保险专用
6041	租赁收入	租赁专用
6051	其他业务收入	
6061	汇兑损益	金融专用
6101	公允价值变动损益	
6111	投资收益	

续表

科目编号	科 目 名 称	使用范围	科目编号	科 目 名 称	使用范围
6201	摊回保险责任准备金	保险专用	6511	赔付支出	保险专用
6202	摊回赔付支出	保险专用	6521	保单红利支出	保险专用
6203	摊回分保费用	保险专用	6531	退保金	保险专用
6301	营业外收入		6541	分出保费	保险专用
6402	其他业务成本		6542	分保费用	保险专用
6405	营业税金及附加		6602	管理费用	
6411	利息支出	金融共用	6701	资产减值损失	
6421	手续费及佣金支出	金融共用	6711	营业外支出	
6501	提取未到期责任准备金	保险专用	6801	所得税费用	
6502	提取保险责任准备金	保险专用	6901	以前年度损益调整	

四、金融企业的会计账户

(一)账户的概念与分类

账户是根据会计科目设置的，具有一定格式和结构的，用于分类反映会计要素增减变动情况及其结果的载体。设置账户是会计核算的重要方法之一。

与会计科目的分类相对应，账户按其所提供信息的详细程度及其统驭关系不同分为总分类账户(简称总账账户或总账)和明细分类账户(简称明细账)；按其所反映的经济内容不同分为资产类账户、负债类账户、所有者权益类账户、成本类账户、损益类账户等。

(二)账户的基本结构与内容

账户分为左方(记账符号为“借”)、右方(记账符号为“贷”)两个方向，一方登记增加，另一方登记减少。资产、成本、费用类账户借方登记增加额，贷方登记减少额；负债、所有者权益、收入类账户借方登记减少额，贷方登记增加额。

账户中登记本期增加的金额，为本期增加发生额；登记本期减少的金额，为本期减少发生额；增减相抵后的差额，为余额。余额按照时间的不同，可分为期初余额和期末余额。其基本关系为：期末余额=期初余额+本期增加发生额-本期减少发生额。对于资产、成本、费用类账户来说：期末余额=期初余额+本期借方发生额-本期贷方发生额。对于负债、所有者权益、收入类账户来说：期末余额=期初余额+本期贷方发生额-本期借方发生额。账户的内容具体包括账户名称、记录经济业务的日期、所依据记账凭证的编号、经济业务摘要、增减金额、余额等。

(三)账户记录的试算平衡

根据资产与权益的恒等关系及借贷记账法“有借必有贷，借贷必相等”的记账规则，检验所有账户记录是否正确，可以采用两种试算平衡方法，即发生额试算平衡法和余额试算平衡法。

1. 发生额试算平衡法

它是根据本期所有账户借方发生额合计与贷方发生额合计的恒等关系，检验本期发生额记录是否正确的方法。其公式为：

全部账户本期借方发生额合计=全部账户本期贷方发生额合计

2. 余额试算平衡法

它是根据本期所有账户借方余额合计与贷方余额合计的恒等关系，检验本期账户记录是否正确的方法。根据余额时间的不同，可分为期初余额平衡与期末余额平衡两类。期初余额平衡是指期初所有账户借方余额合计与贷方余额合计相等，期末余额平衡是指期末所有账户借方余额合计与贷方余额合计相等。其公式为：

全部账户的借方期初余额合计=全部账户的贷方期初余额合计

全部账户的借方期末余额合计=全部账户的贷方期末余额合计

在实际工作中，余额试算平衡通过编制试算平衡表的方式进行。

(四)总账与明细账的平行登记

1. 总账与明细账的关系

总账对明细账具有统驭控制作用，明细账对总账具有补充说明作用。总账与其所属明细账在总金额上应当相等。

2. 总账与明细账的平行登记

平行登记是指对所发生的每项经济业务事项，都要以会计凭证为依据，一方面记入有关总账，另一方面记入有关总账所属明细账的方法。

总账与明细账平行登记要求做到所依据的会计凭证相同、借贷方向相同、所属的会计期间相同、记入总账的金额与记入其所属明细账的合计金额相等。

(五)账户与会计科目的联系和区别

会计科目与账户都是对会计对象具体内容的项目分类，两者口径一致，性质相同，会计科目是账户的名称，也是设置账户的依据，账户是会计科目的具体运用。两者的区别是会计科目仅仅是账户的名称，没有结构；而账户则具有一定的格式和结构。

第二章

商业银行会计存款业务的核算

第一节　存款业务概述

存款业务是银行以信用方式吸收社会闲散资金的活动，是银行吸收信贷资金的主要渠道，是开展信贷活动的重要前提。这对调节货币流通，促进社会经济发展具有重要意义。

一、存款业务的种类

商业银行吸收的存款，按照惯例的要求不同，有不同的分类方法。

(一)按照存款的性质分类

按此标准，商业银行的存款可以分为单位存款、个人储蓄存款和财政性存款三类。

单位存款属于公款性质，是指社会有关部门、单位闲置待用资金；个人储蓄存款属于私款性质，是城乡居民个人节余待用的消费性质资金(个体经营者存入款项属于单位存款，而非储蓄存款)；财政性存款是指各行经办的财政预算内存款及集中待缴财政的各种款项形成的存款。本章主要介绍单位存款和个人储蓄存款。

(二)按照存款的期限分类

按此标准，商业银行的存款可以分为活期存款和定期存款。

活期存款是指存入时不确定存期，可随时存取的存款，主要包括单位活期存款和个人活期存款；定期存款是在存款时约定存款期限，到期支取的存款，主要包括单位定期存款和个人定期存款。活期存款和定期存款是两种流动性及稳定性各有差异的存款，商业银行应合理组织并广泛吸收，保持两种存款的合理结构。

(三)按照资金成本的高低分类

按此标准，商业银行的存款可以分为低成本存款和高成本存款。

一般来说，活期存款、期限较短的定期存款为低成本存款；而存期较长的定期存款为高成本存款，定期存款存期越长，其存款成本越高。

(四)按照存款产生的来源分类

按此标准，商业银行的存款可以分为原始存款和派生存款。

原始存款是指单位和个人将现金或现金支票送存银行而形成的存款，包括单位存款、个人存款和银行同业存款。原始存款通过商业银行系统的资产业务所创造出的更多的银行存款称为派生存款，派生存款以相同的运作方式形成更多的派生存款。

（五）按照存款的币种不同分类

按此标准，商业银行的存款可以分为人民币存款和外币存款。

二、存款业务核算要求

存款业务具有明显的广泛性和社会性。积极开展存款业务对于稳定货币、平衡社会需求、调节货币流通具有重要意义。因此，商业银行在办理存款业务核算时应做到以下四点。

（一）正确使用账户

账户是办理业务和进行明细核算的工具，必须严格管理。商业银行应按规定正确使用账户，以便正确、及时、真实地反映各项存款的增减变动情况及结果。

（二）维护存款人的合法权益

银行吸收存款只是货币资金使用权的暂时转让，其所有权仍属于存款人。银行应坚持“谁的钱进谁的账，由谁支配”的原则，维护存款人的资金、自主支配的权利。对个人储蓄存款，应坚持“存款自愿、取款自由、存款有息、为储户保密”的原则。

（三）银行不予垫款

存款账款开立后，存款人委托商业银行办理款项支付时，必须遵守“先存后用，存大于支”的原则，不得超过存款余额支用款项套取银行信用。商业银行不得为任何人垫付任何款项。

（四）准确及时地进行核算

在办理存款业务核算时应严格操作规程，坚持准确、快捷、方便的原则，做到手续完备、账目清楚、不拖不压，如实反映各项存款的增减变化情况。

第二节　单位存款的核算

单位存款是指商业银行吸收的各国有、集体、合资、合作、外资企业个体私营、股份企业、机关团体等单位的存款。

一、单位存款账户的种类

根据中国人民银行《银行账户管理办法》的规定，单位存款账户按用途分为基本存款账户、一般存款账户、临时存款账户和专用存款账户四种。

（一）基本存款账户

基本存款账户是存款人办理日常转账结算和现金收付的账户。存款人的工资、资金等现金支取，只能通过本户办理。一个单位凭当地人民银行核发的开户许可证可在当地任选一家商业银行开立一个基本存款账户。

（二）一般存款账户

一般存款账户是存款人在开立基本存款账户以外的商业银行借款转存以及与基本存款账

户的存款人不在同一地点的附属非独立核算单位开立的账户。存款人可以通过本账户办理转账结算和缴存现金但不能支取现金。

（三）临时存款账户

临时存款账户是存款人因临时经营活动需要开立的账户。存款人可以通过本账户办理转账结算和根据国家现金管理规定办理现金收付。

（四）专用存款账户

专用存款账户是存款人因特殊需要开立的限定了资金来源或限定了资金用途的账户，如基本建设的资金；更新改造的资金；特定用途，需要专户管理的资金。

二、单位存款账户的开立

存款账户是指银行在有关存款科目下，按照单位开立的办理款项收付的账户。根据中国人民银行《银行账户管理办法》的要求，单位申请开户时，必须向银行提交开户申请书，写明申请单位名称、经营范围、主管部门名称，提供当地工商行政管理机关核发的《企业法人执照》和《营业执照》等有关证明文件，同时还要向银行提供盖有单位财务专用章或者公章和法定代表人或其授权的代理人的签名或者盖章的印鉴卡。银行审查同意后，登记开销户登记簿，编列账号、设立分户账，同时向存款人出售支票等各种空白结算凭证，便于单位存取款项，办理资金收付。申请开立基本存款户的，还需要提交中国人民银行当地分支机构核发的开户许可证。

三、单位存款账户的管理

存款账户是按照单位经济性质进行具体分类的名称。商业银行通过对单位存款账户的管理，既可以了解各单位的经济经营情况，又可以反映国民经济各部门的经济活动状况，以便更好地管理好社会资金。对单位开立的存款账户要加强管理，以强化信贷、结算监督和现金管理，主要应注意以下几个方面。

⑴一个单位只能选择一家银行的一个营业机构开立一个基本存款账户，不允许在多家金融机构开立多个基本存款账户。存款人应以实名开立银行结算账户，并对其出具的开户申请资料实质内容的真实性负责，法律、行政法规另有规定的除外。银行应负责对存款人开户申请资料的真实性、完整性和合规性进行审查。中国人民银行应负责对银行报送的核准类银行结算账户的开户资料的合规性及存款人开立基本存款账户的唯一性进行审核。

⑵开户实行双向选择。存款人可以自由选择金融机构，金融机构也可以自愿选择存款人开立账户。

⑶实行开户许可证制度。单位开立基本存款账户，应凭当地人民银行分支机构核发的开户许可证办理。金融机构不得对未持有开户许可证或已开立基本存款联户的存款人开立基本存款账户。

⑷存款人为临时机构的，只能在其驻在地开立一个临时存款账户，不得开立其他银行结算账户。存款人在异地从事临时活动的，只能在其临时活动地开立一个临时存款账户。

四、单位活期存款的核算

单位活期存款的核算主要包括现金存取和转账存取。其中转账存取主要通过办理各种结算方式和信用支付工具而实现，具体核算将在第五章支付结算业务的核算中予以阐述，本章介绍现金的存取业务核算。单位活期存款的核算按存取方式不同，分为支票户和存折户两种(实际中单位基本不用存折户)。

(一)支票户存取现金的核算

支票户是单位在银行开立的凭支票等结算证办理存取款项的账户。

1. 存入现金的核算

单位向开户银行交存现金时，应填写一式两联现金交款单，连同现金交存出纳部门。出纳部门根据现金收入"先收款后记账"的原则，审查凭证点收现金，登记"现金收入日记簿"，并复核签章，将第一联作为回单退还存款单位，另一联送会计部门转账。其会计分录为：

借：库存现金

　　贷：吸收存款——××活期存款户

2. 支取现金的核算

单位向银行支取现金时，应签发现金支票。支票上要加盖预留银行签章，填明款项的用途。会计部门收到支票审查无误后，将出纳对号单交给取款人，凭此到出纳部门取款。同时，根据现金付出"先记账后付款"的原则，以现金支票作借方凭证。其会计分录为：

借：吸收存款——××活期存款户

　　贷：库存现金

现金支票转账后，传递到出纳部门，出纳人员根据现金支票登记"现金付出日记簿"，配款复核后，凭对号单向取款人支付现金。

例 2-1　某银行收到其客户甲公司存入的现金 100 000 元。根据现金传票，该银行的会计分录为：

借：库存现金	100 000	
贷：吸收存款——甲公司活期存款户		100 000

例 2-2　某公司向其开户行支取现金 50 000 元。该银行的会计分录为：

借：吸收存款——某公司活期存款户	50 000	
贷：库存现金		50 000

(二)存折户存取现金的核算

存折户是存款人在银行开立的使用存折办理存取款项的账户。

1. 存入现金的核算

存款人向银行交存现金时，应填写存款凭条连同存折及现金一并交给出纳部门。出纳部门审核凭证并核对存折无误后即可办理，其余核算手续同支票户。

2. 支取现金的核算

存款人凭存折支取现金时，应填写取款凭条，并加盖预留银行印鉴后，连同存折一并交会计部门，会计部门审核凭证、存折无误后，以取款凭条代现金付出传票，登记存款账及存折，将取款凭条和存折送交出纳部门凭以付款。其余核算手续同支票户。

（三）单位活期存款利息的计算

单位活期存款按季结算利息（每季季末月份的 20 日为结息日），结算出来的利息 21 日入账。如果结息期前销户，应于销户时计付利息。存期均按实际天数计算，计息天数“算头不算尾”即从存入日算至支取的前一日止。

1. 计息公式

存款利息是由本金（存款额）、时期和利率三个要素构成的。其应计利息的基本公式为：

$$利息=本金\times时期\times利率$$

由于客户活期存款的存取比较频繁，存款余额经常发生变动，因此实际工作采用累计积数计息。积数是各存款账户每天最后余额的逐日累计数。银行财务往来利率通常规定为月利率或年利率，计息时把月利率（以‰表示）、年利率（以%表示）折算成日利率，使计息期和利率保持一致。因此，上述基本公式可转化为以下两种计息公式：

$$利息=累计积数\times(月利率\div30)$$

$$利息=累计积数\times(年利率\div360)$$

从以上计息利息的公式可以看出，积数是计算利息的重要因素之一，积数计算的正确与否，直接影响利息计算的准确性。因此，需要会计人员及时、准确地计算日数、结计存款金额，为计算利息打好基础。

2. 积数的计算

计算积数的方法有两种，由各行自行选择使用。

（1）账页上结计积数。采用该种方法计算积数，一般使用乙种账格式。在登记分户账每次存款余额后，计算一次积数，填入积数栏，然后在季末结息日求出累计日积数，办理计息手续。现举例如表 2-1 所示。

表 2-1　中国××银行

××账

户名：甲单位　　账号：2010003　　利率：1.425‰

领用		本账总页数	
记录		本户　页数	

年		摘要	凭证号数	对应科目代号	发生额		借或贷	余额	日数	积数（千位元）	复核盖章
月	日				借方	贷方					
6	1	开户				100 000.00	贷	100 000.00	4	400	
6	5	现收				500 00.00	贷	150 000.00	10	1 500	
6	15	转付			30 000.00		贷	120 000.00	6	720	
6	21	结息				124.45	贷	120 124.45	20	2620	

该单位本季度计息公式及计息结果如下：

$$2\ 620\ 000\times1.425‰\div30=124.45（元）$$

(2)余额表计算积数。此种方法就是将各存款账户每日的最后余额填入余额表内，计息时将每日余额进行合计，求出累计积数，然后乘以日利率，求出一定时期利息。如遇错账冲正或补记账款时，记账日期与起息日期不一致时，应在余额表“应加积数”和“应减积数”栏内调整计息积数。现据前例编制余额表，如表 2-2 所示。

根据计息余额表计算如下：

2 620 000×1.425‰÷30=124.45(元)

表 2-2　中国××银行计息余额表

20××年 6 月份

科目名称：活期存款　　利率：1.425‰　　科目代号：2010

户名	甲单位存款户			合计	复核
账号金额	××003 (位数)	(位数)	(位数)	(位数)	
上月底止累计积数					
1	100 000.00				
2	100 000.00				
3	100 000.00				
4	100 000.00				
5	150 000.00				
6	150 000.00				
7	150 000.00				
8	150 000.00				
9	150 000.00				
10	150 000.00				
10 天小计	1 300 000.00				
11	150 000.00				
12	150 000.00				
13	150 000.00				
14	150 000.00				
15	120 000.00				
16	120 000.00				
17	120 000.00				
18	120 000.00				
19	120 000.00				
20	120 000.00				
20 天小计	2 620 000.00				
21	……				
本月合计	2 620 000.00				
应加积数					
应减积数					
计息积数	2 620 000.00				

五、定期存款的核算

定期存款是指单位一次存入一定金额，约定存期，并于到期后一次支取本息的存款。存款期限有三个月、半年和一年三个档次。

该种存款1万元起存，多存不限。各企业可根据自身的资金情况，自行选定。此种存款一般不能提前支取，支取时不能提取现金，只能转入活期存款户。

（一）存入时的核算

单位办理定期存款时，应签发转账支票，并在“收据人”栏中填存款单位全称，“用途”栏内写明存款期限，交开户行办理存款。开户银行收到后，经审核无误，据以填开一式三联单位定期存款存单。以第一联为“单位定期存款”科目贷方凭证；第二联为“存单”，到期凭以支取款项，签章后连同进账单第一联交存款单位；第三联为“卡片账”凭以登记“单位定期存款开销户登记簿”。支款凭证作借方记账凭证办理转账。其会计分录为：

借：吸收存款——××活期存款户

　　贷：吸收存款——××定期存款户

（二）预提定期存款利息的核算

定期存款存期较长（一般在一年以上），一次存入，到期后一次支取。为了适应权责发生制原则和保证财务成果均衡及其可比性，对一年以上的各种定期存款利息，采取按季预提并摊入当期成本的办法。

预提利息时，根据预提金额，分别填制转账借、贷方凭证，并附计息根据及说明办理转账。其会计分录为：

借：利息支出——××定期存款利息支出户

　　贷：应付利息——××定期存款利息户

（三）到期一次支取本息的核算

单位到期支取时，应持存单到银行办理支取手续。银行经办人员审查存单并与原卡片账核对无误后，首先请单位按照存单上的金额填制“进账单” 一式二联，并在“票据种类栏”填明“定期存款本金”字样。以存单作“定期存款”科目的借方凭证，并按规定填制利息清单一式三联，以其中的第一联代替“应付利息”科目的借方凭证，第二联与进账单一并作为“活期存款”科目的贷方凭证办理转账。其会计分录为：

借：吸收存款——××定期存款户

　　应付利息——××定期存款利息户

　　贷：吸收存款——××活期存款户

同时，结清卡片账，并将利息清单另一联盖章后连同进账单的第一联交存款单位。

（四）定期存款利息的计算

单位定期存款的利息计算采取利随本清的办法，即在存款到期日支取本金的同时一并计付利息。定期存款的存期按对年、对月、对日计算，对年一律按360天，对月一律按30天计算，零头天数按实际天数计算。存期内如遇利率调整，按原定利率计息。逾期支取，逾期部分按支取日挂牌活期存款利率计息。

例2-3 甲厂2015年6月20日存入银行期限1年的定期存款200 000元，年利率为6%，该厂于2016年7月5日支取。支取日活期存款月利率为1.2‰，其利息计算为：

$$到期利息=200\ 000\times1\times6\%=12\ 000（元）$$

过期利息=200 000×15×(1.2‰ ÷ 30)=120(元)

借：吸收存款——甲厂定期存款户	200 000
应付利息——甲厂定期存款利息户	12 000
利息支出——甲厂定期存款利息支出户	120
贷：吸收存款——甲厂活期存款户	212 120

六、单位其他存款

(一) 单位通知存款

单位通知存款是单位客户在办理存款时不约定存款期限，自由选择存款品种(一天通知存款或七天通知存款)，支取时提前一天或七天通知银行，约定支取日期和支取金额的一种大额存款方式。单位通知存款包括人民币单位通知存款和外币单位通知存款两种。单位通知存款为记名式存款，不论实际存期多长，均按存款人提前通知的期限长短划分为一天通知和七天通知存款两个品种。通知存款实质为一种定期存款，其利率高于活期存款。凡符合中国银行业监督管理委员会、 中国人民银行及国家外汇管理局规定，已在中国银行开立了本、外币活期存款账户(包括人民币基本存款账户、一般存款账户、临时户、专用账户；外币资本项目账户、经常项目账户)的境内机构、驻华机构、企事业单位、机关团体等大中型企事业单位，均可办理本、外币通知存款业务。

1. 单位通知存款的起存金额

人民币单位通知存款起存金额为 50 万元，需一次全额存入，可全部或部分支取，每次部分支取金额不得小于 10 万元，留存部分不得小于起存金额。外币单位通知存款起存金额为 5 万美元或等值的外币，需一次全额存入，可全部或部分支取，每次部分支取金额不得小于 1 万美元或等值外币，留存部分不得小于起存金额。

2. 单位通知存款的利息规定

人民币单位通知存款支取时，以支取日挂牌通知存款利率计息，如部分支取留存部分仍从原开户日起计算存期。实际存期未满 7 天的，不予计息。按支取通知书的约定履约支取的，以存款本金为基数，按实存天数和支取日当天相应的 4 天通知存款利率计息，利随本清。外币单位通知存款支取时，以存款本金为基数，按实存天数和支取日当天相应的 7 天通知存款利率计息，利随本清。

(二) 单位协定存款

协定存款指客户按照与银行约定的存款额度开立结算户，账户中超过存款额度的部分，银行将其转入协定存款账户，并以协定存款利率计息的一种单位存款。协定存款的最低约定额度为人民币 10 万元，客户可根据实际情况与银行约定具体的基本额度。

协定存款账户分 A 户(结算户)与 B 户(协定户)，A 户按结算日中国人民银行公布的活期存款利率计息，B 户按结算日中国人民银行公布的协定存款利率计息。

协定存款账户不是一个独立存款账户，客户可以通过结算户办理日常结算业务，协定存款账户的操作和管理由银行负责。协定存款的账户视同基本存款账户或一般存款账户管理使用，A 户、B 户均不得透支。协定存款账户月均余额 2 年或 2 年以上低于最低约定额度的，将利息结清后，作为基本存款账户或一般存款账户处理，不再享受协定存款利率。客户在合同期内如需清户，必须提出书面声明，银行审核无误后，方可办理。

第三节　个人储蓄存款的核算

储蓄存款是城乡居民个人节余待用的存入商业银行的资金，是商业银行扩大信贷资金的重要手段。大力开展储蓄业务，不仅可以为国家积累大量的建设资金，而且可以引导社会居民投资与消费，对稳定经济和金融形势都具有重要的意义。储蓄存款按期限可分为活期和定期储蓄存款。

一、个人储蓄存款概述

(一)储蓄存款的政策和原则

《储蓄管理条例》规定：国家保护个人合法储蓄存款的所有权及其他合法权益，鼓励个人参加储蓄。这一政策有两层意思：一是居民的储蓄存款受国家法律保护，任何单位或个人不得侵犯；二是对居民储蓄实行鼓励。

为贯彻保护和鼓励储蓄的政策，储蓄机构办理储蓄业务时，必须遵循“存款自愿，取款自由，存款有息，为储户保密”的原则。

(二)储蓄存款的种类

《储蓄管理条例》规定的基本储蓄业务有以下几种，即活期储蓄存款、定期储蓄存款、定活两便储蓄存款。定期储蓄存款按存取方式又分为整存整取、零存整取、存本取息、整存零取四种。这些储蓄存款种类在居民储蓄方式选择中占主导地位。近年来，又推出许多新的服务品种，如存单质押贷款、个人支票存款、储蓄存款通存通兑、定期一本通、活期一本通、通信存款、电话银行、网上银行服务等，极大地满足了广大储户的不同需求。

二、活期储蓄存款的核算

活期储蓄存款是指不规定存期，储户随存随取的储蓄，其特点是灵活方便适应性强。活期储蓄起存金额1元，多存不限。开户时由银行发给存折，以后凭折办理存取款。

(一)开户

储户首次存入活期储蓄存款即为开户。储户开户时须持本人法定身份证，使用实名填写“活期储蓄存款凭条”(如表2-3所示)，连同现金一起交柜员。柜员审核存款凭条，清点现金无误后选择活期开户操作。根据显示器提示输入的信息输入一般内容，计息机先检验输入的数据后，自动编储户账号，登记活期储蓄存款登记簿，建立“活期储蓄分户账”。当显示器提示将凭条存折放入打印机时，柜员依次正确放入，打印存折、存款凭条。打印后，柜员核对打印内容是否正确，并提示储户签名确认凭条无误后，对各凭证分别加盖公章、收讫章和名章，登记现金收入日记账，将存折交给储户，存款凭条留存。一直到此开户业务处理完毕。其会计分录为：

借：库存现金

　　贷：吸收存款——××活期储蓄存款户

表 2-3 活期储蓄存款凭条

					业务品种	√
银行确认					活　期	
					整存整取	
					零存整取	
					存本取息	
储户填写	账号		户名		定活两便	
					通知存款	
	身份证号（新开户填）		金额（小写）	千 百 十 万 千 百 十 元 角 分	零存还贷	
					信用卡保证金	
	地址		存期		国债	
	提款方式：	存折　存单　密码	是否打印户名：	是　否　到期本利续存		
券别		1000　500　100　50	20　10　2　1	经办　复核　事后监督		

（二）续存

储户填写存款凭条，并提交现金、存折，或只提交现金、存折，告知存款金额，凭条由柜员代填。柜员清点现金选择活期续存操作，并向机器内输入账号和金额，其处理过程同开户一样。

（三）支取

储户填写取款凭条或柜员代填，提交存折。柜员核对取款凭条和存折无误后，选择活期支取操作，若留有密码，由储户输入密码，柜员按凭条输入账号、支取金额等内容，输入后机器自动调出原账户，自动核对该户的户名，账号及余额是否相符以及是否透支。当无误时，机器自动计算，结出利息积数，更新分户账，记活期存款科目账和库存现金科目账，打印凭条、存折。柜员审核凭条，提示储户签名确认后，在凭条、存折上加盖付讫章和名章，然后，将存折和现金交付储户，取款凭条留存。其会计分录为：

借：吸收存款——××活期储蓄存款户

　　贷：库存现金

（四）换折业务

柜员收回旧折，在最后余额栏下注明“过入新折”，并另开新折。新折的扉页上应注明旧折账号、户名，第一行摘要栏内注明“旧折过入”，余额栏内记载旧折的最后余额。原存折扉页公章处应加盖“注销”，每页加盖“附件”戳记，作为当日存款或取款凭条的附件。其余手续照存、取款办理。

（五）销户

储户不再续存，支取全部存款时即为销户。柜员核对取款凭条和存折后，选择活期销户操作。显示和处理过程与支取时类似，不同的是，要求支取的金额数字应按照画面上显示的余额数字输入(柜员核对取款凭条上填写的支取金额与显示的余额是否相同，如不同则要提示储户重新填写)，计算机确定合法后，自动完成结息、代扣缴利息税，销账，记活期储蓄存款科目账和库存现金科目账，活期储蓄利息支出账，在开销户登记簿中注销此户，依次打印凭条、存折及清单，柜员核对无误后加盖“结清”戳记和名章。将现金和利息清单，第二联交储户，将存折和凭条一起留存，将利息清单第一联作为利息付出传票附件留存。其会计分录为：

借：吸收存款——××活期储蓄存款户

利息支出——××活期储蓄存款户

贷：库存现金

(六)利息计算

活期储蓄存款按季结息。每季末月20日为结息日，扣除利息税后，利息于季末月21日转存，存款的结息或销户一律按当日挂牌公告的活期利率计付利息。(计息方法参照单位活期存款)活期储蓄存款利息的会计分录为：

借：利息支出——××活期储蓄存款户

贷：吸收存款——××活期储蓄存款户

三、定期储蓄存款业务核算

定期储蓄存款是储户在存款时约定存期，一次或按期分次存入本金，整笔或分次支取本金或利息的一种储蓄。定期储蓄存款按照存取方式主要分为整存整取、整存零取、零存整取、存本取息、定活两便。

(一)整存整取

1. 开户

柜员审核定期存款凭条，凭有效身份证，收妥现金，选择定期开户操作，并根据存款凭条内容输入，计算机检查内容合法后，自动建立储户账号，登记整存整取开户登记簿，记定期储蓄存款账、库存现金账、日记账，依显示器提示打印存款凭条和存单，其余手续同活期储蓄开户。其会计分录为：

借：库存现金

贷：吸收存款——××定期储蓄存款户(整存整取)

2. 到期或过期全部支取

柜员审核存单无误后，选择到期或过期全部支取操作，将存单所列账号输入计算机。计算机根据账号搜索储户资料。柜员应审核该户是否挂失、止付等。如储户凭密码支取，须由储户本人输入密码，确认后，计算机自动计算应付利息，将此账户在整存整取开销户登记簿中注销并记入销户日期，将本金从定期存款户中付出，利息从储蓄利息支出户中付出，记库存现金账。同时，柜员应在存单上加盖结清戳记，打印利息清单。其余手续同活期储蓄销户处理。其会计分录为：

借：吸收存款——××定期储蓄存款户(整存整取)

利息支出——××定期储蓄存款户(整存整取)

贷：库存现金

3. 提前支取

柜员验核存单、背书及身份证件，并将身份证件名称、号码、发证单位等抄写在存单上，其他过程与到期支取相同。

如果是部分提前支取，柜员选择部分提前支取操作，根据电脑显示输入有关内容，由计算机自动进行剩余部分的转存处理，打印出转存部分的新存单，新存单开户日期应为提前支取日期。其他处理过程与到期支取过程相同。

4. 利息计算

到期支取，原定存期内不论利率调高或调低，均按存单开户日挂牌公告的相应利率计付利息，不分段计息。

过期支取，其原定存期部分，按到期支取计息方法计息，超期部分，除约定自动转存外，按支取日挂牌活期储蓄利率计付利息。

提前支取，提前支取部分按支取日的挂牌活期储蓄利率计付利息，未提前支取部分，仍按原存单所定利率计付利息。

(二)零存整取

开户时，除采用零存整取存款凭条、账卡、存折外，其余处理程序同活期储蓄存款。续存时，核对续存金额是否符合规定。续存中如有漏存，上月漏存的可于次月补存，但不得于第三个月补存。发生漏存后如次月未补存，按漏存处理。其余处理程序同活期储蓄存款。

到期支取时，检查存款是否已到期，抽出账卡核对，如无挂失、冻结等情况，按规定计算应付利息。其余处理程序同活期储蓄存款的“销户”。只能全部提前支取的，有关提前支取手续参照整存整取定期储蓄处理，除计息利率不同外，其他处理程序同“到期支取”。

利息计算时，通常采用月积数计息法和固定基数计息法。月积数计息法根据存款账每月余额计息出月积数，然后乘以月利率计算应付利息。固定基数计息法根据规定存期和利率计算出每元本金到期应付利息，再以此基数乘以存入金额计算出应付利息。

(三)存本取息

开户时接到储户填妥的存本取息存款凭条(包括姓名、存期支息期限、金额等内容)和现金，检查凭条内容，初点现金；按照储户约定的支息期限，根据本金、存期、利率和支取利息次数计算出每次应付利息金额，填写存折(单)、账卡。凭印鉴支取的，在账卡印鉴栏内加盖储户方印章，登记开销户登记簿。在存款凭条加盖“现金收讫”章，存折扉页(或存单)外加盖业务公章。开销户簿上加盖私章后，问清储户姓名及存款金额后将存折(单)交给储户。

储户取息的日期，应按存入日对月对日支付，未到取息日期，不得提前支取。若到取息日期不来取息，以后可随时来取，但不计复息。

存本取息的利息计算，应先按规定利率计算应付利息总数，然后再根据取息次数计算平均每次支取的利息。

$$每次支取利息=(本金\times存期\times利率)\div支取利息次数$$

$$(或)=本金\times每次取息间隔月数\times月利率$$

(四) 定活两便

开户时储户填写定活两便存单时不填存期、利率，可随时支取，不要求储户提供身份证明，且支取时除计息方法不同外，其余处理程序均同“整存整取”。

其利息计算应根据不同存期来加以计算。存期不足 3 个月按支取日挂牌公告的活期利率计息；存期 3 个月以上，按支取日 1 年期以内定期整存整取同档利率 6 折计息。

(五) 整存零取

其核算程序同零存整取储蓄业务，只有利息计算不同。

此种储蓄存款应分期支付本金，利息到期结清时支付，本金逐期递减，计算利息时应计算出本金的平均值，然后再计利息。

$$本金平均值=(全部本金+每期支付本金)\div 2$$

$$利息=本金平均值\times 存期\times 利率$$

$$(或)=本金平均数\times 支取次数\times 每次取息间隔月数\times 月利率$$

四、银行对小额账户征收管理费

从 2006 年 3 月 21 日起，一些商业银行开始对小额账户收取管理费。例如，工商银行规定，在一个季度内平均每天少于 300 元的小额人民币活期存款账户，每季度将被加收 3 元的账户管理费。一直以来，由于对客户在银行开立账户没有任何限制，有许多客户在银行开立账户后长期闲置不用，而且经过多年的累积这类账户数目越来越大，这些低效账户的存在占用了较大的银行系统资源，银行每年需投入巨额资金和计算机设备对这些低效或无效账户的数据进行运算、储存，不仅极大地浪费了社会资源，也降低了商业银行的服务效率、增加了商业银行的运营成本。因此，商业银行通过合理、合法的手段，促使客户主动注销不使用的银行账户，整合银行系统资源，提高银行服务效率，降低运营成本，不仅可以促进整个社会资源使用效率的提高，还可引导客户树立合理的理财观念。但也有不少人士对此规定持反对态度。

五、储蓄存款的挂失

(一) 存单 (折) 的挂失

办理储蓄存单 (折) 或者预留印鉴的印章挂失时，存款人必须出示本人身份证明并提供存款种类、账号、存款日期、金额及住址电话等有关情况，储蓄机构须查实存款确未支付，方可受理挂失申请，否则不能办理。

申请挂失时，由储户本人填写“挂失申请书”一式三联，第一联留存备查；第二联加盖公章及经办人章，交给挂失人作为领取新存单 (折) 的凭据；第三联凭以登记“储蓄挂失登记簿”，同时在挂失的账卡内用红字注明“×年×月×日挂失”字样。账卡另行保管以防冒领。

挂失 7 天后，经储蓄机构核实查对，未发现其他问题，储户可凭申请书第二联，来行办理补发新存单 (折) 手续。补发时，均要结清原户，另开新户处理。新存单 (折) 上注明挂失存单(折)的账号及“挂失补发”字样，按原起息日计息，在挂失账卡及开销户登记簿上注明“挂失结清”字样，以备查考。

(二)印鉴挂失

储户遗失印鉴申请挂失时，应提交本人身份证件，填写挂失申请书一式三联，经储蓄机构核实查明确未支取，即在账卡的印鉴栏注明“×年×月×日印鉴挂失字样”，将原印鉴注销。如储户仍要求凭印鉴支取，可重新预留印鉴。

第三章

商业银行会计贷款业务的核算

第一节　贷款业务概述

一、贷款业务的意义

贷款又称放款，是指金融企业即银行对借款人提供的按约定的利率和期限还本付息的资金。贷款是商业银行的传统业务，也是一项主要的资产业务。商业银行根据国家法律和规章制度的规定，以资金的效益性为目的，以资金的安全性和流动性为前提，对各部门企事业单位和个人发放贷款。在办理贷款的发放与收回的业务核算中实行信贷监督，这对实现优化资金再分配，合理配置资源，对支持短线产品、限制长线产品，使国民经济稳定、持续发展，提高银行资金的使用效益，促进市场经济发展和提高人民物质、文化生活水平等具有重大意义。另外，贷款利息作为银行最主要的财务收入，既为国家创造了利税收入，同时，也为自身增加了积累。这对于提高银行经济效益，促进商业银行业务的发展，在竞争中立于不败之地，也具有积极意义。

二、贷款业务的种类

商业银行贷款业务的种类，可按不同的划分标准进行分类。

(一)按照贷款归还期限长短划分

1. 短期贷款

短期贷款，是指贷款期限在 1 年以下(含 1 年)的各种贷款。目前主要有 6 个月、1 年等期限档次的短期贷款。这种贷款也称为流动资金贷款，在整个贷款业务中所占比重很大，是商业银行最主要的业务之一。

2. 中期贷款

中期贷款，是指贷款期限在 1 年以上(不含 1 年)，5 年以下(含 5 年)的贷款。

3. 长期贷款

长期贷款，是指贷款期限在 5 年(不含 5 年)以上的贷款。

(二)按贷款发放时有无担保品划分

1. 信用贷款

信用贷款，是指以借款人信誉发放的贷款。过去基本上是以发放信用贷款为主。随着市场经济的发展，贷款逐步从信用贷款向担保贷款转变，信用贷款今后仅向信誉显著的企业提供。

2. 担保贷款

按担保方式分为保证贷款、抵押贷款、质押贷款和票据贴现。

(1)保证贷款，是指按《中华人民共和国担保法》规定的保证方式，以第三人承诺在借款人不能偿还贷款时，按约定承担一般保证责任或连带责任而发放的贷款。

(2)抵押贷款，是按《担保法》规定的抵押方式，以借款人或第三人的财产作为抵押而发放的贷款。

(3)质押贷款，是指按《担保法》规定的质押方式，以借款人或第三人的动产或权利作为质押物发放的贷款。债务人不履行债务时，债权人有权依照本法规定以该动产折价或者以拍卖的方式，变卖该动产的价款优先受偿。

3. 票据贴现

票据贴现，是指贷款人以购买借款人未到期商业票据的方式发放的贷款。

(三)按发放贷款时商业银行承担本息收回的责任划分

1. 自营贷款

自营贷款，是指商业银行以自有资本金、吸收的存款等合法方式筹集的资金自主发放的贷款，其风险由商业银行承担，并由其收回本金和利息。

2. 委托贷款

委托贷款，是指政府部门、企事业单位及个人等委托人根据国家的有关规定提供资金，由商业银行(即受托人)根据其确定的贷款对象、用途、金额、期限、利率等代理发放，监督使用并协助收回的贷款，其风险由委托人承担。商业银行办理此项贷款的目的只是为收取手续费，不得代垫资金。

(四)按贷款风险程度划分

1. 正常类贷款

正常类贷款，是指借款人能够严格履行合同，没有足够理由怀疑贷款本息不能按时足额偿还，即有充分把握按时足额偿还贷款本息的那部分贷款。一般情况下，这部分贷款应占银行贷款的绝大部分。具体判断时可以考虑以下几个特征：借款人进行正常经营活动的外部环境良好；抵押、担保等手续完备，符合法律规定，但在目前情况下尚不需要考虑这方面的问题。

2. 关注类贷款

关注类贷款，是指尽管借款人目前有能力偿还贷款本息，但存在一些可能对偿还产生不利影响的因素。有关因素包括借款人的正常经营活动受到一些不利影响、借款人的财务状况有恶化的迹象、贷款项目出现重大的不利于贷款归还的调整等，这些因素需要引起银行的密切关注，如果得不到有效的控制或继续恶化，贷款将会出现问题。

3. 次级类贷款

次级类贷款，是指借款人的还款能力出现明显问题，完全靠其正常经营收入已无法保证足额偿还贷款本息，即使执行担保，也可能会造成一定损失。具体可根据以下特征来判断：借款人未能按时归还贷款本息；借款人的财务状况恶化或有明显的恶化趋势，比如借款人的盈利水平、现金流量明显下降，主营业务收入明显低于预期水平，还款能力明显降低，负债总额大幅度增加等。

4. 可疑类贷款

可疑类贷款，是指借款人无法足额偿还贷款本息，即使执行担保，也肯定要造成较大损失。相对而言，可疑贷款具有次级贷款的所有特征并且程度更加严重。

5. 损失类贷款

损失类贷款，是指在采取所有可能的措施或一切必要的法律程序之后，本息仍然无法收回，或只能收回极少部分。比如，借款人长期拖欠贷款本息；借款人已停业或已宣告破产，以其停业或破产财产不足以抵偿贷款本息；抵押物、质押物等已被银行依法进行了处置，或已对担保人先实施了追索权，但所得款项仍不能抵偿借款人拖欠的贷款本息等。

次级类贷款、可疑类贷款、损失类贷款为不良贷款。

（五）按贷款本息是否逾期超过一定天数划分

1. 非应计贷款

非应计贷款，是指贷款本金或利息逾期 90 天没有收回的贷款。

2. 应计贷款

应计贷款，是指非应计贷款以外的贷款。

（六）按贷款是否具有政策性划分

1. 政策性贷款

政策性贷款，是指对某些企业单位或专项用途发放的贷款，一般由政策性银行办理，商业银行也有此类业务。

2. 商业性贷款

商业性贷款，是指由商业银行根据其经营原则决定贷与不贷、贷多贷少以及是否需要抵押而发放的贷款。

三、贷款业务的核算要求

（一）准确及时地办理各项贷款的核算手续

会计人员对贷款业务，必须做好以下核算工作：发放贷款实行逐笔转存方法，本息分别核算，贷款本金按实际贷出的贷款金额入账。期末，应按贷款本金和适用的利率计算应收取的利息，按期收回贷款本金及利息，按规定计算和收取逾期贷款的罚息，商业银行发放的贷款应当在期末按规定计提贷款损失准备，做好呆账贷款核销手续等。

（二）加强对贷款业务核算过程的会计监督

根据国家有关法规，会计部门在具体办理贷款发放、使用及收回的整个过程中，应实行会计监督，以保证贷款按规定用途使用和贷款按期收回本息。

（三）做好不良贷款指标的计算和分析工作

各商业银行的逾期贷款率、呆滞贷款率、呆账贷款率均不得超过人民银行规定的比例。因此，会计部门应该做好不良贷款指标的计算和分析工作，及时向领导和有关部门提供数据，以便加强对不良贷款的管理，做好不良贷款的催收工作。

四、商业银行贷款设置的会计科目

为了加强贷款业务的核算，商业银行会计科目中设置了贷款、抵债资产、贴现、贷款损失准备一级科目，同时下设短期贷款、中长期贷款、非应计贷款、逾期贷款等二级科目。其中，短期贷款科目用于核算期限在 1 年以内（含 1 年）的各种贷款，中长期贷款科目核算对象为期限在 1 年以上的信用或保证贷款。各贷款科目均为资产类科目，发放贷款时记借方，收回时记贷方。值得注意的是贷款损失准备科目性质比较特殊，它属于资产的备抵科目。

同时，为了反映贷款利息核算情况，还设置了利息收入科目、应收利息科目。

第二节　信用贷款的核算

一、信用贷款的规定

1. 贷款的申请

借款人申请信用贷款时，应向开户银行提交《借款申请书》，申请书上必须填写借款金额、借款用途、偿还能力和还款方式等内容，并向银行提供以下资料：①借款人基本情况；②财政部门或会计（审计）事务所核准的上年度财会报告，以及申请借款前一期的财务会计报告；③原有不合理占用的贷款的纠正情况；④如申请中长期贷款，则还必须提供项目可行性报告、项目开工前期准备工作完成情况的报告、在开户银行存入了规定比例资金的证明、经有权单位批准下达的项目投资计划或开工通知书、按规定项目竣工投产所需自筹流动资金落实情况及证明材料。

2. 贷款的审批及借款合同的签订

银行信贷部门应按照审贷分离、分级审批的贷款管理制度进行贷款的审批。经审批同意贷款后，银行（贷款人）应与借款人签订借款合同，合同上应注明贷款种类、贷款用途、金额、利率、还款期限、还款方式、违约责任和双方认为需要约定的其他事项。

二、信用贷款发放的核算

借款人申请贷款时，应首先向信贷部门提交贷款申请书。经商业银行立项审核评估同意后，双方签订借款合同后，再填写一式四联借款凭证，并在第一联借款凭证上加盖预留银行印鉴，由信贷部门按有关规定进行认真审查，确定贷款的金额和期限后，转交会计部门。会计部门接到借款凭证后，应重点审查借款凭证中借款的用途、金额、签章和归还日期无误后，以借款凭证第二联、第三联分别代转账借方、贷方传票办理转账。其会计分录为：

借：贷款——××贷款——借款人户

　　贷：吸收存款——活期存款——借款人户

转账后，借款凭证第一联（借据）按贷款到期日顺序排列，专夹保管，以监督按期收回。借款凭证第四联（回单）加盖业务章交借款单位收执。

会计部门对保存的借款借据要定期通打（一般按月）并与贷款分户账核对，以保证账据相符。同时，还应随时查阅借款借据的到期日，在到期之前，通过信贷部门通知单位还款。

三、信用贷款收回的核算

贷款到期，借款单位应按照借款合同规定按时足额归还贷款本息。还款时，借款单位应填交借款偿还凭证一式四联送交贷款行办理还款手续。会计部门接到还款凭证后，抽出原留存的借据，经核对相符后，则计算利息，在凭证上填写利息和合计金额，同时核对印鉴是否相符，账户上有无足够余额。然后以偿还凭证一、二、三联代传票，借款凭证第一联作借方传票附件，办理转账。其会计分录为：

借：吸收存款——借款人活期存款户

　　贷：贷款——借款人短期贷款户

　　　　利息收入——贷款利息收入户

转账后，将借款偿还凭证第四联加盖转讫章后，退还借款单位。

如借款单位是签发转账支票归还贷款，则以支票代转账借方传票（支票上应填写本息合计金额），商业银行另填制两联转账传票，一联填写贷款金额，一联填写利息金额，办理转账。会计分录同上。

另外，为了及时收回贷款，也可在借款单位存款账户中有足够资金时，由会计部门采用特种转账传票转账，主动收回贷款。

四、贷款展期的核算

贷款到期，借款单位如因正当原因不能按期还款，短期贷款应在到期前 10 天，中、长期贷款应在到期前一个月向银行申请办理展期手续，经信贷部门审批后送会计部门。会计部门在原借款借据上批注展期期限，将展期申请书随原借据一并保管，不必办理转账手续。

短期贷款展期不得超过原贷款期限，中期贷款不得超过原贷款期限的一半，长期贷款不得超过 3 年。只能展期一次，展期期间的贷款视同正常贷款，不计算罚息。

五、贷款逾期的核算

逾期贷款是指借款合同约定到期（含展期后到期）未归还的贷款。贷款到期未归还，应由会计部门使用特种转账凭证将贷款本金从正常户转入逾期户进行核算，其会计分录为：

借：贷款——××单位逾期贷款户

　　贷：贷款——××单位短期贷款户

同时由于期限内的利息未能收回，对此部分利息计入应收利息，其会计分录为：

借：应收利息

　　贷：利息收入

六、非应计贷款的核算

贷款本金或利息逾期超过 90 天，应停止计提利息收入，将逾期贷款转入非应计贷款科目单独核算，其会计分录为：

借：贷款——××单位非应计贷款户

　　贷：贷款——××单位逾期贷款户

此时，如果原已入账的利息收入和应收利息予以冲销，转入表外“未收贷款利息”科目进行核算。其会计分录为：

借：利息收入

　　贷：应收利息

　　收：未收贷款利息

非应计贷款期间发生的应收利息不计入当期损益，通过表外“未收贷款利息”科目核算。实际收到非应计贷款的利息计入当期损益，同时冲销表外“未收贷款利息”。其会计分录为：

借：吸收存款——××单位活期存款户

　　贷：利息收入

　　付：未收贷款利息

非应计贷款满足有关条件时，可以从非应计贷款转回应计贷款。其会计分录与转入时相反。非应计贷款转回应计贷款后，收到还款时，应先归还利息，再归还本金。

第三节　担保贷款的核算

担保贷款是按照《中华人民共和国担保法》（以下简称《担保法》）的规定，以担保人的信用或资产为基础而发放的一种贷款。担保贷款按担保的形式可分为保证贷款、抵押贷款和质押贷款。

一、保证贷款

（一）保证贷款的规定

借款人申请保证贷款除按一般程序向银行提交《借款申请书》及其他材料外，还应提供保证人基本情况以及保证人拟同意保证的有关证明文件。经信贷部门审查认可并同意贷款后，银行与保证人签订保证合同。保证合同应明确借款人、保证人和银行三方之间的权利及义务关系。在审查合同保证的有效性时应注意以下几个方面。

1. 保证人是否具有保证资格

《担保法》规定：保证人必须是具有代为清偿债务能力的法人，其他经济组织或公民。

2. 保证人的资金实力及保证意愿

银行在签订保证合同时，应了解保证人的保证意愿和保证人过去的履行保证协议的记录。如有不良记录，则应对保证的有效性持审慎态度。此外，银行还应审查保证人的资金实力，包括保证人的财务状况、现金流量、或有负债；信用评级以及目前所保证的数量和金额。只有具备保证资金实力，又有保证意愿的保证人才能承担保证责任。

3. 保证人与借款人之间的关系

保证人一般是借款企业的股东、合伙人、母公司及有业务往来的公司等。保证人与借款人之间往往有着不同程度的经济联系，为此，应特别注意完全依赖保证担保的贷款，防止欺诈行为。

4. 保证的法律责任

银行与保证人签订保证合同时，应注明为连带责任保证。保证的范围应包括主债权及利息、违约金、损害赔偿金和实现债权的费用。此外，还应明确保证期限。

（二）贷款发放的核算

借款人申请保证贷款时，必须填写保证贷款申请书，按照《中华人民共和国担保法》和《贷款通则》有关规定签订保证合同或出具保函，加盖保证人公章及法人名章或授权书，注明担保事项，经商业银行信贷部门和有权审批人审查、审批并经法律公证后办理贷款手续。涉及用财产等物品提供保证的，应由信贷部门原封，由会计部门保管，信贷部门与会计部门严格交接手续。会计部门将财产等物品纳入“代保管有价值品”表外科目核算，登记有关登记簿。其会计分录为：

借：贷款——××借款人短期贷款户

　　贷：吸收存款——××借款人活期存款户

　　收：代保管有价值品——××保证人户

然后按信用贷款的程序办理贷款手续。

（三）贷款收回的核算

贷款到期，收回贷款的手续及会计分录与信用贷款相同。收回贷款后，会计部门根据信贷部门的书面通知办理保证物品的退还手续，书面通知书作表外科目付出凭证的附件，销记有关登记簿。其会计分录为：

付：代保管有价值品——××保证人户

（四）借款人无法还款的核算

贷款到期借款人不能还款，应根据贷款合同和有关规定，直接向保证人收取款项归还贷款。其会计分录为：

借：吸收存款——××保证人活期存款户

　　贷：贷款——××借款人短期贷款户

　　　　利息收入

　　付：代保管有价值品——××保证人户

二、抵押贷款

抵押贷款是指按《担保法》规定的抵押方式以借款人或第三人的财产作为抵押发放的贷款。借款人到期不能归还贷款本息时，银行有权处置抵押品作为补偿。

（一）抵押贷款的规定

1．贷款的申请

借款人申请该类贷款时，应填写《质押或抵押贷款申请书》注明质押物的名称、数量、价格、质量等，同时向银行提供质押物清单及有处分权人的同意质押、抵押的证明，其余提供的资料与信用贷款基本相同。

可以用于抵押的财产，包括以下五类：①抵押人所有的房屋和其他地上定着物；②抵押人所有的机器、交通运输工具和其他财产；③抵押人依法有权处分的国有土地使用权、房屋和其他地上定着物；④抵押人依法承包并经发包方同意抵押的荒山、荒沟、荒丘、荒滩等荒地的土地使用权；⑤抵押人依法有权处分的国有机器、交通运输工具和其他财产。

2. 抵押贷款管理的规定

(1)严格选择抵押物。银行发放贷款，对抵押物的选择应遵守以下原则：价格变动较小；易于出售变现；易于保管，不易变质损坏；容易识别鉴定和估价；抵押物中的房屋和其他地上定着物、机器设备、交通工具及其他财产应当参加财产保险。

(2)认真验证产权证明。对用于抵押的财产应认真查验有关产权的证明文件，确保产权证明的真实性、有效性，防止欺诈行为，确保贷款的安全性。

(3)准确评估抵押物价值。抵押物价值可以由借贷双方协商确定。必要时委托有评估资格的资产评估机构，对国有资产还需由国有资产管理局对评估结果予以确认。

(4)合理确定抵押率。抵押率是将抵押物在抵押期间自然或经济的贬值因素、法定和约定的处理费用扣除后的估算值及现值的比例。抵押率可以协商确定，也可以遵从有关规定。按照规定，抵押贷款的额度一般掌握在抵押品的实际总值的 50%～70%。具体每一笔贷款抵押额度的确定，应根据抵押品在抵押期内的折旧、价格变化及处理费用等情况确定，一般不得超过抵押物评估值的 70%。

(5)完整填列抵押物清单。抵押物清单一式三份，每份抵押贷款合同后附一份。

(6)做好抵押物的登记与保管。《担保法》要求登记的抵押物必须登记。抵押物由债务人保管的，债权人应经常检查抵押物的维护和保管情况，确保完好无损。

(二)抵押贷款发放的处理手续

借款人申请抵贷款时，应向商业银行提交贷款申请书。除了填写借款用途、金额、还款日期外，还必须注明抵押品名称、质量、数量、价格及保管方式等有关事项。信贷部门审批同意后，与借款人签订借款合同和抵押合同，由会计部门具体办理发放手续。

商业银行会计部门审核借款凭证和所附抵押品单据无误后，办理贷款的发放。会计核算与信用贷款相同。其会计分录为：

借：贷款——借款人抵押贷款户

　　贷：吸收存款——借款人活期存款户

同时，对抵押物进行登记簿登记。

　　收：抵押物——××单位抵押物(公允价值)

(三)抵押贷款收回的处理手续

贷款到期，借款人应主动提交借款偿还凭证或转账支票到商业银行办理还款手续。会计处理与信用贷款相同。其会计分录为：

借：吸收存款——借款人活期存款户

　　贷：贷款——借款人抵押贷款户

　　　　利息收入——利息收入户

贷款本息收回后，抵押品及有关单据退还借款人，并销记登记簿。

　　付：抵押物——××单位抵押物(公允价值)

(四)抵押贷款逾期的处理

抵押贷款到期，借款人如不能偿还，商业银行应将抵押贷款冲转到逾期贷款，并按规定利率加收罚息。其会计分录为：

借：贷款——借款人逾期贷款户

　　贷：贷款——借款人短期贷款户

借：应收利息

　　贷：利息收入

同时向借款人填发“核算抵押品通知单”。贷款逾期一个月借款人仍未归还贷款本息的，商业银行有权按担保法规定将待处理抵押物转为抵债资产，然后根据贷款合同依法对抵押物出售、拍卖。所谓抵债资产是指商业银行在贷款、查处资金等金融债权无法实现的情况下，经双方协商或其他方式，债权人同意债务人用非现金资产抵偿金融债权而取得的资产。商业银行持有抵债资产的目的是要对其进行处置，并尽快以现金的形式收回贷款，以减少贷款的损失。其会计分录为：

借：抵债资产

　　贷：贷款——借款人逾期贷款户

　　　　应收利息(期限内应收息)

　　　　利息收入(逾期一个月罚息)

商业银行对抵债资产处置时，如果取得的处置收入大于抵债资产账面价值，其差额计入营业外收入；如果取得的处置收入小于抵债资产账面价值，其差额计入营业外支出。

例 3-1 某行以甲厂办公楼净值 100 万元作为抵押物，于 2015 年 5 月 10 日向甲厂发放一年期抵押贷款 70 万元，2016 年 5 月 10 日未归还贷款本息，商业银行当日向甲厂填发“处理抵押品通知单”。6 月 10 日仍未归还抵押贷款本金 70 万元，应收利息 5 万元，银行即可处置抵债资产。

(1)6 月 11 日取得抵债资产，其会计分录为：

借：抵债资产	750 000	
贷：贷款——甲厂逾期贷款户		700 000
应收利息——甲厂户		50 000

(2)假设对外出售或拍卖收回资金 800 000 元，其会计分录为：

借：吸收存款——××单位活期存款户	800 000	
或：存放中央银行款项		
贷：抵债资产		750 000
营业外收入		50 000
同时，付：抵押物——甲厂办公楼		1 000 000

(3)假设对外出售或拍卖收回资金 700 000 元，其会计分录为：

借：吸收存款——××单位活期存款户	700 000	
或：存放中央银行款项		
借：营业外支出		50 000
贷：抵债资产		750 000
同时，付：抵押物——甲厂办公楼		1 000 000

三、质押贷款

质押贷款是指按照《中华人民共和国担保法》规定的质押方式，以借款人或第三人的动产或权利为质物的贷款。质押贷款按质物的性质不同，分为动产质押和权利质押两种。以动产作质押的，必须将动产移交发放贷款的商业银行占有，并签订质押合同。以汇票、债权、存单等票据权利作质物的，应当在合同约定的期限内将权利凭证交给贷款银行。以依法可以转让的股票作质物的，应向证券登记机构办理出质登记，以依法可以转让的商标权、专利权、著作权作质物的，还应向出质人的管理部门办理出质登记。

(一) 用于质押的动产或权利

根据质押贷款的规定：可以用于质押的动产或权利，包括以下四类：

(1) 货物，如企业或个体户经营的商品；

(2) 汇票、支票、本票、债券、存款单、仓单、提单等权利凭证；

(3) 依法可以转让的股份、股票；

(4) 依法可以转让的商标专用权、专利权、著作权中的财产权。

(二) 抵(质)押贷款审批及借款合同的签订

银行除按信用贷款审批手续进行审核外，还应审核质押物。审批同意后，应由抵押人(或出质人)与银行签订抵押合同(或质押合同)，并依法办理登记。

目前，商业银行办理最普遍的质押贷款为单位定期存单质押贷款。单位定期存单质押贷款是指借款人以其所持有的单位定期存款的存单为质押物,向商业银行申请借款的一种贷款。其核算手续及会计分录同抵押贷款，不同的是质押贷款对单位存单可依法进行处分，向存款行书面申请兑现收回贷款。质押贷款不存在抵债资产。

四、个人类贷款业务

个人类贷款就是商业银行向个人客户发放的用于合法经营活动所需小额、短期或者长期、大额度资金周转的人民币贷款。

商业银行个人贷款申请人条件通常只要具有完全民事行为能力的中国公民及在中国大陆有居留权的境外、国外公民；具有合法、稳定经济收入，信用良好，有偿还贷款本息的能力就可以去相关商业银行申请个人贷款。而对于商业银行个人贷款来说，个人小额贷款是受到广大个人消费者欢迎的产品之一。一般个人小额度贷款申请条件相对简易，申请流程也不复杂，只要银行审批通过，在短时间内即可获得放款。

(一) 个人综合消费贷款

商业银行对借款人发放的用于指定消费用途的人民币担保贷款。

申请条件：

(1) 在贷款银行所在地有固定住所、有常住户口或有效居住证明、年龄在 65 周岁(含)以下、具有完全民事行为能力的中国公民；

(2) 有正当职业和稳定的收入,具有按期偿还贷款本息的能力,并能够提供相关的证明文件；

(3) 具有良好的信用记录和还款意愿，无不良信用记录；

(4) 能提供银行认可的合法、有效、可靠的担保；

(5) 有明确的贷款用途，且贷款用途符合相关规定；

(6) 在贷款银行开立个人结算账户；

(7)银行规定的其他条件；

(8)在银行及其他金融机构无不良贷款记录；

(9)对采用担保方式的，能提供银行认可的合法、有效的质押、抵押或保证担保。

该品种能满足个人客户各方面的消费需求，提前享受舒适生活。贷款额度可根据资信和担保情况灵活确定，可用于大额耐用消费品、住房装修、出国留学，但不能用于购置房屋或者投资金融市场、证券市场。一般最长贷款期限不超过5年，根据不同贷款银行的规定，个人综合消费贷款年限最长不超过10年。贷款利率按照中国人民银行规定的同期同档次期限利率执行。目前，个人综合消费贷款的执行利率根据各个贷款银行的不同政策要求，贷款利率至少在基准利率的基础上上浮10%。

(二)个人经营性贷款

个人经营性贷款是指借款人以商业银行认可的房产抵押、人民币有价单证质押、专业担保公司担保或以其他银行认可的担保方式担保，向商业银行申请的用于其本人为法定代表人或唯一出资人或主要出资人或高级管理人员的个体工商户、个人独资企业、个人合伙企业、一人有限责任公司、普通有限责任公司、股份有限公司正常生产经营过程中补充流动资金需要的贷款。

贷款用途规定：

(1)用于借款人合法的经营投资活动中的正常资金需求，如持续经营过程中临时性、季节性流动资金周转、购置(维修)有关设备、装潢经营场所等；

(2)鼓励对制造业、批发业、零售商贸业、物流运输业及其他国家优先发展和重点扶持的行业和主要结算通过本行，业务运转良好、主业清晰的企业发放个人经营性贷款；

(3)禁止贷款资金用于房地产开发和土地储备；禁止贷款资金进入证券市场和金融投资；

(4)禁止向存在安全隐患、产品质量差、市场销路不畅、“高能耗”、“高污染”的企业发放本贷款。

个人经营性贷款需提供资料：

(1)借款人及配偶的身份证、户口簿、婚姻状况证明；

(2)房产证、土地证；

(3)借款人企业的营业执照、验资报告、公司章程、财务报表、购销合同等；

(4)有关股东会决议或股东会声明；

(5)如系厂房及土地抵押，还需提供当地国土部门所出具的土地利用率证明和数字国土图、土地出让金付清凭证或土地使用权出让或转让合同、建设规划用地许可证；

(6)贷款人要求的其他资料。

个人经营性贷款的额度不超过抵押物评估价的60%；个人经营性贷款的期限最长为3年；贷款利率执行原则上按中国人民银行规定的同档次、同期限贷款利率至少上浮10%。

(三)个人汽车消费贷款

个人汽车消费贷款，是指商业银行对在其特约经销商处购买汽车的购车者发放的人民币担保贷款的一种新的贷款方式。

申请汽车消费贷款的购车者还必须具备以下条件。

(1)购车者必须年满 18 周岁，并且是具有完全民事行为能力的中国公民。

(2)购车者必须有一份较稳定的职业和比较稳定的经济收入或拥有易于变现的资产，这样才能按期偿还贷款本息。这里的易于变现的资产一般指有价证券和金银制品等。

(3)在申请贷款期间，购车者在经办银行储蓄专柜的账户内存入低于银行规定的购车首期款。

(4)向银行提供银行认可的担保。如果购车者的个人户口不在本地的，还应提供连带责任保证，银行不接受购车者以贷款所购车辆设定的抵押。

(5)购车者愿意接受银行提出的认为必要的其他条件。

(四)个人住房贷款

个人住房贷款，是指贷款人向借款人发放用于购买自用普通住房的贷款。贷款人发放个人住房贷款时，借款人必须提供担保。借款人到期不能偿还贷款本息的，贷款人有权依法处理其抵押物或质物，或由保证人承担偿还本息的连带责任。个人住房贷款包括个人住房按揭贷款和个人住房公积金贷款。

借款人应向贷款人提供下列资料：

(1)身份证件(指居民身份证、户口本和其他有效居留证件)；

(2)有关借款人家庭稳定的经济收入的证明；

(3)符合规定的购买住房合同意向书、协议或其他批准文件；

(4)抵押物或质物清单、权属证明以及有处分权人同意抵押或质押的证明，有权威部门出具的抵押物估价证明，保证人同意提供担保的书面文件和保证人资信证明；

(5)申请住房公积金贷款的，需持有住房公积金管理部门出具的证明；

(6)贷款人要求提供的其他文件或资料。

贷款人应根据实际情况合理确定贷款期限，但最长不得超过 30 年。

(五)个人质押贷款

个人质押贷款，是借款人以存款、存单、国债、保险单等作质押向贷款人提出申请并获得人民币贷款的业务。

申请条件：

(1)具有完全民事行为能力的中国公民；

(2)具有偿还贷款的能力；

(3)能够提供贷款人认可的有效质物作质押担保；

(4)在商业银行开立个人结算账户；

(5)银行规定的其他条件；

(6)以第三人所有质物作质押的，还需提供第三人的有效身份证件原件及复印件和同意质押的书面证明。

个人质押贷款期限一般为 1 年，最长不得超过 3 年(含)。在贷款期限内，必须对质物进行有效冻结。在借款人清偿贷款本息前，不得以任何理由办理质物的挂失或提前支取手续。个人质押贷款利率按照中国人民银行规定的相同期限的贷款利率执行，浮动幅度按照中国人民银行有关规定执行。

（六）个人信用贷款

个人信用贷款，是以个人信用及还款能力作为基础的贷款服务，不需要抵押和担保，但是需要一定的身份、住址及收入证明。目前可以提供个人信用贷款的机构很多，以工商银行为例。

申请条件：

(1)在中国境内有固定住所、有当地城镇常住户口、具有完全民事行为能力的中国公民；

(2)有正当且有稳定经济收入的良好职业，具有按期偿还贷款本息的能力；

(3)遵纪守法，没有违法行为及不良信用记录；

(4)在工商银行取得 A-级(含)以上个人资信等级；

(5)在工商银行开立个人结算账户；

(6)银行规定的其他条件。

除具备以上条件外，还具备以下特定准入条件之一的借款人为信用贷款特定准入客户：

(1)为银行优质法人客户的中高级管理人员及高级专业技术人员；

(2)个人拥有自有资产达 200 万元(含)以上；

(3)为牡丹白金卡客户；

(4)持有银行个人理财金账户 1 年(含)以上且账户年度存款平均余额 20 万元(含)以上；

(5)为工商银行个人贷款客户，贷款金额在 50 万元(含)以上且连续 2 年以上没有违约还款记录(含贷款已结清客户)。

贷款期限一般为 1 年，最长不超过 3 年。贷款利率按照中国人民银行规定的同期同档次贷款基准利率执行。

（七）各种贷款主要业务规定

(1)个人类贷款业务的款项转移必须以转账方式处理，客户在申请不同的个人业务时，必须向商业银行提供关联账户，用于个人贷款款项发放、归还的转账处理，其中个人存款账户必须是个人银行结算账户。

(2)必须根据个人信贷管理系统的电子指令办理个人类贷款的发放、展期和缩期等业务。

(3)办理个人贷款业务要坚持“双人办理，换人复核或授权”的原则。

(4)个人贷款综合账户下的所有贷款已发放、已发放的贷款还清、贷款的欠息还清，所有贷款借据状态为结清时，根据客户的要求方可进行销户处理。

(5)相关个人类贷款展期和缩期都只能办理一次，并且不能对同一笔贷款即要展期又要缩期。

(6)抵押质押品必须纳入会计表外科目核算，并对质押品实施有效冻结支付。

(7)个人住房贷款的特殊业务，必须经有权人审批和授权。

(8)还款方式的调整是在柜员输入错误的情况下进行的调整，需主管柜员授权，不能在客户的要求下修改还款方式，也就是说客户一旦选择了还款方式后就不允许再作修改。

第四节　贷款利息的核算

银行将资金贷放给企业或个人，这样资金的使用权就暂时让渡给了借款人，银行应按规定向借款人收取一定的贷款利息。

一、贷款利息计算的规定

(1) 短期贷款按贷款合同签订日的相应档次的法定贷款利率计息。合同期内，遇利率调整不分段计息。

短期贷款可以按季结息，也可按月结息。具体结息方式由借贷双方协商确定，按月结息的需在贷款合同中注明。按季结息的，每季度末月的 20 日为结息日；按月结息的，每月的 20 日为结息日。

(2) 中长期贷款利率实行 1 年一定，贷款(包括贷款合同生效日起 1 年内应分笔拨付的所有资金)根据贷款合同确定的期限，按贷款合同生效日相应档次的法定贷款利率计息，每满 1 年后(分笔拨付的以第一笔贷款的发放日为准)，再按当时相应档次的法定贷款利率确定下一年度利率。中长期贷款按季结息，每季度末月的 20 日为结息日。

(3) 各种贷款，对贷款期内不能按期支付的利息按贷款合同利率按季或按月计收复利，贷款逾期后改按罚息利率计收复利。

(4) 贷款展期，期限累计计算：累计期限达到新的利率期限档次时，自展期之日起，按展期日挂牌的同档次利率计息；达不到新的期限档次时，按展期日的原档次利率计息。

二、应计贷款利息的计算与核算

应计贷款，是指非应计贷款以外的贷款(含正常贷款和逾期不足 90 天的贷款)。

(一) 定期结息的计算方法

定期结息一般每季度(短期贷款也可每月)结息一次，每季末月(或每月)的 20 日为结息日。一般采用计息余额表或在乙种账页上按实际天数，先累计出计息积数，再乘以日利率即可得出利息数。除贷款利率不同外，其计算公式和计息方法与活期存款的计息方法相同。商业银行大多用此种方法计息。

(二) 利随本清的计息方法

利随本清(又称逐笔计息)是按约定的贷款期限，于贷款到期日归还贷款的同时按贷款金额逐笔计收利息。贷款时间的计算，采用逐笔对年对月对日的方法，对年按 360 天，对月按 30 天，零头天数按实际天数计算，算头不算尾(即从贷出的当天起息，偿还贷款日不计息)。商业银行一般不用此法。

贷款利息的计算一般按权责发生制原则，也就是说，银行要按季或月(或逐笔计贷款到期日)根据贷款的本金和利率计算应收利息，当期收到的计入当期利息收入，当期应收而未收的计入应收利息，当实际收到借款人归还利息时，冲减应收利息。

(三) 展期贷款的利息核算

对申请展期的贷款计息时，贷款的展期期限加上原期限达到新的利率期限档次时，从展期之日起，贷款利息按新的期限利率计收。如一笔 9 个月的短期贷款，利率 8%，展期 9 个月以后，展期期限加上原期限 1 年半，从展期之日起，贷款按 1 年期的利率 9% 计算。

（四）逾期贷款计息核算

贷款转入逾期后，商业银行要按季（或按月）的结息日，根据贷款本金和逾期天数及中国人民银行规定罚息利率计算应收利息，计入当期的利息收入。其会计分录为：

借：应收利息

　　贷：利息收入——××利息收入户

待以后收回逾期贷款本息时，冲减应收利息。其会计分录为：

借：吸收存款——借款人活期存款户

　　贷：应收利息

三、非应计贷款利息的核算

非应计贷款，是指贷款本金或利息逾期 90 天没有收回的贷款，当贷款的本金或利息逾期 90 天时，应单独核算。

当应计贷款转为非应计贷款时，应将已入账的利息收入和应收利息予以冲销，转入表外“未收贷款利息”（但应按期按罚款利率计算欠收利息，进行表外登记），同时，商业银行向借款人发出欠息通知单。新发生的应收未收利息不再计入当期损益，直接在表外“未收贷款利息”科目核算，实际收回时再计入损益。

第五节　贷款损失准备的核算

一、贷款损失准备的基本规定

商业银行应当按照谨慎性会计原则，合理估计贷款可能发生的损失，及时计提贷款损失准备。贷款损失准备包括一般准备、专项准备和特种准备。一般准备是根据全部贷款余额的一定比例计提的、用于弥补尚未识别的可能性损失的准备；专项准备是指根据《贷款风险分类指导原则》，对贷款进行风险分类后，按每笔贷款损失的程度计提的用于弥补专项损失的准备。特种准备指针对某一国家、地区、行业或某一类贷款风险计提的准备。

商业银行应按季计提一般准备，一般准备年末余额应不低于年末贷款余额的 1%。商业银行提取的一般准备，在计算商业银行的资本充足率时，按《巴塞尔协议》的有关原则，纳入商业银行附属资本。商业银行可参照以下比例按季计提专项准备：对于关注类贷款，计提比例为 2%；对于次级类贷款，计提比例为 25%；对于可疑类贷款，计提比例为 50%；对于损失类贷款，计提比例为 100%。其中，次级和可疑类贷款的损失准备，计提比例可以上下浮动 20%。特种准备由商业银行根据不同类别（如国别、行业）贷款的特殊风险情况、风险损失概率以及历史经验，自行确定按季计提比例。贷款损失准备由商业银行总行统一计提。外国银行在中华人民共和国境内设立的分行可由其总行统一计提一般准备，专项准备由分行分别计提。

（一）风险拨备

风险拨备，是指对承担风险和损失的资产计提的风险准备金，包括一般准备和资产减值准备。

一般准备是按照一定比例从净利润中计提取的、用于弥补尚未识别的可能性损失的准备。商业银行总行应于每年年度终了按不低于风险资产期末余额的1%提取。

资产减值准备是指在经营过程中，对资产预计可收回金额低于账面价值的部分提取的，用于弥补特定损失的准备，包括贷款损失准备、应收款账坏账准备、投资减值准备、抵债资产减值准备、固定资产减值准备、无形资产减值准备和在建工程减值准备等。

(二) 贷款损失准备包括专项准备和特种准备

专项准备，是指对贷款进行风险分类后，按贷款损失程度计提的、用于弥补专项损失的准备。(本章只讲述专项准备)

特种准备，是指商业银行对特定国家、地区或行业发放贷款计提的准备。除总行或总行授权分行按照一定比例提取特种准备外，各行一律不得提取特种准备。

(三) 贷款损失准备的计提范围

贷款损失准备的计提范围为承担风险和损失的资产，具体包括：贷款(含抵押、质押、保证等贷款)、银行卡透支、贴现、银行承兑汇票垫款、信用证垫款、担保垫款、进出口押汇、拆出资金等。对不承担风险的委托贷款等不计提贷款损失准备。

银监会2012年1月1日起施行的《商业银行贷款损失准备管理办法》中规定：商业银行要对贷款损失准备的充足性按照贷款拨备率和拨备覆盖率两项指标进行考核。贷款拨备率为贷款损失准备与各项贷款余额之比，贷款拨备率基本标准为2.5%；拨备覆盖率为贷款损失准备与不良贷款余额之比。拨备覆盖率基本标准为 150%。该两项标准中的较高者为商业银行贷款损失准备的监管标准。

二、贷款损失的确认标准

根据财政部《金融企业呆账准备提取及呆账核销管理办法》的规定，商业银行经采取所有可能的措施和实施必要的程序之后,符合下列条件之一的债权或者股权可确认为贷款损失。

(1) 借款人和担保人依法宣告破产、关闭、解散，并终止法人资格，金融企业对借款人和担保人进行追偿后，未能收回的债权。借款人死亡或依照民法通则的规定，宣告失踪或宣告死亡，以其财产或遗产追偿后，未能收回的债权。

(2) 借款人死亡或依照民法通则的规定，宣告失踪或宣告死亡，以其财产或遗产追偿后，未能收回的债权。

(3) 借款人遭到重大自然灾害或意外事故，损失巨大且不能获得保险补偿，确实无力偿还的部分或全部贷款，或者以保险追偿后，未能收回的债权。

(4) 借款人和担保人虽未依法宣告破产、关闭、解散，但已完全停止经营活动，被县级及县级以上工商行政管理部门依法注销、吊销营业执照，终止法人资格，金融企业对借款人和担保人进行追偿后，未能收回的债权。

(5) 借款人触犯刑律，依法受到制裁，其财产不足归还所借债务，又无其他债务承担者，金融企业经追偿后确实无法收回的债权。

(6) 由于借款人和担保人不能偿还到期债务，金融企业诉诸法律，经法院对借款人和担保人强制执行，借款人和担保人均无财产可执行，法院裁定终结执行，金融企业仍无法收回的债权。

(7)由于上述(1)～(6)项原因，借款人不能偿还到期债务，金融企业对依法取得的抵债资产，按评估确认的市场公允价值入账后，扣除抵债资产接收费用，小于贷款本息的差额，经追偿后仍无法收回的债权。

(8)开立信用证、办理承兑汇票、开具保函等发生垫款时，凡开证申请人和保证人由于上述(1)～(7)项原因，无法偿还垫款，金融企业经追偿后仍无法收回的垫款。

(9)按照国家法律法规规定具有投资权的金融企业的对外投资，由于被投资企业依法宣告破产、关闭、解散，并终止法人资格的，金融企业经清算和追偿后仍无法收回的股权。

(10)经国务院专案批准核销的债权。

对损失贷款，应由信贷部门提出书面意见、信贷风险部门审核，并会同财会部门共同认定，报行长办公室或风险管理委员会集体审议决定后，由会计部门转入损失贷款户。

三、贷款损失准备估算方法

估算方法由根据资产五级分类结果按比例计提转变为组合计提与按未来现金流个别贴现计提相结合，包括质量分类法、现金流贴现法和组合测算法。

(一)质量分类法

根据我国《银行贷款损失准备计提指引》规定，银行应按季计提一般准备，一般准备年末余额不得低于年末贷款余额的 1%。银行可以参照以下比例按季计提专项准备：对于关注类贷款，计提比例为 2%；对于次级类贷款，计提比例为 25%；对于可疑类贷款，计提比例为 50%；对于损失类贷款，计提比例为 100%。其中，次级和可疑类贷款的损失准备，计提比例可以上下浮动 20%。特种准备由银行根据不同类别(如国别、行业)贷款的特种风险情况、风险损失概率及历史经验，自行确定按季计提比例。不良贷款拨备覆盖率是衡量商业银行贷款损失准备金计提是否充足的一个重要指标。

不良贷款拨备覆盖率=贷款损失准备金计提余额/不良贷款余额

关注类贷款专项准备计算公式为：

关注类贷款专项准备提取额=计提日关注类贷款余额×2%−计提日关注类贷款专项准备余额

(二)现金流贴现法

对贷款进行风险分类后，次级、可疑和损失类贷款中的法人客户贷款采用净现金流贴现方法，对现金流贴现值低于账面价值的部分计提减值准备。

现金流贴现法是指在合理预计每笔贷款未来净现金流基础上，按照原始有效利率和一定期限，估算贷款现值和损失率，并以此为依据提取贷款损失准备，公式为：

专项准备提取额=Σ〔(贷款原值−贷款现值)−计提日专项准备余额〕

$$\text{贷款现值}=EC\times\frac{1}{(1+EUR)(T_i+T_b)/365}$$

贷款损失率=1−贷款现值/贷款账面价值

其中，T_i：预计未来现金流入日期；

T_b：估算基准日；

EUR：原始有效利率；

EC：预计未来现金流入金额。

估计现金流贴现期限不得超过 5 年，即现金流贴现公式中$(T_i-T_b)/365\leqslant 5$。

原始有效利率原则上采用贷款合同利率，如果对同一客户有多个合同利率，则对每笔贷款使用不同的合同利率。

对于手续费率较高的贷款，原始有效利率为该笔贷款的内含报酬率。

（三）组合测算法

对贷款进行风险分类后，个人客户贷款、银行卡透支、票据贴现采用组合计提原则按贷款余额的一定比例计提减值准备。组合测算法是指在按照风险属性对贷款进行组合的基础上，根据以前年度各类组合贷款实际损失情况，分别估算贷款平均损失率，并以此为依据计提贷款损失准备，公式如下：

某贷款组合专项准备提取额=计提日该组合贷款余额×计提比率−计提日该组合贷款专项准备余额

某组合次级类（可疑类、损失类）贷款计提比率=三年内累计核销的三年前次级类（可疑类、损失类）/三年前次级类（可疑类、损失类）贷款余额

四、贷款损失准备的核算

为了核算和监督贷款损失准备的提取和使用情况，应设置“贷款损失准备”和“资产减值损失”科目。

提取（含补提）贷款损失准备时，借记“资产减值损失”科目，贷记本科目，冲减贷款损失准备时，借记本科目，贷记“资产减值损失”科目。

已确认并核销的贷款损失，以后年度又收回的，应按收回的金额，借记“非应计贷款”科目，贷记本科目；同时，借记“活期存款”等有关科目，贷记“非应计贷款”科目。

例 3-2 某商业银行 2016 年 3 月 20 日贷款余额为 100 亿元，其中：正常贷款为 70 亿元，关注类贷款为 30 亿元，计提日关注类贷款专项准备余额为 0.4 亿元。

2016 年 3 月 20 日应计提的专项准备为：

$$30\times2\%-0.4=0.2\text{（亿元）}$$

会计分录为：

借：资产减值损失　　　　　　　　　　　2 000 000

　　贷：贷款损失准备　　　　　　　　　　　2 000 000

若计提日关注类贷款专项准备余额为 1.3 亿元，2016 年 3 月 20 日应计提的专项准备为：

$$30\times2\%-1.3=-0.7\text{（亿元）}$$

会计分录为：

借：贷款损失准备　　　　　　　　　　　7 000 000

　　贷：资产减值损失　　　　　　　　　　　7 000 000

例 3-3 某商业银行 2015 年 5 月 8 日经批准核销甲厂呆账贷款损失 3 000 万元，2016 年 8 月 8 日该厂归还已核销的呆账贷款 3 000 万元。

2015 年 5 月 8 日

借：贷款损失准备　　　　　　　　　　30 000 000

　　贷：贷款——甲厂非应计贷款户　　　　　　30 000 000

2016 年 8 月 8 日

借：贷款——甲厂非应计贷款户　　　　　30 000 000

　　贷：贷款损失准备　　　　　　　　　　　30 000 000

借：吸收存款——甲厂活期存款户　　　　30 000 000

　　贷：贷款——甲厂应计贷款户　　　　　　30 000 000

第六节　贴　现

商业汇票贴现是指持票人需要资金时，以未到期的银行承兑汇票或商业承兑汇票向银行贴补一定的利息所作的票据转让。汇票贴现对贴现申请人来说，就是以支付利息来换取提前使用未到期票据资金的一种方式。对商业银行来说，是商业银行向持票人融通资金的一项放款业务。商业银行在办理票据贴现时，不能超过票面金额，票据到期后，商业银行应向付款人收取票款，如付款人无款支付或拒付，商业银行可向贴现申请人收取票款。

一、办理票据贴现应具备的条件

办理票据贴现应具备的条件：

(1)在银行开立存款账户的企业法人以及其他组织；

(2)与出票人或者直接前手具有真实的商业交易关系；

(3)提供与其直接前手之前的增值税发票和商品发运单据复印件。

申请票据贴现的单位必须是具有法人资格或实行独立核算、在银行开立有存款账户和由人民银行颁发的贷款证并依法从事经营活动的经济单位。贴现申请人应具有良好的经营状况，具有到期还款能力，贴现申请人持有的票据必须真实，票式填写完整、盖印、压数无误，凭证在有效期内，背书连续完整。贴现申请人在提出票据贴现的同时，应出示贴现票据项下的商品交易合同原件并提供复印件或其他能够证明票据合法性的凭证，同时还应提供能够证明票据项下商品交易确已履行的凭证(如发货单、运输单、提单、增值税发票等复印件)。

二、商业银行受理汇票贴现的处理手续

持票人持未到期的商业汇票向其开户银行申请贴现时，应根据汇票填制一式五联的贴现凭证，在第一联上按照规定签章后，连同汇票一并送交商业银行。银行信贷部门按照信贷办法和支付结算办法的有关规定审查，符合条件的，在贴现凭证“银行审批”栏签注“同意”字样，并加盖有关人员章后送交会计部门。

会计部门接到信贷部门签批的贴现凭证和汇票后，除审查汇票是否真实、各项内容是否完整外，还应审查贴现凭证填写与汇票是否相符。确认无误后，按照规定计算贴现利息和实付贴现金额。其计算方法如下：

$$贴现利息=汇票金额\times贴现天数\times(月贴现率\div30)$$

$$实付贴现金额=汇票金额-贴现利息$$

贴现天数指贴现日到票据到期日之间的天数。其具体计算应按照对月按 30 天，零头天数按实际天数计算的方法处理。需要注意的是票据承兑人在异地的，计算贴现天数时应另加三天在途时间。

例 3-4 化工厂于 5 月 8 日持将于 11 月 6 日到期的商业承兑汇票向开户行办理贴现，汇票金额 10 万元，贴现率为 6‰，计算实际应付给化工厂贴现款为多少？写出贴现日的会计分录。

贴现利息=100 000×179×6‰ ÷ 30=3 580（元）

实付贴现金额=100 000–3 580=96 420（元）

然后在贴现凭证有关栏填上贴现率、贴现利息和实付贴现金额。

第一、二、三联贴现凭证分别作转账借、贷方凭证，第五联和汇票按到期日顺序排列，专夹保管。其会计分录为：

借：贴现资产——××汇票户　　100 000
　　贷：吸收存款——贴现申请人活期存款户　　96 420
　　　　贴现——利息调整　　3 580

第四联贴现凭证加盖转讫章作收账通知交给持票人。

三、贴现到期收回票款的处理

贴现银行对贴现的汇票，应经常查看汇票到期情况，对到期的贴现汇票要及时收回票款，以防止占用银行资金。

贴现银行在收到款项划回后，按照委托收款的款项划回的有关手续处理。其会计分录为：

借：清算资金往来
　　或存放中央银行款项
　　贷：贴现资产——××汇票户

实际收到贴现利息时确认收益，其会计分录为：

借：贴现——利息调整　　3 580
　　贷：利息收入——贴现利息　　3 580

四、贴现到期未收回的处理手续

贴现银行收到付款人开户银行或承兑银行退回的委托收款凭证、汇票和拒绝付款理由书或付款人未付票款通知书，追索票款时，对贴现申请人在本行开户的，从其账户中收款。填制两联特种转账借方凭证，在“转账原因”栏注明“未收到××号汇票款，贴现款已从你账户收取”，一联做借方凭证，第五联贴现凭证做贴现科目贷方凭证。其会计分录为：

借：吸收存款——贴现申请人活期存款户
　　贷：贴现资产——××汇票户

一联特种转账借方凭证加盖转讫章作支款通知，连同汇票和拒绝付款理由书或付款人票款通知书交给贴现申请人。

贴现申请人账户余额不足时，则不足的部分作逾期处理。其会计分录为：

借：吸收存款——贴现申请人活期存款户
　　贷款——贴现申请人逾期贷款户
　　贷：贴现资产——××汇票户

贴现申请人未在本行开立账户时，对已贴现的汇票金额的收取，应按照《票据法》的规定向贴现申请人或其他前手进行追索。

五、贴现与贷款的区别

贴现与贷款一样是融通资金的一种方式，但与贷款相比较也有一定的区别。

(1)融通的对象不同。贴现是以票据为对象，而贷款则是以单位或个人为对象。

(2)收取利息时间不同。贴现利息是在贴现金额中预先扣收，而贷款利息是采取定期结息或利随本清的方法。

(3)期限不同。贴现的期限受制于被贴现的商业汇票的期限，商业汇票的期限最长不超过6个月，当然，贴现的期限最长也不能超过6个月；贷款则有短期贷款，中、长期贷款，期限各不相同。

(4)资金流动性不同。贴现银行需要资金时可将已贴现票据向其他银行转现，或向人民银行再贴现，资金运用较灵活；贷款则不同，只能贷款到期才能收回资金。

第四章

现金出纳业务与重要单证管理

第一节 现金业务管理

一、现金出纳的概念

现金出纳，是指银行本外币现钞、有价单证、贵重物品等的收付及保管工作。通过为客户办理现金结算，使其经济活动正常进行。商业银行现金出纳业务是银行业的传统业务，通过现金收付等业务，使银行与社会经济、人民生活紧密联系，并且为保证现钞货币正常流通，维护人民币信誉，办理人民币兑换和挑残业务。

二、现金出纳的主要工作任务

(1)贯彻中国人民银行的现金管理制度规定；

(2)办理现金收付、整点、保管和调运业务，做好现金回笼和供应工作；

(3)办理人民币兑换和挑残业务；

(4)宣传爱护人民币，负责反假、反破坏人民币工作和票样管理工作。

三、现金出纳的工作原则

(一)钱账同管原则

前台柜员既管钱又管账，为避免差错，要及时核对尾箱。为防范风险，必须强化监督。

(二)四双原则

坚持双人在岗，一笔一清，双人管库，出入库时必须同进同出，双人守库、双人押运。

(三)授权原则

前台柜员一人直接对外办理现金收付款业务，大额超限现金收付业务需经相应权限人员授权办理。

(四)双先原则

收入现金必须坚持“先收款后记账”，付出现金必须坚持“先记账后付款”。

(五)日清日结原则

每日营业终了，柜员要进行轧账，核对余额，保证账款、账实相符。

（六）交接原则

库管员因调剂、上缴款项，工作变动或临时休假必须办理现金交接登记手续，做到当面交清、手续严密、有据可查。

四、现金出纳业务核算

实际中现金出纳业务采用柜员制核算。所谓现金出纳业务柜员制是指出纳临柜人员独立完成人民币现金收款业务的接柜、凭证审核、现金复点、票币整理、登记账簿和付款业务的现金领取、凭证审核、登记账簿、配款、付款等各环节的业务操作，柜员独立承担经济责任的一种劳动组合形式。

（一）现金收入业务基本规定

(1)收入现金，必须先收款后记账。

(2)清点现金，应按“三先三后”程序操作：即先点大数，后点小数；先点主币，后点辅币；先点大额票币，后点小额票币。

(3)清点票币时要看清票面，鉴别真伪，按规定随时挑剔残币，整把款项，扎把签章，零散票币按券别清理，标明数额，从大到小加计总数，收妥入账。

(4)柜员在办理现金收款业务时，应将打印完成的有关凭证交于客户签字确认，无误后才能将现金放入尾箱保管。

(5)收入现金单户当日累计 20 万元以上的（含 20 万元）由三级柜员进行授权。

（二）现金收入业务操作程序

(1)将客户交来的现金和交款凭证一并收下，按有关规定审查交款凭证诸要素填写是否齐全，金额大小写是否一致，无误后，凭以收款。

(2)收款时，先以手工初点，先点大数后点小数，先点主币后点辅币，先点大额票面后点小额票面，边初点边验钞，并按收入现金券别、张数、金额准确输入系统。

(3)扎把前，将现金放入点钞机复点，无误后在腰条上加盖收款员名章，放入柜（箱）保管。

(4)收款中发现交款凭证金额与现金不符，应立即向交款人声明，可按原凭证金额多退少补或由交款人重新填制现金交款凭证，同时登记“客户交款差错登记簿”，由交款人、经办人签章备查；发现假币按有关规定处理。

(5)现金收妥后，打印交款回单，并在回单上加盖“现金收讫”章和个人名章交客户。交款凭证直接记账。其会计分录为：

借：库存现金

　　贷：吸收存款——收款人活期存款户

(6)中午结数碰库，清点尾箱现金，并与主机结计的“现金收入日记簿”合计数核对，无误后予以记录，收款尾箱入库保管。

(7)营业终了，收款员整理尾箱现金，将入库现金的券别、张数和金额输入系统，与主机打印的“现金收入日记簿”和“现金收入结数表”核对无误后，成捆现金办理入库手续，不成捆（把）的零散现金并入付款或整点尾箱。

（三）现金支出业务基本规定

（1）严格执行大额现金支付授权、审批制度，现金支出 5 万元以内（不含本数）由前台柜员掌握，5 万元以上（含本数）按规定程序进行分级审批，批准后由相应柜员授权，其中：5 万～20 万元（含本数）由三级柜员授权，20 万元以上（不含本数）由四级柜员授权。

（2）客户大额提现应执行预约制度。前台柜员对 5 万元以上（含本数）的大额现金支付审批情况须逐笔登记《大额现金支付登记台账》或《储蓄大额现金支取登记表》。

（3）付出现金，必须先记账后付款。

（4）付款时必须坚持“两核对”原则，即叫单位或取款人名、问答取款金额。

（5）付出的现金，票面要达到人民银行规定的流通标准。

（6）付出现金配款时，需要拆捆付整把的，应先卡把后拆捆，拆捆后应先验看成把券别是否一致，一捆未付完应保留原封签。拆把付零张时，必须先点足 100 张无误后，方可拆把。

（7）柜员办理单笔超过 20 万元的大额现金付款时，必须换人对钞券进行复点（点捆卡把）。柜员的现金差错由经办柜员本人负责。大额付款业务中发生的现金捆把差错，由经办柜员和复核柜员共同承担责任。

（四）现金出纳付款业务操作程序

（1）领取备付金，点捆、卡把、验券别，与出库票核对一致。

（2）核对昨日付款尾箱金额，无误后方能对外付款。

（3）配款时按凭证大写金额逐位配款，同时将金额、券别、张数输入系统，产生会计分录：

借：吸收存款——收款人活期存款户

　　贷：库存现金

（4）确定所配款与凭证金额相符并核对无误后，在付款凭证上加盖“现金付讫”章和个人名章，将现金从大到小逐位向取款人点交清楚，付款凭证回单交付客户。

（5）中午结数：清点付款尾箱现金，与系统结计的库存现金核对，无误后予以记录，付款尾箱入库保管。

（6）营业终了，付款员整点尾箱现金，与系统打印的“现金付出日记簿”和“现金付出结数表”核对无误后，付款尾箱双人加锁贴封入库保管。

（7）整点现金应做到点准、识伪、挑残、理齐、捆紧、盖章清楚。每捆、把未点清前，必须保留原封签和扎把条。经整点的纸币现金，应按百张为把，十把为捆，成捆纸币必须双十字捆扎，封装并加贴封签，封签上登记加盖日期和经办人员名单。硬币应按百枚或 50 枚为卷，十卷为捆。

五、交接规定

柜员工作调动或离职时，必须将所经办的现金办理交接手续，不移交清楚不得离职或调动。移交前，柜员清点现金轧账无误后，打印出柜员轧账表一式两联，登记款项物品交接登记簿。移交时，要有主办柜员监交，由移交柜员填写交接登记簿，在“移交人”栏加盖个人名章，接交柜员在“接交人”栏加盖个人名章，主办柜员在“监交人”栏加盖个人名章。接交柜员通过“尾箱交接”交易接收现金，并打印现金交接清单，由交接双方及监交人当面点清并登记交接登记簿，共同签章。

六、现金出纳差错处理

现金出纳差错，是指对外营业机构在与外部客户的现金收付业务中，日终结账时发现的现金溢出或现金短缺。现金溢出又称长款；现金短缺又称短款。现金长款、短款及误收假币均属于现金出纳差错。发生现金出纳差错，无论金额大小，无论长款或短款，确认错款金额后应积极查找错误原因，若发生长、短款金额较大的，应按照重大事件报告原则逐级上报上一级管理单位。无法立即查明原因的，经有权人批准转入“待处理财产损溢”科目处理。发生现金长款时，其会计分录为：

借：库存现金

　　贷：待处理财产损溢

查明原因后，属于客户多交或银行少付的，应及时退回客户，其会计分录为：

借：待处理财产损溢

　　贷：库存现金

经过查找，无法查明原因、归还的，经批准可将长款列为银行收益，其会计分录为：

借：待处理财产损溢

　　贷：营业外收入

发生现金短款时，其会计分录为：

借：待处理财产损溢

　　贷：库存现金

查明原因后，追回短款时，其会计分录为：

借：库存现金

　　贷：待处理财产损溢

短款经过查找，确实无法收回时，按规定手续予以报损，其会计分录为：

借：营业外支出

　　贷：待处理财产损溢

七、现金库房管理

现金库房是指银行为办理现金业务设置的现金业务库，是集中保管现金(包括外币现钞，下同)、有价证券(包括国库券、债券、股票等各类有价证券，以下简称证券)的专用库，是国家和银行的重点保卫场所。现金库房管理工作是商业银行出纳工作的重要内容，是银行出纳业务极为重要的组成部分，而且是银行的要害部门。

(一)现金库房管理工作的主要任务

(1)认真执行国家金融法规、政策和银行有关规章制度，保证出纳和有价单证业务的顺利开展。

(2)保管现金、有价单证和办理现金、有价单证的出库、入库，确保安全完整。

(3)办理辖属机构(以下简称处、所)现金、证券尾箱寄存。

⑷建立现金库房管理规定，检查安全设施，确保金库安全。

㈡现金库房管理

⑴现金库房应公安部门规定的公共安全行业标准要求设置，硬件设施应达到并经过公安部门验收。

⑵现金库房内应保持整洁，做到防火、防潮、防霉、防虫、防鼠咬，严禁吸烟，不准存放易燃、易爆、私人财物和其他与出纳无关的物品。

⑶现金库房实行双人管库。两名库管人员必须做到“同开、同进、同在、同出、同锁”。出入库的现金、尾箱、有价单证和代保管贵重物品必须经两名库管人员相互复核。

⑷现金库房应设置两套不同钥匙或密码。钥匙与密码由两名库管人员分别掌管与使用。备用钥匙或密码，由两名库管人员分别会同库房管理部门负责人共同密封，并在封口处签章后，分别由上一级管理人员入保险柜保管。

㈢现金库房出入库基本要求

⑴现金、有价单证出入库，两名库管人员应同进同出，双人会同办理，相互复核、共同负责。两名库管人员必须同时打开和锁闭库房，不得将钥匙或密码交由对方独立开、锁库房，不得独自一人进出库房在库房内工作。

⑵现金、有价单证出入库，均应填制“出、入库单”，与办理出入库的相关人员办理交接并签章。

⑶除值班库管人员以外的其他人员需要进入库房，应经有权人批准，并登记“出入库人员登记簿”。未经批准，其他人员不得进入现金库房。

⑷设置现金库房的机构应定期或不定期检查现金库房。检查内容包括现金是否账款相符，各类实物是否账实相符及库房安全、管理规范、库管人员的履职情况。上级行或其他需要查库的，必须持有“查库令”和查库人员的有效身份证件。

八、现金尾箱管理

现金尾箱，是指用于存放营业现金、有价单证等物品的金属钱箱，尾箱应当统一编号、专人专箱，不得混用。现金尾箱应当随启随闭，柜员离开岗位时，必须锁好现金尾箱。营业终了，应结计并轧准尾箱款项，经换人复点无误后，加锁入现金库房保管。商业银行应当核定柜员尾箱本、外币限额，超过限额必须及时办理入库手续。

⑴各营业网点必须对现实中的每个尾箱进行编号，并在系统中设立相同的一个数字号码与之对应。尾箱的类型有主尾箱、普通尾箱。

⑵柜员领用的尾箱编号必须与实际工作中领用的尾箱编号一致，库管员负责监督。

⑶现金主尾箱一经指定将不能更改，每个营业机构只能有一个现金主尾箱。

⑷尾箱号一经确定应保持固定，不得随意更改尾箱号和属性设置。

⑸系统中各项交易必须凭合法有效的凭证记载准确录入，严禁在系统上空收空付。

⑹每日日终，无论是何种身份的前台柜员，在尾箱入库前必须核对尾箱余额，做到账款、账实相符，经换人复核一致后才能将尾箱入库。

第二节 票币的整点、挑剔与损伤币的兑换

一、票币整点

（一）票币整点的基本规定

⑴业务量大的网点，应单独设置票币整点专柜。

⑵现金整点必须在录像监控之下进行操作。严禁在办理现金业务时抽张。严禁白条抵库，挪用尾箱现金垫付其他款项。

⑶对符合流通条件的收入现钞，柜员可以直接对外支付。

⑷成捆、成把的现金在未整点准确之前，不得将原封签、腰条丢失，以便在发现差错时证实和区分责任。

⑸经复点整理的票币，应符合“五好钱捆”的要求，即点数准确、残币挑净、平铺墩齐、把捆扎紧、盖章清楚。

⑹整点票币应按规定随时挑出残币（挑剔标准按照人民银行制定的《不宜流通人民币挑剔标准》），挑出的残钞应在一笔款项收妥后再与尾箱库存残钞合并。

（二）票币整点操作规范

⑴库管员接到前台柜员交来的需整点的现金，核对无误后办理交接手续。

⑵按“五好钱捆”质量标准进行整点，将新旧版分开、完整券与损伤券分开，票面未达到人民银行规定流通标准的不再付出。

⑶人民币按人民银行的要求整点。

① 纸币要按券别、版别分类，100张为把，扎把腰条扎在中央；10把为捆，正面均需向上，并加以垫纸，用捆钞机捆扎，或用线绳双十字捆扎，结头应结于垫纸之上、封签之下的中位。

② 损伤币，除按纸币规定整理外，必须双腰条在票币两端的四分之一处分别捆扎，同券别100张为一把，双十字扎把。整点两截、火烧等损伤币，必须用纸粘贴好，严禁用金属物或胶带连接。

③ 硬币要按面额分类，50枚为卷，10卷为捆，按不同方法捆扎。

④ 经复点整理的票币，应逐把（卷）加盖带行号的经手人名章（不得打捆后再补章）；成捆票币应加贴封签，注明行名、券别、金额、封捆日期，加盖封包员、复核柜员名章；成把损伤币还应在骑缝处加盖网点条章；整捆损伤币应在封签上加盖“损伤”字样戳记，以便识别。

⑷整点完后，按规定办理上交或转交手续。

二、残损人民币挑剔标准

纸币票面缺少部分在20平方毫米以上。纸币票面裂口2处以上，长度每处超过5毫米的；裂口1处，长度超过10毫米的。纸币票面有纸质较绵软，起皱较明显，脱色、变色、变形，不能保持其票面防伪功能等情形之一的。纸币票面污渍、涂写字迹面积超过2平方厘米的；

不超过 2 平方厘米的，但遮盖了防伪特征的。硬币有穿孔、裂口、变形、磨损、氧化、文字、面额数字、图案模糊不清之一的。

三、残损币兑换业务

(一) 残损币兑换基本规定

(1) 残损币兑换包括客户交来的残损人民币兑换和停止流通人民币兑换。

(2) 凡办理人民币存取款业务的网点应无偿为公众兑换残缺、污损人民币，不得拒绝兑换。

(3) 兑换残损人民币应严格按照中国人民银行《残缺污损人民币兑换办法》的规定办理。

残损人民币兑换标准参考中国人民银行 2003 第 7 号令。

残缺、污损人民币兑换分“全额”“半额”两种情况。

① 能辨别面额，票面剩余四分之三 (含四分之三) 以上，其图案、文字能按原样连接的残缺、污损人民币，网点应向持有人按原面额全额兑换。

② 能辨别面额，票面剩余二分之一 (含二分之一) 至四分之三以下，其图案、文字能按原样连接的残缺、污损人民币，网点应向持有人按原面额的一半兑换。纸币呈正十字形缺少四分之一的，按原面额的一半兑换。

③ 兑付额不足一分的，不予兑换；五分按半额兑换的，兑付二分。

(4) 收回的残损币不得流通使用，应及时整点入库。

(5) 没有开办国际业务的营业网点不得兑换残损外币。

(6) 客户对认定的兑换结果有异议的，经客户要求，经办网点应出具认定证明并退回该残损人民币。客户可凭认定证明到中国人民银行分支机构申请鉴定。鉴定完毕，客户凭中国人民银行鉴定书及可兑换的残损人民币到商业银行进行兑换。

(二) 残损币兑换操作规范

(1) 柜员收到客户交来的残损币，进行清点审核。

(2) 柜员根据残损币兑换标准，逐张鉴定应兑付金额，并向持有人说明认定的兑换数额。持有人同意认定结果的，柜员应当面在收入的残损币上加盖带有网点名称的“全额”或“半额”戳记，不予兑换的残损人民币，应退回原持有人并说明原因。

(3) 柜员将兑出的现金清点无误后交与客户。

四、票币兑换

(一) 票币兑换基本规定

(1) 票币兑换是指为客户办理人民币主辅币和券别的调换。

(2) 办理兑换业务必须坚持“先兑入，后兑出”的原则。

(3) 兑入现金，在兑换人离柜前不得与其他款项混淆。

(二) 票币兑换操作规范

根据客户提出调换现金票面要求，柜员先清点客户交来的现金，确认金额无误后，按需求配齐现金交与客户。

五、残缺、污损人民币兑换办法

(1)残缺、污损人民币兑换分“全额”“半额”两种情况。

能辨别面额，票面剩余四分之三(含四分之三)以上，其图案、文字能按原样连接的残缺、污损人民币，金融机构应向持有人按原面额全额兑换。

能辨别面额，票面剩余二分之一(含二分之一)至四分之三以下，其图案、文字能按原样连接的残损、污损人民币，金融机构应向持有人按原面额的一半兑换。

(2)在办理残缺、污损人民币兑换业务时，应向残缺、污损人民币持有人说明认定的兑换结果。不予兑换的残缺、污损人民币，应退回原持有人。

(3)污损人民币持有人同意金融机构认定结果的，对兑换的残缺、污损人民币纸币，金融机构应当面将带有本行行名的“全额”或“半额”戳记加盖在票面上；对兑换的残缺、污损人民币硬币，应当面使用专用袋密封保管，并在袋外封签上加盖“兑换”戳记。

六、假币收缴、鉴定管理

(1)假币是指伪造、变造的货币。伪造的货币是指仿照真币的图案、形状、色彩等，采用各种手段制作的假币。变造的货币是指在真币的基础上，利用挖补、揭层、涂改、拼凑、移位、重印等多种方法制作，改变真币原形态的假币。

(2)商业银行在办理业务时发现假币，由两名以上业务人员当面予以收缴。对假人民币纸币，应当面加盖“假币”字样的戳记；对假外币纸币及各种假硬币，应当面以统一格式的专用袋加封，封口处加盖“假币”字样戳记，并在专用袋上标明币种、券别、面额、张(枚)数、冠字号码、收缴人、复核人名章等细项。收缴假币的商业银行应向持有人出具中国人民银行统一印制的《假币收缴凭证》，并告知持有人如对被收缴的货币真伪有异议，可向中国人民银行当地分支机构或中国人民银行授权的当地鉴定机构申请鉴定。收缴的假币，不得再交予持有人。

(3)办理假币收缴业务的人员，应当取得《反假货币上岗资格证书》。《反假货币上岗资格证书》由中国人民银行当地机构颁发。

(4)在收缴假币过程中有下列情形之一的，应当立即报告当地公安机关，提供有关线索：

① 一次性发现假人民币 20 张(枚)(含 20 张、枚)以上、假外币 10 张 (含 10 张、枚)以上的；

② 属于利用新的造假手段制造假币的；

③ 有制造贩卖假币线索的；

④ 持有人不配合金融机构收缴行为的。

第三节　有价单证、重要空白凭证及会计业务印章管理

有价单证，是指印有固定面额的特定凭证，包括金融债券、代理发行的各类债券、国库券收款单等。重要空白凭证，是指无面额的经填写金额并签章后即具有支付效力的空白凭证，包括：支票、汇票、本票、联行报单、行库往来专用凭证、资金汇划补充凭证、委托收款补充凭证、支付系统专用凭证等。会计业务印章，是银行在办理支付结算、出纳、储蓄等会计

业务过程中，在结算票据、会计凭证或其他会计核算资料上表明并确认身份、具有法律效力的印鉴，包括：汇票专用章、本票专用章、结算专用章、现讫章、转讫章、业务公章、储蓄专用章、受理业务专用章等。

一、有价单证、重要空白凭证及会计业务印章的基本规定

(1)有价单证及重要空白凭证上应印具号码，按号码顺序发售和使用，不得跳号。发生跳号应立即查明原因，并在保管领用登记簿上登记备查。

(2)有价单证、银行汇票、商业汇票、银行本票、支票由中国人民银行总行统一格式、联次、规格，并由中国人民银行总行批准的印制厂印制，由各商业银行订货和管理。

(3)商业银行其他类型重要空白凭证由商业银行总行统一格式、联次、规格，并由保密设施好、技术力量强的印刷单位委托印制。

(4)商业银行自行刻制的印章，应选择经公安部门批准的具有承制公章资格的印章经营单位刻制。由中国人民银行、国家外汇管理局刻制并颁发的，或由商业银行自行刻制的会计业务印章应当严格交接签收、定期盘查核对、统一组织销毁，建立会计业务印章登记簿记载印章的颁发、领用和移交等事项。

二、有价单证、重要空白凭证及会计业务印章的保管

有价单证的保管应遵循“证、账分管”原则，需要签章的有价单证，要严格实行“证、印分管”。重要空白凭证的保管，必须做到“证、账分管，证、印(押)分管”。会计业务印章的保管和使用应实行“专人使用、专人保管、专人负责”的原则，并坚持印、押、证分管分用。

三、有价单证、重要空白凭证及会计业务印章的领用

(一)有价单证领用

(1)领取有价单证时，应办理领取手续，并进行登记；使用有价单证时，应建立销号登记簿进行控制；营业终了，对未用完的有价单证应入库(柜)保管。

(2)有价单证的发售或签发应坚持先收款后办理的原则，并进行销号控制。

(二)重要空白凭证领用

(1)重要空白凭证的领入和领出按种类、数量和号码出入库时间进行详细登记。对柜组内所领用的重要空白凭证，要在登记簿上签收并及时进行账务处理。

(2)开户单位领用重要空白凭证时，应填写领用单，并加盖预留印鉴。应根据领用单将起讫号码及时输入核算系统进行控制，并登记保管领用登记簿。

(3)重要空白凭证应根据实际需要适量领用，原则上一次领用不超过1个月的用量。

(三)会计业务印章领用

(1)汇票专用章、结算专用章由商业银行总行按照中国人民银行规定的格式统一刻制；本票专用章由商业银行分行按照中国人民银行当地分支机构要求刻制。

(2)会计业务印章刻制完毕或收到假币收缴章、外汇核销章等由中国人民银行、国家外汇

管理局颁发的重要会计业务印章，应按使用机构、印章种类和编号顺序登记重要会计业务印章登记簿，逐个加盖印模，填写启用日期等内容。

(3)会计业务印章必须做到“专匣保管、固定存放；临时离岗，印章应加锁入柜(或箱)妥善保管”。

四、重要空白凭证的管理

(1)对重要空白凭证的印制、包装、调运、领拨必须加强管理，明确责任，确保安全，严防散失。重要空白凭证一律加印号码。

(2)商业银行应指定人员专职或兼职负责重要空白凭证的领、发和保管。管理重要空白凭证的人员严格按照责任心强、业务素质高的标准选择配备，并不得兼管压数机、联行密押和各种业务印章。

(3)重要空白凭证实物应与账、簿记载核对相符。若发现重要空白凭证实物与账簿记载不符，应立即追查原因并逐级上报，情节严重的应报告公安机关。

(4)严禁将重要空白凭证移作他用，不得事先在重要空白凭证上加盖业务印章、经办人名章或压数。

(5)重要空白凭证的运送。运送重要空白凭证必须由双人运送(不包括司机)，非正式职工不得担任此项工作，基层机构由于人员不足，难以双人运送的，由其上级会计部门负责派员运送。运送必须注意安全，严格交接手续。对运送时间、地点和路线，要严守秘密，不得向任何无关人员透露。运送车辆不准搭乘其他无关人员及捎运其他物品，中途不得无故停留或绕道办理其他无关事宜。

(6)重要空白凭证的核算。重要空白凭证一律纳入表外科目核算，采用单式收付记账法。成本装订的和非成本装订的，均以一元一份的假定价格记账。设重要空白凭证保管登记簿，对计算机系统能进行控制并能定期输出纸质档案的重要空白凭证可不进行手工登记。

(7)重要空白凭证的使用。

① 经办人员使用重要空白凭证时，应建立销号登记簿进行控制，填错的重要空白凭证，加盖“作废”戳记后作表外科目记账凭证附件。

② 属于银行签发的重要空白凭证，严禁由客户签发，不得预先盖好印章备用，不得带出营业场所签发。

③ 使用计算机签发、打印重要空白凭证时，应严格签发、打印管理。未经部门会计主管批准或授权，不得手工填制或重打、补打重要空白凭证；打印重要空白凭证时，只能在原有重要空白凭证上填空打印，不得自行打印凭证格式。

(8)重要空白凭证遗失的处理。重要空白凭证在领取、使用过程中，如果出现重要空白凭证遗失，应查明原因，追究当事人的责任，同时要登报声明作废，必要时要到人民法院办理公示催告。

(9)重要空白凭证的签发。

① 经办人员签发重要空白凭证时，必须按凭证号码顺序使用签发，逐份销号，号码必须衔接。每签发一份重要空白凭证，要及时进行销号登记。属于银行签发的重要空白凭证，严禁由客户签发，并不得预先盖好印章备用。

② 凡使用计算机打印的重要空白凭证，只能在原有重要空白凭证上填空打印，不得使用计算机制作、打印重要空白凭证格式。

(10) 重要空白凭证的作废和销毁。

① 签发重要空白凭证时，如填写错误，应作废重填，作废凭证必须加盖“作废”戳记，并将作废凭证的右上角号码剪下，贴在“重要空白凭证使用登记簿”作废栏内备查，作废凭证附在正确的传票后。

② 单位销户时，须将剩余重要空白凭证列清单连同剩余的重要空白凭证一并交回开户银行，开户银行经办员根据清单所列凭证的数量、号码与退回的重要空白凭证实物逐一清点，并应在销户单位账户上领用凭证记录处注明交回空白支票张数和起讫号码备查。对交回的重要空白凭证，应当面剪去右上角作废并加盖“作废”戳记，作该账户销户凭证的附件。

③ 重要空白凭证因格式更换等原因需销毁时，各银行要把库存的重要空白凭证及所辖营业网点、柜组的重要空白凭证按照领用、使用登记簿结存的数量与实际库存核对相符，按凭证种类、号码编制清单一式三份，同时在登记簿上注明，统一交由管辖行集中销毁。销毁时应由会计部门、稽核部门和保卫部门共同负责，销毁清单报管辖行备案。

五、会计印章的管理

(1) 会计印章分为结算类会计印章和一般会计印章。会计印章统一由总行明确种类，制定式样，人民银行另有规定的除外。

(2) 会计印章由总行授权机构在总行的统一管理下刻制颁发，其他机构不得自行刻制。

(3) 会计印章的领取实行双人签领制度，并出具本机构介绍信或有效证明文件和个人身份证件，在相关登记簿上预留印模，注明启用日期，并由领用人签章。

(4) 会计印章实行专人使用，专人保管，专人负责，固定存放；临时离岗，人离章收；不得私自授受会计印章。非经办人员不得动用会计印章，非营业时间必须入库或保险箱、柜保管。

(5) 会计印章停止使用后应及时按照有关规定办理停用或销毁手续。会计印章的停用和销毁必须登记造册，并在相关登记簿上登记并签章。

(6) 会计签章是本行在会计凭证和会计资料上表明并确认自己真实身份及交易合法性的标识，包括印章、签名或者签名加印章。

(7) 会计凭证、会计账簿、会计报告等会计资料应按规定签章。采用计算机系统处理的会计资料，可以通过系统输出打印的姓名和代码代替经办、复核的柜员印章，法律法规另有规定的，从其规定。未打印柜员号和姓名的凭证必须加盖印章。

(8) 会计人员的个人名章、操作密码等必须按照有关规定由本人使用，妥善保管。

(9) 印章的使用范围。

① 业务专用章，适用于对外签发的存单、存折等重要单证业务。

② 业务清讫章，适用于现金收、付、转账等业务。

③ 结算专用章，用于办理票据贴现、转贴现、再贴现业务提示付款和委托收款业务。

④ 汇票专用章，用于签发全国银行汇票和承兑银行承兑汇票；办理商业汇票转贴现和再贴现时的背书等。

⑤ 同城票据交换提出专用章，用于同城票据交换业务，提出收、付款凭证。

⑥ 对于下列业务之一，必须在相关资料上加盖 1 号业务专用章或公章。

A. 各行对外出具的证明，如企业资金证明、个人存款证明、银行询证函等；为客户开具的各种存款证实书及单位定期存单；退回客户的业务确认单，如单位开户申请表、印鉴卡客户联等。

B. 各行的内部报表。

C. 其他需要加盖 1 号业务专用章的凭证、通知、证明等。

六、有价单证、重要空白凭证及会计业务印章的核算

⑴有价单证一律纳入表外科目核算，以原面值金额列账。

⑵重要空白凭证应纳入表外科目进行核算。以每份一元的假定价格记账，按种类等分别设置账户，登记起讫号码、份数，并定期与有关登记簿、实物进行核对。

⑶会计业务印章一般不进行表外业务核算，使用会计业务印章登记簿进行控制和管理。

七、有价单证、重要空白凭证及会计业务印章的销毁

⑴已经兑付、停止使用或注销作废的有价单证，应作出明显作废标记后缴送出纳库房登记保管。

⑵有价单证需要销毁时，应由出纳部门造具清单，经会计部门核对报主管领导批准后统一销毁。

⑶开户单位销户时，应将剩余重要空白凭证全部交回人民银行登记注销。开户单位对领用的重要空白凭证负全部责任，如遗失或未交回，由此产生的一切经济损失，由开户单位负责。

⑷对开户单位交回的以及停止使用的重要空白凭证，应作明显注销标记并造具清单，妥善保管，经有权人批准后集中销毁。

⑸重要会计印章销毁前应制作待销毁印章清单，由稽核、保卫部门人员监销，销毁完毕共同在销毁清单上签章。

第五章

支付结算业务的核算

第一节　支付结算业务概述

一、支付结算的意义

(一) 支付结算的概念

所谓支付结算，是指单位、个人之间因商品交易、劳务供应、资金调拨及其他款项往来等所发生的货币收付行为和债权债务关系的清算，它是借助货币媒介实现的，因此又称为“货币结算”。结算是各单位、各部门日常进行的一项经济活动，也是商业银行的一项主要中间业务。支付结算按支付方式不同分为现金结算和转账结算。凡是使用现金来完成货币收付行为的称为“现金结算”；凡是双方通过其开户银行，用转账方式完成货币收付行为的称为“转账结算”。本节的结算特指转账结算。

(二) 转账结算的意义

一切企业、事业、机关、团体等单位之间的债权债务的清算，除按现金管理办法的规定可以使用现金外，都必须通过银行办理转账结算。这样，既可以简化结算手续，又可以缩短结算过程；既可以免去交易当事人采用大额现金交易的风险，又可减少货币的投放；既有利于各单位之间的债权债务的清偿和资金划拨，又使得银行能集中社会闲散资金，稳定和扩大信贷规模。此外，通过加强货币及其流通组织和管理，可以调节货币流通，促进商品流通。

二、支付结算原则

支付结算原则是指单位、个人和银行在办理支付结算业务中必须遵守的准则，其内容包括以下几方面。

(一) 恪守信用，履约付款

这条原则要求结算各方都必须坚守信用，履行职责。一方面收款单位按合同规定的质量、数量、地点及时发货；另一方面付款单位按合同规定的方式、时间、金额及时足额付款，双方要讲信用。银行则根据客户提供的票据、结算凭证及时办理转账，不得延误和积压。

(二) 谁的钱进谁的账，由谁支配

存款人对其在商业银行的存款享有所有权和使用权，银行应保障存款人的合法自主支配

权，不得任意停止存款人的正常支付。银行作为资金清算中介，必须根据付款人的委托办理款项的支付。根据收款凭证准确、及时地为收款人入账。银行依法为存款人保密，除国家法律规定和国务院授权银行监督的款项以外，银行不代任何单位查询存款和扣款。

(三) 银行不垫款

结算是商业银行的中间业务，商业银行只负责账户之间款项的划转，不承担垫付款项的责任，因此，在结算过程中，商业银行应坚持先付后收、收妥抵用原则，以保证银行不垫款。“银行不垫款”要求付款单位履行付款义务时必须有足够的存款余额；要求收款单位只能在款项收妥进账后才能抵用。严禁企业单位利用种种手段套取银行信用，也不得在计划外占用银行的信贷资金。

三、支付结算纪律

结算纪律是国家财经纪律的一项重要内容，是国家为了协调和处理好结算关系而颁布的一种行为规则。

(一) 单位和个人必须遵守的结算纪律

在办理结算中，单位和个人应遵守的结算纪律是：①不准出租、出借、出让银行账户；②不准签发空头支票和远期支票；③不准套取银行信用；④不准相互拖欠货款和无理的拒付。

(二) 商业银行应遵守的结算纪律

商业银行在给客户提供结算服务时应遵守“十不准”的结算纪律：①不准延误、积压结算凭证；②不准挪用、截留客户和他行的结算资金；③不准违规签发、承兑、贴现票据，套取他人资金；④不准签发空头的银行汇票和本票；⑤不准签发未办汇款的汇款回单；⑥不准违反规定开立账户；⑦不准在银行结算制度之外规定附加条件，影响汇路畅通；⑧不准拒绝受理客户和他行正常的结算业务；⑨不准逃避通过人民银行转汇大额汇划款项；⑩不准放弃对开户单位和个人违反结算纪律的制裁。

四、支付结算种类

为了适应各部门、单位间经济往来的不同情况和资金清算需要，《支付结算办法》规定了支付结算可使用的结算方式有七种，即“三票”“一卡”“三种方式”。“三票”即汇票、支票、本票；“一卡”即信用卡；“三种方式”即汇兑、委托收款和托收承付。其中适用于同城的结算方式有支票、本票；适用于异地的结算方式有汇兑、托收承付和银行汇票；同城和异地都可以使用的有委托收款、商业汇票和信用卡。随着我国市场经济的建立和逐步完善，我国商业银行的结算方式将逐步向票据化过渡。为了规范票据行为，保障票据的正常使用和流通，保护票据当事人的合法权益，《中华人民共和国票据法》于 1996 年 1 月 1 日起颁布施行，从立法的角度对各种票据结算作出了规范和约束。1997 年 12 月 1 日，又颁布并开始实施《支付结算办法》，进一步规范企业单位、银行和个人的支付结算行为，为保障支付结算活动中当事人的合法权益，加速资金周转和商品流通，促进市场经济的发展提供了法律保障。

第二节　票据业务的核算

一、票据的概述

(一)票据概念

票据有广义和狭义之分，广义的票据，是指用于商业交往和流通的各种单据，包括各种有价证券和凭证。狭义的票据，是指出票人依照《票据法》的规定签发的，承诺无条件支付或委托他人无条件支付确定金额的有价证券。本节所讲票据是指狭义票据概念，也是票据法所规定的票据概念和范围。

我国现行的支付结算是以票据为主体，各种结算方式相互配合的结算办法体系。使用票据办理结算，必须以《票据法》《支付结算办法》等法律法规为依据规范票据行为，保障票据当事人的合法权益，维护社会经济秩序，使票据业务更好地为经济发展和商品流通服务。

(二)票据种类

票据法所指票据主要包括支票、汇票和本票。支票又可以分为现金支票、转账支票和普通支票；汇票按出票人的不同分为商业汇票和银行汇票；商业汇票按照承兑人的不同分为商业承兑汇票和银行承兑汇票两种；本票按面值是否固定分为定额本票和不定额本票。

(三)票据结算的基本规定

为了在票据结算中保证票据当事人的权利，促使债务人履行票据义务，保证票据结算的顺利进行，各商业银行必须严格遵守票据结算的有关规定，严格按有关操作规程办理票据业务。

票据行为是引起票据权利义务关系发生的法律行为，包括出票、背书、承兑、保证等，这些票据行为的记载事项、记载方式以及所引起的法律后果虽然不同，但都具有要式性、无因性、文义性和独立性的特征。票据权利是指持票人向票据债务人请求支付票据金额的权利，包括付款请求权和追索权，这两种权利均与票据具有不可分离性，而付款请求权是第一权利。

1. 票据签发和转让的基础

《票据法》规定，票据的签发、取得和转让，都应当遵循诚实信用的原则，受让双方具有真实的交易关系和债权债务关系。票据的取得，必须给付对价。但因税收、继承、赠与可以依法无偿取得票据的，不受给付对价的限制。这也就是说，票据的出票、取得、转让都必须建立在真实的交易关系和债权债务关系基础之上。

2. 票据的记名

为使票据关系明确，票据一律记名，即出票时必须记载收款人名称，背书时必须记载被背书人名称，被背书人即为现实收款人。

3. 票据的背书转让

流通转让是票据的一个重要特点，正因为票据可以流通转让，才使票据在商品交换及债权债务清偿中发挥着重要作用。但由于流通转让是在债权人与债务人之间进行的，因此要保证流通转让的规范，就必须按统一规定进行。

流通转让的票据必须经过背书。所谓背书就是在票据背面或者粘单上记载有关事项并签章的票据行为。背书有转让背书、委托收款背书和质押背书三种。并不是所有票据都可以背书转让，填写“现金”字样的银行汇票、银行本票和用于支取现金的支票以及注明“不得转让”字样的票据，不得背书转让。

4. 票据的提示付款

票据的收款人或持票人必须在规定的提示付款期限内提示付款。付款人在付款时，应按照规定履行审查义务。如果持票人未在规定期限内提示付款，汇票的持票人即丧失对其一切前手的追索权；本票和支票的持票人即丧失除出票人以外的其他前手的追索权。如为通过委托收款银行或者通过票据交换系统向付款人提示付款的，提示付款日期以收款人或持票人向开户银行提交票据为准，付款人或代理人应于见票当日足额付款。

5. 票据的拒绝付款

票据的债务人对到期的票据应当向持票人支付款项，但在一些情况下，可以对持票人拒绝付款，主要有：持票人与债务人有直接债权债务关系，并且不履行约定义务的；持票人以欺诈、偷盗或者胁迫等手段取得票据的；持票人明知有欺诈、偷盗或者胁迫等情形，但出于恶意而取得票据的；明知直接前手存在抗辩事由但仍取得票据的；持票人因重大过失取得不符合《票据法》规定的无效票据；持票人通过转让取得票据，其背书不连续；未在《票据法》规定的期限内提示付款的。但票据债务人对于出票人之间有抗辩事由以及与持票人的前手之间有抗辩事由的票据，不得拒绝付款。

6. 票据的追索

票据的追索是指持票人在票据不获承兑或不获付款时，可以向其前手请求偿还票据金额、利息及有关费用的一种票据权利。追索权的行使必须具备两个条件：一是票据在到期前不获承兑、不获付款以及其他法定原因，致使持票人无法提示承兑或提示付款；二是持票人行使追索权必须履行保全票据权利的手续，在法定的期限提示承兑、提示付款、请求做成拒绝证明。如果不具备第一个条件，持票人不能向其前手行使追索权；如果不具备第二个条件，持票人则丧失对其前手的追索权。追索权行使的程序分为三个步骤：一是发出追索通知；二是确定追索对象；三是受领追索金额。

7. 票据的挂失止付

挂失止付是指失票人将丧失票据的情况通知付款人并由接受通知的付款人暂停支付的一种方法。票据的挂失止付是有条件的，我国《票据法》明确规定：可以挂失止付的票据应当是已承兑的商业汇票、支票、填明“现金”字样和代理付款人的银行汇票以及填明“现金”字样的银行本票；未填明“现金”字样和代理付款人的银行汇票以及未填明“现金”字样的银行本票丧失，不得挂失止付。

二、支票的核算

支票是出票人签发的，委托办理支票存款业务的银行或其他金融机构，在见票时无条件支付确定的金额给收款人或者持票人的票据。单位和个人在同一票据交换区域的各种款项结算，均可以使用支票。

支票分为现金支票、转账支票和普通支票三种。支票上印有“现金”字样的为现金支票，现金支票只能用于支取现金。支票上印有“转账”字样的为转账支票，转账支票只能用于转账。支票上未印有“现金”或“转账”字样的为普通支票，普通支票可以用于支取现金，也可用于转账。在普通支票左上角划两条平行线的，为划线支票，划线支票只能用于转账，不得支取现金。

（一）支票的主要规定

(1) 支票一律记名，中国人民银行批准的地区，转账支票可以背书转让。

(2) 支票的出票人，为在经中国人民银行当地分支行批准办理支票业务的银行机构开立可以使用支票的存款账户的单位和个人。

(3) 签发支票必须记载的事项有：表明“支票”的字样；无条件支付的委托；确定的金额；付款人名称；出票日期；出票人签章。支票的付款人为支票上记载的出票人开户银行。支票的金额、收款人名称，可以由出票人授权补记。未补记前不得背书转让和提示付款。

(4) 签发支票应使用碳素墨水或墨汁填写，中国人民银行另有规定的除外。

(5) 支票的提示付款期限自出票日起 10 日。超过提示付款期限提示付款的，持票人开户行不予受理，付款人不予付款。

(6) 禁止签发空头支票、签章与预留银行签章不符的支票、使用支付密码地区支付密码错误的支票，一经查出，银行应予以退票，并按票面金额处以 5%但不低于 1 000 元的罚款；对屡次签发的，银行应根据情节给予警告、通报批评，直至停止向收款单位签发支票。

(7) 支票的持票人可以委托开户银行收款或直接向付款人提示付款。用于支取现金的支票仅限于收款人向付款人提示付款，并应在支票背面“收款人签章”处签章，持票人为个人的，还需交验本人身份证件，并在支票背面注明证件名称、号码及发证机关。

（二）转账支票的处理

根据转账支票及行处不同，即有持票人、出票人在同一行处开户和持票人、出票人不在同一行处开户的两种处理方式。

1. 持票人、出票人在同一行处开户的核算

(1) 银行受理持票人送交支票的核算。银行收到持票人送来的支票和两联进账单，应认真审查：支票是否统一规定印制的凭证，支票是否真实，是否在提示付款期内；持票人是否在本行开户，持票人的名称是否为该持票人，与进账单上的名称是否一致；出票人账户是否有足够款项支付；出票人的签章是否符合规定和真实，使用支付密码的，密码是否正确；支票的大小写金额是否一致，与进账单的金额是否相符；持票人是否在支票的背面作委托收款背书等。审查无误后，以支票和第二联进账单分别作转账借方、贷方传票办理转账。其会计分录为：

借：吸收存款——出票人活期存款户

　　贷：吸收存款——持票人活期存款户

第一联进账单加盖转讫章作收账通知交给持票人。

(2) 银行受理出票人送交支票的核算。银行接到出票人送来的支票和三联进账单时，应按第(1)种情况审查内容，审查无误后，支票及第二联进账单分别作转账借、贷方传票办理转账，其会计分录同(1)。转账后，第一联进账单加盖转讫章作回单交给出票人，第三联进账单加盖转讫章作收账通知交给收款人。

2. 持票人、出票人不在同一行处开户的核算

(1) 持票人开户行受理持票人送交支票的核算。持票人开户行接到持票人送交的支票和两

联进账单时，应按有关规定审查，无误后，在两联进账单上按票据交换场次和加盖“收妥后入账”的戳记，将第一联加盖转讫章交给持票人。支票按照票据交换的规定提出交换。退票时间过后，第二联进账单作贷方传票。其会计分录为：

借：清算资金往来或辖内往来

　　贷：吸收存款——持票人活期存款户

出票人开户行收到交换提入的支票，按规定认真审查无误后，不予退票的，支票作借方传票。其会计分录为：

借：吸收存款——出票人活期存款户

　　贷：清算资金往来或辖内往来

支票发生退票的，出票人开户行应在退票时间内通知持票人开户银行，说明退票原因，并按规定将支票退交持票人开户银行，并对付款人处以罚款。出票人行如在退票时间内不能退回支票，应通过“其他应收款”科目核算；持票人行在规定时间内不能收到退回支票，应通过“其他应付款”科目核算。

(2) 出票人开户行受理出票人送交支票的核算。出票人开户行接到出票人交来的支票和三联进账单时，按有关规定审查，无误后，支票作借方传票。其会计分录为：

借：吸收存款——出票人活期存款户

　　贷：清算资金往来或辖内往来

第一联进账单加盖转讫章作回单交给出票人，第二联加盖业务公章连同第三联进账单按票据交换的规定提出交换。收款人开户行收到交换提入的第二、三联进账单，经审查无误，第二联进账单加盖转讫章作贷方传票。其会计分录为：

借：清算资金往来或辖内往来

　　贷：吸收存款——收款人活期存款户

第三联进账单加盖转讫章作收账通知交给收款人。如收款人不在本行开户或进账单上的账号、户名不符，应通过“其他应付款”科目核算，然后将第二、三联进账单通过票据交换退回出票人开户行。对划线支票、普通支票的处理手续比照有关转账支票、现金支票处理手续，这里不再赘述。

(三) 支票挂失的处理手续

支票丧失，失票人到付款行请求挂失时，应当提交第一、二联挂失止付通知书。付款行收到挂失止付通知书后，按规定审查无误并确未付款的，第一联止付通知书加盖业务公章作为回单交给失票人，第二联在登记了支票挂失登记簿后专夹保管，并在出票人账户账首明显处用红笔注明“X 年 X 月 X 日第 X 号支票挂失止付”字样，凭以掌握止付。

三、银行汇票的核算

银行汇票是出票银行签发的，由其在见票时按照实际结算金额无条件支付给收款人或者持票人的票据。银行汇票的出票银行为银行汇票的付款人。单位和个人各种款项结算，均可使用银行汇票。银行汇票可以用于转账，填明“现金”字样的也可用于支取现金。银行汇票具有适用范围广、结算及时、票随人到、人到款到和兑现性强的特点。

（一）银行汇票的主要规定

⑴银行汇票一律记名，并允许背书转让。背书转让必须以实际结算金额为准，未填写实际结算金额或实际结算金额超过出票金额的不得背书转让。

⑵签发银行汇票必须记载的事项有：表明“银行汇票”的字样；无条件支付的承诺；出票金额；付款人名称；收款人名称；出票日期；出票人签章。

⑶银行汇票的提示付款期限自出票日起1个月。持票人超过付款期限提示付款的，代理付款人不予受理。

⑷签发转账银行汇票，不得填写代理付款人名称；签发现金银行汇票，申请人和收款人必须均为个人，并须填写代理付款人名称。银行汇票的出票日期、出票金额、收款人名称，不得更改，更改的无效。

⑸持票人向银行提示付款时，必须同时提交银行汇票和解讫通知，缺少任何一联，银行不予受理。

⑹未填明实际结算金额和多余金额或实际结算金额超过出票金额的，银行不予受理。银行汇票实际结算金额不得更改，更改实际结算金额的汇票无效。银行汇票的实际结算金额低于出票金额的，其多余金额由出票银行退交申请人。

⑺申请人因银行汇票超过提示付款期限或其他原因要求退款时，应出具有关证明或个人身份证件，出票银行审核无误后才可办理退款事宜。

⑻跨系统银行签发的转账银行汇票的付款，应通过同城票据交换将银行汇票和解讫通知提交给同城的有关银行审核支付后抵用。

（二）银行汇票的核算

银行汇票的处理程序包括汇票的出票、付款和结清三个阶段。

1. 银行汇票出票的核算

申请人需要使用银行汇票，应向银行填写汇票申请书一式三联，第一联存根，第二联借方凭证，第三联贷方凭证。交现金办理汇票的，第二联注销。

出票行受理申请人提交的二、三联汇票申请书，应认真审查申请书内容填写是否齐全、清晰；第二联签章是否为预留银行签章，申请人存款账户有无足够金额支付；填写“现金”字样的，申请人和收款人是否均为个人，并交存现金的。经审查无误后，办理转账。转账交付汇票款的，分别以汇票申请书二、三联作转账借、贷方传票，其会计分录为：

借：吸收存款——申请人活期存款户

　　贷：吸收存款其他存款

以现金交付汇票款的，以第三联汇票申请书作贷方传票，其会计分录为：

借：库存现金

　　贷：吸收存款——其他存款

出票行在办好转账或收妥现金后，签发银行汇票。银行汇票一式四联，第一联卡片，第二联汇票，第三联解讫通知，第四联多余款收账通知。

签发行签发银行汇票时，对汇票的出票日期和出票金额必须大写，对需要在代理付款行支付现金的，应在汇款金额人民币（大写）后面先填写“现金”字样，再填写出票金额，在代理付款行名称栏填明确定的本系统代理付款行名称。如申请书备注栏内注明“不得转让”的，出票行应当在汇票正面的备注栏内注明。如由中国人民银行代理兑付汇票或在中国人民银行确定的跨省区、市区域内使用汇票的，应在汇票及解讫通知有关栏填注有关内容及加盖规定戳记。填写的汇票经复核无误后，在第二联上加盖汇票专用章并由授权的经办人签名或盖章，并在实际结算金额栏的小写金额上端用压数机压印出票金额，然后连同第三联一并交给申请人。第一联上加盖经办员、复核员名章，在逐笔记载汇出汇款账并注明汇票号码后，连同第四联一并专夹保管。

2. 银行汇票付款的核算

(1)持票人在代理付款行开户的核算。代理付款行接到在本行开户的持票人提交的银行汇票、解讫通知及两联进账单，应认真审查：汇票和解讫通知是否同时提交，汇票号码和记载的内容是否一致；汇票是否统一规定印制的凭证；汇票是否真实，是否在提示付款期内，持票人名称与进账单上的户名是否相符；出票行的签章是否符合规定，汇票专用章是否与印模相符，密押是否正确；压数机压印的金额与大写的汇票金额是否一致；实际结算金额是否在汇票金额以内，与进账单金额是否相符，多余金额结计是否正确。审查无误，汇票作借方凭证附件，第二联进账单作贷方凭证办理转账。其会计分录为：

借：清算资金往来或辖内往来

　　贷：吸收存款——持票人活期存款户

第一联进账单上加盖转讫章作收账通知交给持票人，解讫通知加盖转讫章随联行借方报单寄往出票行。对跨系统银行签发的转账银行汇票，应通过同城票据交换将汇票及解讫通知提交同城的有关银行审核支付后抵用。

(2)持票人未在代理付款行开户的核算。代理付款行接到未在本行开户的持票人为个人交来的汇票和解讫通知及进账单两联时，除按照上述转账的汇票内容审查外，还必须审查持票人的身份证件，并审查在汇票背面是否有持票人身份证件名称、号码及发证机关，并要求提交持票人身份证复印件留存备查。对现金汇票持票人委托他人向代理付款行提示付款的，必须查验持票人和被委托人的身份证件并审查是否在汇票背面作有关记载。审查无误后，一律通过“应解汇款”科目核算。以第二联进账单作贷方凭证，办理转账。其会计分录为：

借：清算资金往来或辖内往来

　　贷：其他应付款——持票人户

① 原持票人需要一次或分次办理转账支付的，其会计分录为：

借：其他应付款——持票人户

　　贷：清算资金往来或辖内往来

② 原持票人需要支取现金的，应审查汇票上填写的申请人和收款人确为个人并按规定填明“现金”字样；未填明“现金”字样，需要支取现金的，应审查是否符合现金管理规定，审查无误后，代理付款行另填一联现金借方凭证。其会计分录为：

借：其他应付款——持票人户

　　贷：库存现金

③ 需要用汇兑或银行汇票转汇的，需填明原收款人和用途。其会计分录为：

借：其他应付款——持票人户

　　贷：清算资金往来或辖内往来

3. 银行汇票结清的核算

出票行接到代理付款行寄来联行借方报单以及解讫通知时，抽出原专夹保管的汇出汇款卡片和多余款收账通知，经核对确属本行出票，报单金额与实际结算金额相符，多余金额结计正确无误，分别作如下处理。

(1)汇票全额付款的核算。汇票全额付款应在汇票卡片的实际结算金额栏填入全部金额，在多余款收账通知的多余金额栏填写“—0—”，汇票卡片作借方凭证，解讫通知和多余款收账通知作借方凭证附件。其会计分录为：

借：吸收存款——其他存款

贷：清算资金往来或辖内往来

同时销记汇出汇款账。

(2)汇票有多余款的核算。汇票款未全部兑付，多余款应由出票行主动退回。出票行应在汇出汇款卡片和多余款收账通知上填写实际结算金额。

① 申请人在出票行开户的，出票行以汇出汇款卡片作借方凭证，解讫通知作多余款贷方传票。其会计分录为：

借：吸收存款——其他存款 （出票金额）

贷：清算资金往来或辖内往来 （实际结算金额）

吸收存款——申请人活期存款户 （多余金额）

同时销记汇出汇款账，并在多余款收账通知的多余金额栏填写多余金额，加盖转讫章，通知申请人。

② 申请人未在出票行开户的，多余金额应先转入“其他应付款”科目。其会计分录为：

借：吸收存款——其他存款

贷：清算资金往来或辖内往来

其他应付款——申请人户

同时销记汇出汇款账，并通知申请人持申请书存根及本人身份证件来行取款。领取时，其会计分录为：

借：其他应付款——申请人户

贷：库存现金

4. 银行汇票退款和挂失的核算

申请人由于汇票超过付款期限或其他原因要求退款时，应交回汇票和解讫通知，并提交证明或身份证件。出票行经与专夹保管的汇票卡片核对无误后，在汇票卡片和解讫通知的实际结算金额栏填明“未用退回”字样。汇票卡片作借方传票，汇票作附件，解讫通知作贷方传票办理转账。其会计分录为：

借：吸收存款——其他存款

贷：吸收存款——申请人活期存款户或库存现金

多余款收账通知的多余金额栏填入原出票金额，盖章交给申请人。

申请人因缺解讫通知要求退款的，应备函向出票行说明短缺原因，并交回原持有的汇票，出票行于提示付款期满一个月后比照上述手续办理退款。

5. 挂失手续

填明“现金”字样及代理付款行的汇票遗失，失票人到代理付款行或出票行挂失时，应填三联“挂失止付通知书”。受理行接到“挂失止付通知书”经审查符合要求，无误，经查确未付款的，通知书第一联退申请人，第二、三联登记汇票挂失登记簿并保管，凭此掌握止付(控制付款或退款)。失票人要求通知对方行的，应立即向对方行发出挂失通知，凭以止付或控制付款。

四、银行本票

(一)银行本票的含义及种类

银行本票是由银行签发的，承诺自己在见票时无条件支付确定的金额给收款人或持票人的票据。单位和个人在同一票据交换区域的任何款项结算都可以使用银行本票。本票因出票人的不同，其种类也不同。由企业签发的本票叫商业本票，由银行签发的本票叫银行本票。本票因付款期的不同，分为即期本票及远期本票，我国的银行本票是即期本票，即见票即付的本票。银行本票按其面额不同又分为不定额本票和定额本票。

(二)银行本票的主要规定

(1)银行本票一律记名，允许背书转让。

(2)银行本票的出票人，为经中国人民银行当地分支行批准办理本票业务的银行机构。

(3)银行本票的提示付款期限自出票日起最长不得超过 2 个月。持票人超过提示付款期限提示付款的，代理付款人不予受理。

(4)银行本票可以用于转账，注明“现金”字样的可以用于支取现金。申请人和收款人均为个人的才可申请签发现金本票。

(5)定额银行本票面额为 1 000 元、5 000 元、1 万元和 5 万元。

(6)银行本票见票即付。跨系统银行本票的兑付，持票人开户银行可根据中国人民银行规定的金融机构同业往来利率向出票银行收取利息。

五、商业汇票

商业汇票是出票人签发的，委托付款人在指定日期无条件支付确定的金额给收款人或者持票人的票据。按其承兑人的不同，可分为商业承兑汇票和银行承兑汇票两种。商业承兑汇票由银行以外的付款人承兑，银行承兑汇票由银行承兑，商业汇票的付款人为承兑人。商业汇票适用于同城或异地各法人之间的商品交易款项的结算。

(一)商业汇票的主要规定

(1)在银行开立账户的法人及其他组织之间，根据购销合同进行的商品交易或具有真实的债权债务关系，可以使用商业汇票。

(2)签发商业汇票必须以合法的商品交易为基础，禁止签发、承兑和贴现无商品交易的商业汇票，严禁利用商业汇票拆借资金、抵押贷款和套取银行贴现资金。

(3)商业汇票一律记名，允许背书转让。

(4)签发商业汇票必须记载的事项有：表明“商业承兑汇票”或“银行承兑汇票”的字样；无条件支付的委托；确定的金额；付款人名称；收款人名称；出票日期；出票人签章。欠缺记载上列事项之一的，商业汇票无效。

(5)商业汇票的付款期限，最长不得超过 6 个月。

(6)商业汇票的提示付款期限，自汇票到期日起 10 日。

(7)商业承兑汇票承兑与收款的规定。

① 商业承兑汇票承兑时，须由付款人在商业承兑汇票正面签署“承兑”字样并加盖预留银行印章。

② 对同城承兑的汇票，持票人应于汇票到期日送交银行办理托收或直接向付款人提示付款。对异地承兑的汇票，持票人可匡算邮程，提前通过开户银行委托收款。持票人超过提示付款期限提示付款的，持票人开户银行不予受理。

③ 商业承兑汇票的付款人开户行收到通过委托收款寄来的商业承兑汇票，将商业承兑汇票留存，并及时通知付款人付款。付款人收到开户银行的付款通知，应在当日通知银行付款，付款人在接到通知日的次日起 3 日内(遇法定节假日顺延)未通知银行付款的，视同承诺付款，银行于付款人接到通知日起第 4 日(遇法定节假日顺延)上午开始营业时，将票款划给持票人。

(8)银行承兑汇票承兑与收款的规定。

① 承兑银行必须具备下列条件：与出票人具有真实的委托付款关系；具有支付汇票金额的可靠资金；内部管理完善。银行承兑汇票的承兑银行由其上级管理行审定后确定。

② 银行承兑汇票应由在承兑银行开立存款账户的存款人签发。

③ 银行承兑汇票的出票人或持票人向银行提示承兑时，由信贷部门按有关规定审查，符合要求的，与承兑申请人签订承兑协议。会计部门办理具体承兑手续并按票面金额的万分之五向承兑申请人收取手续费，对于本行承担的承兑责任按照权责发生制的要求进行表外登记。

④ 承兑银行为降低承兑风险，可以与承兑申请人协商收取一定比例的保证金。

⑤ 银行承兑汇票的出票人应于汇票到期日将票款足额交存其开户银行，承兑银行应在汇票到期日后的见票当日支付票款。若出票人于汇票到期日未能足额交存票款时，承兑银行除凭票向持票人无条件付款外，对尚未支付的汇票金额按照每天万分之五计收利息。

(9)符合条件的商业汇票的持票人可持未到期的商业汇票向银行申请贴现。贴现银行可持未到期的汇票向其他银行转贴现，也可向人民银行申请再贴现。

(二)商业承兑汇票的核算

商业承兑汇票可以由收款人签发，经付款人承兑，也可以由付款人签发并承兑。签发人必须使用人民银行总行统一印制的商业汇票，商业承兑汇票一式三联，其各联用途为：第一联卡片，由承兑人留存；第二联汇票，由付款人签署“承兑”字样，并加盖在银行的预留印鉴，交收款人；第三联存根，由签发人留存。

1. 持票人开户行受理汇票的核算

持票人凭商业承兑汇票委托开户行收款的，应填制委托收款凭证，并在“委托收款凭据名称”栏注明“商业承兑汇票”及其汇票号码，连同汇票一并送交开户行。银行应认真按票据的有关规定和商业汇票的规定审查，审查无误，在委托收款凭证各联上加盖“商业承兑汇票”戳记。然后按发出委托收款结算凭证手续处理，并登记有关登记簿。

2. 付款人开户行收到汇票的核算

付款人开户行接到持票人开户行寄来的委托收款凭证及汇票，除审查有关内容外，还应着重审查付款人是否确在本行开户，承兑人在汇票上的签章与预留银行的签章是否相符等，审查无误后，将第五联委托收款凭证交给付款人并签收。银行于汇票到期日按以下情况处理。

(1)付款人账户有足够票款支付的，以第三联委托收款凭证作借方凭证，汇票加盖转讫章作附件，第四联委托收款凭证加盖业务公章随联行贷方报单寄持票人开户行。其会计分录为：

借：吸收存款——付款人活期存款户

贷：清算资金往来或辖内往来

(2)付款人账户不足支付的，银行应填制付款人未付票款通知书，在委托收款凭证备注栏注明“付款人无款支付”字样，并加盖业务公章，将委托收款凭证和汇票退回持票人开户行。同时按规定向付款人收取罚款。其会计分录为：

借：吸收存款——付款人活期存款户

贷：营业外收入

(3)付款期内银行接到付款人拒绝付款证明时，在原委托收款凭证各联加注“拒绝付款”字样后，将委托收款凭证、拒付款证明及汇票退给持票人开户行转交持票人。

3. 持票人开户行收到划回票款或退回凭证的处理

(1)持票人开户行接到付款人开户行寄来的联行报单及委托收款凭证第四联或拍来的电报，与委托收款凭证第二联核对，审查无误后，以委托收款凭证第二联作转账贷方传票，第四联委托收款凭证加盖转讫章作收账通知交给持票人。其会计分录为：

借：清算资金往来或辖内往来

贷：吸收存款——持票人活期存款户

(2)持票人开户行接到付款人开户行发来的付款人未付票款通知书或付款人的拒绝付款证明和汇票以及委托收款凭证，在原留存的委托收款凭证上备注后，将委托收款凭证、未付票款通知书或拒绝付款证明及汇票退给持票人，同时销记登记簿。

(三)银行承兑汇票的核算

1. 承兑银行办理汇票承兑的核算

出票人或持票人持银行承兑汇票向汇票上记载的付款银行申请或提示承兑时，承兑银行的信贷部门按有关规定审查同意后，即可与出票人签署银行承兑协议。会计部门对银行承兑汇票和承兑协议审核无误后，在第一、二联汇票上注明承兑协议编号，并在第二联汇票“承兑人签章”处加盖汇票专用章并由授权的经办人签名或盖章。由出票人申请承兑的，将第二联汇票连同一联承兑协议交给出票人；由持票人提示承兑的，将第二联汇票交给持票人，一联承兑协议交给出票人。同时，按照规定向出票人收取承兑手续费。其会计分录为：

借：吸收存款——出票人活期存款户

贷：手续费及佣金收入

承兑银行根据第一联汇票卡片填制银行承兑汇票表外科目收入凭证，登记表外科目登记簿，并将第一联汇票卡片和承兑协议副本专夹保管。对银行承兑汇票登记簿余额要经常与保存的第一联汇票卡片进行核对，以保证金额相符。

2. 持票人开户行受理汇票的核算

持票人在提示付款期内委托其开户行向承兑银行收取票款时，应填制异地委托收款凭证，在“委托收款凭据名称”栏注明“银行承兑汇票”及其汇票号码，连同汇票一并送交开户行。

商业银行审查无误后，在委托收款凭证各联上加盖“银行承兑汇票”戳记，其余手续按照发出委托收款凭证的手续处理。

3. 承兑银行对汇票到期收取票款的核算

承兑银行应每天查看汇票的到期情况，对到期的汇票，分不同情况处理。

(1) 出票人账户有足够款项支付时，银行填制两联特种转账借方凭证，一联特种转账贷方凭证，并在“转账原因”栏注明“根据××号汇票划转票款”。其会计分录为：

借：吸收存款——出票人活期存款户

　　贷：吸收存款——其他存款

一联特种转账借方凭证加盖转讫章后作支款通知交给出票人。

(2) 出票人账户无款支付时，银行于汇票到期日填制两联特种转账借方凭证，一联特种转账贷方凭证，在“转账原因”栏注明“××号汇票无款支付转入逾期贷款户”。其会计分录为：

借：贷款——出票人逾期贷款户

　　贷：吸收存款——其他存款

一联特种转账借方凭证加盖业务公章交给出票人。同时，按汇票金额每天处以万分之五的罚息。

(3) 出票人账户余额不足支付时，银行应于汇票到期日分别填制两套一式两联特种转账借方凭证及一联特种转账贷方凭证，在“转账原因”栏注明“××号汇票划转部分票款”。其会计分录为：

借：吸收存款——出票人活期存款户

　　贷款——出票人逾期贷款户

　　贷：吸收存款——其他存款

一联特种转账借方凭证加盖转讫章作支款通知给出票人，一联特种转账借方凭证加盖业务公章作逾期贷款通知交给出票人。转账后，另填制“银行承兑汇票”表外科目付出传票，销记表外科目登记簿。

4. 承兑银行支付汇票款项的核算

承兑银行接到持票人开户银行寄来的委托收款凭证及汇票，抽出原专夹保管的汇票卡片和承兑协议副本，应认真审查有关内容，审查无误后，承兑银行于汇票到期日或到期日之后的见票当日，按照委托收款付款的手续处理。其会计分录为：

借：吸收存款——其他存款

　　贷：清算资金往来或辖内往来

5. 持票人开户行收到汇票款项的核算

持票人开户行接到承兑银行寄来的联行报单和委托收款凭证，按照委托收款的款项划回手续处理。其会计分录为：

借：清算资金往来或辖内往来

　　贷：吸收存款——持票人活期存款户

6. 商业汇票挂失的处理

已承兑的银行承兑汇票丧失，失票人到承兑银行挂失时，应当提交三联挂失止付通知书。承兑银行比照银行汇票挂失手续处理。商业承兑汇票丧失，由失票人向承兑人挂失。

六、电子商业汇票系统

(一)电子商业汇票的概念

为进一步推动国内票据业务和票据市场的发展，便利企业支付和融资，支持商业银行票据业务创新，在充分调研论证的基础上，中国人民银行于2008年1月决定组织建设电子商业汇票系统，2008年6月正式立项，2009年10月28日建成投入运行。电子商业汇票是出票人以数据电文形式制作的，委托付款人在指定日期无条件支付确定的金额给收款人或者持票人的票据。电子商业汇票系统的建成运行，是我国金融信息化、电子化进程中的又一个重要里程碑，标志着中国现代化支付体系基本建成，标志着我国商业票据业务进入电子化时代，对促进电子商务和票据市场发展将产生深远影响。

(二)电子商业汇票系统建成的意义

(1)电子商业汇票系统为电子票据业务提供安全高效、互联互通、标准统一、方便快捷的多功能、综合性业务处理平台。与现行纸质商业汇票相比，其最大的特性就是签发和流转都采取电子化方式，以数据电文来完成。电子商业汇票系统的建成将从根本上解决纸质商业汇票交易方式效率低下、信息不对称、风险较大等问题。

(2)电子商业汇票系统的建成对企业、商业银行、中央银行和票据市场的发展意义重大。对企业来说，电子商业汇票不仅提供了纸质票据的所有功能，更重要的是企业在使用过程中不受时间和空间的限制，交易资金在途时间大大缩短，资金周转效率明显提高。对商业银行来说，电子商业汇票系统的建成不但使电子票据能够实现实时、跨地区流通使用，而且节省了纸质票据业务的人工成本，节约票据印制成本，降低票据保管成本，规避票据遗失风险，增强了业务的安全性，加快了结算速度，从而有效地提高了银行的金融服务效率。对中央银行来说，电子商业汇票系统的建成将使中央银行成为电子商业汇票市场的一个经常性交易主体，未来可能成为中央银行公开市场操作的一个主要手段，增加中央银行货币政策操作的弹性和力度，提高中央银行调控货币市场的能力，畅通货币政策传导机制。通过电子商业汇票系统，中央银行能够全面监测商业汇票各种票据行为，准确了解资金流量流向，为宏观经济决策提供重要的参考依据。

(三)电子商业汇票与现行纸质商业汇票的异同

电子商业汇票推出后，纸质商业汇票在较长一段时期内仍将继续存在。不具备条件的企业可以继续使用纸质商业汇票，以满足其支付和融资需要。

由于电子商业汇票是以数据电文形式制作的，其存在形式为数据电文，且当事人的签章为其电子签名，因此电子商业汇票与现行商业汇票在载体、签章等形式上完全不同，其使用条件和具体操作也不相同。另一个明显的不同点是电子商业汇票的付款期限由现行商业汇票付款期限的6个月延长到了1年。

从法律层面来看，电子商业汇票与纸质商业汇票的法律关系均由《中华人民共和国票据法》《票据管理实施办法》和《支付结算办法》等法规制度调整，在其所体现的权利义务关系上完全一致。但是，作为一种新兴票据形式，电子商业汇票又有其特殊性。为规范电子商业汇票行为和票据业务操作，中国人民银行在商业汇票现有法律框架下，制定了《电子商业汇票业务管理办法》等一系列制度，并对《支付结算办法》涉及的商业汇票有关规定进行了必要调整。

(四)电子商业汇票系统主要功能

电子商业汇票系统由一个核心功能模块即电子商业汇票业务处理，两个辅助功能模块纸质商业汇票登记查询系统和商业汇票转贴现公开报价组成。

电子商业汇票业务处理功能模块是电子商业汇票系统的核心模块，通过该模块可为各行客户签发的电子商业汇票实行集中登记存储，并提供互联互通的流通转让平台，实现电子商业汇票出票、承兑、背书、保证、提示付款、追索等业务流程的电子化。同时，与银行、财务公司行内系统及人民银行的现代化支付系统连接，可实现电子商业汇票贴现、转贴现、再贴现等融资交易和提示付款的即时转账结算，同步完成票据融资交易的交割，实现票款对付(DVP)。

纸质商业汇票登记查询功能模块是系统参与者必须参加的模块，它能够为纸质商业汇票承兑、贴现、转贴现、再贴现、质押、质押解除、挂失止付等票据行为提供登记查询服务，实现纸质商业汇票票面信息的集中登记存储，便利纸质商业汇票的贴现、质押业务查询。

第三节　各种结算方式的核算

一、结算方式的基本规定

(1)三种结算方式是指我国传统意义上所使用的结算方式，包括汇兑、委托收款和托收承付。

(2)单位在结算凭证上的签章，应为本单位的财务专用章或者公章加其法定代表人或者其授权的代理人的签名或者盖章。

(3)银行办理结算业务，给单位或个人的收、付款通知和汇兑回单，应加盖银行的转讫章；银行给单位或个人的托收承付、委托收款的回单和向付款人发出的承付通知，应加盖银行的业务公章。

(4)结算凭证上记载汇款人、付款人和收款人账号的，账号与户名必须一致。

(5)银行办理结算向外发出的结算凭证，必须于当日最迟次日寄发；收到结算凭证，必须及时将款项支付给结算凭证上记载的收款人。

二、汇兑业务的核算

汇兑是汇款人委托银行将其款项支付给收款人的结算方式。汇兑按凭证寄递方式的不同，分为信汇和电汇两种，由汇款人选择使用。

(一)汇兑的基本规定

(1)汇兑适用于单位和个人的各种款项的结算。

(2)签发汇兑凭证必须记载的事项有：表明“信汇”或“电汇”的字样；无条件支付的委托；确定的金额；收款人名称；汇款人名称；汇入地点、汇入行名称；汇出地点、汇出行名称；委托日期；汇款人签章。

(3)汇款人和收款人均为个人，需要在汇入银行支取现金的，应在“汇款金额”大写栏，先填写“现金”字样，后填写汇款金额。

(4)汇款人需在汇入银行领取汇款的，应在凭证上注明“留行待取”字样。信汇凭印鉴支取，应加盖预留印鉴。汇入银行对开立存款户的收款人，应将其款项直接收入收款人账户，并向其发出收款通知。

(5)未在银行开立存款账户的收款人，向汇入银行支取款项，必须交验本人的身份证件，银行审核无误后，以收款人的姓名开立应解汇款账户，该账户只付不收，付完清户，不计付利息。按规定，收款人可支取现金、办理转账及转汇，但凭证上注明“不得转汇”的除外。

(6)汇款人对汇出银行尚未汇出的款项可以申请撤销；对已经汇出的款项可以申请退汇，但必须是收款人未在汇入银行开户的方可申请办理。

(7)汇入银行对收款人拒收汇款或经过2个月无法交付的汇款，应主动办理退汇。

(二)汇兑业务核算

1. 汇出行收汇的核算

汇款人委托银行办理汇兑时，应填制一式四联信汇凭证，第一联回单，第二联借方凭证，第三联贷方凭证，第四联收账通知或代取款收据。或者填制一式三联的电汇凭证，第一联回单，第二联借方凭证，第三联贷方凭证。汇出行收到汇兑凭证，应认真审查：信汇凭证必须记载的各项内容是否齐全、正确；汇款人账户内是否有足够支付的金额；汇款人的签章是否与预留银行签章相符；填明“现金”的，汇款人和收款人是否均为个人，无误后，按规定收取手续费和邮费后，在第一联信汇凭证上加盖转讫章作回单退给汇款人。第二联信汇凭证作借方凭证。其会计分录为：

借：吸收存款——汇款人活期存款户

　　贷：清算资金往来或辖内往来

现金交付的，填制一联特种转账贷方凭证，第二联信汇凭证作借方凭证。其会计分录为：

借：库存现金

　　贷：清算资金往来或辖内往来

转账后，第三联信汇凭证加盖联行专用章，与第四联随同联行邮划贷方报单寄汇入行。对跨系统银行汇款的，应按照“跨行汇划款项，相互转汇”的办法办理。

2. 汇入行解汇的核算

汇入行接到汇出行或转汇行寄来的邮划贷方报单，或本地跨系统转汇行交来的转汇清单和划收凭证，以及第三、四联信汇凭证，应审查第三联信汇凭证上的联行专用章与联行报单印章是否一致(转汇的由转汇行代审查)，无误后按不同情况处理。

(1)汇款直接入账的，第三联信汇凭证作贷方凭证。其会计分录为：

借：清算资金往来或辖内往来

　　贷：吸收存款——收款人活期存款户

第四联信汇凭证加盖转讫章作收账通知交给收款人。

(2)不直接收账的，第三联信汇凭证作贷方凭证。其会计分录为：

借：清算资金往来或辖内往来

　　贷：其他应付款

登记登记簿，并在第三、四联信汇凭证上编制顺序号，第四联留存保管，另以便条通知收款人来行办理取款手续。收款人持便条来行办理取款，汇入行应抽出第四联信汇凭证，并认真审查取款人的身份证件无误后，将证件号码、名称及发证机关批注在信汇凭证空白处，并由收款人签字或盖章。如果是凭印鉴支取的，其所盖印章须与预留印鉴核对相符，然后办理付款手续。

① 支取现金的。经审查符合有关规定，另填制现金付出传票(第四联信汇凭证作附件)办理转账。其会计分录为：

借：其他应付款

　　贷：库存现金

同时销记登记簿。

② 需要分次支付的，应凭第四联信汇凭证注销登记簿中的该笔汇款，银行审核收款人填制的支款凭证，其预留签章和收款人身份证件无误后，办理分次支付手续。待最后结清时，将第四联信汇凭证作借方凭证附件。其会计分录为：

借：其他应付款

　　贷：吸收存款——活期存款

③ 需要转汇的，由收款人向汇入行填制转汇凭证，但其收款人和汇款用途必须是原收款人和用途，并在第三联信汇凭证加盖“转汇”戳记。其会计分录为：

借：其他应付款

　　贷：清算资金往来或辖内往来

同时销记登记簿。

三、委托收款

委托收款是收款人委托银行向付款人收取款项的结算方式。

(一)委托收款的基本规定

(1)凡在商业银行开立账户的单位和个人凭已承兑商业汇票、债券、存单等付款人债务证明办理款项的结算，都可以使用委托收款结算方式。

(2)委托收款结算款项的划回方式分邮寄和电报两种，不受金额起点限制，同城和异地均可使用。

(3)委托收款结算除部分拒付外，款项只能一次划清，不代收款人分次扣收款项。

(4)付款人在票据到期日存款账户无足够款项支付，银行除向付款人索回有关单证外，同时，应按结算制度规定对其进行罚款。

(5)付款期限为3天，从付款人开户银行发出付款通知的次日算起。

(6)在同城范围内，收款人收取公用事业费或根据国务院的规定，可以使用同城特约委托收款。但必须有收付双方事先签订的经济合同并经付款人向其开户行授权后方可使用。

委托收款的核算分为受理委托、划付款项和收款入账三个阶段。

(二)收款人开户行受理委托的核算

收款人办理委托收款时，应填制邮划或电划委托收款凭证。邮划委托收款凭证一式五联，

第一联回单，第二联贷方凭证，第三联借方凭证，第四联收账通知，第五联付款通知。电划委托收款凭证也是一式五联，其中第四联改为发电依据。收款人办理委托收款时，应在第二联委托收款凭证上盖章后，连同债务证明交开户行。收款人开户行收到上述凭证和债务证明，经审查无误后，将第一联加盖业务章后退收款人，第二联专夹保管，并登记“发出委托收款凭证登记薄”，第三联凭证加盖带有联行行号的结算专用章后连同第四、五联及收款依据(即债务证明)一并寄给付款人开户行。收款人开户行如不办理全国或省辖联行业务，向付款人开户行直接发出委托收款凭证时，应在委托收款凭证的“备注”栏加盖“款项收妥划收××(行号)转划我行”戳记，以便付款人开户行向指定的转划行填发报单。

(三)付款人开户行划付款项的核算

付款人开户行接到收款人开户行寄来的邮划或电划第三、四、五联委托收款凭证及有关债务证明时，应审查是否属于本行受理的凭证，审查无误后，在凭证上填注收到日期，根据邮划三、四联凭证(电划第三联)逐笔登记收到委托收款结算凭证登记簿，将邮划或电划第三、四联凭证专夹保管，并分不同情况处理。

1. 付款人付款的核算

(1)付款人是银行时付款的核算。银行接到委托收款凭证和有关债务证明，按规定付款时，第三联委托收款凭证作借方凭证，有关债务证明作借方凭证附件。其会计分录为：

借：××科目

　　贷：清算资金往来或辖内往来

(2)付款人是单位时付款的核算。银行接到委托收款凭证和有关债务证明，按照有关办法、规定对债务证明处理，同时将第五联委托收款凭证加盖业务章及时交给付款人并由付款人签收。付款单位在承付期内未提出异议，银行即视同同意付款，在付款人签收日的次日起第 4 天上午营业开始时，将票款从付款人账户内付出，办理划款手续。付款人账户足够支付全部款项的，以第三联委托收款凭证作借方凭证，如留存债务证明的，其债务证明和付款通知作借方凭证附件。其会计分录为：

借：吸收存款——付款人活期存款户

　　贷：清算资金往来或辖内往来

转账后，在登记簿上填明转账日期，属于邮寄划款的，将第四联委托收款凭证填注支付日期后，随联行邮划贷方报单寄交收款行。如属电划的，应根据第四联委托收款结算凭证填制联行电划贷方报单，凭以向收款人开户行拍发电报。如付款人账户不足支付全部款项的，银行在委托收款凭证和登记簿备注栏注明单证退回日期和“无款支付”字样，并填制三联付款人未付款通知书(用异地结算通知书代)，将第一联通知书和第三联委托收款凭证留存备查，将第二、三联通知书连同第四联委托收款凭证邮寄收款人开户行。留存债务证明的，其债务证明一并邮寄收款人行。如系电报划款，不另拍发电报。

2. 付款人拒绝付款的核算

付款人是单位的，银行在付款人签收日的次日起 3 日内，收到付款人填制的四联拒绝付款理由书以及付款人持有的债务证明和第五联委托收款凭证，经核对无误后，在委托收款凭证及登记簿备注栏注明“拒绝付款”字样，将两联拒付理由书连同第三联委托收款凭证一并留存备查，将第三、四联拒付理由书连同付款人提交或本行留存债务证明和第四、五联委托收款凭证一并寄收款人开户行。付款人是银行的，其提出的拒绝付款比照有关手续处理。

(四)收款人开户行办理委托收款划回的核算

1. 款项划回的核算

收款人开户行接到付款人开户行寄来的联行邮划贷方报单和所附第四联委托收款凭证时，应将留存的第二联凭证抽出同第四联进行核对，无误后，在两联凭证上填注转账日期，以第二联凭证作转账贷方凭证。其会计分录为：

借：清算资金往来或辖内往来

　　贷：吸收存款——收款人活期存款户

转账后，将第四联委托收款凭证加盖转讫章作收账通知送交收款人，并销记发出委托收款凭证登记簿。如是电报划回的，应编制电划贷方补充报单办理转账。其余处理与邮划相同。

2. 付款人无款支付核算

收款人开户行收到无款支付而退回的有关委托收款凭证第四联和第二、三联未付款项通知书及有关债务证明时，应在原留存的第二联委托收款凭证上注明“无款支付”字样，销记发出委托收款凭证登记簿，将第四联委托收款凭证及一联未付通知书和债务证明，退交收款人，由收款人签收后，其余由银行备查保管。

3. 拒绝付款的核算

收款人开户行接到第三、四拒绝付款理由书和委托收款凭证第四、五联及债务证明，经核对无误后，在原留存的第二联委托收款凭证备注栏注明“拒绝付款”字样，销记发出委托收款凭证登记簿。然后将委托收款凭证第四、五联及债务证明和第四联拒付理由书退交收款人并由其签收，将第三联拒付理由书连同第二联委托收款凭证一并保管备查。

四、托收承付

托收承付是根据购销合同由收款人发货后委托银行向异地付款人收取款项，由付款人向银行承认付款的结算方式。采用托收承付结算方式的单位，必须是国有企业、供销合作社以及经营管理较好，并经开户银行审查同意的城乡集体所有制工业企业。

托收承付的主要规定。

(1)办理托收承付结算的款项，必须是商品交易，以及因商品交易而产生的劳务供应的款项。代销、寄销、赊销商品的款项，不得办理托收承付结算。

(2)使用托收承付结算的条件：①收付款双方必须签有符合《经济合同法》的购销合同。②收付双方必须重合同、守信用。收款人对同一付款人发货托收累计3次收不回货款的，收款人开户行应暂停收款人向该付款人办理托收；付款人累计3次提出无理拒付的，付款人开户行应暂停其向外办理托收。③收款人办理托收，必须有商品确已发运的证件(特殊情况下可根据规定的其他证件办理)。

(3)托收承付结算每笔金额起点为1万元，新华书店系统每笔的金额起点为1 000元。款项划回的方式分为邮寄和电报两种，由收款人选用。

(4)承付货款分为验单付款和验货付款两种，由收付双方商量选用，并在合同中明确规定。①验单付款，承付期为3天，从付款人开户行发出承付通知的次日算起(承付期内遇节假日顺延)。②验货付款，承付期为10天，从运输部门向付款人发出提货通知的次日算起。对收付双方在合同中明确规定，并在托收凭证上注明验货付款期限的，银行从其规定。

(5)付款人在承付期内，未向银行提出异议，银行即视作承付。并在承付期满次日(遇节假日顺延)上午银行开始营业时，将款项主动从付款人账户内付出，按照收款人指定的划款方式，划给收款人。

(6)付款人在承付期满日银行营业终了时，如无足够资金支付货款，其不足部分，即为逾期付款。付款人开户行对逾期支付的款项，应当根据逾期付款金额和逾期天数，按每天万分之五计算逾期付款赔偿金。银行对逾期未付的托收凭证，负责进行扣款的期限为3个月(从承付期满日算起)。期满时，付款人仍无足够资金支付尚未付清的欠款，银行应于次日通知付款人将有关交易单证在2天内退回银行。付款人逾期未退回单证的，银行按照应付的结算金额对其处以每天万分之五不低于50元的罚款，并暂停其向外办理结算业务。

第四节　银行卡业务

一、银行卡的概念

银行卡是指商业银行(含邮政金融机构，下同)向社会发行的具有消费信用、转账结算、存取现金等全部或部分功能的信用支付工具。银行卡分以下几类。

(1)银行卡包括信用卡和借记卡

银行卡按币种不同可分为人民币卡和外币卡；按发行对象不同分为单位卡和个人卡；按信息载体不同分为磁条卡和芯片卡。

(2)银行卡按是否向发卡银行交存备用金分为贷记卡和准贷记卡两类。

贷记卡是指发卡银行给予持卡人一定信用额度，持卡人可在信用额度内先消费后还款的信用卡。准贷记卡是指持卡人须先按发卡行要求交存一定金额的备用金，当备用金账户余额不足支付时，可在发卡银行规定的信用额度内透支的信用卡。

(3)借记卡按功能分可分为转账卡(含储蓄卡，下同)、专用卡、储值卡。

借记卡不具有透支功能。转账卡是实时扣账的借记卡，具有转账结算、存取现金和消费功能。专用卡是指具有专门用途、在特定区域使用的借记卡，具有转账结算、存取现金功能。上述专门用途是指在百货、餐饮、饭店、娱乐行业以外的用途。储值卡是发卡银行根据持卡人要求将其资金转至卡内储存，交易时直接从卡内扣款的预付钱包式借记卡。

二、银行卡的基本规定

(一)银行卡的发行

商业银行未经中国人民银行批准不得发行银行卡。

(二)银行卡的申领

个人申领银行卡，应当向发卡银行提供公安部门规定的本人有效身份证件，发卡银行审查合格后，为其开立记名账户；凡在中国境内金融机构开立基本存款账户的单位应当凭中国人民银行核发的开户许可证申领单位卡。

（三）银行卡的使用

银行卡及其账户只准发卡银行批准的持卡人本人使用，不得出租和转借。

(1)单位人民币卡账户的资金一律从其基本存款账户转账存入，不得存取现金，不得将销货存入单位卡账户。单位人民币卡可办理商品交易和劳务供应款项的结算，但不得透支；超过中国人民银行规定起点的，应当经中国人民银行当地分支机构办理转汇。

(2)单位外汇卡的资金应从单位外汇账户转账存入，不得在境内存取外币现钞。

(3)个人卡账户的资金以其持有的现金存入或以其工资性款项及属于个人的劳务报酬收入转账存入。严禁将单位的款项存入个人卡账户。

（四）银行卡交易

(1)持卡人凭银行卡及身份证件(彩照卡可不提交身份证件，下同)可在特约单位(POS 机上)结算购物消费款项；在银行网点或发卡行营业柜台存取现金、在发卡行或收单行的营业柜台办理大额购货款转账结算；在指定的自动柜员机(ATM)上存取现金(单位卡除外)。

(2)发卡行依据密码等电子信息为持卡人办理的存取款、转账结算等各类交易产生的电子信息记录，均为该项交易的有效凭据。发卡银行可凭交易的明细记录或清单作为记账凭证。银行卡通过联网的各类终端交易的原始单据至少保留 2 年备查。

(3)发卡银行对贷记卡的取现应当每笔授权，每卡每日累计取现不得超过 2 000 元人民币。发卡银行应对持卡人在自动柜员机取款设定交易上限，每卡每日累计提款不得超过 5 000 元人民币。

（五）利息计算

(1)发卡行对准贷记卡、借记卡(不含储值卡)存款按中国人民银行规定的活期利率记息。发卡行对贷记卡存款、储值卡(含 IC 卡电子钱包)内的币值不记利息。贷记卡使用额度按月计收复利，准贷记卡透支按月计收单利，利率均为日利率万分之五，并根据中国人民银行的此项利率调整而调整。持卡人的保证金存款存期同信用卡有效期，按中国人民银行规定的同期同档次的存款利率计息。

(2)结息日。个人卡、单位卡存款结息日为每季末月份的 20 日；贷记卡使用额度及准贷记卡透支，结息日为每月的 20 日；贷记卡应收利息、催收利息均按月结息，结息日为每月的 20 日。

（六）持卡人还款

(1)贷记卡还款按各种费用、应收利息、催收贷款利息、本期利息、取现金额、消费金额的顺序扣款。多余款项应转存到贷记卡存款账户，可用于归还持卡人再次使用的额度。

(2)准贷记卡按应收利息、催收贷款利息、本期利息、透支本金顺序扣款。

(3)对保险公司的理赔资金，按先息后本的原则扣还本息。

（七）银行卡挂失

持卡人的银行卡遗失，应立即向发卡银行挂失，挂失方式分电话挂失和书面挂失两种，书面挂失为正式挂失。对于储值卡和 IC 卡内的电子钱包可不予挂失。银行卡挂失前或信用卡遗失且发卡行受理挂失后 24 小时内的经济责任由持卡人承担。

（八）销户

银行卡持卡人在还清全部交易款项、透支本息和有关费用后，可申请办理销户。销户时，单位人民币卡账户资金应当转入其基本存款账户，不得提取现金。

三、银行卡的业务核算

（一）信用卡发放的核算

单位或个人申请使用信用卡，应按发卡银行规定填写申请表。发卡银行审查同意后，应及时通知申请人前来办理领卡手续，并按规定向其收取备用金和手续费。申请人从其基本存款账户支付以上款项。具体分以下两种情况。

1．申请人已在发卡银行机构开有基本存款账户

申请人开具支票，填写三联进账单，交发卡行经办人员。经办人员审核无误后，支票作借方凭证，第二联进账单作贷方凭证，另填制一联特种转账贷方凭证，作收取手续费贷方凭证。其会计分录为：

借：吸收存款——申请人户

　　贷：保证金存款——申请人信用卡户

　　　　手续费及佣金收入

银行经办人员将第一联进账单加盖转讫章后，作回单交给申请单位。

2．申请人未在发卡银行机构开立基本存款账户

单位卡申请人开具支票，填写进账单，交发卡银行经办人员。发卡银行经办人员审核无误后，在进账单上按票据交换场次加盖“收妥入账”的戳记，将第一联加盖转讫章交给持票人。支票按照票据交换的规定及时提出交换。等退票时间过后，第二联记账单作贷方凭证；并填制一联特种转账贷方凭证，作收取手续费贷方凭证。其会计分录为：

借：存放中央银行款项

　　贷：保证金存款

　　　　手续费及佣金支出

个人卡申请人交存现金开卡的，银行转账的会计分录为：

借：库存现金

　　贷：保证金存款

　　　　手续费及佣金收入

以后在该行续存时，银行的会计分录为：

借：库存现金

　　贷：保证金存款

（二）信用卡直接消费业务的核算

直接消费是信用卡的主要功能。持卡人凭卡在特约单位购物或消费之后，无需支付现金。由于银行为特约单位介绍了客户，所以特约单位要向银行支付一定比例的结算手续费。分为以下几种情况。

1. 特约单位与持卡人在同一城市不同银行机构开户

对特约单位交来的进账单、三联汇计单及第二、第三联签购单，收单银行应认真审查。审查无误后，在第一联进账单加盖转讫章作收账通知和在第一联汇计单加盖业务公章作交费收据，退给特约单位。

收单银行应将第二联进账单作贷方凭证，第三联签购单作其附件，并根据第二联汇计单的手续费金额填制一联特种转账贷方凭证；将第二联签购单加盖业务公章，连同第三联汇计单向持卡人开户行提出票据交换(对跨系统银行发行的信用卡需待款项收妥办理转账)。其会计分录为：

借：存放中央银行款项

　　贷：吸收存款——特约单位户

　　　　手续费及佣金收入

持卡人开户银行收到交换提入的第三联汇计单，审核无误后办理转账。其会计分录为：

借：保证金存款——持卡人户

　　贷：存放中央银行款项

2. 发卡银行是异地跨系统银行

在发卡行是异地某家跨系统银行的情况下，特约单位开户银行应向本地的跨系统发卡银行的通汇行按上述手续提出票据交换，会计分录同上。通汇行接到收单银行交换来的签购单和汇计单，随联行借方保单寄持卡人开户行。其会计分录为：

借：清算类科目

　　贷：存放中央银行款项

发卡行收到同城交换来的第二联签购单和第三联汇计单，应认真审查。审查无误后，第二联签购单作借方凭证，第三联汇计单留存。其会计分录为：

借：保证金存款——持卡人户

　　贷：清算类科目

3. 特约单位与持卡单位不在同一城市，但两者在同一系统银行开户

收单银行应将第二联进账单作贷方凭证，第三联签购单作其附件，根据第二联汇计单的手续费金额填制一联特种转账贷方凭证后作其附件；第二联签购单加盖转讫章连同第三联汇计单随联行借方报单寄持卡人开户行。其会计分录为：

借：清算类科目

　　贷：吸收存款——特约单位户

　　　　手续费及佣金收入

发卡行收到联行寄来的报单及第二联签购单和第三联汇计单时，认真进行审查。审查无误后，第二联签购单作借方凭证，第三联汇计单留存。其会计分录为：

借：保证金存款——持卡人户

　　贷：清算类科目

(三)信用卡存取现金的核算

(1)持卡人存入现金时，银行审核无误填制存款单，存款单一式四联：第一联回单，第二联贷方凭证，第三联借方凭证，第四联存根。填妥后，交持卡人签字确认，核对无误后办理转账。其会计分录为：

借：库存现金

贷：存放中央银行款项

当日向持卡人开户行提出票据交换。持卡人的同城开户行收到交换提入的票据，办理转账。其会计分录为：

借：存放中央银行款项

贷：保证金存款——持卡人户

(2)持卡人在异地系统内银行存入现金，异地系统内银行收到持卡人存入现金，审核无误办理转账。其会计分录为：

借：库存现金

贷：清算类科目

通过行业支付系统清算资金。持卡人开户行受理系统内银行转来报单信息，办理转账。其会计分录为：

借：清算类科目

贷：保证金存款——持卡人户

(3)持卡人凭卡支取现金，代理银行需要认真审核取款人的身份证件及信用卡的真伪、有效期等信息，并填制取现单。不同情况下的有关会计分录与存入现金时相反。如需收取手续费，则在“手续费及佣金收入”账户核算。

第六章

商业银行往来与清算的核算

第一节 商业银行往来的核算

国民经济各单位之间因商品交易、劳务供应而产生的资金划拨和清算必须通过商业银行才能完成。由于各单位开户的商业银行不尽相同，这些资金清算就需要在不同系统银行之间进行，以及各商业银行之间相互融通、拆借资金，这就形成了商业银行之间的往来。

商业银行往来也称同业往来，是商业银行之间相互划转资金的账务往来。其内容主要包括同城票据交换、同业拆借、跨系统划款相互转汇和转贴现业务等。

一、同城票据交换的核算

(一) 同城票据交换的含义

同城票据交换，是指在同一城市内，各家银行所属行处之间，将相互代收、代付的票据，按每日规定的时间，带到指定的地点或票据交换所，进行清算资金的一种方法。目前，同城票据交换由中央银行主办，各商业银行参加，采用"定点定时，集中交换，占用资金，当天清算"的办法集中清算、集中监督，这样有利于简化手续，提高工作效率，缩短资金清算时间，加速资金周转。中国人民银行行使中央银行职能后，各商业银行均在中国人民银行开立基本存款账户，各商业银行的资金存欠通过"存放中央银行款项"科目进行核算。

(二) 同城票据交换的时间

票据交换一般每天两场，上午一场，下午一场，平时用"同城票据交换"核算。两场结束后，"同城票据交换"账面余额在借方时，为应收差额；"同城票据交换"账面余额在贷方时，为应付差额。应付差额行填支款凭证，应收差额行填存款凭证，送交开户的中国人民银行，办理差额清算。

在票据交换中，凡是提出票据给他行的行处为提出行；凡是通过票据交换从他行提回票据的行为提入行。一般说，参加票据交换的每个行处既是提出行，又是提入行。

各行提出交换的票据具体分为代收票据和代付票据。若提出行提出的是在本行开户的付款人委托银行从其账户中付出款项，划往在他行开户的收款人账户的各种贷方凭证，称为代收票据，减少本行在中国人民银行的存款；若提出的是在本行开户的收款人交存的，应由在他行开户的付款人付款的各种借方凭证称为代付票据，增加本行在中国人民银行的存款。

（三）同城票据交换的具体做法

（1）同城商业银行间本系统内票据交换。由同城商业银行的主管行牵头，对辖内各营业机构代收、代付本系统的票据组织交换，通过同城行处的往来科目划转，当日或定期通过联行往来科目进行清算。

（2）同城商业银行间跨系统票据交换。根据各商业银行机构设置和在央行开立存款账户的情况，定时清算票据交换差额。

（四）同城交换票据的主要种类

同城交换票据的主要种类有：支票、银行本票、银行汇票、银行承兑汇票、商业承兑汇票、委托收款凭证、定期（专用）借记凭证、代付款项凭证、税单、特种转账凭证、进账单等。商业银行交换提出的凭证分为借方凭证和贷方凭证。借方凭证主要有支票、银行汇票、银行本票、商业汇票等。这类凭证又称为托收票据。贷方凭证主要有进账单、税单、特种转账凭证、代付款项凭证等。这类凭证又称为托付票据。

（五）同城交换票据业务处理

1. 票据提出行核算

商业银行各种交换票据，必须按照《支付结算办法》及当地人民银行规定认真审查处理。提出托付票据必须先核实头寸，从有关账户付出，防止发生因付款人账户存款不足，银行被迫垫款的情况。其会计分录为：

借：吸收存款——付款人活期存款户

　　贷：存放中央银行款项——交换户

提出托收票据，会计分录为：

借：存放中央银行款项——交换户

　　贷：其他应付款

提出托收票据必须坚持收妥入账的原则，在规定的场次内确定无退票后，贷方凭证方可入账，其会计分录为：

借：其他应付款

　　贷：吸收存款——收款人活期存款户

在规定的场次内收到托收票据退票，其会计分录为：

借：其他应付款

　　贷：存放中央银行款项——交换户

每场提出票据业务处理完毕后，应逐份复审提出凭证、计数单、交换清单有关金额、要素是否一致，提出票据上应加盖中国人民银行规定的交换业务印章。使用打码机参加同城票据交换的，提出交换单位必须做到“四相符”，即借、贷方票据合计数与主清单、批控卡、交换提出报告单的借、贷方合计数核对相符。

2. 票据提回行核算

票据提回行检查票据清单和提回行借、贷方金额、笔数与交换差额报告单提回借、贷方金额、笔数相符。核对无误后，进行账务处理。

(1)提回票据必须在交换规定时间内办妥审票和账务处理，提回贷方凭证（托付票据）的会计分录为：

借：存放中央银行款项——交换户

贷：吸收存款——收款人活期存款户

提回借方凭证(托收票据)的会计分录为：

借：吸收存款——付款人活期存款户

贷：存放中央银行款项——交换户

(2)提回贷方凭证(托付票据)，因账号、户名不符等原因不能入账的，作退票处理，其会计分录为：

借：存放中央银行款项——交换户

贷：其他应付款

(3)提回借方凭证(托收票据)，付款单位无款支付、印鉴不符等原因不能办理付款的，应作退票处理，其会计分录为：

借：其他应收款

贷：存放中央银行款项——交换户

3. 票据交换资金清算

同城票据交换一般采用三级清算资金方式：以在中国人民银行开户的主管分行为一级清算资金单位；各分行所辖的支行为二级清算资金单位，其他交换单位为三级清算资金单位，并逐级向其上级清算行清算资金。一级清算资金单位收到中国人民银行票据交换中心发出的“交换差额报告单”后应核对“同城票据交换”余额是否一致，若差额报告单为借方差额，则表示本次交换为应收差额，其会计分录为：

借：存放中央银行款项——存款户

贷：存放中央银行款项——交换户

若差额报告单为贷方差额，则表示本次交换为应付差额，其会计分录为：

借：存放中央银行款项——交换户

贷：存放中央银行款项——存款户

各商业银行必须于中国人民银行备足充裕的流动资金，以使同城票据交换资金顺利清算，防止票据交换资金链中断，影响本地区甚至全国商业银行间资金正常使用。中国人民银行对于商业银行不能及时清算同城票据交换资金的，将进行严厉处罚。

二级或三级清算资金单位，根据交换差额报告单金额按照交换场次规定，与一级清算资金单位清算交换资金，若差额报告单为贷方差额，则表示本次交换为应收差额，其会计分录为：

借：辖内往来

贷：存放中央银行款项——交换户

若差额报告单为借方差额，则表示本次交换为应付差额，会计分录为：

借：存放中央银行款项——交换户

贷：辖内往来

二、同业拆借的核算

同业拆借是商业银行之间临时融通资金的一种短期借贷行为，是解决临时性资金不足的一种有效方法。它主要用于同业之间因汇划款项、相互转汇或票据交换而产生的短期性资金不足。通过同业拆借，可以加强银行间的横向联系。其特点是拆借时间短(一般不超过四个月)，定期归还。

同业拆借既可在同城的商业银行之间进行，也可在异地商业银行之间进行，但都必须通过中国人民银行存款户划拨资金。拆借双方应商定拆借的金额、期限和利率等，并签订协议共同遵守。

(一)同业拆借的会计科目

1. “拆放同业”科目，拆出行专用，拆出资金时，借记本科目，收回资金时贷记本科目，余额在借方，表明拆出尚未收回的余额，按拆入行设分户账进行核算。

2. “同业拆入”科目，拆入行专用，拆入资金时，贷记本科目，归还资金时，借记本科目，余额在贷方，表明拆入尚未归还的余额。按拆出行设分户账进行核算。

(二)同城同业拆借的核算

1. 拆借的处理

(1)拆出行拆出资金的会计分录为：

借：拆放同业——××行户

　　贷：存放中央银行款项

(2)拆入行拆入资金的会计分录为：

借：存放中央银行款项

　　贷：同业拆入——××行户

(3)中国人民银行收到拆入行送存的支票及进账单后转账，其会计分录为：

借：××银行存款——拆出行

　　贷：××银行存款——拆入行

2. 到期归还处理

拆借资金到期归还时，原拆入行应将本息一并签发支票交给原拆出行。由原拆出行送交中国人民银行。

(1)拆入行归还拆借本息的会计分录为：

借：同业拆入——××行户

　　利息支出——同业往来支出户

　　贷：存放中央银行款项

(2)拆出行收到归还拆借本息的会计分录为：

借：存放中央银行款项

　　贷：拆放同业——××行户

　　　　利息收入——同业往来收入户

(3)中国人民银行转账的会计分录为：

借：××银行存款——拆入行户

　　贷：××银行存款——拆出行户

(三)异地同业拆借的核算

异地商业银行之间在进行同业拆借时，拆出行和拆入行在进行资金划转时，必须通过双方开户的中央银行账户。

1. 拆借的处理

(1)拆出行拆出资金的会计分录为：

借：拆放同业——××行户

　　贷：存放中央银行款项

(2)拆出行开户的中央银行的会计分录为：

借：××银行存款——拆出行

　　贷：大额支付往来

(3)拆入行开户的中央银行通过大额支付系统收到业务的会计分录为：

借：大额支付往来

　　贷：××银行存款—— 拆入行

(4)拆入行拆入资金的会计分录为：

借：存放中央银行款项

　　贷：同业拆入——××行户

2. 到期归还处理

拆借资金到期归还时，原拆入行应将本息一并签发支票交给原拆出行。由原拆出行送交中央银行。

(1)拆入行归还拆借本息的会计分录为：

借：同业拆入——××行户

　　利息支出一同业往来支出户

　　贷：存放中央银行款项

(2)拆入行开户的中央银行的会计分录为：

借：××银行存款——拆入行

　　贷：大额支付往来

(3)拆出行开户的中央银行通过大额支付系统收到业务的会计分录为：

借：大额支付往来

　　贷：××银行存款——拆入行

(4)拆出行收到归还拆借本息的会计分录为：

借：存放中央银行款项

　　贷：拆放同业——××行户

　　　　利息收入——同业往来收入户

三、跨系统相互转汇的核算

在中国人民银行和各商业银行还没有使用现代化支付系统之前，大部分的汇划款项是通过各该系统内的联行往来和非本系统银行办理的，因此，就产生了跨系统汇划款项的核算。当时，我国银行的跨系统汇划款项，是采取“跨行汇划款项，相互转汇”的办法，其转汇方式应视商业银行机构设置情况而定。

(一)汇出行为双设机构地区

汇出行为双设机构地区，即同一地区既有汇出行的机构又有汇入行机构的地方。汇出行要跨系统向其他商业银行汇划款项，应按不同系统的银行，逐笔填制转汇清单，汇总后，以划收划付凭证，通过同城票据交换和清算，划转同域跨系统行办理转汇。转汇行通过本系统联行将款项汇往收款单位开户银行，这就是“先横后直”的划款方式。所谓“横”，是指在同地区不同商业银行之间的汇划业务，所谓“直”是指同系统商业银行的异地汇划业务。

例如，若甲地工商银行要汇款到乙地建设银行，应先通过“存放中央银行款项”科目划转甲地建设银行办理转汇和清算资金，甲地建设银行通过联行往来将款项汇到乙地建设银行转入收款单位账户。

(1)汇出行先将款项划入当地与汇入行同一系统的商业银行，其会计分录为：

借：吸收存款——活期存款——汇款人户

　　贷：存放中央银行款项——交换户

(2)转汇行通过系统内联行往来将款项汇往异地汇入行，其会计分录为：

借：存放中央银行款项——交换户

　　贷：辖内往来

(3)汇入行收到有关凭证及联行贷方报单后，按系统内联行收报行处理，其会计分录为：

借：辖内往来

　　贷：吸收存款——活期存款——收款人户

上述核算程序如图 6-1 所示。

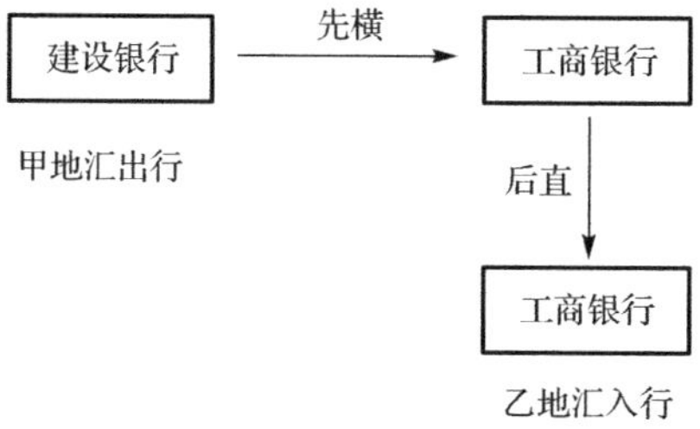

图 6-1　汇出行为双设机构地区的换算程序

(二)汇出行为单设机构地区、汇入行为双设机构地区

汇出行为单设机构地区的商业银行，应先通过本系统的联行办理划拨。本系统的转汇行收到后，通过同城票据交换，向跨系统的汇入行办理划转和清算资金。这就是“先直后横”的划款方式。

若甲地农业银行需汇款到乙地交通银行，假设甲地没有交通银行，应先通过本系统的联行往来将款项汇往乙地农业银行，乙地农业银行收到后，通过票据交换，将款项划转乙地交通银行转收款单位，并清算资金。

(1)汇出行先将款项汇入与汇入行同地同系统银行内，其会计分录为：

借：吸收存款——汇款人活期存款户

　　贷：辖内往来

(2)系统内转汇行将款项通过同城票据交换转划跨系统汇入行，其会计分录为：

借：辖内往来

　　贷：存放中央银行款项——交换户

(3) 汇入行收到同城跨系统行处转汇款时，其会计分录为：

借：存放中央银行款项——交换户

　　贷：吸收存款——收款人活期存款户

上述核算程序如图 6-2 所示。

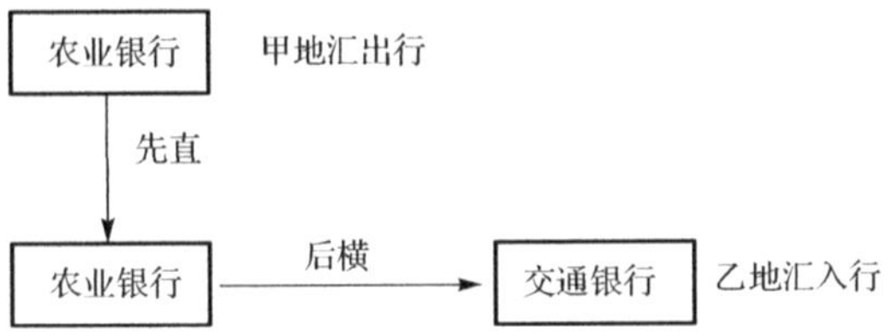

图 6-2　汇出行为单设机构、汇入行为双设机构地区的换算程序

(三) 汇出行和汇入行均为单设机构地区

汇出行和汇入行均为单设机构地区的商业银行，要进行跨系统汇划款项时，应通过附近双设机构地区或第三地区（双设机构）商业银行办理转汇。先通过本系统联行往来将款项划转双设地区的系统内银行，然后通过同城票据交换向跨系统银行办理划转和清算资金。跨系统银行通过其联行往来将款项汇往汇入银行，由其转收款单位账户，具体账务处理为：

(1) 汇出行先通过联行将款项汇往附近双设机构地区同系统银行，其会计分录为：

借：吸收存款——汇款人活期存款户

　　贷：辖内往来

(2) 附近双设机构地同系统银行收到款项，并划转同城与汇入行同系统的商业银行。其会计分录为：

借：辖内往来

　　贷：存放中央银行款项——交换户

(3) 同城跨系统银行将收到款项通过联行往来汇往异地同系统银行，其会计分录为：

借：存放中央银行款项——交换户

　　贷：辖内往来

(4) 异地汇入行收到联行汇划款项时，其会计分录为：

借：辖内往来

　　贷：吸收存款——收款人活期存款户

上述核算程序如图 6-3 所示。

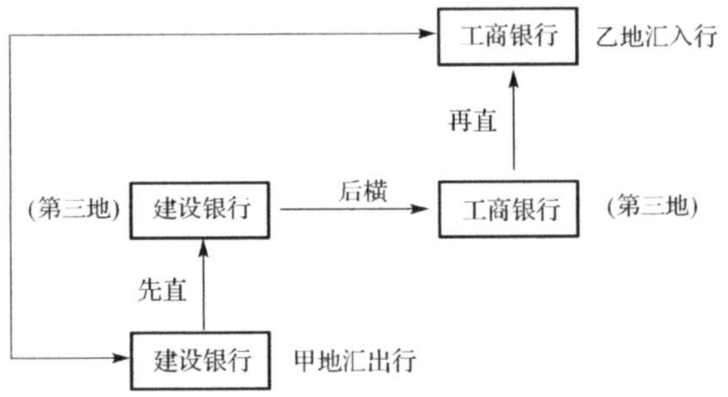

图 6-3　汇出行和汇入行均为单设地区的换算程序

当商业银行参加了中国人民银行开发的现代化支付系统之后，跨系统的银行之间则作为直接参与者或者间接参与者可以通过现代化支付系统进行跨系统的业务核算。此部分业务核算可以参照本章第三节内容进行。

四、转贴现的核算

转贴现是指商业银行将已办理贴现的尚未到期的银行承兑汇票或经总行批准办理贴现的商业承兑汇票，转让给其上一级行的票据行为以及总行与其他商业银行总行之间、分行与其他商业银行之间相互转让票据的行为。

（一）系统内转贴现

1. 下级行向上级行申请转贴现的处理

转贴现申请行（下级行）资金部门出具借据清单，填制转贴现申请书，经有权人签章批准后，交会计部门办理借票手续。

会计部门接到有关部门的凭证，在票据被背书人栏填写转贴现行（上级行）名称，并在背书人栏加盖汇票专用章和法定代理人或授权经办人名章，与资金部门办理交接手续。

资金部门按单张票据填写一式五联转贴现凭证（用贴现凭证代替），加盖有关印章后，连同已贴现的票据、商品交易合同和增值税发票复印件，一并交转贴现银行（上级行）。

2. 上级行受理下级行办理转贴现的处理

转贴现银行有关部门接到转贴现银行的有关单证后，按规定审查，对符合条件的，在转贴现凭证“银行审批”栏签署“同意”字样，由有权审批人签章后，送本行会计部门。会计部门按照有关规定审核无误计算转贴现利息和实付转贴现金额（计算方法同贴现的计算）。然后，会计部门在转贴现凭证上有关栏内填写转贴现利率、利息和实付金额，并按照实付转贴现金额通过当地中国人民银行或系统内汇划业务系统向转贴现申请行汇款。其会计分录为：

借：贴现资产

　　贷：存放中央银行款项或辖内往来

　　　　贴现——利息调整

3. 下级转贴现申请行收到上级转贴现款项的处理

转贴现申请行收到当地中国人民银行分支机构或系统内汇划的通知，审核核对后会计分录为：

借：存放中央银行款项或辖内往来

　　贴现——利息调整

　　贷：贴现负债

同时根据“贴现——利息调整”科目确认利息收入。

4. 转贴现到期收回票款的处理

转贴现银行作为持票人按汇票到期日顺序收款时，比照发出委托收款的手续处理。当收到划回的票款时，会计分录为：

借：存放中央银行款项或辖内往来

　　贷：贴现资产

同时根据“贴现——利息调整”科目确认利息收入。

5. 转贴现银行到期未收回票款的处理

转贴现银行收到付款人开户银行或承兑行退回的拒绝付款理由书等凭证，可依据《票据法》有关追索的规定，直接向转贴现申请行追索收回票款。

(二)跨系统转贴现的处理

跨系统转贴现的处理方法与系统内转贴现的方法基本相同，只是受理转贴现的银行是不同系统的商业银行，所以这里不再赘述。

第二节　商业银行与中央银行往来的核算

中央银行往来，是指商业银行与中央银行之间的资金账务往来。其中存款户是基本账户，是商业银行和中央银行业务往来的唯一资金渠道，也是中央银行管理商业银行信贷资金的重要闸门。加强对商业银行和中央银行往来账户的管理和核算，是中央银行进行宏观调节与控制，用经济办法管理银行的重要环节。因此，商业银行与中央银行之间往来核算中，严禁透支，必须留足备付金。

商业银行在中央银行的存款主要是随缴存存款，贷款，再贴现等业务的办理而变动。

为了核算商业银行与中央银行之间的资金账务往来，中央银行设置了“××银行存款”和“××银行贷款”科目。商业银行会计设置了 “存放中央银行款项”和“向中央银行借款”科目。

一、与中央银行日常业务处理的核算

(一)存取现金的业务

根据制度规定，各商业银行业务库存现金由中央银行核定最高限额，超过限额部分必须及时存入中央银行，不足限额时，可以从中央银行存款账户中支取。

1. 存入现金核算

商业银行向中央银行缴存现金时，填制现金交款单连同现金一并交中央银行。商业银行根据中央银行退回的交款单回单填制现金付出传票，并转账，其会计分录为：

借：存放中央银行款项——存款户

　　贷：库存现金

2. 支取现金的核算

商业银行向中央银行支取现金时，填写中央银行的现金支票交中央银行，取回现金后，填现金收入传票进行账务处理。其会计分录为：

借：库存现金

　　贷：存放中央银行款项——存款户

(二)转账业务

商业银行与中央银行的转账业务较多，凡是涉及跨系统的银行之间资金的划转均需要通过中央银行进行转账。比如，同城票据交换、同业拆借、跨系统转汇、缴存存款、再贷款、再贴现等业务。此部分业务核算参照本章其他内容。

二、缴存存款的核算

中央银行为加强信贷资金管理，加强宏观调控，保持币值稳定，要求商业银行将吸收的存款按规定比例交存中央银行，使其掌握一部分资金，用于平衡和调节国家信贷收支。因此，各商业银行吸收的各项存款，应按规定的范围、方法和比例向中央银行办理缴存存款。国家规定，各种财政性存款划归中央银行管理和使用，各商业银行吸收的财政性存款，应作为代办业务，全部缴存中央银行。

（一）存款的缴存范围

各商业银行等金融机构缴存存款分两种情况，一种是财政性存款，另一种是一般性存款。

1. 缴存财政性存款的范围

商业银行代办的中央预算收入，地方金库存款，代理发行国债款项和待结算财政款等财政性存款，是中央银行委托商业银行办理，应全额就地划缴中国人民银行。

2. 一般性存款缴存范围

商业银行吸收的企业存款、储蓄存款、农村存款、信托存款、机关团体存款、财政预算外存款及其他各项存款作为一般存款，虽然属于商业银行信贷资金，但也要按中央银行规定的比例缴存中央银行，由中央银行集中掌握使用。

（二）缴存存款的比例

(1)财政性存款要全部缴存中央银行，比例为100%。

(2)一般性存款缴存比例：根据国家放松或紧缩银根的需要，由中国人民银行进行调整，1984年开始缴存一般性存款，缴存比例经常变化，近几年的变化更快。如中国人民银行于2007年十次上调金融机构人民币法定存款准备金率0.5个百分点，2008年进行了九次调整，2010年进行了六次调整，2011年进行了七次调整。2011年12月5日大型金融机构的法定存款准备金率为21%，中小金融机构的法定存款准备金率为17.5%。从2012年2月24日起，下调存款类金融机构人民币存款准备金率0.5个百分点，此次下调后，大型金融机构的法定存款准备金率为20.5%，中小型金融机构的法定存款准备金率为17%。

（三）缴存存款时间

商业银行向中央银行缴存存款实行按旬调整一次，于旬后五日内办理，调整日最后一天如为假日可顺延。

（四）缴存存款的方法

商业银行缴存财政性存款，由各行按其范围和比例，按旬在当地开户中国人民银行办理缴存和调整。

商业银行缴存的一般存款，由各总行按旬统一向其开户的中国人民银行总（分）行办理缴存手续。人民银行对各商业银行的法定存款准备金按法人统一考核。

（五）缴存财政性存款的处理

商业银行向中央银行缴存存款的办法是：初次按规定的时间、缴存比例及范围办理缴存手续，以后则在上一次缴存总数的基础上，办理调增或调减手续。

1. 首次缴存的处理

商业银行初次向中央银行缴存财政性存款时，根据本行处各有关的缴存财政性存款科目的余额，填制“缴存存款余额表”一式两份，然后对财政性存款填制“缴存财政性存款划拨凭证”一式四联，全额划缴中央银行。其会计分录为：

借：存放中央银行款项——财政性存款户

　　贷：存放中央银行款项——存款户

转账后，将划拨凭证的第三、四联连同科目余额表一份一并送交开户人行。

中央银行收到划拨凭证和科目余额表，经核对并审查无误后，以划拨凭证第三、四联代传票转账，其会计分录为：

借：××银行存款——××行存款户

　　贷：××银行存款——××行财政性存款

2. 调整财政性存款的处理

商业银行初次缴存财政性存款后，各行应根据财政性存款余额的变动情况，按中央银行规定，按旬进行调整缴存款。即根据财政性存款余额表计算出本日应缴存款额，再与上日已缴存数额进行比较，计算出本次应调增或调减的金额后，填制调整财政性存款划拨凭证一式四联，以第一、二联凭证代传票转账，第三、四联调整存款划拨凭证及余额表送交开户的人民银行。

调增时，商业银行和人民银行的会计分录与首次缴存相同；如系调减，商业银行和人民银行的会计分录与首次缴存相反。

3. 欠缴与补交的处理

欠缴存款是指商业银行在规定时间内调整缴存款，本行在中央银行的准备金存款余额扣除必要的业务周转金后，补足应交额的差额。对本次能实缴的金额仍应及时缴存(其手续同调增手续)，对实缴的金额和欠缴金额分别填制划拨凭证和欠缴凭证一式四联。将第三、四联送交开户行。

本次实缴金额按正常手续处理。

欠缴存款的商业银行应及时调剂资金，其准备金存款户有款项后，中央银行根据欠缴金额和天数计算罚款，同时编制借方、贷方传票，以欠缴凭证第三四联和贷方传票办理扣收手续，其会计分录为：

借：××银行存款——××行存款户

　　贷：××银行存款——××行财政存款户

　　　　业务收入

然后，将转账借方凭证通知欠缴银行。

欠缴行接到开户中央银行划来扣收罚款通知后，以欠缴凭证第一、二联办理转账。其会计分录为：

借：存放中央银行款项——财政性存款户

　　营业外支出——罚款支出户

　　贷：存放中央银行款项——存款户

(六)缴存一般存款的处理

商业银行的法定存款准备金由各总行统一存入中国人民银行总行。系统内各行处缴存一般存款，由上级行向所属行办理调整手续，双方转账。

各商业银行法人按旬(旬后 5 日内)将汇总的全行旬末一般存款余额表报送中国人民银行，按月将汇总的全系统月末日计表，报送人民银行。人民银行定期对商业银行上报的有关数据进行稽核。中国人民银行会计部门对商业银行的准备金存款实行柜面审核。

(1)旬后 5 日内，中国人民银行会计部门应对商业银行法人报送的上旬末一般存款余额表进行审核。主要审核一般存款范围及上旬末一般存款余额。审核无误后，将上旬末一般存款余额输入计算机，或通过其他方式计算和记载，凭以控制本旬商业银行准备金存款达到法定准备金率的最低限额。

(2)商业银行法人在中国人民银行的存款，中国人民银行会计部门于每日日终考核其存款准备金。日间只控制其存款户的透支行为。

(3)商业银行的分支机构在中国人民银行的存款，中国人民银行会计部门不考核存款准备金率，只控制其存款户的透支行为。

(4)商业银行的法人统一存入中国人民银行的准备金存款低于上旬末一般存款余额的一定比例，中国人民银行对其不足部分按每日万分之六的利率处以罚息。商业银行分支机构在人民银行准备金存款账户出现透支，按规定予以处罚。商业银行不按时报送旬末一般存款余额表和按月报送月末日计表的，由人民银行责令改正，逾期不改正的，可以处罚 1 万元以上 10 万元以下罚款。上述处罚可以并处。

三、向中央银行借款的核算

向中央银行借款(即再贷款)是指商业银行在经营业务中因资金周转性与临时性资金不足而向中央银行借入的款项。中央银行通过对商业银行发放再贷款，可以支持商业银的业务发展，又可以通过放松或紧缩贷款起到调节信贷规模，影响市场货币供应量，实现对信贷资金的宏观调控。

(一)向中央银行借款的种类

中央银行向商业银行发放的再贷款，是目前中央银行运用基础货币向商业银行融通资金的最主要的渠道，也是中央银行重要的货币政策之一。

由于再贷款是中央银行重要的货币政策工具，因此，再贷款的申请、发放和收回应根据货币政策需要和便于中央银行的宏观控制来操作。

目前，我国再贷款按期限分为二十天以内、三个月、半年期、一年期四类。

原则上，中央银行发放再贷款不按贷款性质划分种类，而是按贷款期限划分，以保证贷款的流动性。

(二)向中央银行借款的核算

商业银行向中央银行申请再贷款时，应填制借款凭证(见表 6-1)一式五联，第一联代借据，第二联代贷方传票，第三联回单，第四联计划部门留存备查，第五联到期检查卡，加盖有效印鉴后，提交中央银行。经中央银行计划部门审查批准后，会计部门以第一、二联借款凭证分别作转账借、贷方凭证，办理转账。其会计分录为：

借：××银行贷款——××行户

　　贷：××银行存款——××行户

转账后，第三联凭证加盖转讫章后，作回单退给借款行，第五联留存，并按到期日顺序排列，专夹保管。

商业银行取得贷款后，以中央银行退回的第三联回单为依据，编制转账传票办理转账。其会计分录为：

借：存放中央银行款项

　　贷：向中央银行借款

商业银行向中央银行申请再贷款的凭证格式，如表 6-1 所示。

表 6-1　借款凭证（申请书代借据）

单位编号：　　　　　　　　　　　　　　　年　月　日　　　　　　　　　　　　银行编号：

<table>
<tr><td rowspan="3">借款单位</td><td>名称</td><td></td><td rowspan="3">收款单位</td><td>名称</td><td></td><td></td><td></td><td></td><td></td><td></td><td></td><td></td><td></td><td></td></tr>
<tr><td>贷款户账户</td><td></td><td>存款户账户</td><td></td><td></td><td></td><td></td><td></td><td></td><td></td><td></td><td></td><td></td></tr>
<tr><td>开户银行</td><td></td><td>开户银行</td><td></td><td></td><td></td><td></td><td></td><td></td><td></td><td></td><td></td><td></td></tr>
<tr><td colspan="2">借款期限（最后还款日）</td><td></td><td></td><td>借款计划指标</td><td></td><td></td><td></td><td></td><td></td><td></td><td></td><td></td><td></td><td></td></tr>
<tr><td colspan="5" rowspan="2">借款申请金额　人民币（大写）</td><td>千</td><td>百</td><td>十</td><td>万</td><td>千</td><td>百</td><td>十</td><td>元</td><td>角</td><td>分</td></tr>
<tr><td></td><td></td><td></td><td></td><td></td><td></td><td></td><td></td><td></td><td></td></tr>
<tr><td colspan="3">借款原因及用途</td><td colspan="12">人民银行核定金额</td></tr>
</table>

<table>
<tr><td colspan="2">分期还款计划</td><td colspan="3">还款记录</td><td rowspan="5">银行审核

负责人　　　　部门主管　　　　经办</td></tr>
<tr><td>日期</td><td>金额</td><td>日期</td><td>偿还</td><td>结欠</td></tr>
<tr><td></td><td></td><td></td><td></td><td></td></tr>
<tr><td></td><td></td><td></td><td></td><td></td></tr>
<tr><td></td><td></td><td></td><td></td><td></td></tr>
<tr><td colspan="5">兹根据你行贷款办法规定，申请办理上述借款，请予核定贷给。
此致
（借款单位预留印鉴）</td><td>会计分录：
科目（借）
双方科目（贷）
会计　　　　复核　　　　记账</td></tr>
</table>

（三）归还中央银行借款的核算

中央银行会计部门应经常检查借据的到期情况，并督促商业银行按期归还。再贷款到期，商业银行主动归还时，应填制一式四联还款凭证，第一联借方凭证，第二联贷方凭证，第三联还款记录送中央银行计划部门，第四联回单，加盖预留印鉴交中央银行。

中央银行会计部门收到还款凭证，抽出原留存的第五联借款凭证，审核无误后，以还款凭证第一、二联作转账凭证，第五联借款凭证作贷方附件，办理转账。其会计分录为：

借：××银行存款——××行户

　　贷：××银行贷款——××行户

　　　　利息收入

转账后，还款凭证第四联盖章，退回还款单位，第三联交计划部门。

如果借款银行在贷款到期后不主动办理还款手续，而其准备金账户有足够资金归还贷款，中央银行会计部门可填制四联特种转账凭证，从其存款账户扣款，处理方法同上。如果借款银行在贷款到期无力偿还，中央银行会计部门应于到期日将该笔贷款转入逾期贷款账户，并按规定标准计收逾期借款利息。

借款行收到中央银行退回的还款凭证第四联，以其代贷方传票并另编制特种转账借贷方凭证办理转账。其会计分录为：

借：向中央银行借款

　　利息支出——借款利息支出户

　　贷：存放中央银行款项

四、再贴现的核算

（一）再贴现的对象

在中国人民银行开立存款准备金账户的银行业金融机构、财务公司和其他允许办理再贴现业务的金融机构（以下统称金融机构），可以向中国人民银行申请办理电子商业汇票再贴现业务。再贴现业务中转让票据权利的金融机构为贴出人，中国人民银行为贴入人。办理再贴现的电子商业汇票必须是贴出人持有的已办理贴现或转贴现的电子商业汇票。

中国人民银行办理电子商业汇票业务，其签章所依赖的电子签名制作数据和电子签名认证证书，应向电子商业汇票系统运营者指定的电子认证服务提供者的注册审批机构申请。

（二）再贴现类型及计息规则

再贴现分为买断式再贴现和回购式再贴现。

买断式再贴现是指贴出人将票据权利转让给贴入人，不约定日后赎回的交易方式。回购式再贴现是指贴出人将票据权利转让给贴入人，约定日后赎回的交易方式。

买断式再贴现的计息规则为：按日计算，利率为中国人民银行发布的再贴现利率，计息期间为买断式再贴现日至票据到期日的期间。

回购式再贴现的计息规则为：按日计算，利率为中国人民银行发布的再贴现利率。回购式再贴现发放时的计息期间为回购式再贴现日至赎回截止日的期间，该利息由贴出人支付，中国人民银行收取；回购式再贴现赎回时的计息期间为回购日至赎回截止日的期间，该利息由中国人民银行退付给原贴出人。

（三）再贴现的业务处理

1. 再贴现申请

贴出人通过电子商业汇票系统发出再贴现业务申请后，还需向中国人民银行提出书面申请，并提供以下资料：

(1)再贴现申请书，主要包括再贴现类型、电子商业汇票相关信息以及申请再贴现用途等内容，由法定代表人或经其授权的主要负责人签章，并加盖公章；

(2)再贴现凭证，贴出人根据电子商业汇票内容填制再贴现凭证，并在凭证上加盖在中国人民银行的预留印鉴；

(3)中国人民银行规定应报送的其他资料。

2. 贴出人发出再贴现申请

贴出人按照电子商业汇票系统再贴现业务处理手续通过电子商业汇票系统向贴入人发出再贴现业务申请。

3. 再贴现审查

中国人民银行货币信贷部门收到贴出人提交的书面申请后，按照相关要求进行审查。货币信贷部门操作人员登录电子商业汇票系统，查询调出需要办理再贴现的电子商业汇票，结合贴出人提交的书面材料进行审核。主要审核以下内容：

(1) 贴出人是否具备办理再贴现的资格；

(2) 贴出人提供的资料是否齐全(再贴现申请书内容填写是否完整、是否有法定代表人或经其授权的主要负责人签字并加盖公章)；

(3) 中国人民银行规定需要审核的其他内容。

货币信贷部门同意办理再贴现的，应打印出需办理再贴现的电子商业汇票正面信息，确定再贴现利率、期限，并在贴出人提交的再贴现凭证上签署确认意见，同时将打印出的电子商业汇票作为附件以手工书面方式提交会计营业部门。若再贴现类型为回购式再贴现，还应与贴出人签订票据回购协议。

货币信贷部门不同意再贴现的，将贴出人的纸质申请资料退回贴出人。贴出人应根据中国人民银行货币信贷部门不同意再贴现的审查意见，登陆电子商业汇票系统撤销该笔再贴现申请。

4. 再贴现发放

中国人民银行会计营业部门收到货币信贷部门提交的再贴现审批材料后，审查再贴现凭证是否加盖申请人预留印鉴。审核未通过的，通知申请人补盖预留印鉴。审核通过的，通过线下清算方式办理再贴现资金入账手续。

会计营业部门操作人员登录电子商业汇票系统，查询已经办理再贴现审批手续的电子商业汇票，对电子商业汇票的完整性、合规性进行审核。审核无误后，会计营业部门依据货币信贷部门已签署“同意”审批意见的再贴现凭证登录电子商业汇票系统，按照电子商业汇票系统的业务处理手续对贴出人发出的再贴现业务申请作签收处理，并计算出应收利息和再贴现实付金额，进行账务处理。其会计分录为：

借：再贴现　　(票面金额)
　　贷：××存款账户　　(实付金额)
　　　　再贴现利息收入　　(再贴现利息)

商业银行根据再贴现凭证，编制转账传票办理转账，其会计分录为：

借：存放中央银行款项　　(实付金额)
　　利息支出——再贴现利息支出户　　(再贴现利息)
　　贷：贴现负债——××汇票户　　(票面金额)

5. 再贴现到期收回的业务处理

再贴现到达规定日期，贴入人应及时收回再贴现资金。买断式再贴现的电子商业汇票到达票据到期日，中国人民银行会计营业部门应在提示付款期内向承兑人发起提示付款，提示付款可选择线上或线下清算方式。回购式再贴现业务进入赎回开放期，中国人民银行会计营业部门应在赎回开放期内向原贴出人发出回购式再贴现赎回申请。其会计分录为：

借：大额支付往来
　　或同城票据交换
　　或××存款账户
　　贷：再贴现

如果再贴现贴入人收到付款人开户银行或承兑银行退回的委托收款凭证、汇票或拒绝付款理由书或付款人未付票款通知书后，追索票款时，可从贴出人银行账户收取，并将汇票和拒绝付款理由书或付款人未付票款通知书交给再贴现申请银行。

中央银行向申请再贴现银行收回再贴现款时，其会计分录为：

借：××银行存款——××行存款户

　　贷：再贴现——××银行再贴现户

贴现商业银行收到人民银行的汇票及有关证书，其会计分录为：

借：贴现负债——××汇票户

　　贷：存放中央银行款项

同时，向申请贴现的企业收取票款，其会计分录为：

借：吸收存款——贴现申请人活期存款户

　　贷：贴现资产——××汇票户

将支款通知和贴现的汇票交给贴现申请人。

第三节　清算系统的核算

我国银行的清算系统由中国现代化支付系统、商业银行行内实时清算系统、全国支票影像交换系统等主体清算系统构成。在 2005 年 3 月 14 日、4 月 11 日、5 月 23 日和 6 月 27 日，中国人民银行大额实时支付系统分四批完成了在全国的推广应用，2006 年 6 月 26 日中国人民银行小额批量支付系统建成运行，2007 年 6 月 25 日全国支票影像交换系统建成运行，2008 年 4 月 28 日境内外币支付系统建成运行，2009 年 10 月 28 日电子商业汇票系统建成运行，2010 年 8 月 30 日网上支付跨行清算系统建成运行。以上这些系统加上已经运行的商业银行行内实时清算系统和同城票据交换系统构成了我国清算系统的框架体系。

中国现代化支付系统是中国人民银行按照我国支付清算的需要，利用现代计算机技术和通信网络开发建设的，能够高效、安全地处理各银行办理的异地、同城各种支付业务及其资金清算和货币市场交易的资金清算应用系统。它是各银行和货币市场的公共支付清算平台，是中国人民银行发挥其金融服务职能的重要核心支持系统。

中国现代化支付系统建有两级处理中心，即国家处理中心（NPC）和全国省会（首府）及深圳城市处理中心（CCPC）。国家处理中心分别与各城市处理中心连接，其通信网络采用专用网络，以地面通信为主，卫星通信备份。

中国现代化支付系统由两个业务应用系统和两个辅助支持系统组成。两个业务应用系统是大额支付系统和小额支付系统，国外的支付系统大多拥有这两个支付系统；两个辅助系统是清算账户管理系统和支付管理信息系统。本章主要介绍大、小额支付系统，商业银行行内实时清算系统和支票影像系统。

一、大额支付系统概述

大额支付系统是以电子方式实时处理同城、异地每笔金额在规定起点以上的贷记支付和紧急的金额在规定起点以下的贷记支付的应用系统：大额支付系统实时传输，逐笔发送支付指令，全额清算资金。大额支付系统资金入账速度快，业务计费标准高。

(一)大额支付系统的作用

(1)加快资金周转，提高社会资金的使用效益。大额支付系统采取从发起行到接收行的全过程自动化处理，实行逐笔发送、实时清算，是一个高效、快捷的系统，通过支付系统处理的每笔支付业务不到一分钟即可到账，实现了全国支付清算每日的零在途。

(2)支撑多样化支付工具的使用，满足各种社会经济活动的需要。随着我国经济体制的改革和市场经济的发展，经济形态的多元化、组织结构的多样化、资金管理的个性化等，迫切需要使用便捷的、相适用的支付工具。商业银行为改进服务，提高竞争能力，也迫切需要为客户提供多种支付工具，并不断创造能够满足不同市场主体需求的支付结算服务品种。

(3)培育公平竞争环境，促进银行业整体服务水平的提高。由于历史和客观的原因，我国金融机构的竞争力存在较大的悬殊，特别是中小金融机构一直存在通汇难和结算难的问题。现代化支付系统的建设，是人民银行为金融机构提供的一个公共的支付清算服务平台，所有符合条件的金融机构都可以直接或间接地参与到这个系统中，从而为各银行创造了一个公平竞争的经营环境，推动各商业银行的有序竞争，促进银行业整体服务水平的提高。

(4)增强商业银行的资金流动性，提高商业银行的经营管理水平。流动性、安全性、盈利性是商业银行经营的基本原则。商业银行是经营货币资金的特殊企业，讲究流动性是现代商业银行经营的核心，支付系统可为商业银行提供日间透支、自动质押回购、预期头寸查询等业务，使商业银行资金的使用尽可能最大化。有利于商业银行头寸的快速调度和从货币市场及时寻找资金，提高头寸的运用水平。

(二)大额支付系统的业务范围

大额支付系统按照系统建设的目的、自身的功能特点以及与小额支付系统空间范围划分的原则，大额支付系统处理下列支付业务：

(1)规定金额起点以上的跨行贷记支付业务；

(2)规定金额起点以下的紧急跨行贷记支付业务；

(3)各银行行内需要通过大额支付系统处理的贷记支付业务；

(4)特许参与者发起的即时转账业务；

(5)城市商业银行银行汇票资金的移存和兑付资金的汇划业务；

(6)中国人民银行会计营业部门和国库部门发起的贷记业务及内部转账业务；

(7)中国人民银行规定的其他支付清算业务。

(三)大额支付系统的参与者

在我国支付系统是由中国人民银行负责投资建设和运行的，为改进中央银行的金融服务，在中国境内经批准设立办理人民币支付业务的金融机构，并经中国人民银行准许，都可作为支付系统的直接参与者。为了有利于资金清算，分清责任，识别路径，根据我国银行的管理体制、机构设置，在人民银行的开设以及支付系统支持货币市场资金的特殊情况，又将每家银行的法人及其分支机构划分为直接参与者和间接参与者，将货币市场等运作机构作为特许参与者。

1. 直接参与者

直接参与者，是指经中国人民银行批准、直接与支付系统城市处理中心(CCPC)连接并在中国人民银行开设清算账户的银行和城乡信用社，以及中国人民银行分支行会计营业部门和国库部门。原则上每个城市各银行只能在人民银行当地分支行开立一个清算账户，但是各银行总行以及省、自治区、直辖市分行格局需要也可在所在城市的人民银行营业部门另外开立一个清算账户，作为支付系统的直接参与者。

2. 间接参与者

间接参与者，是指未在中国人民银行开设清算账户而委托直接参与者办理资金清算的银行和农村信用社以及中国人民银行县支行。间接参与者不与 CCPC 直接连接，其支付业务通过行内系统或前置机终端提交直接参与者，由直接参与者提交支付系统处理。

3. 特许参与者

特许参与者，是指经中国人民银行批准与支付系统实现连接，通过支付系统办理特定业务的机构。目前支付系统的特许参与者有中央国债登记结算有限责任公司、外汇交易中心、城市商业银行清算中心等。

(四)大额支付系统处理业务时序

大额支付系统的运行时间按照国家法定工作日运行，中国人民银行可根据特定情况调整系统运行工作日。每日 8:30 至 17:00 为大额支付系统接收支付指令时间；17:00 至 17:30 为清算窗口时间，用于发生透支的银行和其他金融机构筹措资金；17:30 大额支付系统关闭。

(五)大额支付系统处理的业务种类

大额支付系统处理的业务种类有同城、异地跨行每笔金额在规定起点以上大额贷记、紧急的小额贷记业务，包括：汇兑、托收承付(划回)、委托收款(划回)等业务。

(六)大额支付系统的主要业务处理流程

大额支付系统指令逐笔实时处理，全额清算资金，这就决定了大额支付系统的指令必须实时传输，而且由于清算账户物理上集中摆放在国家处理中心(NPC)，每笔支付指令都需要发送到 NPC 进行资金清算。同时为了确保安全，大额支付系统指令在各传输节点都必须编核业务密押和对支付业务进行合法性检查。大额支付系统处理的支付业务分为贷记支付业务和即时转账业务两类，其业务处理流程有以下两种。

1. 贷记支付业务处理流程

支付系统在结构上呈倒数形结构，NPC 与各 CCPC 连接，CCPC 与覆盖范围内各直接参与者前置机连接，直接参与者前置机通过行内系统的接口或客户端终端与各参与者连接。因此，贷记支付业务的传输流程包含了从“发起行→发起清算行→发报中心(CCPC)→国家处理中心(NPC)→收报中心(CCPC)→接收清算行→接收行”几个环节。

对于直接参与者，发起行在行内系统录入支付指令，通过行内系统将支付指令发往其所属直接参与者(发起清算行)前置机；间接参与者，直接到摆放在其柜台的支付系统前置机客户端录入支付指令，通过网络直接发往其所属直接参与者(发起清算行)前置机。

发起清算行前置机收到支付指令，立即加编地方密押后，将支付指令转发与其连接的发报中心。发报中心收到支付指令，立即对发起行业务权限进行检查并核验地方密押，审核无误后加编全国密押，再将支付指令发往 NPC。

NPC 收到支付指令立即对接收行接收业务权限进行检查并核验全国密押，核押成功后进行资金清算处理；清算成功后，将支付指令直接转发接收清算行所属的收报中心。收报中心收到支付指令，核验全国密押无误后，加编地方密押，再将支付指令转发接收清算行前置机。

接收清算行前置机收到支付指令，核验地方密押成功后，对于直接参与者，前置机将支付指令通过与支付系统接口的行内系统发往接收行，接受行收到支付指令自动进行入客户账处理；对于间接参与者，通过摆放在其柜台的支付系统前置机客户端打印出来账凭证，再录入行内业务系统作相应账务处理。

2. 即时转账业务的处理流程

支付系统特许参与者以第三方的身份将即时转账报文，通过与支付系统的接口将支付指令发往自身业务系统前置机，前置机收到支付指令，逐笔加编全国密押后发往 NPC；NPC 收到即时转账支付指令，立即核验密押无误后进行资金清算处理；清算成功后，向特许参与者发回清算成功回执，特许参与者收到后做相应处理。NPC 在向特许参与者发送清算成功回执的同时，还将支付指令分别发送被借记行和被贷记行的 CCPC；被借记行和被贷记行的 CCPC 收到报文后，立即核验全国密押，核押成功后加编地方密押，再转发被借记行和被贷记行；其收到即时转账通知报文，核验地方密押成功后，进行相应的账务处理。

(七) 大额支付系统的核算

1. 发起行(发起清算行)的核算处理

商业银行行内业务处理系统与前置机直连的，根据发起人提交的原始凭证和要求，行内业务处理系统将规定格式标准的支付报文发送前置机系统，由前置系统自动加编地方密押后发送发报中心。待国家处理中心清算资金后接收回执。发起行(发起清算行)的会计分录为：

借：吸收存款——××单位活期存款户

　　贷：清算资金往来

2. 发报中心的核算处理

发报中心收到发起清算行发来的信息，确认无误后，逐笔加编全国密押，实时发送国家处理中心。其会计分录为：

借：支付清算资金往来

　　贷：××银行存款等科目——××商业银行户

3. 国家处理中心的核算处理

国家处理中心收到发报中心发来的支付报文，逐笔确认无误后，分情况进行账务处理。

(1) 发起清算行、接收清算行均为商业银行的，其会计分录为：

借：××银行存款等科目——××商业银行户

　　贷：大额支付往来——人民银行××行户

借：大额支付往来——人民银行××行户

　　贷：××银行存款等科目——××商业银行户

(2) 发起清算行为商业银行，接收清算行为人民银行会计营业部门的，其会计分录为：

借：××银行存款等科目——××商业银行户

　　贷：大额支付往来——人民银行××行户

借：大额支付往来——人民银行××行(库)户

　　贷：汇总平衡科目——人民银行××行(库)户

(3)发起清算行为人民银行会计部门或国库部门，接收清算行为商业银行的，会计分录为：

借：汇总平衡科目——人民银行××行(库)户

　　贷：大额支付往来——人民银行××行户

借：大额支付往来——人民银行××行户

　　贷：××银行存款等科目——××商业银行户

国家处理中心账务处理完成后，将支付信息发往收报中心。

4. 收报中心的核算处理

收报中心接收国家处理中心发来的支付信息，确认无误后，逐笔加编地方密押实时发送接收清算行。其会计分录为：

借：××银行存款等科目——××商业银行户

　　贷：支付清算资金往来

5. 接收清算行(接收行)的核算处理

商业银行行内业务处理系统与前置机直连的，前置机收到收报中心发来的支付信息，逐笔确认后发送至银行行内业务处理系统，并按规定打印支付信息。接收清算行(接收行)的会计分录为：

借：清算资金往来

　　贷：吸收存款——××单位活期存款户

二、小额支付系统概述

小额支付系统是以电子方式批量处理同城、异地纸张截留的借记支付以及每笔金额在规定起点以下的小额贷记支付的应用系统。小额批量支付系统发送支付批令，轧差净额清算资金。小额支付业务的特点是：实时传输，批量清算。小额支付业务资金入账速度慢，业务计费标准低。

(一)小额支付系统的参与者

1. 直接参与者

直接参与者，是指直接与支付系统城市处理中心连接并在中国人民银行开设清算账户的银行业金融机构以及中国人民银行地市以上中心支行。

2. 间接参与者

间接参与者，是指未在中国人民银行开设清算账户而委托直接参与者办理资金清算的银行业金融机构以及中国人民银行县支行。

3. 特许参与者

特许参与者，是指经中国人民银行批准通过小额支付系统办理特定支付业务的机构。

(二)小额支付系统运行时序

小额支付系统运行时序为 7×24 小时连续运行。日间处理时间为：前一日 16:00 至当日 16:00。清算日为国家法定工作日。

(三)小额支付系统的业务范围

小额支付系统主要处理下列跨行支付业务。

1. 普通贷记业务

普通贷记业务是指付款行向收款行主动发起的付款业务。其包括的业务种类有：汇兑、委托收款(划回)、托收承付(划回)、国库贷记汇划业务、中国人民银行规定的其他普通贷记支付业务。

2. 定期贷记业务

定期贷记业务是指付款行依据当事各方事先签订的协议，定期向指定收款行发起的批量付款业务。其包括的业务种类有：代付工资业务、代付保险金和养老金业务、中国人民银行规定的其他定期贷记支付业务。

3. 实时贷记业务

实时贷记业务是指付款行接受付款人委托发起的、将确定的款项实时贷记指定收款人账户的业务。其包括的业务种类有：个人储蓄通存业务、中国人民银行规定的其他业务。

4. 普通借记支付业务

普通借记支付业务是指收款行向付款行主动发起的收款业务。其包括的业务种类有：中国人民银行机构间的借记业务、国库借记汇划业务、中国人民银行规定的其他普通借记支付业务。

5. 定期借记业务

定期借记业务是指收款行依据当事双方事先签订的协议，定期向指定付款行发起的批量收款业务。其包括的业务种类有：代收水、电、煤气等公用事业费业务、国库批量扣税业务、中国人民银行规定的其他定期借记支付业务。

6. 实时借记支付业务

实时借记支付业务是指收款行接受收款人委托发起的、将确定款项实时借记指定付款人账户的业务。其包括的业务种类有：个人储蓄通兑业务、对公通兑业务、国库实时扣税业务、中国人民银行规定的其他实时借记支付业务。

(四)小额支付系统的核算处理

小额支付系统的业务内容较多，这里以普通贷记业务的核算处理为例进行介绍，其他业务的处理方法与普通贷记业务的核算处理基本相同，不再介绍。

普通贷记业务的核算处理内容包括以下几方面。

1. 付款(清算)行的处理

商业银行作为发起业务的付款(清算)行根据客户提交的普通贷记凭证(或信息)，审核无误后进行账务处理。其会计分录为：

借：吸收存款——××单位活期存款户

　　贷：待清算支付款项

完成账务处理后，付款(清算)行行内业务处理系统与前置机直连的，行内系统按收款清算行组包后发送前置机。前置机收到业务包后，对包的格式、业务权限、每笔业务的金额上限进行检查，并对包的笔数和金额总分核对后，逐包加编地方押发送至 CCPC。

2. CCPC 和 NPC 的处理

(1)付款清算行 CCPC 的处理。CCPC 收到付款清算行发来的业务包后，进行格式、业务权限等合法性检查并核验地方押。对业务包的笔数和金额进行总分核对，核对无误后的同城业务进行净借记限额检查，检查通过的纳入轧差处理并对业务包标记“已轧差”状态，转发收款清算行，同时向付款清算行返回已轧差信息。核对无误后的异地业务加编全国押后转发会计处理与大额支付业务类似，此处不再介绍。

(2) NPC的处理。NPC收到CCPC发来的业务包，进行合法性检查并核验全国押，检查、核验无误的业务包进行净借记限额检查，无误后纳入轧差处理并对包标记“已轧差”状态，转发收款清算行CCPC，同时向付款清算行CCPC返回已轧差信息。

(3) 收款清算行CCPC的处理。收款清算行CCPC收到NPC发来的业务包，核验全国押无误后，加编地方押转发收款清算行。

3. 收款清算行的核算处理

商业银行业务处理系统与前置机直连的，前置机收到发来的业务包，逐包确认并核验地方押无误后，发送至行内系统拆包并立即进行账务处理。其会计分录为：

借：待清算支付款项

　　贷：吸收存款——××单位活期存款户

三、商业银行行内实时清算系统

大、小额支付系统全面运行后，手工联行系统仍然存在，其作为支付系统的补充形式或辅助形式，在支付系统故障时，作为应急系统处理业务。手工联行系统是商业银行行内实时清算系统的前身，实时清算系统理论基础基于手工联行系统发展而来。

(一) 手工联行往来业务

联行往来是指同一银行系统内各行处之间由于办理结算和资金调拨等业务发生的资金账务往来。有资金往来关系的同一系统银行营业机构之间互称联行。商业银行是资金活动的枢纽，是连接国民经济的纽带。国民经济各部门各单位之间的资金结算，当收付款双方不在同一营业机构开户时，就涉及同一系统两个营业机构之间的资金往来。

1. 联行往来信息传递方式和记账依据

联行往来业务是由系统内不同地点的营业机构在不同的时间分别相互往来而形成的，各机构之间必须采用统一规范的信息传递方式和记账依据以确保资金和账务往来的准确、安全、快捷。根据联行间信息传递方式的不同，联行往来可分为手工联行往来和电子联行往来。电子联行又分为商业银行系统内电子联行和人民银行电子联行。手工联行主要靠邮电部门(信函或电报)传递双方之间的信息和凭证，往来双方以对方发来的凭证(信函或电文)作为记账的依据。电子联行则以系统内清算中心取代行外的邮电部门，通过电子设备和通讯卫星传递双方之间的信息，往来双方以电子信息为记账依据。相比之下，电子联行传递可大大缩短信息等待的时间，因此，与手工联行相比，电子联行不仅速度快，差错率低，而且有利于全系统资金的调配和管理，更好地发挥联行功能。

2. 联行管理体制及措施

(1) 联行往来管理体制。商业银行设置联行系统的方法及管理方式各有不同，但一般都遵循“统一管理、分级负责”的原则，在同一银行系统内划分为总行、分行、支行三级管理的联行体制，即将联行往来的核算按不同的分支层次和活动范围划分为不同的往来级别。

① 全国联行往来。全国联行往来由总行进行管理。凡由总行核准，颁发有全国联行行号

和联行专用章的行处，对异省、自治区、直辖市各行处之间的资金账务往来，按全国联行制度办理。

② 分行辖内往来。分行辖内往来由省、自治区、直辖市分行管理。凡经分行核准，颁发有分行辖内联行行号和联行专用章的行处，对本省(自治区、直辖市)内各行处之间的资金账务往来，按分行辖内往来制度办理。

③ 支行辖内往来。支行辖内往来由县支行管理。凡经县支行核准，颁发有支行辖内联行行号和联行专用章的行处，对本县内各行处之间的资余账务往来，按支行辖内往来制度办理。

(2)联行往来管理措施。一般由总行制定和颁布联行往来制度，规定联行往来的基本运行方式，各级联行的业务权限、管理权限、账务核算的基本方法和有关规定等，各级分行负责本辖区内联行业务的具体经办管理、监督检查、业务指导等工作。但总的来说，以下管理措施在联行往来业务中具有普遍的意义。

① 联行行号。凡批准参加联行往来的各营业机构必须获得其管辖行颁发的联行行号。全国联行行号由 5 位数码组成。各级分行需颁发本辖区联行行号时，应在总行下达的控制号内编排，报总行定期通报。联行行号是本行签发联行凭证的标志。

② 联行专用章。凡批准参加联行往来的各营业机构，必须获得由总行统一刻制的联行业务专用章，并由总行委托各分行按规定核发所属机构使用。专用章编号与联行行号一致，并与联行行号同日核准启用。联行专用章只能用于证明联行资金账务往来的凭证，其他如联行业务查询、行际间对外业务单证、业务公文及报表等一律加盖业务专用章，不得使用联行专用章。联行专用章是证明联行业务主体行为的专用工具。

③ 联行专用凭证。联行专用凭证又称联行报单，是证明联行业务发生，明确经济责任的书面文件。由总行制定其样式、规格和使用方法，一级分行统一印制，各联行业务经办行领用。联行专用凭证按重要空白单证进行严格管理。

④ 联行密押。凡参加联行往来业务的营业机构必须获得由往来辖区的管辖行统一编制的联行密押(如参加全国联行往来业务的营业机构必须获得由总行统一编制的联行密押)，联行密押是验证联行凭证，保证资金安全的工具。各行设置密押员岗位，专职负责密押的编制、签发、验解等工作。密押员必须有高度的职业感和丰富的工作经验，严格保密纪律，不得泄露本行或他行密押。

在联行业务中，以上四项措施同时使用并保证相互核对一致才能办理。联行专用凭证、联行专用章及联行密押实行分管原则，以确保联行业务的安全。

3. 联行往来账务特点

(1)划分往账和来账两个系统。经办联行业务时，需由联行中的一方银行向对方银行发出资金或账务往来的信息或寄发相关凭证。发出信息或签发联行报单的行称为发报行(或往账行)，接收信息或联行报单的行称为收报行(或来账行)。每一笔业务往来对应，金额相等。同一营业机构在不同时点上既可以发出往账，也可以接收来账，所以它既是发报行也是收报行。为了便于联行账务核对和结平账务，保持联行往来账务的平衡关系，需设置往账和来账两套核算系统，即将往账和来账列入不同的账户进行核算。发出联行业务信息或签发联行报单时，在往账系统进行核算；接收联行业务信息或收到联行报单时在来账系统进行核算。

(2)定时结清汇差。联行往来的实质是联行间款项的代收、代付。在一定时期，代收、代付的款项只作账面划转(俗称挂账)，并不进行实体资金的转移，从而形成联行间占用款项或被占用款项。某行在一定时期内代收、代付联行款项的净差额称为联行汇差。当代付金额大于代收金额时，即借方合计金额大于贷方合计金额，差额在借方，则表明本行资金被他行占用，形成应收汇差；反之，当代收金额大于代付金额时，即贷方合计金额大于借方合计金额，差额在贷方，则表明本行占用他行资金，形成应付汇差。为了减少联行间资金占用与被占用矛盾，加快联行运行速度，必须及时核对并结清汇差（即进行汇差资金实体的转移），汇差结清的速度取决于联行对账的速度和信息传递的速度。手工联行一般按年结清汇差，电子联行则可按日结清汇差。

（3）系统内账务平衡。尽管每一个参加联行往来的营业机构在代收、代付业务中会形成汇差，但在任何一个时点上，发报行发出的资金汇划信息与收报行收到的资金汇划信息是一致的。因此，如果不计未达账项，每笔联行业务有往必有来，有借必有贷，借贷必相等，系统内全部联行账务是平衡的，应付汇差合计等于应收汇差合计。这一账务平衡原理是联行账务核对的理论基础，也是汇差清算平衡判断的依据。

4. 全国联行往来基本做法

（1）直接发报、分账核算。直接发报是指当联行间业务发生时，直接由发生资金划拨的行处即发报行填发报单寄收报行。分账核算是指联行往来账务划分往账和来账两个账务系统，对一个联行单位来讲，既办理往账又受理来账，因此又统称为经办行。联行间的资金账务往来，一律以联行报单为核算依据，进行账务核算。

（2）往来双向报告，分行录磁传输，总行集中对账。发报行发生联行账务必须编制联行报单，向管辖分行编制往账报告表。收报行必须根据发报行的联行报单，办理联行账务核算，并向管辖分行编制来账报告表。管辖分行发送的联行往来数据，集中起来进行逐笔对账。

（3）查清未达，年度上划结平。为了便于查清联行未达账项，联行往来账务以年度为界限，一年结清一次。新年度开始，应对联行账务划分上年户和本年户，分别核算上年未达账项和本年新发生的账务，不得混淆。待上年联行未达账项全部清查后，再将上年度联行往来科目余额逐级上划，由总行汇总结平上年度联行账务。

（二）商业银行行内实时清算系统

1. 实时清算系统概述

（1）实时清算系统，是商业银行用于办理结算资金和内部资金汇划与清算的工具，是集汇划、清算、结算业务于一体的综合运用系统。

（2）实时清算系统与传统汇划业务的区别。实时清算系统的特征是以实时清算代替传统的联行业务，从根本上改变了“先汇划，后清算，动账不动钱”的联行体制，有利于对资金的控制和管理。实时清算系统与传统汇划业务的区别主要表现在以下几点。

① 清算网络结构层次的变化。实时清算系统增加通汇机构网点数，扩大通汇机构面，减少了联行级次，减少了数据传递环节，减少了数据整合拆分的次数。

② 资金清算方法的变化。实时清算系统采用分行实时、总行批量的逐笔全额清算办法，取代传统的定期轧差、净额清算办法。

③ 技术手段的变化。实时清算系统改变了传统的汇划信息与清算实寸、对账数据相互分离的不合理格局，将重复录入、相互分离改为一次录入、多次利用。

④ 实时清算系统重点突出了业务的事权划分，对商业银行内部控制和管理起到了积极的作用。

(3) 实时清算系统的业务应用范围。实时清算系统由汇划业务经办行、清算行、省区分行和总行清算机构通过计算机网络组成。

经办行是具体办理结算资金和内部资金汇划业务的行处。汇划业务的发生行是发报经办行；汇划业务的接收行是收报经办行。

清算行是在总行清算机构开立备付金存款账户，办理其辖属行处汇划款项清算的分行，包括直辖市分行、总行直属分行及二级分行。省、自治区和直辖市分行在总行开立备付金账户，只办理系统内资金调拨和内部资金利息划转。

总行清算机构是办理系统内各经办行之间的资金汇划、各清算行之间的资金及资金拆借、账户对账的核算和管理部门。

实时清算系统的业务处理范围主要包括：汇划业务、结算业务、清算资金调拨拆借业务以及清算账户明细对账处理。

① 汇划业务包括：系统内汇兑、托收承付、委托收款、银行汇票、信用卡、内部资金划拨、代收学费等款项汇划及其资金清算；各种汇划报文的查询查复及差错补账和冲账处理。

② 结算业务包括：银行汇票签发、兑付、挂失、解挂、未用退回及系统外划回核销；应解汇款的登记及现金或转账解汇。

③ 清算资金调拨拆借业务包括：各级清算备付金的上存、调回及调账；各种渠道的借款及还款；备付金透支强拆和存借款的计息；定期存款到期支取、基金债券业务及资金市场业务的资金清算；各种报文的查询查复业务及差错补账处理。

同时，该系统为确保各项资金汇划、清算的准确性及上下级行清算账户发生和余额的一致性，日终以汇划发报日志和上级行清算报文日志为准，进行上下资金清算账户余额核对。

2. 实时清算系统的基本原则和基本做法

(1) 实时清算系统的基本原则。

① 实存资金，是指以清算行为单位在总行清算机构开立备付金存款账户，于汇划款项时的资金清算。

② 同步清算，是指发报经办行通过其清算行经总行清算机构将款项划至收报经办行，同时，总行清算机构办理清算行之间的资金清算。

③ 头寸控制，是指各清算行在总行清算机构开立的备付金存款账户，保证足额存款，总行清算机构对各行汇划资金实行集中清算。清算行备付金存款不足，二级分行可向管辖省区分行借款，省区分行和直辖市分行，直属分行头寸可向总行借款。

④ 集中监督，是指总行清算机构对汇划往来数据发送、资金清算、备付金存款账户资信情况和行际间查询查复情况进行的管理和监督。

(2) 实时清算系统的基本做法。商业银行实时清算系统的基本做法是：汇划数据实时发送，各清算行控制进出，总行中心即时处理，汇划资金按时到达。

① 汇划数据实时发送，是指发报经办行录入汇划数据后，全部实时发送到发报清算行。

② 各清算行控制进出，是指清算行辖属所有经办行的资金汇划、查询查复全部通过清算行进出，清算行控制辖属经办行的资金清算。

③ 总行中心即时处理，是指总行清算机构将发报清算行传输来的数据即时传输给收报清算行。实时业务由收报清算行即时传输到收报经办行，批量业务由收报清算行次日传输到收报经办行。总行清算机构当日更新各清算行备付金存款。

④ 汇划资金按时到达，是指商业银行的汇划资金能够实现实时业务即时到达经办行，批量业务次日到达经办行。

(3)实时清算业务的核算。

① 发报行的处理。发报行是业务发起行，准确及时地处理账务和发送报文是保证实时清算系统正确运行的基础，对整个实时清算的工作质量具有决定性作用。

汇划业务包括同城汇划和系统内汇划，按业务种类分为汇兑、托收承付、委托收款、信用卡、银行汇票、资金划拨等。其中借报有信用卡、银行汇票、资金划拨等业务种类；贷报有汇兑、托收承付、委托收款、信用卡、资金划拨等业务种类。

贷报业务会计分录为：

借：吸收存款——付款人活期存款户

　　贷：辖内往来等科目

借：辖内往来等科目

　　贷：辖内往来等科目

如果是借报业务，则做相反的会计分录。

② 收报行的处理。收报行是实时清算业务的收受行，需要进行账务记载、核对等处理，是实时清算业务的重点和关键。

收报行收到贷报业务时的会计分录为：

借：辖内往来等科目

　　贷：辖内往来等科目

借：辖内往来等科目

　　贷：吸收存款——收款人活期存款户

如果是借报业务，则做相反的会计分录。

四、支票影像系统

随着银行业网络的发展，为了提高资金清算的速度，2006 年中国人民银行开发了全国支票影像交换系统，并首先在北京、天津、上海、河北、广东五省市试点运行。中国人民银行于 2007 年 6 月底完成了全国支票影像交换系统在全国的建设推广，从 2007 年 7 月 1 日起支票可在全国通用。

全国支票影像交换系统是指运用影像技术将实物支票截留，转换为支票影像信息，通过计算机及网络将影像信息传递至出票人开户行提示付款的业务处理系统。它是中国人民银行继大额、小额支付系统后建设的又一项重要金融基础设施。影像交换系统定位于处理银行机构跨行和行内的支票影像信息交换，其资金清算通过中国人民银行覆盖全国的小额支付系统处理。支票影像业务的处理分为影像信息交换和业务回执处理两个阶段，即支票提出银行通过影像交换系统将支票影像信息发送至提入行提示付款；提入行通过小额支付系统向提出行发送回执完成付款。

(一)基本规定

(1)全国支票影像系统是运用影像技术将实物支票转换为支票影像信息，通过计算机网络将支票影像信息传递至出票人开户行的一种票据交换形式。

(2) 全国支票影像系统处理银行机构跨行和行内的支票影像信息交换，资金清算通过小额支付系统交换处理。

(3) 商业银行不必另建行内支票影像系统，有效控制票据交换资金清算风险，简化资金清算流程。

(4) 目前全国支票影像系统处理的单笔支票金额上限为 50 万元。

(二) 全国支票影像系统运行时序

全国支票影像系统运行时序为 7×24 小时连续运行，每个系统工作日的运行时间为上一工作日 16：00～当日 16：00。影像系统日切时间和小额支付系统日切时间保持一致。

(三) 全国支票影像系统业务种类

全国支票影像系统业务，根据支票的提出行和提入行所在地区不同，可以分为全国业务和区域业务。全国业务为不同分中心覆盖范围内的业务，区域业务为同一分中心覆盖范围内不同城市间的业务。影像系统可支持其他类型借记业务包括银行汇票、商业承兑汇票、银行承兑汇票、银行本票等的影像传递处理。

(四) 全国支票影像系统业务处理流程

1. 提出行处理

提出行自行采集支票影像信息并通过本行系统录入电子清算信息，与影像信息匹配无误后按照规定格式组成支票业务报文，使用本行的数字证书加编数字签名通过网络传递至票据交换中心。

2. 提入行处理

提入行收到票据交换中心传递的提入业务清单及电子数据后，核验支票业务报文数字签名是否正确，如核验结果正确则进行行内业务处理。提入行根据本行业务情况选择印鉴核验方式或支付密码核验方式对支票的真实性、有效性进行核验。

提入行在审核支票所有要素正确无误后，在规定的时间内自动生成小额支付系统支票回执报文，并按同一清算行组成支票回执业务包。其会计分录为：

借：吸收存款——付款人活期存款户

　　贷：待清算支付款项

收到人民银行发来的已清算通知时进行账务处理。其会计分录为：

借：待清算支付款项

　　贷：存放中央银行款项

3. 提出行收到回执业务处理

提出行收到票据交换中心发送的支票回执业务包并核验正确后，进行账务处理。其会计分录为：

借：待清算支付款项

　　贷：吸收存款——收款人活期存款户

收到人民银行发来的已清算通知时进行账务处理。其会计分录为：

借：存放中央银行款项

　　贷：待清算支付款项

五、网上支付跨行清算系统

2010 年 8 月 30 日，中央银行网上支付跨行清算系统正式上线。网上支付跨行清算系统是中央银行继大、小额支付系统后建设的又一人民币跨行支付系统。系统将主要处理客户通过在线方式提交的零售业务，包括支付业务和跨行账户信息查询业务等。系统实行 7×24 小时连续运行，业务处理采用实时传输及回应机制，客户在线发起业务后可以及时了解业务的最终处理结果。通过建设网上支付跨行清算系统，将有效地支持商业银行提升网上银行服务水平，并促进电子商务的快速发展。

网上支付跨行清算系统具有以下业务功能：处理网银贷记业务，网银借记业务，第三方贷记业务，跨行账户信息查询业务。其业务运行模式与小额支付系统相似：运行时序为 7×24 小时连续运行，采取定场次清算的模式，设置贷记业务金额上限，与大额支付系统共享同一个清算账户等。从业务管理方面来讲，网上支付跨行清算系统是小额支付系统在网上支付方面的延伸，从系统管理方面来讲，网上支付跨行清算系统是与大、小额支付系统并行的人民币跨行清算系统。网上支付跨行清算系统投入使用后，将实现网银跨行支付的直通式处理，满足网银用户全天候的支付需求，有效支持电子商务的发展。支持符合条件的非银行支付服务组织接入，为其业务发展和创新提供公共清算平台。

第七章

商业银行外汇业务核算

第一节　外汇业务概述

一、外汇业务核算的意义

外汇是外国货币或以外国货币表示的、用于国际结算的支付手段，包括：外国货币；外币支付凭证；外币有价证券；特别提款权以及其他外汇资产。

经营外汇业务是商业银行业务经营的重要组成部分。按照集中管理、统一经营的外汇管理方针，由国家授权外汇管理局行使外汇管理职权，由外汇指定银行和经批准的其他商业银行经营外汇业务。我国对经常项目下的外汇实行结汇、售汇制，而对资本项目目前尚未放开，仍实行外汇管制。

商业银行依法办理外汇业务，组织运用外汇资金，有利于引进先进技术设备，扩大出口，提高我国出口创汇能力。另外，商业银行办理外汇业务涉及不同的国家和地区，搞好外汇业务有利于加快外汇结算，有利于保障外汇资金安全，有利于防范外汇风险，以提高我国的声誉。

二、外汇业务核算的要求

(一)监督外汇资金的使用

为促进我国改革开放，加强金融监管，我国有关部门改革了外汇管理体制，出台了一些相关的法律法规。商业银行在办理外汇业务时，要认真执行国家有关外汇管理的法规和会计处理的有关规定，使我国外汇资金合法合理使用。

(二)维护国家和银行的信誉和权益

商业银行在办理对外业务的时候，要严格遵守对外签订的有关协定和协议，做到重合同守信用，准确、及时地传递外汇的凭证和单据，迅速、正确地收汇和付汇，提高工作效率和质量，维护国家和银行的信誉和权益。

(三)提高外汇资金的效益

商业银行在外汇业务经营活动中，要强化经济核算意识，加强收汇考核、付汇监督，了解并掌握国际惯例，避免各种外汇欺诈的发生，防范和降低涉外风险，提高外汇资金的经济效益。

三、外汇业务核算的特点

（一）实行外汇分账制

外汇分账制，又称原币记账法，是指银行办理各种外汇业务时，所有账务组织和账务处理都以业务发生时的货币为记账单位的记账方法。对银行业务中有外币收付的，都按业务发生时的外汇牌价折成人民币填制凭证，登记账簿，编制报表。各种外汇分别设立一套独立的、完整的会计账簿和报表体系，分账核算。在会计期末，按照年终决算牌价将各种外币折合成本币，与本币报表合并，编制各货币的汇总会计报表，用来全面反映银行在一个会计期间的经营状况。

（二）设置"外汇买卖"专用科目

"外汇买卖"科目是外汇分账制下的专用科目。银行在采用外汇分账制后，各种货币分别设账核算，为了平衡各自账簿，需要一个科目来平衡，这个科目就是"外汇买卖"。这个科目不仅有平衡作用，而且以"外汇买卖"科目为桥梁将两种不同货币的账务联系起来。

（三）使用或有资产、或有负债账户反映权责关系

或有资产、或有负债账户是一种反映权责关系的对应账户，当权责关系产生时，同时记增加；权责关系了结时，同时记减少。银行在办理外汇业务时，经常涉及国际结算业务，由于国家之间距离较远，造成货物运送和资金结算时间加长，这样联行之间、代理行之间以及银行与客户之间就会产生大量或有的权责关系。而这些重要的权责关系必须要用会计分录来进行记录。

第二节　外汇买卖业务的核算

国际间的经济、政治、文化往来，不论是贸易往来还是非贸易往来以及国家之间债权和债务，都需要用货币进行清算。但各个国家不同货币的币值是不相同的，这样外汇银行在办理外汇收付业务时，必须将一种货币兑换成另外一种货币。所以按照一定汇率买入一种货币或者卖出一种货币的业务称为外汇买卖。

一、外汇汇率

外汇汇率，是指一个国家货币折算成另一个国家货币的比价，也就是两种货币兑换的比率。银行经营外汇买卖所用的外汇汇率，一般可以分为下列几种。

（一）按挂牌的档数分，可分为单档汇率和双档汇率

单档汇率，是指一种货币兑换成另一种货币只有一个汇率，它是两种货币之间的实际比例。银行在使用单档汇率进行外汇买卖时，由于没有买卖差价，所以要向客户收取一定的手续费。

双档汇率，是指一种货币兑换成另一种货币的汇率有两个，一个是买入汇率，一个是卖出汇率。银行通过贱买贵卖来赚取外汇的收入，一般来讲按国际上规定，买入汇率与卖出汇率相差1‰～5‰。

买入汇率和卖出汇率的平均汇率是中间汇率，也就是两个国家货币的实际汇价。商业银行向其他国家银行出售或买入外汇时一般使用这种汇价。

(二) 按收付方法分，可分为电汇汇率、票汇汇率和信汇汇率

电汇汇率，是指商业银行应汇款人的要求，以电报方式向国外汇款的汇率。票汇汇率，是指商业银行售给客户外币汇票收取本币的汇率。信汇汇率，是指商业银行为客户以邮件汇出汇款，向客户收取本币的汇率。电汇的资金由于传递迅速，资金不能利用，所以一般以电汇汇率为基本汇率，票汇汇率和信汇汇率都是以电汇汇率为基础计算的，同种货币的票汇汇率和信汇汇率要比电汇汇率低。

(三) 按外汇买卖交割的期限分，可分为现汇汇率和期汇汇率

现汇汇率，是指商业银行进行即期外汇买卖所使用的汇率。期汇汇率，是指商业银行进行远期外汇买卖所使用的汇率。现汇汇率与期汇汇率之间存在一定的差价，这种差价表现为升水、贴水、平价三种形式。期汇汇率是在现汇汇率基础上，加减升水或贴水计算的。

二、外汇买卖科目、凭证和账簿

(一) 外汇买卖科目

外汇买卖科目是实行外汇分账制而设立的一个专用会计科目，在办理外汇买卖、兑换、结售汇业务中，其在账务上起到联系和平衡作用，是外币和人民币科目之间的桥梁。

为了核算银行发生的各种货币之间的买卖及兑换业务，银行设置“外汇买卖”一级科目。买卖及兑换业务发生时，兑入的货币，借记有关科目，贷记本科目；同时，兑出的货币，借记本科目，贷记有关科目。外汇买卖科目，借方余额反映该货币的卖出数，贷方余额为该货币的买入数。

(二) 外汇买卖凭证

外汇买卖科目的凭证有外汇买卖借方传票、外汇买卖贷方传票和外汇买卖套汇传票。

外汇买卖借方传票，是卖出外汇使用的传票，一式两联，第一联借方传票用来登记外币外汇买卖科目借方，第二联贷方传票是用来登记人民币外汇买卖科目贷方。外汇买卖贷方传票，是买入外汇使用的传票，一式两联，第一联贷方传票用来登记外币外汇买卖科目贷方，第二联借方传票用来登记人民币外汇买卖科目借方。外汇买卖套汇传票，是用来办理套汇业务的传票，一式四联，其中两联分别用于登记不同外币的外汇买卖科目，两联用于登记人民币的外汇买卖科目。

(三) 外汇买卖账簿

外汇买卖科目分户账是一种独立格式的账簿。它以每一种外币立账，将人民币金额和外币金额登记在一张账页上，账簿格式通常由买入、卖出、结余三栏组成，买入、卖出栏各由外币、牌价、人民币三项组成，结余栏设借或贷外币余额和借或贷人民币余额两项。如果买入外币金额大于卖出外币金额，则结余栏应为外币贷方余额，人民币为借方余额；反之，如果卖出外币金额大于买入外币金额，则结余栏为外币借方余额，人民币为贷方余额。

外汇买卖科目总账按各分账外币和人民币分别设置，根据科目日结单登记借贷方发生额，然后根据上日余额结出本日余额。

三、外汇买卖业务的核算

（一）买入外汇

买入外汇是商业银行买入外汇或外币现钞，支付人民币，应根据买入外币金额，按汇价折算人民币金额，并填制外汇买卖贷方传票。

例 7-1 商业银行从某国内居民手中买进美元（USD）3 000 元现钞，给付人民币（CNY），当日美元钞买价为 800%。其会计分录为：

借：库存现金　　USD 3 000

　　贷：外汇买卖 钞买价　　USD 3 000

借：外汇买卖 钞买价　　CNY 24 000

　　贷：库存现金　　CNY 24 000

（二）卖出外汇

卖出外汇是银行卖出外汇或外币现钞，收取人民币，应根据卖出外币金额，按卖出价折算人民币金额，并填制外汇买卖借方传票。

例 7-2 某进出口公司需要支付国外一笔货款 1 万美元，持有关有效凭证到某商业银行购汇支付，其当日美元汇卖价为 809%。其会计分录为：

借：吸收存款——活期外汇存款　　CNY 80 900

　　贷：外汇买卖 汇卖价　　CNY 80 900

借：外汇买卖 汇卖价　　USD 10 000

　　贷：港澳及国外联行往来　　USD 10 000

（三）套汇

商业银行套汇业务与国际金融中的套汇是不一样的，这里的套汇是指把一种外汇兑换成另外一种外汇的业务。因为在我国没有直接公布外汇之间的牌价，所以兑换时先将外币折合成人民币，再将人民币折合成外币。所以套汇过程包括先买入后卖出两个部分、两种行为。

例 7-3 某企业从其存在商业银行的活期存款法国法郎（FRF）户支款折成英镑（GBP）10 000，汇付国外非贸易款项，当日法国法郎的汇买价为 158%。英镑的汇卖价为 1 406.03%。其会计分录为：

借：吸收存款——活期外汇存款　　FRF 88 989.24

　　贷：外汇买卖 汇买价　　FRF 88 989.24

借：外汇买卖 汇买价　　CNY 140 603

　　贷：外汇买卖 汇卖价　　CNY 140 603

借：外汇买卖 汇卖价　　GBP 10 000

　　贷：吸收存款——汇出汇款　　GBP 10 000

第三节　外汇存、贷款业务核算

一、外汇存款业务的核算

(一) 外汇存款的种类

外汇存款是单位或个人将其所有的外汇资金存入银行，随时或约期支取，银行按照规定的利率支付利息的一种信用活动。外汇存款是商业银行筹集外汇资金、扩大外汇资金来源所经营的一项主要业务。

外汇存款按对象，可分为单位外汇存款和个人外汇存款；按存入资金形态，可分为现汇存款和现钞存款；按存款期限，可分为定期存款和活期存款；按存取方式，可分为支票户和存折户。

(二) 外汇存款的核算

1. 单位外汇存款

(1) 存款的核算。单位外汇存款只办理外汇户，凡是单位申请开立定期或活期外汇存款账户，必须由申请单位填具申请书，将盖有公章、财务专用章及主管人员名单的印鉴卡，以及按规定所需的证明文件一并送交银行审查。开户银行对单位交来的申请书、印鉴卡以及有关证明文件进行严格审查后，若符合开户条件，则为其办理开户手续。开户和存入款项时，其会计分录为：

以外币现钞存入时：

借：库存现金　　　　外币
　　贷：外汇买卖　钞买价　　　　外币
借：外汇买卖　钞买价　　　　人、外币
　　贷：外汇买卖　汇卖价　　　　人、外币
借：外汇买卖　汇卖价　　　　外币
　　贷：吸收存款——活期外汇存款　　　　外币

以转账方式存入时：

借：吸收存款——其他存款　　　　外币
　　贷：吸收存款——活期外汇存款　　　　外币

以不同开户货币的外币存入时，通过套汇处理。

支取存款时，活期存款支票户，应提交加盖预留印鉴的支票，存折户应提交存折和加盖预留印鉴的支取凭条；定期存款应提交加盖预留印鉴的取款凭条或支票，银行审核无误后，办理取款或转账。其会计分录为：

借：吸收存款——定期外汇存款　　　　外币
　　贷：外汇买卖　汇买价　　　　外币
借：外汇买卖　汇买价　　　　人、外币
　　贷：外汇买卖　汇卖价　　　　人、外币

借：外汇买卖 汇卖价　　外币
　　贷：库存现金　　外币
支取原币对外支付时，
借：吸收存款——定期外汇存款　　外币
　　贷：吸收存款——汇出汇款　　外币
(2)存款的计息。

① 计息方法。单位外汇活期存款利息，采用余额表按季计息。余额表计息方法为：每日营业终了，将各账户余额记入计息余额表，在季末结息日，逐户将本季末的累计计息积数乘以日利率，即得出各存款单位的应计利息数。每季末 20 日为结息日，结息以原币入账。

单位外汇定期存款利息，按对年对月计息，不足 1 年或 1 个月的零头天数折算成日息计算。存款到期，利随本清，一次计付利息。如遇利率调整，仍按存入日利率计算利息；存款到期续存，按续存日利率计算利息；如提前支取，按取款日活期存款利率计算。

根据权责发生制的原则，3 个月以上的单位定期存款应按季以原币种计提应付利息，存款到期在应付利息中支付，不足部分在利息支出中支付；3 个月以下的单位定期存款不计提应付利息，直接在利息支出中支付。

② 利息的核算。单位活期外汇存款结息时，其会计分录为：
借：利息支出　　外币
　　贷：吸收存款——定期外汇存款　　外币
单位定期外汇存款结息时，其会计分录为：
借：利息支出　　外币
　　贷：应付利息　　外币
单位定期外汇存款到期时，由存款单位凭存单、预留印鉴或其他约定方式向银行支取本息时，其会计分录为：
借：吸收存款——定期外汇存款　　外币
　　应付利息　　外币
　　利息支出　　外币
　　贷：吸收存款——定期外汇存款　　外币

2. 个人外汇存款

个人外汇存款包括乙种外币存款和丙种外币存款，分现汇户和现钞户两种。凡是国外或港澳地区汇入、携入和寄入的可自由兑换的外币，可存入外汇账户。

外汇户可以支取外币现钞，也可以汇往国外或港澳地区。外币现钞存款可支取外币现钞，也可汇往港澳地区或国外。

个人外汇存款分为活期和定期两种，使用“活期外汇存款”“定期外汇存款”科目，其存、取、计付利息的处理手续与核算比照单位外汇存款进行。

3. 人民币特种存款

人民币特种存款是以人民币为记账本位币，但又不同于一般人民币存款的一种存款。人民币特种存款的特点：存款的资金来源必须是可自由兑换外币，按牌价兑成人民币后存入；人民币特种存款账户的管理视同自由外汇账户；该账户的人民币可转存人民币账户或支取人民币现金，但一经转存人民币存款户或支取人民币现金后，不能再存入本存款户。

二、外汇贷款业务的核算

(一)外汇贷款业务的种类

外汇贷款是商业银行办理的以外币为计量单位的放款，是银行外汇资金的主要运用形式之一。目前，商业银行办理的外汇贷款有短期外汇贷款、特种外汇贷款、买方信贷外汇贷款、进出口押汇、贴现、银团贷款、政府混合贷款。

(二)外汇贷款的核算

外汇贷款尽管种类很多，但是在会计核算上，有的性质基本相同，所以这里只将具有代表性的短期外汇贷款、进口买方贷款和押汇与票据贴现予以阐述。

1. 短期外汇贷款

短期外汇贷款是指商业银行将外汇资金贷给有偿还能力并具备贷款条件的企业单位，进口国内短缺的原材料和先进技术设备，发展出口商品生产，并以其外汇收入偿还本息，期限在1年以内的贷款。目前，短期外汇贷款的货币有美元、港币、英镑、欧元等。借什么货币，还什么货币，计收原币利息。

(1)短期外汇贷款发放。短期外汇贷款一般是在借款单位实际对外支付时发放。进口企业需要外汇贷款时，须填制外汇贷款申请书，并提交有关文件，向银行申请贷款。信贷部门审批后发放，其会计分录为：

借：贷款——短期外汇贷款　　　　外币
　　贷：存放港澳及国外同业　　　　外币

(2)短期外汇贷款收回。短期外汇贷款需要按期偿还。收回贷款时，须将最后一个结息日至还款日尚未计收的利息与本金一并收回，当借款单位经批准用人民币买汇支付偿还时，其会计分录为：

借：吸收存款——活期存款　　　　人、外币
　　贷：外汇买卖汇卖价　　　　人、外币
借：外汇买卖 汇卖价　　　　外币
　　贷：贷款——短期外汇贷款　　　　外币
　　　　利息收入　　　　外币

(3)短期外汇贷款利息计算。短期外汇贷款，实行浮动利率，利率由中国人民银行总行制定并不定期公布，浮动利率的浮动期有1个月浮动、3个月浮动和6个月浮动三种。短期外汇贷款按季结息，每季末月的20日为结息日，计息时按借款合同所订的浮动期，根据总行公布的利率分户分段计息。利息未能归还时，转入本金，其会计分录为：

借：贷款——短期外汇贷　　　　外币
　　贷：利息收入　　　　外币

例 7-4　某外汇银行5月10日贷出50万美元，期限半年，11月10日借款人从美元存款户偿还全部贷款本息。利率采用3个月浮动利率，利息转入贷款本金。假定5月10日美元3个月浮动利率是5.1%，8月10日美元3个月浮动利率为4.89%。

5月10日至6月20日计收利息金额为：

500 000 × 42 × 5.1%/360=2 975（美元）

计息转账后的会计分录为：

借：贷款——短期外汇贷款　　　　USD 2 975

　　贷：利息收入　　　　USD 2 975

9 月 20 日计收利息。由于利率变化，需要分段计算利息。

6 月 21 日至 8 月 10 日利息为：

（500 000+2 975）× 50 × 5.1%/360=3 562.74（美元）

8 月 10 日至 9 月 20 日利息为：

（500 000+2 975）× 42 × 4.89%/360=2 869.47（美元）

9 月 20 日利息合计：

3 562.74 +2 869.47=6 432.21（美元）

计息转账后的会计分录为：

借：贷款——短期外汇贷款　　　　USD 6 432.21

　　贷：利息收入　　　　USD 6 432.21

11 月 10 日还款。计算利息为：

（500 000+2 975+6 432.21）× 50 × 4.89%/360=3 439.72（美元）

收回贷款本息的会计分录为：

借：吸收存款——活期外汇存款　　　　USD 512 846.93

　　贷：贷款——短期外汇贷款　　　　USD 509 407.21

　　　　利息收入　　　　USD 3 439.72

2. 进口买方信贷

外汇银行的买方信贷、政府贷款和混合贷款简称为“三贷”业务。这里主要介绍应用较多的买方信贷业务的核算手续。买方信贷是由出口方银行直接向进口商或进口方银行提供的信贷，是我国利用外资的一种常用形式。

进口买方信贷须事先与国外签订协议，总协议由总行出面同国外贷款银行谈判签定，在总协议项下还需签订分项目协议，各个项目的分协议可由总行或授权的有关分行对外签订，按总行协议商定的金额确定贷款额，并记入“三贷资金用款限额”表外科目。

买方信贷项下的进口支付方式，一般使用信用证，当接到国外议付行寄来信用证项下的有关单据，并经审核无误，对外办理支付款项。如果借款人在总行开有账户，可由总行直接办理贷款发放手续。其会计分录为：

借：三贷资金外汇贷款　　　　外币

　　贷：借入国外三贷资金　　　　外币

　　付：三贷资金用款限额　　　　外币

总行直接办理买方信贷借入款本息的，由总行统一偿还。对外偿还贷款本息的会计分录为：

借：借入国外三贷资金　　　　外币

　　利息支出　　　　外币

　　贷：存放国外同业款等科目　　　　外币

同时，应向借款人收取买方信贷贷款本息。其会计分录为：

借：吸收存款——活期外汇存款　　外币
　　贷：三贷资金外汇贷款　　外币
　　　　利息收入　　外币

由借款人人民币账户收取贷款本息的，应通过外汇买卖科目处理。

若贷款由分行办理和归还，须填制全国联行往来报单划总行，其处理会计分录略。

3. 押汇与票据贴现

押汇分为出口押汇和进口押汇。出口押汇是指出口商于发运商品后，以提货单据作抵押，签发由进口商或其委托承兑银行为付款人的汇票，向银行融通资金的一种业务。进口押汇是指商业银行应进口商要求对外开出信用证后，在接到议付行寄来议付通知书索证时，经审单相符，以进口单据为抵押，对外垫付进口款项的一种业务。押证的处理手续将结合国际贸易进行介绍。

票据贴现是指商业银行以预扣利息的方式购进远期票据的行为。其利息扣收的计算与贴现的会计核算和人民币有关部分基本相同。

第四节　联行及代理行往来的核算

一、联行及代理行往来的概念

(一) 联行往来

同一银行系统内各行处之间彼此互称联行。联行之间由于办理国内、国际结算以及行与行之间的资金划拨业务而引起的资金账务往来，称为联行往来。

全国联行外汇往来，是指有全国联行行号的系统内行处在跨省之间相互办理外汇结算和资金划拨的账务往来。双方行在业务发生后都使用“全国联行外汇往来”科目核算。港澳地区及国外联行往来是指国内各联行与港澳及国外联行之间的结算及资金划拨的账务往来。往来时，国内联行使用“港澳及国外联行往来”科目核算。

(二) 代理行往来

代理行是指我国外汇银行与境外一家银行签订合约或换函确认，并交换签字样本、电报密押、费率表等控制文件后，相互办理代收代付业务，这种建立了业务代理关系的银行称为代理行。我国外汇银行在国外代理行开立存款账户，我方是申请开户行，对方是账户行。我方使用“存放国外同业”科目核算。国外代理行在我外汇银行开立存款账户，对方是开户行，我方是账户行，我方使用“国外同业存款”科目核算。

二、全国联行外汇往来的核算

(一) 科目与凭证

发报行发出报单、收报行收到报单均使用“全国联行往来”科目核算。该科目借、贷方的确认同人民币联行往来。

全国联行外汇往来的凭证是联行报单，报单的种类与人民币联行往来相同，但联次不同。

以下以邮划报单为例，说明各联报单的使用。邮划报单一式六联。

第一联：联行来账科目传票，邮划贷方报单为联行来账科目借方传票，邮划借方报单为联行来账科目贷方传票。

第二联：来账卡片。

第三联：收报行收到后寄总行作来联销账卡。

第四联：发报行发出报单后寄总行作往账销账卡。

第五联：往账卡片。

第六联：联行往账科目传票，邮划贷方报单为联行往联科目贷方传票，邮划借方报单为联行往账科目借方传票。

（二）全国联行往来报告表

各联行经办行在营业终了应根据往账报单第四联和来联报单第三联汇总编制全国联行报告表一式两联，一联附报单寄总行，一联留存。

联行往来报告表分货币逐行填制。借方发生额根据往账借方报单第四联和来账贷方报单第三联的合计填制。余额根据上次报告表的余额和本次发生额计算得出。

（三）年终处理

新年度开始，将各货币的“全国联行往来”科目的余额不通过分录过入 “全国联行往来”上年户核算，未达账项查清后，再将上年户的余额并入本年户。

三、港澳地区及国外联行往来的核算

（一）科目设置与账户的开立

内地联行与港澳联行发生业务往来时，内地联行使用“港澳及国外联行往来”科目核算，其他银行与国内联行往来使用“代理行往来”科目核算。内地银行在港澳地区及国外联行开立的账户有以下三种。

(1)往来账户：以总行名义在港澳地区及境外联行开立的账户。

(2)分账户：以分、支行名义在港澳地区及境外联行开立的、与总行账户头寸挂钩的账户。

(3)专用账户：以总行、分行名义开立的办理专项业务的账户。

（二）凭证

港澳地区及国外联行往来使用的凭证为借记报单和贷记报单两种，两种报单均为一式两联：第一联是报单，第二联是往账科目传票。

在港澳地区及国外联行往来中，申请开户行简称开户行，接受开户行简称账户行。开户行发给账户行的报单，应注明“请借记”“请贷记”字样。一般情况下，应在收到对方行的“已借记报单”后再转账。账户行发给开户行的报单， 应注明“已贷记”“已借记”字样，开户行收到后即可凭以转账。

（三）账务核对

账户行按月(旬)向开户行寄送对账单，寄送时间不得迟于月(旬)后 5 日。开户行接到对账单后，应立即对账销账，对未达账项要认真查对，并填制“对账平衡表”据以轧平账务。轧平后，应按账户、分货币填制回单寄双方行，以确认账户余额。对账回单一式两联，一联经有权签字人员签字后寄对方行，一联留存。

(四) 头寸清算

1. 外币头寸的移存

国内各联行在国外联行开立的外币账户余额，由国外联行定期按大数从各分行账户转出，存到总行账户上。

2. 港澳各联行港币头寸的清算

港澳各联行每日代内地联行收付的港币款轧抵后，将差额通过中国银行香港分行向总行移存或领用。

四、代理行的核算

(一) 存放国外同业的核算

存放国外同业是以外汇银行名义在国外代理行开立的可自由兑换外汇的存款账户。分为往来账户、分账户和专用账户三种。

我国银行寄出的报单有“请借记通知书”和“请贷记通知书”两种。报单均为一式两联：第一联经有权签字人签字后寄国外账户行，第二联代存放国外同业存款科目传票。国外账户行寄来的有“已贷记”“已借记”字样代报单使用。

存放国外同业科目属于资产性质科目，一般情况下不能透支，定期由国外账户行向我国银行寄发对账单办理对账，并向我国银行计付利息。

(二) 国外同业存款的核算

国外同业存款是指国外代理行在我国银行开立的可自由兑换货币的账户或人民币账户，分为普通户和专户两种。

普通户：指境外开户行在我国外汇银行总行开立的账户。总行集中记账，各分行共同使用。

专户：指境外开户行在我国外汇银行分行开立的账户。如国外委托行在我国外汇银行分行开立的信用卡备用金专户。

国外同业存款普通户使用“借记通知书”和“贷记通知书”。通知书一式三联：第一联为正本报单，第二联代国外同业存款科目传票，第三联为转账通知。由于国外同业存款科目由总行集中记账，因此，出口收汇业务，一般由总行填制报单转账后，将第三联通知书随全国联行报单下划分行；进口付汇业务，一般由分行填制报单后，将第一联、第二联借记通知书随全国联行往来报单上划总行，由总行寄出报单，并凭以登记“国外同业存款科目”。

国外同业存款科目属于负债性质科目。由总行按月向对方银行寄送对账单办理对账，并按规定对开户行计付利息。

五、境内外币支付系统

(一) 境内外币支付系统概念

境内外币支付系统由外币清算处理中心负责对参与者和特许参与者提交的支付指令进行

接收、清算和转发，由代理结算银行负责对外币清算处理中心提交的清算结果进行结算。

参与者是指参加外币支付系统并在代理结算银行开立外币结算账户的银行。特许参与者是指参加外币支付系统未在代理结算银行开立外币结算账户的外币清算机构。代理结算银行是指根据其与参与者签订的外币结算服务协议，负责对外币清算处理中心提交的清算结果进行结算的银行。外币结算账户是指参与者在代理结算银行开立的，用于外币结算的外币同业存款账户。

境内外币支付系统是为我国境内银行业机构和外币清算机构提供外币支付服务的实时全额支付系统，它是我国第一个支持多币种运营的外币系统。为满足社会对多种币种支付的需要，人民银行经过反复调查研究和充分论证，于 2007 年 2 月做出组织建设境内外币支付系统的决定。经过一年多开发建设，该系统已于 2008 年 4 月 28 日率先开通港币支付业务，随后英镑、欧元、日元等外币支付业务相继开通，2008 年 7 月美元支付系统也正式开通。

（二）境内外币支付系统的主要业务

境内外币支付系统的主要业务，一是境内跨行贷记业务，即境内付款银行向境内收款银行发起的付款业务，范围限于国家外汇管理局规定可以外币进行计价结算，收付款均在中国境内的外汇划转项目；二是轧差净额业务，即外币清算机构为结算其外币轧差净额发起的多边支付业务；三是付款交割业务，即证券存管机构为同时完成外币债券交割与资金结算发起的结算业务。

（三）境内外币支付系统的主要特点

为满足我国境内相关交易对安全、高效的外币支付服务的需求，境内外币支付系统在设计和建设过程中充分借鉴国外支付系统的建设经验，同时，根据实际需要进行了必要的创新。与其他支付系统相比，境内外币支付系统主要具有以下特点：一是支持多币种结算，境内外币支付系统以美元、港币、欧元等八个币种作为结算币种；二是采用“Y”型信息流结构，境内外币支付系统由中国人民银行清算总中心负责对参与者和特定参与者的支付指令进行接收、清算和转发，由代理结算银行负责对支付指令进行结算；三是采用“一点接入，一个账户”架构，银行以法人或境内管理行为单位“一点”接入境内外币支付系统，相应币种只需在代理结算银行开立一个结算账户，参与者对其行内业务系统发起行或接收行实行资金统一管理；四是采用市场化原则运作，境内外币支付系统实行自愿加入原则，符合加入条件的银行可根据自身情况决定是否加入系统；五是遵循国际标准和惯例，境内外币支付系统不仅在支付流程、风险管理等方面采用国际惯例，报文格式采用 SWIFT 标准，而且将在监督管理方面参照《中央银行对支付结算系统的监管原则》等国际标准。

第五节　国际贸易结算业务核算

国际贸易结算，是指由国际间的商品交易而引起的货币收付或债权债务的核算，是银行经营外汇业务的主要内容。目前对进出口贸易结算主要采用信用证、托收、汇款三种方式。

一、信用证项下进出口业务的核算

（一）出口信用证结算的核算

出口信用证结算，是指出口企业根据国外进口商通过国外银行开来的信用证，按其条款规定，待货物发出后，将出口单据及汇票送交国内银行办理审单议付，向国外银行收取外汇后，对国内出口企业办理结汇的一种结算方式，主要包括受证与通知、审单议付和出口结汇三个环节。

1. 受证与通知

议付行接到国外开来的信用证，对进口方的资信及信用证本身进行审查后，认为可以接受时，即编列信用证通知流水号，将信用证正本通知出口商，然后根据信用证副本缮制“国外开来保证凭信记录卡”，登记“国外开来保证凭信”表外科目。其会计分录为：

收入：国外开来保证凭信　　外币

开证行如果预先汇入信用证项下押金，并授权议付行在议付单据后加以扣抵的，议付行可在收到汇款后先通过存入保证金科目进行核算。其会计分录为：

借：港澳及国外联行往来等科目　　外币

　　贷：存入保证金　　外币

2. 审单议付

出口企业根据信用证规定，办妥出口手续，将全套出口单据提交银行，议付行应逐项进行审查，达到“单单一致，单证一致”的要求。

根据权责发生制的原理，出口银行在寄出议付行单据后，一方面对国外银行拥有了收取货款的权益，另一方面对出口商承担了付款的责任。对收款的权益和付款的责任应进行账内反映。其会计分录为：

借：应收即期(远期)信用证出口款项　　外币

　　贷：应付即期(远期)信用证出口款项　　外币

同时，转销“国外开来保证凭信”表外科目。其会计分录为：

　　付：国外开来保证凭信　　外币

3. 出口结汇

出口结汇是议付行在接到国外行划来出口货款时，对出口商办理人民币结汇。具体做法是议付行按当日外汇牌价买入外汇，折算成人民币支付给出口商。出口结汇采取收妥结汇，凭国外联行或代理行的已贷记报单、电报或借记授权书办理。对出口公司办理结汇的会计分录为：

借：存放国外同业或其他科目　　外币

　　贷：手续费及佣金收入　　外币

　　　　外汇买卖　　外币

借：外汇买卖　　人民币

　　贷：吸收存款——活期存款　　人民币

同时销记原来记入的应收应付信用证出口款项科目。其会计分录为：

借：应付即期(远期)信用证出口款项　　外币

　　贷：应收即期(远期)信用证出口款项　　外币

(二)进口信用证结算

进口信用证结算是国内银行根据国内进口企业开证申请书，向国外银行开立信用证，并凭国外银行寄来信用证中规定的单据，按照信用证规定的条款对国外出口商付款的一种结算方式。

1. 开立信用证

进口单位根据与国外出口商签订的贸易合同填具开证申请书，这是银行开立信用证的依据。根据信用证不同的传递方式，分为邮寄信用证和电开信用证两种。

(1)收取信用证保证金。信用证项下的进口，开证行可要求进口单位交纳保证金，保证金可以从进口单位的外汇账户中收取，也可以由进口单位购买外汇交纳。

从外汇账户收取保证金的会计分录为：

借：吸收存款——活期外汇存款　　外币

　　贷：存入保证金　　外币

进口单位买外汇交纳保证金的会计分录为：

借：吸收存款——活期存款　　人民币

　　贷：外汇买卖　　人民币

借：外汇买卖　　外币

　　贷：存入保证金　　外币

(2)开立信用证。开出套打信用证，格式一般为一式六联，各联用途如下。

第一联：信用证正本，经有权签字人员签字后，航邮国外转递行。

第二联：信用证副本，第二次寄转递行，以防第一次邮寄丢失。

第三联：信用证副本，开证行代统计卡。

第四联：信用证副本，加盖进口业务专用章后，退给进口单位。

第五联：信用证副本，加盖进口业务专用章后，退给进口单位。

第六联：信用证留底，随开证行申请书留存。

信用证开出后，开证行就拥有了对进口商收取货款的权益，并承担了对国外银行付款的责任。因此，需作如下账务处理：

借：应收开出信用证款项　　外币

　　贷：应付开出信用证款项　　外币

(3)修改信用证。进口公司要求修改信用证余款或金额时，应由公司提出申请，开证行缮打修改通知书，以电改或信改方式通知国外银行。

修改信用证增加金额时，与开出信用证的会计分录相同，减少金额时，会计分录相反。

2. 审单付款

开证行收到国外银行寄来的全套出口单据后，应将单据与原信用证的条款进行核对，达到“单单相符、单证相符”的要求。进口商审核单据一般为 3 个工作日，银行在进口商承付后，即办理付汇手续。

(1)即期信用证付款方式。

① 单到国内付款。银行收到国外议付行寄来的单据，经进口方审核相符确认承付后，国内付款行(即开证行)缮制付款报单寄议付行或拍发电报，并向进口方售汇。其会计分录为：

借：应付开出信用证款项　　外币

　　贷：应收开出信用证款项　　外币

借：吸收存款——活期存款　　人民币

　　贷：外汇买卖　　人民币

借：外汇买卖　　外币

存入保证金　　外币

贷：存放国外同业　　外币

一般情况下，国外银行应收的银行费用如通知费、议付费、修改费等，都由进口单位负担，因此，付汇金额应包括货款与银行费用两部分。

② 国外审单借记。即期信用证项下国外审单借记是国外议付行审单后，主动借记我方银行在国外付款行开立的账户，并将单据连同借记报单一并寄我方开证行。开证行把进口单据交进口商后，不必再由进口商承付，即可向进口商收取货款；同时，从国外议付行主动借记我国银行账户那天起，到国内银行向进口商收取货款之间的垫款利息，由开证行一并向进口商计收。收取利息的会计分录为：

借：吸收存款——活期存款　　人民币

贷：外汇买卖　　人民币

借：外汇买卖　　外币

贷：利息收入　　外币

③ 国外审单电报索汇。国外审单电报索汇是国外议付行审单后，用加押电报向我方外汇银行索汇。我国开证行收到加押电报核押相符后，再对外付汇。待收到国外议付行寄来单据核对相符后，将单据送交进口商。开证行对外付款的会计分录与单到国内审单付款方式的会计分录相同。

(2)远期信用证付款方式。如为远期付款的信用证，开证行需要承担开证、审单承兑和承担到期付款的责任。其他单据处理手续与即期信用证相同。银行收到远期信用证项下议付行寄来单据后，送进口商确认。待进口商确认到期付款后即办理远期汇票承兑手续，并将承兑汇票寄国外议付行，由议付行到期凭以索汇。如果信用证规定没有汇票或虽有汇票，但双方约定不退汇票，则需另行填制“承兑通知书”寄国外议付行，确认远期汇票承兑并到期付款。

开证行承兑后，即了结了进口商与国外议付行的权责关系，并重新确定了承兑后的权责关系，因此，需编制会计分录为：

借：应收承兑汇票款　　外币

贷：承兑汇票　　外币

远期信用证承兑到期日对外付汇。其会计分录为：

借：承兑汇票　　外币

贷：应收承兑汇票款　　外币

从外币或人民币账户付汇的会计分录同前述付汇的会计分录。

二、托收项下进出口业务的核算

托收结算方式是由债权人或收款人开立汇票或提供索汇凭据，委托银行向债务人或付款人收取款项的一种结算方式。

托收结算方式由于没有信用证作为付款保证，通常又称无证托收，属于商业信用。根据是否附有货运单据，又分为跟单托收和光票托收两种。跟单托收是收款人开立汇票并附有货运单据，凭跟单汇票委托银行向付款人收取货款的一种贸易结算方式。

(一)托收项下出口业务的核算

1. 发出托收单证的核算

出口单位备货出运后取得货运单据后，应填写“出口托收申请书”一式两联，连同全套出口单据一并送交银行办理托收。银行审单后，编托收号码，将申请书的一联退给出口单位作为回单，另一联留存，并据以填制“出口托收委托书”。

托收行发出托收凭证时，为了反映托收行的权责关系，其会计分录为：

借：应收出口托收款项　　　　外币

　　贷：应付出口托收款项　　　　外币

如出口托收寄单后，因情况变化需增加托收金额时，其会计分录同上；需减少托收金额时，其会计分录相反。如进口商拒付，也应反方注销托收金额。

2. 收妥进账的核算

出口托收款项一律实行收妥进账的做法，即根据国外银行的已贷记报单或授权借记通知书办理收汇或结汇。其会计分录为：

借：应付出口托收款项　　　　外币

　　贷：应收出口托收款项　　　　外币

借：港澳及国外联行往来或其他相关科目　　　　外币

　　贷：外汇买卖　　　　外币

借：外汇买卖　　　　人民币

　　贷：吸收存款——活期存款　　　　人民币

(二)托收项下进口业务的核算

1. 交单方式

按照国际惯例，为了保障出口商的利益，代收行必须在进口单位付款或承兑后，才能将代表货物的单据交给进口单位。因此，跟单托收货款的收取与单据的转移，通常分为付款交单和承兑交单两种方式。

2. 收到单据

代收行收到国外银行寄来的进口代收单据后，由代收行编列顺序号，缮打“进口代收单据通知书”随同有关单据送交进口单位。为了反映代收行与进口商及国外银行的权责关系，应编制会计分录为：

借：应收进口代收款项　　　　外币

　　贷：进口代收款项　　　　外币

如果进口单位不同意承付，应提出拒付理由，连同单据退交代收行，由代收行转告国外委托行，如部分拒付，应征得委托行同意后，再按实际金额付款。

3. 进口单位确认并对外付款

进口单位对进口单据确认付款，或是远期承兑汇票已到付款日，代收行即按有关规定办理付汇手续。其会计分录为：

借：吸收存款——活期存款　　　　人民币

　　贷：外汇买卖　　　　人民币

借：外汇买卖　　外币

　　贷：港澳及国外联行往来等科目　　外币

如从进口商外汇账户支付款项，则不通过外汇买卖科目。

同时转销对应的“进口代收款项”和“应收进口代收款项”科目。

三、出口押汇业务的核算

出口押汇是指出口商发运商品后，以提货单据作抵押，向银行融通资金的一种业务。凡从事国际贸易的出口单位，在严格按照信用证条款办理出运货物和填制单据后，均可向银行办理出口押汇，以融通资金，促进对外贸易发展。承做出口押汇的银行，实际上是以出口方提交的与信用证完全相符的单据做抵押，向出口方发放的抵押贷款。

(一)计算出口押汇利息

押汇利息=押汇金额×押汇天数×利率

实付金额=押汇金额–押汇利息

押汇天数一般由发送单据及款项划回的邮程来决定，按实际天数计算。

(二)出口押汇业务的核算

付出：国外开来保证凭信

借：应收即期(远期)信用证出口款项　　外币

　　贷：应付即期(远期)信用证出口款项　　外币

借：贷款——出口押汇　　外币

　　贷：外汇买卖　　外币

借：外汇买卖　　人民币

　　贷：吸收存款——活期存款　　人民币

(三)收回垫款的核算

借：应付即期(远期)信用证出口款项　　外币

　　贷：应收即期(远期)信用证出口款项　　外币

借：港澳及国外联行往来或其他相关科目　　外币

　　贷：出口押汇　　外币

　　　　手续费及佣金收入　　外币

四、汇款业务的核算

汇款是债务人或付款人委托银行运用某种信用工具，将款项汇给境外或异地债权人或收款人的一种结算方式。汇款结算方式，在国际贸易中主要用于支付贸易从属费用或某些先款后货的贸易结算，单位、个人均可委托银行办理。按汇款通知方式和使用的结算工具分为电汇、信汇、票汇三种方式，由汇款人根据需要选用。

(一)国外汇入汇款的核算

1. 信汇、电汇的核算

汇入行接到汇出行的电报、电传或信汇委托书后，填制汇入汇款凭证，收妥头寸解付的，其会计分录为：

借：港澳及国外联行往来等科目　　　　　　　　　　　　　　外币
　　贷：吸收存款——汇入汇款　　　　　　　　　　　　　　　外币

解付汇款时，以原币入账或结汇入账。原币入账的会计分录为：

借：吸收存款——汇入汇款　　　　　　　　　　　　　　　　外币
　　贷：吸收存款——活期外汇存款　　　　　　　　　　　　外币

结汇入账的会计分录为：

借：吸收存款——汇入汇款　　　　　　　　　　　　　　　　外币
　　贷：外汇买卖　　　　　　　　　　　　　　　　　　　　外币
借：外汇买卖　　　　　　　　　　　　　　　　　　　　　人民币
　　贷：吸收存款——活期存款　　　　　　　　　　　　　人民币

有的汇款头寸未收妥，但按规定可以垫付，在这种情况下，解付行和汇出行有账户关系，应在相应科目下设立“未达户”核算；如无账户关系，应通过“其他应收款”科目核算。垫付时，其会计分录为：

借：存放国外同业或其他科目　　　　　　　　　　　　　　外币
　　贷：吸收存款——汇入汇款　　　　　　　　　　　　　　　外币

再由“汇入汇款”科目转出解付的会计分录同上。待收到头寸报单后，转销 “未达户”。

2. 汇票的核算

收到汇款行寄来以我行为付款行的票汇通知书，经核对印鉴及各项内容无误后，凭以转入“汇入汇款”科目，如汇款头寸通过存入国外同业或国外同业存款账核算，汇款头寸收妥的，其会计分录为：

借：港澳及国外联行往来或其他科目　　　　　　　　　　　外币
　　贷：吸收存款——汇入汇款　　　　　　　　　　　　　　　外币

当持票人持已背书的汇票来行取款时，经核对出票行印鉴、签发有效期、付款金额及收款人背书等内容无误，并与汇票通知书核对相符后，再办理汇款解付手续，其会计分录与信汇、电汇相同。

（二）汇出国外汇款业务的核算

由汇款人填交汇款申请书一式两联，一联盖章退交汇款人，另一联汇出行留作传票。汇出国外汇款业务的会计分录为：

从人民币账户汇出，应通过外汇买卖科目处理。

收到汇入行解付通知书，在销记汇出汇款账。其会计分录为：

借：吸收存款——汇出汇款　　　　　　　　　　　　　　　　外币
　　贷：港澳及国外联行往来科目　　　　　　　　　　　　　外币

第六节　国际非贸易结算业务核算

国际非贸易结算涉及面广，主要项目包括非贸易外汇汇款、买入外币票据、外币票据托收及信用卡业务等。

一、非贸易外汇汇款核算

外汇汇款是指受客户委托，通过其联行或同业，办理外汇资金的划拨，以结算异地间债权债务关系或款项调拨的一种常规业务。用于非贸易项下称为非贸易外汇汇款。

(一)汇出国外汇款的核算

汇出国外汇款是指商业银行接受客户的委托，以电汇、信汇、票汇、开出旅行信用证和代售旅行支票等方式，将款汇往境外的汇款。其业务处理手续与会计处理基本上是：单位或个人要求汇款时，需填交“汇款申请书，一式两联，一联作传票附件，一联加盖业务公章后退交汇款人作汇款的回执；商业银行根据汇票申请书计算汇费及邮电费后，按汇款人选择的方式填制电汇凭证、信汇委托书、汇票凭证，或开出旅行信用证等。其会计分录为：

借：吸收存款——活期存款　　　　人民币

　　贷：外汇买卖　　　　人民币

借：外汇买卖　　　　外币

　　贷：吸收存款——汇出汇款　　　　外币

如直接从外汇户汇出，则不通过外汇买卖。向汇款人收取的汇费和邮电费，其分录略。

汇出非贸易项下外汇汇款，一般须收到汇入行解讫汇款的已借记通知或由总行转划国外报单时，办理销账，但属于下列情况之一者，在汇出汇款的当日即转账核销该笔金额：

(1)汇入行为总行的开户行；

(2)汇出行与汇入行无账户关系，须通过联行或代理行拨付汇款头寸。汇出行核销汇出汇款时，其会计分录为：

借：吸收存款——汇出汇款　　　　外币

　　贷：存放港澳及国外同业　　　　外币

根据规定，汇款人因故要求退汇时，须经汇入行确认尚未解付才能办理，退回的汇票、旅行信用证和旅行支票要办理注销手续。

(二)港澳地区和国外汇入汇款的核算

港澳地区和国外汇入汇款是港澳地区及国外银行委托国内商业银行代为解付的电汇、信汇、票汇等方式的汇款。

收到港澳地区及国外银行发来的电汇电报或信汇委托书,应核对密押或验对印鉴相符后，填制“汇款通知书”一式五联，通知收款人领取汇款，并进行会计处理。其会计分录为：

借：存放港澳及国外同业　　　　外币

　　贷：吸收存款——汇入汇款　　　　外币

如果收到的是票汇通知书，则不必通知收款人，而是待持票人凭汇票前来取款，并进行会计处理，会计分录与电汇、信汇相同。

港澳地区和国外汇入汇款以收妥解付为原则，确以收妥头寸的汇款，解付时会计分录为：

借：吸收存款——汇入汇款　　　　外币

　　贷：有关科目　　　　外币

当汇出行要求退汇时，汇入行经查明汇款头寸确已收妥并尚未解付时才能办理，其会计分录为：

借：吸收存款——汇入汇款　　外币

　　贷：存放港澳及国外同业　　外币

二、买入外币票据与外汇托收核算

（一）买入外币票据的核算

买入非贸易外币票据又称买汇，是指商业银行兑付非本行付款的票据：对持票人申请兑付的非本行付款的票据，在票款未收妥前，商业银行先行垫款，将票据扣除一定贴息后的净额兑付给收款人，然后向付款行收回票款；或与票据签发行事先订有委托兑付协议，兑付后通过借记委托行按协议在经办行或其总行的账户收回票款。前者称垫款买汇，后者属不垫款买汇。目前，买入外币票据的种类繁多，主要有旅行支票、银行本票、即期汇票、邮政汇票等。

商业银行垫款买入外币票据时，应填制一式五联的“外币兑换水单”，并作会计分录如下：

借：买入外币票据　　外币

　　贷：利息收入　　外币

　　　　外汇买卖——汇买价　　外币

借：外汇买卖——汇买价　　人民币

　　贷：库存现金或其他相关科目　　人民币

同时，对买入的外币票据尽快寄往国外收款，办理托收时，填制一式四联的“票据托收委托书”，收到托收款项时，作会计分录如下：

借：存放港澳及国外同业或其他有关科目　　外币

　　贷：买入外币票据　　外币

不垫款买汇时，也应填制“外汇兑换水单”同上，并作会计分录如下：

借：港澳及国外同业存款或其他有关科目　　外币

　　贷：外汇买卖——汇买价（或钞买价）　　外币

借：外汇买卖——汇买价（钞买价）　　人民币

　　贷：库存现金或其他有关科目　　人民币

（二）外汇托收的核算

根据规定，凡不能买汇处理的各种非贸易外币票据，未列入外钞收兑牌价表的各种外钞，或虽已列入外钞收兑牌价表，但无法鉴别真伪或残损破旧不能立即收兑的外币现钞，代收港澳或国外的存款或有价证券本息等，均需进行外汇托收。

客户申请收外币现钞或外币票据等时，应填具“托收款项申请书”一式二联，商业银行审核无误后，第一联留存，第二联盖章后交客户收执，同时收取托收手续费。

商业银行受理托收业务后应填制“票据托收委托书”一式九联，寄往代收行代收的同时，作会计分录如下：

借：应收非贸易托收款项　　外币

贷：应付非贸易托收款项　　外币

托收款项收妥后，办理转账，其会计分录为：

借：应付非贸易托收款项　　外币

贷：应收非贸易托收款项　　外币

借：存放港澳及国外同业或其他有关科目　　外币

贷：手续费及佣金收入　　外币

吸收存款——××活期外汇存款　　外币

三、代兑境外信用卡核算

近几年，兑付国外信用卡业务在我国有较大发展，国内各商业银行都先后与国外信用卡发行机构签订了办理信用卡业务协议书。目前，国内各商业银行办理代兑的国外信用卡主要有发达卡、签证卡、万事达卡、大莱卡、运通卡、百万卡和 JCB 卡七种。

根据协议，代兑国外信用卡，委托行必须在我国内地代办行开立备用金专户，代兑行收到发卡机构汇入的信用卡备用金时，其会计分录为：

借：港澳及国外联行往来　　外币

贷：国外同业存款——信用卡备付金　　外币

当持卡人持信用卡到代兑行要求取款时，经办人员应严格审核信用卡是否由本行受理，并鉴别真伪；核对信用卡的有效期，信用卡是否在拒付名单中；核对复签与初签，并核对护照等身份证件。审核无误后办理兑现手续并计收手续费。将信用卡上有关资料用压数机压在取现单上，并在取现单上填写日期、金额、手续费，交持卡人当面签字。兑付后的信用卡取现单存根联，按不同信用卡汇总填制总计单，连同取现单和借记通知书一并寄发卡机构，同时进行会计处理，其会计分录为：

借：国外同业存款——信用卡备付金　　外币

贷：手续费及佣金收入　　外币

如兑付人民币，则通过外汇买卖进行核算。

第八章

商业银行内部财务的核算

第一节　金融资产的核算

一、金融资产概述

商业银行等金融企业的金融资产主要包括库存现金、应收账款、应收票据、应收利息、应收股利、其他应收款、贷款、垫款、债权投资、股权投资、基金投资、衍生金融资产等。

商业银行应当结合自身业务特点和风险管理要求，将取得的金融资产在初始确认时分为以下几类：①以公允价值计量且其变动计入当期损益的金融资产；②持有至到期投资；③贷款和应收款项；④可供出售的金融资产。上述分类一经确定，不得随意变更。

(一) 以公允价值计量且其变动计入当期损益的金融资产

以公允价值计量且其变动计入当期损益的金融资产，可以进一步分为交易性金融资产和直接指定为以公允价值计量且其变动计入当期损益的金融资产。

满足以下条件之一的金融资产，应当划分为交易性金融资产。

(1) 取得该金融资产的目的主要是为了近期内出售。例如，商业银行以赚取差价为目的从二级市场购入的股票、债券和基金等。

(2) 属于进行集中管理的可辨认金融工具组合的一部分，且有客观证据表明商业银行近期采用短期获利方式对该组合进行管理。在这种情况下，即使组合中有某个组成项目持有的期限稍长也不受影响。

(3) 属于衍生工具。但是，被指定为有效套期工具的衍生工具、属于财务担保合同的衍生工具、与在活跃市场中没有报价且其公允价值不能可靠计量的权益工具投资挂钩并须通过交付该权益工具结算的衍生工具除外。其中，财务担保合同是指保证人和债权人约定，当债务人不履行债务时，保证人按照约定履行债务或者承担责任的合同。

商业银行不能随意将某项金融资产直接指定为以公允价值计量且其变动计入当期损益的金融资产。只有满足下列条件之一时，商业银行才能将某项金融资产直接指定为以公允价值计量且其变动计入当期损益的金融资产。

(1) 该指定可以消除或明显减少由于该金融资产的计量基础不同而导致的相关利得或损失在确认和计量方面不一致的情况。

设立这项条件，目的在于通过直接指定为以公允价值计量，并将其变动计入当期损益，以消除会计上可能存在的不配比现象。例如，按照《企业会计准则第 22 号——金融工具确认和计量》的规定，有些金融资产可以被指定或划分为可供出售金融资产，从而其公允价值变动计入所有者权益，但与之直接相关的金融负债却划分为以摊余成本进行后续计量的金融负债，从而导致“会计不配比”。但是，如果将以上金融资产和金融负债均直接指定为以公允价值计量，且其变动计入当期损益的金融资产或金融负债，那么就能够消除这种会计不配比现象。

(2)商业银行的风险管理或投资策略的正式书面文件已载明，该金融资产组合等以公允价值为基础进行管理、评价并向关键管理人员报告。

此项条件着重于商业银行日常管理和评价业绩的方式，而不是金融工具组合中各组成部分的性质。例如，风险投资机构、证券投资基金或类似会计主体，其经营活动的主要目的在于从投资工具的公允价值变动中获取回报。它们在风险管理或投资策略的正式书面文件中对此也有清楚的说明。

在活跃市场中没有报价、公允价值不能可靠计量的权益工具投资，不得指定为以公允价值计量且其变动计入当期损益的金融资产。

以上所指活跃市场，是指同时具有以下特征的市场：①市场内交易的对象具有同质性。②可随时找到自愿交易的买方和卖方。③市场价格信息是公开的。

(二)持有至到期投资

持有至到期投资是指到期日固定、回收金额固定或可确定，且商业银行有明确意图和能力持有至到期的非衍生金融资产。商业银行不能将下列非衍生金融资产划分为持有至到期投资：①在初始确认时即被指定为以公允价值计量且其变动计入当期损益的非衍生金融资产；②在初始确认时被指定为可供出售的非衍生金融资产；③符合贷款和应收款项定义的非衍生金融资产。

如果商业银行管理层决定将某项金融资产持有至到期，则在该金融资产未到期前，不能随意地改变其“最初意图”。也就是说，投资者在取得投资时意图就应当是明确的，除非遇到一些商业银行所不能控制、预期不会重复发生且难以合理预计的独立事件，否则将持有至到期。

“到期日固定、回收金额固定或可确定”是指相关合同明确了投资者在确定的期间内获得或应收取现金流量(如投资利息和本金等)的金额和时间。因此，从投资者的角度来看，如果不考虑其他条件，在将某项投资划分为持有至到期投资时可以不考虑可能存在的发行方重大支付风险。由于要求到期日固定，从而权益工具投资不能划分为持有至到期投资。另外，如果符合其他条件，不能由于某债务工具投资是浮动利率投资而不将其划分为持有至到期投资。

“有明确意图持有至到期”是指投资者在取得投资时意图就是明确的，除非遇到一些商业银行所不能控制、预期不会重复发生且难以合理预计的独立事件，否则将持有至到期。

存在下列情况之一的，表明商业银行没有明确意图将金融资产投资持有至到期。

(1)持有该金融资产的期限不确定。

(2)发生市场利率变化、流动性需要变化、替代投资机会及其投资收益率变化、融资来源和条件变化、外汇风险变化等情况时，将出售该金融资产。但是，无法控制、预期不会重复发生且难以合理预计的独立事件引起的金融资产出售除外。

(3)该金融资产的发行方可以按照明显低于其摊余成本的金额清偿。

(4)其他表明商业银行没有明确意图将该金融资产持有至到期的情况。

据此，对于发行方可以赎回的债务工具，如果发行方行使赎回权，投资者仍可收回其几乎所有初始净投资(含支付的溢价和交易费用)，那么投资者可以将此类投资划分为持有至到期。但是，对于投资者有权要求发行方赎回的债务工具投资，投资者不能将其划分为持有至到期投资。

“有能力持有至到期”是指商业银行有足够多的财务资源，并可以不受外部因素影响地将投资持有至到期。

存在下列情况之一的，表明商业银行没有能力将具有固定期限的金融资产投资持有至到期：

(1)没有可利用的财务资源持续地为该金融资产投资提供资金支持，以使该金融资产投资持有至到期；

(2)受法律、行政法规的限制，使商业银行难以将该金融资产投资持有至到期；

(3)其他表明商业银行没有能力将具有固定期限的金融资产投资持有至到期的情况。

商业银行应当于每个资产负债表日对持有至到期投资的意图和能力进行评价。发生变化的，应当将其重新分类为可供出售金融资产进行处理。

(三)贷款和应收款项

贷款和应收款项是指在活跃市场中没有报价、回收金额固定或可确定的非衍生金融资产。商业银行不应当将下列非衍生金融资产划分为贷款和应收款项：①准备立即出售或在近期出售的非衍生金融资产，这类非衍生金融资产应划分为交易性金融资产；②初始确认时被指定为以公允价值计量且其变动计入当期损益的非衍生金融资产；③初始确认时被指定为可供出售的非衍生金融资产；④因债务人信用恶化以外的原因，使持有方可能难以收回几乎所有初始投资的非衍生金融资产。例如，商业银行所持有的证券投资基金或类似的基金等。

贷款及应收款项类的金融资产主要是指商业银行发放的贷款和其他债权，但又不限于商业银行发放的贷款和其他债权。非金融企业持有的现金和银行存款、销售商品或提供劳务形成的应收款项、持有的其他企业的债权(不包括在活跃市场上有报价的债务工具)等，只要符合贷款和应收款项的定义，都可以划分为这一类。划分为贷款和应收款项类的金融资产与划分为持有至到期投资类的金融资产的主要差别在于，前者不是在活跃市场上有报价的金融资产，并且不像持有至到期投资那样在出售或重新分类方面受到较多限制。如果某债务工具投资在活跃市场上没有报价，则商业银行不能将其划分为持有至到期投资。

(四)可供出售金融资产

可供出售金融资产是指初始确认时即被指定为可供出售的非衍生金融资产，以及没有被划分为持有至到期投资、贷款和应收款项、以公允价值计量且其变动计入当期损益的金融资产的金融资产。通常情况下，被划分为此类的金融资产应当在活跃市场上有报价，因此，商业银行从二级市场上购入的有报价的股票、债券、基金等，没有被划分为以公允价值计量且其变动计入当期损益的金融资产或持有至到期投资等金融资产的，可以划分为可供出售金融资产。

二、金融资产的计量

(一)金融资产的初始计量

商业银行初始确认金融资产时，应当按照公允价值计量。对于以公允价值计量且其变动计入当期损益的金融资产或金融负债，相关交易费用应当直接计入当期损益；对于其他类别的金融资产，相关交易费用应当计入初始确认金额。其中，金融资产的公允价值，应当以市场交易价格为基础确定。

交易费用是指可直接归属于购买、发行或处置金融工具新增的外部费用。新增的外部费用是指商业银行不购买、发行或处置金融工具就不会发生的费用，包括支付给代理机构、咨询公司、券商等的手续费和佣金及其他必要支出，不包括债券溢价、折价、融资费用、内部管理成本及其他不直接相关的费用。交易费用构成实际利率的组成部分。

商业银行取得金融资产所支付的价款中包含的已宣告但尚未发放的债券利息或现金股利，应当单独确认为应收项目进行处理。

(二)金融资产的后续计量

金融资产的后续计量与金融资产的分类密切相关。商业银行应当按照以下原则对金融资产进行后续计量：①以公允价值计量且其变动计入当期损益的金融资产，应当按照公允价值计量，且不扣除将来处置该金融资产时可能发生的交易费用；②持有至到期投资，应当采用实际利率法，按摊余成本计量；③贷款和应收款项，应当采用实际利率法，按摊余成本计量；④可供出售金融资产，应当按照公允价值计量，且不扣除将来处置该金融资产时可能发生的交易费用。

1. 实际利率法

实际利率法是指按照金融资产或金融负债(含一组金融资产或金融负债)的实际利率计算其摊余成本及各期利息收入或利息费用的方法。

实际利率是指将金融资产或金融负债在预期存续期间或适用的更短期间内的未来现金流量，折现为该金融资产或金融负债当前账面价值所使用的利率。

商业银行在初始确认以摊余成本计量的金融资产或金融负债时，就应当计算确定实际利率，并在相关金融资产或金融负债预期存续期间或适用的更短期间内保持不变。

在确定实际利率时，应当在考虑金融资产或金融负债所有合同条款(包括提前还款权、看涨期权等)的基础上预计未来现金流量，但不应考虑未来信用损失。

金融资产或金融负债合同各方之间支付或收取的、属于实际利率组成部分的各项收费、交易费用及溢价或折价等，应当在确定实际利率时予以考虑。金融资产或金融负债的未来现金流量或存续期间无法可靠预计时，应当采用金融资产或金融负债在整个合同期内的合同现金流量。

2. 摊余成本

金融资产或金融负债的摊余成本，是指该金融资产或金融负债的初始确认金额经下列调整后的结果：

(1)扣除已偿还的本金；

(2)加上或减去采用实际利率法将该初始确认金额与到期日金额之间的差额进行摊销形成的累计摊销额；

(3)扣除已发生的减值损失(仅适用于金融资产)。

需要说明的是，对于要求采用实际利率法摊余成本进行后续计量的金融资产或金融负债，如果有客观证据表明该金融资产或金融负债按实际利率计算的各期利息收入或利息费用与名义利率计算的相差很小，也可以采用名义利率摊余成本进行后续计量。

3. 金融资产相关利得或损失的处理

(1)对于按照公允价值进行后续计量的金融资产，其公允价值变动形成利得或损失，除与套期保值有关外，应当按照下列规定处理：①以公允价值计量且其变动计入当期损益的金融资产公允价值变动形成的利得或损失，应当计入当期损益；②可供出售金融资产公允价值变动形成的利得或损失，除减值损失和外币货币性金融资产形成的汇兑差额外，应当直接计入所有者权益，在该金融资产终止确认时转出，计入当期损益；③可供出售外币货币性金融资产形成的汇兑差额，应当计入当期损益；④采用实际利率法计算的可供出售金融资产的利息收入，应当计入当期损益；⑤可供出售权益工具投资的现金股利，应当在被投资单位宣告发放股利时计入当期损益。

(2)以摊余成本计量的金融资产，在发生减值、摊销或终止确认时产生的利得或损失，应当计入当期损益。但是，该金融资产被指定为被套期项目的，相关的利得或损失的处理，适用《企业会计准则第24号——套期保值》。

三、交易性金融资产的核算

交易性金融资产的会计核算处理，着重于该金融资产与金融市场的紧密结合性，反映该类金融资产相关市场变量变化对其价值的影响，进而对商业银行的财务状况和经营成果产生影响。

相关的账务处理如下。

(1)商业银行取得交易性金融资产，按其公允价值，借记“交易性金融资产——成本”科目，按发生的交易费用，借记“投资收益”科目，按已到付息期但尚未领取的利息或已宣告但尚未发放的现金股利，借记“应收利息”或“应收股利”科目，按实际支付的金额，贷记“银行存款”等科目。

(2)交易性金融资产持有期间被投资单位宣告发放的现金股利，或在资产负债表日按分期付息、一次还本债券投资的票面利率计算的利息，借记“应收股利”或“应收利息”科目，贷记“投资收益”科目。

(3)资产负债表日，交易性金融资产的公允价值高于其账面余额的差额，借记“交易性金融资产——公允价值变动”科目，贷记“公允价值变动损益”科目；公允价值低于其账面余额的差额作相反的会计分录。

(4)出售交易性金融资产，应按实际收到的金额，借记“银行存款”等科目，按该金融资产的账面余额，贷记“交易性金融资产——成本”“交易性金融资产——公允价值变动”科目，按其差额，贷记或借记“投资收益”科目。同时，将原计入该金融资产的公允价值变动转出，借记或贷记“公允价值变动损益”科目，贷记或借记“投资收益”科目。

例 8-1 2009年5月20日，某商业银行从深圳证券交易所购入乙公司股票1 000 000股，占乙公司有表决权股份的5%，支付价款合计5 080 000元，其中，证券交易税等交易费用8 000元，已宣告发放现金股利72 000元。甲公司没有在乙公司董事会中派出代表，甲公司将其划分为交易性金融资产。

2009年6月20日，某商业银行收到乙公司发放的2008年现金股利72 000元。

2009年6月30日，乙公司股票收盘价为5.20元/股。

2009年12月31日，某商业银行仍持有乙公司股票；当日，乙公司股票收盘价为4.90元/股。

2010年4月20日，乙公司宣告发放2009年现金股利2 000 000元。

2010年5月10日，某商业银行收到乙公司发放的2009年现金股利。

2010年5月17日，某商业银行以4.50元/股的价格将股票全部转让，同时支付证券交易税等交易费用7 200元。

假定不考虑其他因素，某商业银行的账务处理如下。

(1) 2009年5月20日，购入乙公司股票1 000 000股。其会计分录为：

借：交易性金融资产——乙公司股票——成本　　5 000 000
　　应收股利——乙公司　　72 000
　　投资收益　　8 000
　　贷：银行存款　　5 080 000

乙公司股票的单位成本=(5 080 000−72 000−8 000)元÷1 000 000股=5元/股

(2) 2009年6月20日，收到乙公司发放的2008年现金股利72 000元。其会计分录为：

借：银行存款　　72 000
　　贷：应收股利——乙公司　　72 000

(3) 2009年6月30日，确认乙公司股票公允价值变动=(5.20−5)元/股×1 000 000股=200 000元。其会计分录为：

借：交易性金融资产——乙公司股票——公允价值变动　　200 000
　　贷：公允价值变动损益——乙公司股票　　200 000

(4) 2009年12月31日，确认乙公司股票公允价值变动=(4.90−5.20)元/股×1 000 000股=−300 000元。其会计分录为：

借：公允价值变动损益——乙公司股票　　300 000
　　贷：交易性金融资产——乙公司股票——公允价值变动　　300 000

(5) 2010年4月20日，确认乙公司发放的2009年现金股利中应享有的份额=2 000 000元×5%=100 000元。其会计分录为：

借：应收股利——乙公司　　100 000
　　贷：投资收益　　100 000

(6) 2010年5月10日，收到乙公司发放的2009年现金股利。其会计分录为：

借：银行存款　　100 000
　　贷：应收股利——乙公司　　100 000

(7) 2010年5月17日，出售乙公司股票1 000 000股。其会计分录为：

借：银行存款　　4 492 800
　　投资收益　　407 200
　　交易性金融资产——乙公司股票——公允价值变动　　100 000
　　贷：交易性金融资产——乙公司股票——成本　　5 000 000

乙公司股票出售价格=4.50元/股×1 000 000股=4 500 000元

出售乙公司股票取得的价款=4 500 000元−7 200元=4 492 800元

乙公司股票持有期间公允价值变动计入当期损益的金额=200 000元−300 000元=−100 000元

出售乙公司股票时的账面余额=5 000 000 元+(–100 000)元=4 900 000 元

出售乙公司股票的损益=4 492 800 元–4 900 000 元=–407 200 元

同时，

借：投资收益——乙公司股票　　　　　　　　　　　100 000

　　贷：公允价值变动损益——乙公司股票　　　　　　　　100 000

原计入该金融资产的公允价值变动=–100 000 元

四、持有至到期投资的核算

持有至到期投资的会计核算处理，着重于该金融资产的持有者打算“持有至到期”，未到期前通常不会出售或重分类。因此，持有至到期投资的会计处理主要应解决该金融资产实际利率的计算、摊余成本的确定、持有期间的收益确认及将其处置时损益的处理。

相关的账务处理如下：

(1)商业银行取得的持有至到期投资，应按该投资的面值，借记“持有至到期投资——成本”科目，按支付的价款中包含的已到付息期但尚未领取的利息，借记“应收利息”科目，按实际支付的金额，贷记“银行存款”等科目，按其差额，借记或贷记“持有至到期投资——利息调整”科目。

(2)资产负债表日，持有至到期投资为分期付息、一次还本债券投资的，应按票面利率计算确定的应收未收利息，借记“应收利息”科目，按持有至到期投资摊余成本和实际利率确定的利息收入，贷记“投资收益”科目，按其差额，借记或贷记“持有至到期投资——利息调整”科目。

持有至到期投资为一次还本付息债券投资的，应按票面利率计算确定的应收未收利息，借记“持有至到期投资——应计利息”科目，按持有至到期投资摊余成本和实际利率计算确定的利息收入，贷记“投资收益”科目，按其差额，借记或贷记“持有至到期投资——利息调整”科目。

(3)出售持有至到期投资时，应按实际收到的金额，借记“银行存款”等科目，按其账面余额，贷记“持有至到期投资——成本”“持有至到期投资——利息调整”“持有至到期投资——应计利息”科目，按其差额，贷记或借记“投资收益”科目。已计提减值准备的，还应同时结转减值准备。

例 8-2　2009 年 1 月 1 日，某商业银行支付价款 1 000 000 元(含交易费用)从上海证券交易所购入 A 公司同日发行的 5 年期公司债券 12 500 份，债券票面价值总额为 1 250 000 元，票面年利率为 4.72%，于年末支付本年度债券利息(即每年利息为 59 000 元)，本金在债券到期时一次性偿还。合同约定：A 公司在遇到特定情况时可以将债券赎回，且不需要为提前赎回支付额外款项。某商业银行在购买该债券时，预计 A 公司不会提前赎回。某商业银行有意图也有能力将该债券持有至到期，划分为持有至到期投资。假定不考虑所得税、减值损失等因素。

计算该债券的实际利率 r：

59 000 元 $\times(1+r)^{-1}$+59 000 元 $\times(1+r)^{-2}$+59 000 元 $\times(1+r)^{-3}$+59 000 元 $\times(1+r)^{-4}$+(59 000+1 250 000 元) $\times(1+r)^{-5}$=1 000 000 元

采用插值法，计算得出 $r\approx10\%$，如表 8-1 所示。

表 8-1　计算表　　单位：元

日期	现金流入 ①	实际利息收入 ②=期初×10%	已收回的本金 ③=①–②	摊余成本余额 ④=期初④–③
2009 年 1 月 1 日				1 000 000
2009 年 12 月 31 日	59 000	100 000	–41 000	1 041 000
2010 年 12 月 31 日	59 000	104 100	–45 100	1 086 100
2011 年 12 月 31 日	59 000	108 610	–49 610	1 135 710
2012 年 12 月 31 日	59 000	113 571	–54 571	1 190 281
2013 年 12 月 31 日	59 000	118 719[①]	–59 719	1 250 000
小　计	295 000	545 000	–250 000	1 250 000
2013 年 12 月 31 日	1 250 000	—	1 250 000	0
合　计	1 545 000	545 000	1 000 000	—

注：①尾数调整：(1 250 000+59 000–1 190 281)元=118 719 元。

根据表 8-1 中的数据，某商业银行的有关账务处理如下。

(1) 2009 年 1 月 1 日，购入 A 公司债券。其会计分录为：

借：持有至到期投资——A 公司债券——成本　1 250 000
　　贷：银行存款　1 000 000
　　　　持有至到期投资——A 公司债券——利息调整　250 000

(2) 2009 年 12 月 31 日，确认 A 公司债券实际利息收入、收到债券利息。其会计分录为：

借：应收利息——A 公司　59 000
　　持有至到期投资——A 公司债券——利息调整　41 000
　　贷：投资收益——A 公司债券　100 000
借：银行存款　59 000
　　贷：应收利息——A 公司　59 000

(3) 2010 年 12 月 31 日，确认 A 公司债券实际利息收入、收到债券利息。其会计分录为：

借：应收利息——A 公司　59 000
　　持有至到期投资——A 公司债券——利息调整　45 100
　　贷：投资收益——A 公司债券　104 100
借：银行存款　59 000
　　贷：应收利息——A 公司　59 000

(4) 2011 年 12 月 31 日，确认 A 公司债券实际利息收入、收到债券利息。其会计分录为：

借：应收利息——A 公司　59 000
　　持有至到期投资——A 公司债券——利息调整　49 610
　　贷：投资收益——A 公司债券　108 610
借：银行存款　59 000
　　贷：应收利息——A 公司　59 000

(5) 2012 年 12 月 31 日，确认 A 公司债券实际利息收入、收到债券利息。其会计分录为：

借：应收利息——A 公司　59 000
　　持有至到期投资——A 公司债券——利息调整　54 571
　　贷：投资收益——A 公司债券　113 571

借：银行存款　　59 000

　　贷：应收利息——A 公司　　59 000

(6)2013 年 12 月 31 日，确认 A 公司债券实际利息收入、收到债券利息和本金。其会计分录为：

借：应收利息——A 公司　　59 000

　　持有至到期投资——A 公司债券——利息调整　　59 719

　　贷：投资收益——A 公司债券　　118 719

借：银行存款　　59 000

　　贷：应收利息——A 公司　　59 000

借：银行存款　　1 250 000

　　贷：持有至到期投资——A 公司债券——成本　　1 250 000

五、可供出售金融资产的核算

可供出售金融资产的会计核算处理，与以公允价值计量且其变动计入当期损益的金融资产的会计处理存在类似之处，例如，均要求按公允价值进行后续计量。但是，也有一些不同之处，例如，可供出售金融资产取得时发生的交易费用应当计入初始入账金额，可供出售金融资产后续计量时公允价值变动计入所有者权益，可供出售外币股权投资因资产负债表日汇率变动形成的汇兑损益计入所有者权益等。

相关的账务处理如下。

(1)商业银行取得可供出售的金融资产，应按其公允价值与交易费用之和，借记“可供出售金融资产——成本”科目，按支付的价款中包含的已宣告但尚未发放的现金股利，借记“应收股利”科目，按实际支付的金额，贷记“银行存款”等科目。

商业银行取得的可供出售金融资产为债券投资的，应按债券的面值，借记“可供出售金融资产——成本”科目，按支付的价款中包含的已到付息期但尚未领取的利息，借记“应收利息”科目，按实际支付的金额，贷记“银行存款”等科目，按差额，借记或贷记“可供出售金融资产——利息调整”科目。

(2)资产负债表日，可供出售债券为分期付息、一次还本债券投资的，应按票面利率计算确定的应收未收利息，借记“应收利息”科目，按可供出售债券的摊余成本和实际利率计算确定的利息收入，贷记“投资收益”科目，按其差额，借记或贷记“可供出售金融资产——利息调整”科目。

可供出售债券为一次还本付息债券投资的，应按票面利率计算确定的应收未收利息，借记“可供出售金融资产——应计利息”科目，按可供出售债券的摊余成本和实际利率计算确定的利息收入，贷记“投资收益”科目，按其差额，借记或贷记“可供出售金融资产——利息调整”科目。

(3)资产负债表日，可供出售金融资产的公允价值高于其账面余额的差额，借记“可供出售金融资产——公允价值变动”科目，贷记“资本公积——其他资本公积”科目；公允价值低于其账面余额的差额作相反的会计分录。

(4)出售可供出售金融资产，应按实际收到的金额，借记“银行存款”等科目，按其账面余额，贷记“可供出售金融资产——成本”“可供出售金融资产——公允价值变动”“可供出售金融资产——利息调整”“可供出售金融资产——应计利息”科目，按应从所有者权益中转出的公允价值累计变动额，借记或贷记“资本公积——其他资本公积”科目，按其差额，贷记或借记“投资收益”科目。

为便于比较和理解可供出售金融资产与以公允价值计量且其变动计入当期损益的金融资产的会计处理的主要区别，下面以与例 8-1 基本一样的条件举例说明。

例 8-3 2009 年 5 月 20 日，某商业银行从深圳证券交易所购入乙公司股票 1 000 000 股，占乙公司有表决权股份的，支付价款合计 5 080 000 元。其中，证券交易税等交易费用 8 000 元，已宣告发放现金股利 72 000 元。某商业银行没有在乙公司董事会中派出代表，某商业银行将其划分为可供出售金融资产。

2009 年 6 月 20 日，某商业银行收到乙公司发放的 2008 年现金股利 72 000 元。

2009 年 6 月 30 日，乙公司股票收盘价为 5.20 元/股。

2009 年 12 月 31 日，乙公司股票收盘价为 4.90 元/股。

2010 年 4 月 20 日，乙公司宣告发放 2009 年现金股利 2 000 000 元。

2010 年 5 月 10 日，某商业银行收到乙公司发放的 2009 年现金股利。

2015 年 1 月 10 日，某商业银行以 4.50 元/股的价格将股票全部转让，同时支付证券交易税等交易费用 7 200 元。

假定不考虑其他因素，同时为方便计算，假定乙公司股票自 2010 年 1 月 1 日至 2014 年 12 月 31 日止价格未发生变化，一直保持为 4.90 元/股。

某商业银行的账务处理如下。

(1) 2009 年 5 月 20 日，购入乙公司股票 1 000 000 股。其会计分录为：

借：可供出售金融资产——乙公司股票——成本　　5 008 000
　　应收股利——乙公司　　72 000
　　贷：银行存款　　5 080 000

乙公司股票的单位成本=(5 080 000−72 000)元÷ 1 000 000 股=5.01 元/股

(2) 2009 年 6 月 20 日，收到乙公司发放的 2008 年现金股利 72 000 元。其会计分录为：

借：银行存款　　72 000
　　贷：应收股利——乙公司　　72 000

(3) 2009 年 6 月 30 日，确认乙公司股票公允价值变动=(5.20−5.01)元/股×1 000 000 股 = 190 000 元。其会计分录为：

借：可供出售金融资产——乙公司股票——公允价值变动　　190 000
　　贷：资本公积——其他资本公积——公允价值变动——乙公司股票　　190 000

(4) 2009 年 12 月 31 日，确认乙公司股票公允价值变动=(4.90−5.20)元/股×1 000 000 股 = −300 000 元。其会计分录为：

借：资本公积——其他资本公积——公允价值变动——乙公司股票　　300 000
　　贷：可供出售金融资产——乙公司股票——公允价值变动　　300 000

(5) 2010 年 4 月 20 日，确认乙公司发放的 2009 年现金股利中应享有的份额=(2 000 000 元× 5%)=100 000 元。其会计分录为：

借：应收股利——乙公司　　100 000
　　贷：投资收益——乙公司股票　　100 000

(6)2010年5月10日，收到乙公司发放的2009年现金股利。其会计分录为：

借：银行存款　　100 000

　　贷：应收股利——乙公司　　100 000

(7)2010年1月1日至2014年12月31日止，每年12月31日，乙公司股票公允价值变动为0，每年均不进行会计处理，或作如下相同会计分录：

借：可供出售金融资产——乙公司股票——公允价值变动　　0

　　贷：资本公积——其他资本公积——公允价值变动——乙公司股票　　0

(8)2015年1月10日，出售乙公司股票1 000 000股。其会计分录为：

借：银行存款　　4 492 800

　　投资收益——乙公司股票　　405 200

　　可供出售金融资产——乙公司股票——公允价值变动　　110 000

　　贷：可供出售金融资产——乙公司股票——成本　　5 008 000

乙公司股票出售价格=4.50元/股×1 000 000股=4 500 000元

出售乙公司股票取得的价款=4 500 000元–7 200元=4 492 800元

出售乙公司股票时的账面余额5 008 000元+(–110 000)元=4 898 000元

同时，

借：投资收益——乙公司股票　　110 000

　　贷：资本公积——其他资本公积——公允价值变动

　　　　——乙公司股票　　110 000

应从所有者权益中转出的公允价值累计变动额=190 000元–300 000元=–110 000元

第二节　长期股权投资的核算

一、长期股权投资概述

(一)长期股权投资的概念

长期股权投资包括商业银行持有的对其子公司、合营企业及联营企业的权益性投资以及商业银行持有的对被投资单位不具有控制、共同控制或重大影响，且在活跃市场中没有报价、公允价值不能可靠计量的权益性投资。

商业银行能够对被投资单位实施控制的，被投资单位为本商业银行的子公司。控制是指有权决定一个企业的财务和经营政策，并能据以从该企业的经营活动中获取利益。

商业银行与其他方对被投资单位实施共同控制的，被投资单位为本商业银行的合营企业。共同控制是按照合同约定对某项经济活动所共有的控制，仅在与该项经济活动相关的重要财务和经营决策需要分享控制权的投资方一致同意时存在。

商业银行能够对被投资单位施加重大影响的，被投资单位为本商业银行的联营企业。重大影响是指对一个企业的财务或经营政策有参与决策的权力，但并不能控制或者与其他方一起共同控制这些政策的制定。

(二)长期股权投资的核算方法

长期股权投资的核算方法有两种：一是成本法；二是权益法。

1．成本法核算的长期股权投资的范围

(1)商业银行能够对被投资单位实施控制的长期股权投资，即商业银行对子公司的长期股权投资。

商业银行对子公司的长期股权投资应当采用成本法核算，编制合并财务报表时按权益法进行调整。

(2)商业银行对被投资单位不具有控制、共同控制或重大影响，且在活跃市场中没有报价、公允价值不能可靠计量的长期股权投资。

2．权益法核算的长期股权投资的范围

商业银行对被投资单位具有共同控制或者重大影响时，长期股权投资应当采用权益法核算。

(1)商业银行对被投资单位具有共同控制的长期股权投资，即商业银行对其合营企业的长期股权投资。

(2)商业银行对被投资单位具有重大影响的长期股权投资，即商业银行对其联营企业的长期股权投资。

为了核算长期股权投资，商业银行应当设置“长期股权投资”“投资收益”等科目。

“长期股权投资”科目核算商业银行持有的采用成本法和权益法核算的长期股权投资，借方登记长期股权投资取得时的成本以及采用权益法核算时按被投资企业实现的净利润计算的应分享的份额，贷方登记收回长期股权投资的价值或采用权益法核算时被投资单位宣告分派现金股利或利润时商业银行按持股比例计算应享有的份额，以及按被投资单位发生的净亏损计算的应分担的份额，期末借方余额，反映商业银行持有的长期股权投资的价值。

二、采用成本法核算的长期股权投资

(一)长期股权投资初始投资成本的确定

除企业合并形成的长期股权投资以外，以支付现金取得的长期股权投资，应当按照实际支付的购买价款作为初始投资成本。商业银行所发生的与取得长期股权投资直接相关的费用、税金以及其他必要支出应计入长期股权投资的初始投资成本。

此外，商业银行取得长期股权投资，实际支付的价款或对价中包含的已宣告但尚未发放的现金股利或利润，应作为应收项目处理，不构成长期股权投资的成本。

(二)取得长期股权投资

取得长期股权投资时，应按照初始投资成本计价。除企业合并形成的长期股权投资以外，以支付现金、非现金资产等其他方式取得的长期股权投资，应按照规定确定的长期股权投资初始投资成本，借记“长期股权投资”科目，贷记 “银行存款”等科目。如果实际支付的价款中包含有已宣告但尚未发放的现金股利或利润，则借记“应收股利”科目，贷记“长期股权投资”科目。

例 8-4 某商业银行 2007 年 1 月 10 日购买乙公司发行的股票 50 000 股，准备长期持有，占有乙公司 5%的股份。买入价为 6 元/股。另外，该银行购买该股票时发生有关税费 5 000 元，款项已由银行存款支付。

某商业银行应作如下会计处理：

计算初始投资成本：股票成交金额(50 000 股×6 元/股)　　300 000

加：相关税费　　5 000

　　初始投资成本：　　305 000

编制购入股票时的会计分录为：

借：长期股权投资　　305 000

　　贷：银行存款　　305 000

(三)长期股权投资持有期间被投资单位宣告发放现金股利或利润

长期股权投资持有期间被投资单位宣告发放现金股利或利润时，商业银行按应享有的部分确认为投资收益，借记“应收股利”科目，贷记“投资收益”科目。属于被投资单位在取得本企业投资前实现净利润的分配额，应作为投资成本的收回，借记“应收股利”科目，贷记“长期股权投资”科目。

例 8-5　某商业银行 2007 年 5 月 15 日以银行存款购买丙公司的股票 100 000 股作为长期投资，买入价为 10 元/股，每股价格中包含有 0.20 元的已宣告分派的现金股利，另支付相关税费 7 000 元。

某商业银行应作如下会计处理：

计算初始投资成本：股票成交金额(100 000 股×10 元/股)　　1 000 000

加：相关税费　　7 000

减：已宣告分派的现金股利(100 000 股×0.20 元/股)　　20 000

　　初始投资成本：　　987 000

编制购入股票的会计分录为：

借：长期股权投资　　987 000

　　应收股利　　20 000

　　贷：银行存款　　1 007 000

假定某商业银行 2007 年 6 月 20 日收到丙公司分来的购买该股票时已宣告分派的股利 20 000 元。此时，应作如下会计处理：

借：银行存款　　20 000

　　贷：应收股利　　20 000

在这种情况下，取得长期股权投资时，如果实际支付的价款中包含有已宣告但尚未发放的现金股利或利润，应借记“应收股利”科目，不记入“长期股权投资”科目。

例 8-6　承例 8-4 如果某商业银行于 2007 年 6 月 20 日收到乙公司宣告发放 2006 年度现金股利的通知，应分得现金股利 5 000 元。

某商业银行应作如下会计处理：

借：应收股利　　5 000

　　贷：长期股权投资　　5 000

在这种情况下，属于被投资单位在取得本企业投资前实现净利润的分配额，应作为投资成本的收回，借记“应收股利”科目，贷记“长期股权投资”科目，而不是确认为投资收益。

(四) 长期股权投资的处置

处置长期股权投资时，按实际取得的价款与长期股权投资账面价值的差额确认为投资损益，并应同时结转已计提的长期股权投资减值准备。商业银行处置长期股权投资时，应按实际收到的金额，借记“银行存款”等科目，按原已计提的减值准备，借记“长期股权投资减值准备”科目，按该项长期股权投资的账面余额，贷记“长期股权投资”科目，按尚未领取的现金股利或利润，贷记 “应收股利”科目，按其差额，贷记或借记“投资收益”科目。

例 8-7 某商业银行将其作为长期投资持有的丁公司 15 000 股股票，以 10 元/股的价格卖出，支付相关税费 1 000 元，取得价款 149 000 元，款项已由银行收妥。该长期股权投资账面价值为 140 000 元，假定没有计提减值准备。

某商业银行应作如下会计处理：

计算投资收益：股票转让取得价款　　149 000

减：投资账面余额　　140 000

投资收益　　9 000

编制出售股票时的会计分录为：

借：银行存款　　149 000

贷：长期股权投资　　140 000

投资收益　　9 000

在这种情况下，商业银行处置长期股权投资，应按实际取得的价款与长期股权投资账面价值的差额确认为投资损益，并应同时结转已计提的长期股权投资减值准备。

三、采用权益法核算的长期股权投资

(一) 取得长期股权投资

取得长期股权投资，长期股权投资的初始投资成本大于投资时应享有的被投资单位可辨认净资产公允价值份额的，不调整已确认的初始投资成本，借记 “长期股权投资——成本”科目，贷记“银行存款”等科目。长期股权投资的初始投资成本小于投资时应享有的被投资单位可辨认净资产公允价值份额的，借记“长期股权投资——成本”科目，贷记“银行存款”等科目，按其差额，贷记“营业外收入”科目。

例 8-8 某商业银行 2007 年 1 月 20 日购买戊公司发行的股票 5 000 000 股，准备长期持有，占戊公司股份的 30%。买入价为 6 元/股，另外，购买该股票时发生有关税费 500 000 元，款项已由银行存款支付。2006 年 12 月 31 日，戊公司的所有者权益的账面价值(与其公允价值不存在差异)为 100 000 000 元。

某商业银行应作如下会计处理：

计算初始投资成本：股票成交金额(5 000 000 股×6 元/股) 30 000 000

加：相关税费　　500 000

初始投资成本：

编制购入股票的会计分录为：

借：长期股权投资——成本　　30 500 000

贷：银行存款　　30 500 000

在本例中，长期股权投资的初始投资成本30 500 000元大于投资时应享有的被投资单位可辨认净资产公允价值份额30 000 000元(100 000 000 ×30%)，其差额500 000元不调整已确认的初始投资成本。但是，如果长期股权投资的初始投资成本小于投资时应享有的被投资单位可辨认净资产公允价值份额，则应借记“长期股权投资——成本”科目，贷记“银行存款”等科目，按其差额，贷记“营业外收入”科目。

(二)持有长期股权投资期间被投资单位实现净利润或发生净亏损

根据被投资单位实现的净利润计算应享有的份额，借记“长期股权投资损益调整”科目，贷记“投资收益”科目。被投资单位发生净亏损则作相反的会计分录，但以本科目的账面价值减记至零为限，借记“投资收益”科目，贷记“长期股权投资——损益调整”科目。以本科目的账面价值减记至零为限是指“长期股权投资——对××单位投资”，该科目由“成本”“损益调整”“其他权益变动”三个明细科目组成，账面价值减至零即意味着“对××单位投资”的这三个明细科目合计为零。

被投资单位以后宣告发放现金股利或利润时，商业银行计算应分得的部分，借记“应收股利”科目，贷记“长期股权投资——损益调整”科目。收到被投资单位宣告发放的股票股利时，不进行账务处理，但应在备查簿中登记。

例8-9 承例8-8 2007年戊公司实现净利润10 000 000元。某商业银行按照持股比例确认的投资收益为3 000 000元。2008年5月15日，戊公司宣告发放现金股利，每10股派3元，某商业银行可分派到1 500 000元。2008年6月15日，某商业银行收到戊公司分派的现金股利。某商业银行应作如下会计处理。

(1)确认戊公司实现的投资收益时。

借：长期股权投资——损益调整	3 000 000	
贷：投资收益		3 000 000

(2)戊公司宣告发放现金股利时。

借：应收股利	1 500 000	
贷：长期股权投资——损益调整		1 500 000

(3)收到戊公司宣告发放的现金股利时。

借：银行存款	1 500 000	
贷：应收股利		1 500 000

(三)持有长期股权投资期间被投资单位所有者权益的其他变动

在持股比例不变的情况下，被投资单位除净损益外的所有者权益的其他变动，商业银行按持股比例计算应享有的份额，借记或贷记“长期股权投资——其他权益变动”科目，贷记或借记“资本公积——其他资本公积”科目。

例8-10 承例8-9 2007年戊公司可供出售金融资产的公允价值增加了4 000 000元。某商业银行按照持股比例确认相应的资本公积为1 200 000元。

某商业银行应作如下会计处理：

借：长期股权投资——其他权益变动	1 200 000	
贷：资本公积——其他资本公积		1 200 000

（四）长期股权投资的处置

处置长期投资时，按实际取得的价款与长期股权投资账面价值的差额确认为投资收益，并应同时结转已计提的长期股权投资减值准备。商业银行处置长期股权投资时，应按实际收到的金额，借记“银行存款”等科目，按原已计提的减值准备，借记“长期股权投资减值准备”科目，按该长期股权投资的账面余额，贷记“长期股权投资”科目，按尚未领取的现金股利或利润，贷记“应收股利”科目，按其差额，贷记或借记“投资收益”科目。

同时，还应结转原记入资本公积的相关金额，借记或贷记“资本公积——其他资本公积”科目，贷记或借记“投资收益”科目。

例 8-11 承例 8-8、例 8-9 和例 8-10 2009 年 1 月 20 日，某商业银行出售所持戊公司的股票 5 000 000 股，出售价为 10 元/股，款项已收回。某商业银行应作如下会计处理：

借：银行存款	50 000 000	
贷：长期股权投资——成本		30 500 000
——损益调整		1 500 000
——其他权益变动		1 200 000
投资收益		16 800 000

同时：

借：资本公积——其他资本公积	1 200 000	
贷：投资收益		1 200 000

四、长期股权投资减值

（一）长期股权投资减值金额的确定

1．商业银行对子公司、合营企业及联营企业的长期股权投资

商业银行对子公司、合营企业及联营企业的长期股权投资在资产负债表日存在可能发生减值的情况时，其可收回金额低于账面价值的，应当将该长期股权投资的账面价值减记至可收回金额，减记的金额确认为减值损失，计入当期损益，同时计提相应的资产减值准备。

2．商业银行对被投资单位不具有控制、共同控制或重大影响、且在活跃市场中没有报价、公允价值不能可靠计量的长期股权投资

商业银行对被投资单位不具有控制、共同控制或重大影响、且在活跃市场中没有报价、公允价值不能可靠计量的长期股权投资，应当将该长期股权投资在资产负债表日的账面价值，与按照类似金融资产当时市场收益率对未来现金流量折现确定的现值之间的差额，确认为减值损失，计入当期损益。

（二）长期股权投资减值的核算

商业银行计提长期股权投资减值准备，应当设置“长期股权投资减值准备”科目核算。商业银行按应减记的金额，借记“资产减值损失——计提的长期股权投资减值准备”科目，贷记“长期股权投资减值准备”科目。

长期股权投资减值损失一经确认，在以后会计期间不得转回。

第三节　固定资产的核算

一、固定资产概述

（一）固定资产的概念及特征

固定资产是指同时具有以下特征的有形资产：①为生产商品、提供劳务、出租或经营管理而持有的；②使用寿命超过一个会计年度。

从上面的定义可以看出，作为商业银行的固定资产应具备以下两个特征。

(1)持有固定资产的目的，是为了生产商品、提供劳务、出租或经营管理的需要，而不是像持有商品一样为了对外出售。这一特征是固定资产区别于商品等流动资产的重要标志。

(2)商业银行使用固定资产的期限较长，使用寿命一般超过一个会计年度。这一特征表明固定资产的收益期超过一年，能在一年以上的时间里为商业银行创造经济利益。

固定资产在同时满足以下两个条件时，才能予以确认：①与该固定资产有关的经济利益很可能流入商业银行；②该固定资产的成本能够可靠地计量。

（二）固定资产的分类

固定资产种类繁多、规格不一，为加强管理，便于组织会计核算，有必要对其进行科学、合理的分类。根据不同的管理需要和核算要求以及不同的分类标准，可以对固定资产进行不同的分类，主要有以下几种分类方法。

1. 按经济用途分类

按固定资产的经济用途分类，可分为生产经营用固定资产和非生产经营用固定资产。

(1)生产经营用固定资产，是指直接服务于企业生产、经营过程的各种固定资产，如生产经营用的房屋、建筑物、机器、设备、器具、工具等。

(2)非生产经营用固定资产，是指不直接服务于生产、经营过程的各种固定资产，如作为职工宿舍使用的房屋、设备和其他固定资产等。

按照固定资产的经济用途分类，可以归类反映和监督企业生产经营用固定资产和非生产经营用固定资产之间的组成和变化情况，借以考核和分析企业固定资产的利用情况，促使企业合理地配备固定资产，充分发挥其效用。

2. 按使用情况等综合分类

按固定资产的使用情况等综合分类，可把企业的固定资产划分为以下七大类。

(1)生产经营用固定资产。

(2)非生产经营用固定资产。

(3)出租固定资产(指在经营租赁方式下出租给外单位使用的固定资产)。

(4)不需用固定资产。

(5)未使用固定资产。

(6)土地(指过去已经估价单独入账的土地。因征地而支付的补偿费，应计入与土地有关的房屋、建筑物的价值内，不单独作为土地价值入账。企业取得的土地使用权，应作为无形资产管理，不作为固定资产管理)。

(7) 融资租入固定资产(指企业以融资租赁方式租入的固定资产，在租赁期内，应视同自有固定资产进行管理)。

由于各个企业的经营性质不同，经营规模各异，对固定资产的分类不可能完全一致。在实际工作中，企业大多采用综合分类的方法作为编制固定资产目录、进行固定资产核算的依据。

(三) 固定资产核算的会计科目

为了核算固定资产，商业银行一般需要设置“固定资产”“累计折旧”“在建工程”“工程物资”“固定资产清理”等科目，核算固定资产取得、计提折旧、处置等情况。

“固定资产”科目核算商业银行固定资产的原价，借方登记商业银行增加的固定资产原价，贷方登记商业银行减少的固定资产原价，期末借方余额，反映商业银行期末固定资产的账面原价。商业银行应当设置“固定资产登记簿”和“固定资产卡片”，按固定资产类别、使用部门和固定资产名称进行明细核算。

“累计折旧”科目属于“固定资产”的调整科目，核算商业银行固定资产的累计折旧，贷方登记商业银行计提的固定资产折旧，借方登记处置固定资产转出的累计折旧，期末贷方余额，反映商业银行固定资产的累计折旧额。

“在建工程”科目核算商业银行基建、更新改造等在建工程发生的支出。该科目借方登记商业银行各项在建工程的实际支出，贷方登记完工工程转出的成本，期末借方余额反映商业银行尚未达到预定可使用状态的在建工程的成本。

“工程物资”科目核算商业银行为在建工程而准备的各种物资的实际成本。科目借方登记商业银行购入工程物资的成本，贷方登记领用工程物资的成本，期末借方余额，反映商业银行为在建工程准备的各种物资的成本。

“固定资产清理”科目核算商业银行因出售、报废、毁损、对外投资、非货币性资产交换、债务重组等原因转出的固定资产价值以及在清理过程中发生的费用等。该科目借方登记转出的固定资产价值、清理过程中应支付的相关税费及其他费用，贷方登记固定资产清理完成的处理，期末借方余额，反映商业银行尚未清理完毕的固定资产清理净损失。该科目应按被清理的固定资产项目设置明细账，进行明细核算。

此外，商业银行固定资产、在建工程、工程物资发生减值的，还应当设置“固定资产减值准备”“在建工程减值准备”“工程物资减值准备”等科目进行核算。

二、取得固定资产

(一) 外购固定资产

商业银行外购的固定资产，应按实际支付的购买价款和相关税费以及使固定资产达到预定可使用状态前所发生的可归属于该项资产的运输费、装卸费、安装费和专业人员服务费等，作为固定资产的取得成本。

(1) 商业银行购入不需要安装的固定资产，应按实际支付的购买价款和相关税费以及使固定资产达到预定可使用状态前所发生的可归属于该项资产的运输费、装卸费和专业人员服务费等，作为固定资产成本，借记“固定资产”科目，贷记“银行存款(存放中央银行款项)”等科目。

(2)购入需要安装的固定资产，应在购入的固定资产取得成本的基础上加上安装调试成本等，作为购入固定资产的成本，先通过“在建工程”科目核算，待安装完毕达到预定可使用状态时，再由“在建工程”科目转入“固定资产” 科目。

商业银行购入固定资产时，按实际支付的购买价款、运输费、装卸费和其他相关税费等，借记“在建工程”科目，贷记“银行存款(存放中央银行款项)”等科目；支付安装调试等费用时，借记“在建工程”科目，贷记“银行存款（存放中央银行款项)”等科目；安装完毕达到预定可使用状态时，按其实际成本，借记“固定资产”科目，贷记“在建工程”科目。

商业银行基于产品价格等因素的考虑，可能以一笔款项购入多项没有单独标价的固定资产。如果这些资产均符合资产的定义，并满足固定资产的确认条件，则应将各项资产单独确认为固定资产，并按各项固定资产公允价值的比例对总成本进行分配，分别确定各项固定资产的成本。

例 8-12 某商业银行购入一台不需要安装即可投入使用的设备，取得的增值税专用发票上注明的设备价款为 30 000 元，增值税税额为 5 100 元(假设不允许抵扣)另支付运输费 300 元，包装费 400 元，款项以银行存款支付。

某商业银行应作如下会计处理：

计算固定资产的成本：	固定资产买价	30 000
加：	增值税	5 100
	运输费	300
	包装费	400
固定资产的成本：		35 800

编制购入固定资产的会计分录为：

借：固定资产　　35 800

　　贷：银行存款(存放中央银行款项)　　35 800

例 8-13 某商业银行用银行存款购入一台需要安装的设备，增值税专用发票上注明的设备买价为 200 000 元，增值税税额为 34 000 元(假设不允许抵扣)，支付运输费 10 000 元，支付安装费 30 000 元。甲公司应作如下会计处理。

(1)购入进行安装时。

借：在建工程　　244 000

　　贷：银行存款(存放中央银行款项)　　244 000

(2)支付安装费时。

借：在建工程　　30 000

　　贷：银行存款(存放中央银行款项)　　30 000

(3)设备安装完毕交付使用时，确定的固定资产成本=244 000 元+30 000 元=274 000 元

借：固定资产　　274 000

　　贷：在建工程　　274 000

(二)自行建造固定资产

商业银行自行建造固定资产，应按建造该项资产达到预定可使用状态前所发生的必要支出，作为固定资产的成本。

自建固定资产应先通过“在建工程”科目核算，工程达到预定可使用状态时，再从“在建工程”科目转入“固定资产”科目。商业银行自建固定资产，主要有自营和出包两种方式，由于采用的建设方式不同，其会计处理也不同。

三、固定资产的折旧

（一）固定资产折旧概述

商业银行应当在固定资产的使用寿命内，按照确定的方法对应计折旧额进行系统分摊，根据固定资产的性质和使用情况，合理确定固定资产的使用寿命和预计净残值。固定资产的使用寿命、预计净残值一经确定，不得随意变更。

影响折旧的因素主要有以下几个方面。

(1) 固定资产原价。这是指固定资产的成本。

(2) 预计净残值。这是指假定固定资产预计使用寿命已满并处于使用寿命终了时的预期状态，商业银行从该项资产处置中获得的扣除预计处置费用后的金额。

(3) 固定资产减值准备。这是指固定资产已计提的固定资产减值准备累计金额。

(4) 固定资产的使用寿命。这是指商业银行使用固定资产的预计期间，或者该固定资产所能生产产品或提供劳务的数量。商业银行确定固定资产使用寿命时，应当考虑下列因素：①该项资产预计生产能力或实物产量；②该项资产预计有形损耗，如设备使用中发生磨损、房屋建筑物受到自然侵蚀等；③该项资产预计无形损耗，如因新技术的出现而使现有的资产技术水平相对陈旧、市场需求变化使产品过时等；④法律或者类似规定对该项资产使用的限制。

除以下情况外，商业银行应当对所有固定资产计提折旧：

(1) 已提足折旧仍继续使用的固定资产；

(2) 单独计价入账的土地。

在确定计提折旧的范围时，还应注意以下几点。

(1) 固定资产应当按月计提折旧，当月增加的固定资产，当月不计提折旧，从下月起计提折旧；当月减少的固定资产，当月仍计提折旧，从下月起不计提折旧。

(2) 固定资产提足折旧后，不论能否继续使用，均不再计提折旧；提前报废的固定资产，也不再补提折旧。所谓提足折旧，是指已经提足该项固定资产的应计折旧额。

(3) 已达到预定可使用状态但尚未办理竣工决算的固定资产，应当按照估计价值确定其成本，并计提折旧；待办理竣工决算后，再按实际成本调整原来的暂估价值，但不需要调整原已计提的折旧额。

商业银行至少应当于每年年度终了，对固定资产的使用寿命、预计净残值和折旧方法进行复核。使用寿命预计数与之前的估计数有差异的，应当调整固定资产使用寿命。预计净残值预计数与之前的估计数有差异的，应当调整预计净残值。与固定资产有关的经济利益预期实现方式有重大改变的，应当改变固定资产的折旧方法。固定资产使用寿命、预计净残值和折旧方法的改变应当作为会计估计变更。

（二）固定资产的折旧方法

商业银行应当根据与固定资产有关的经济利益的预期实现方式，合理选择固定资产折旧方法。可选用的折旧方法包括年限平均法、工作量法、双倍余额递减法和年数总和法等。

1. 年限平均法

年限平均法的计算公式如下：

$$年折旧率=(1-预计净残值率)/预计使用寿命(年)\times 100\%$$

$$月折旧率=年折旧率/12$$

$$月折旧额=固定资产原价\times 月折旧率$$

例 8-14 某商业银行有一幢厂房，原价为 5 000 000 元，预计可使用 20 年，预计报废时的净残值率为 2%。该厂房的折旧率和折旧额的计算如下：

$$年折旧率=(1-2\%)/20=4.9\%$$

$$月折旧率=4.9\%/12=0.41\%$$

$$月折旧额=5\ 000\ 000 元\times 0.41\%=20\ 500 元$$

本例采用了年限平均法计提固定资产折旧。其特点是将固定资产的应计折旧额均衡地分摊到固定资产预计使用寿命内。采用这种方法计算出的每期折旧额是相等的。

2. 工作量法

工作量法的计算公式如下：

$$单位工作量折旧额=固定资产原价\times(1-预计净残值率)/预计总工作量$$

$$某项固定资产月折旧额=该项固定资产当月工作量\times 单位工作量折旧额$$

3. 双倍余额递减法

双倍余额递减法，是指在不考虑固定资产预计净残值的情况下，根据每期期初固定资产原价减去累计折旧后的金额和双倍的直线法折旧率计算固定资产折旧的一种方法。采用双倍余额递减法计提固定资产折旧，一般应在固定资产使用寿命到期前两年内，将固定资产账面净值扣除预计净残值后的差额平均摊销。

双倍余额递减法的计算公式如下：

$$年折旧率=2/预计使用寿命(年)\times 100\%$$

$$月折旧率=年折旧率/12$$

$$月折旧额=每月月初固定资产账面净值\times 月折旧率$$

例 8-15 某商业银行一项固定资产的原价为 1 000 000 元，预计使用年限为 5 年，预计报废时的净残值为 4 000 元，按双倍余额递减法计提折旧，每年的折旧额计算如下：

$$年折旧率=2/5\times 100\%=40\%$$

第 1 年应提的折旧额= 1 000 000 元×40%=400 000 元

第 2 年应提的折旧额=(1 000 000 – 400 000)元×40%=240 000 元

第 3 年应提的折旧额=(600 000–240 000)元×40%=144 000 元

从第 4 年起改用年限平均法(直线法)计提折旧。

第 4 年、第 5 年的年折旧额=[(360 000–144 000)元–4 000 元]/2=10 600 元

每年各月折旧额根据年折旧额除以 12 来计算。

4. 年数总和法

年数总和法又称年限合计法，是指将固定资产的原价减去预计净残值后的余额，乘以一

个逐年递减的分数计算每年的折旧额，这个分数的分子为固定资产尚可使用寿命，分母为预计使用寿命逐年数字之和。

年数总和法的计算公式如下：

年折旧率=(预计使用寿命−已使用年限)/预计使用寿命×(预计使用寿命+1)/2×100%

或者：

年折旧率=尚可使用年限预计使用寿命的年数总和×100%

月折旧率=年折旧率/12

月折旧额=(固定资产原值−预计净残值)×月折旧率

(三)固定资产折旧的核算

固定资产应当按月计提折旧，计提的折旧应当记入“累计折旧”科目，并根据用途计入当期损益。商业银行计提固定资产折旧时，借记“业务及管理费”等科目，贷记“累计折旧”科目。

例 8-16 某商业银行采用年限平均法对固定资产计提折旧。2010 年 1 月份根据“固定资产折旧计算表”，确定的管理部门应分配的折旧额为 600 000 元。该商业银行应作如下会计处理：

借：业务及管理费　　　　600 000

　　贷：累计折旧　　　　　　600 000

四、固定资产的后续支出

固定资产的后续支出，是指固定资产在使用过程中发生的更新改造支出、修理费用等。商业银行的固定资产投入使用后，由于各个组成部分的耐用程度不同或者使用的条件不同，往往会发生固定资产的局部损坏。为了保持固定资产的正常运转和使用，充分发挥其使用效能，就必须对其进行必要的后续支出。

固定资产的更新改造等后续支出，满足固定资产确认条件的，应当计入固定资产成本，如有被替换的部分，应同时将被替换部分的账面价值从该固定资产原账面价值中扣除；不满足固定资产确认条件的固定资产修理费用等，应当在发生时计入当期损益。

在对固定资产发生可资本化的后续支出后，商业银行应将该固定资产的原价、已计提的累计折旧和减值准备转销，将固定资产的账面价值转入在建工程。固定资产发生的可资本化的后续支出，通过“在建工程”科目核算。在固定资产发生的后续支出完工并达到预定可使用状态时，从“在建工程”科目转入 “固定资产”科目。

对于商业银行行政管理部门等发生的固定资产修理费用等后续支出，应借记“业务及管理费”等科目，贷记“银行存款(存放中央银行款项)”等科目。

五、固定资产的处置

商业银行在生产经营过程中，可能将不适用或不需用的固定资产对外出售转让，或因磨损、技术进步等原因将固定资产报废，或因遭受自然灾害而对毁损的固定资产进行处理。对于上述事项在进行会计核算时，应按规定程序办理有关手续，结转固定资产的账面价值，计算有关的清理收入、清理费用及残料价值等。

固定资产处置包括固定资产的出售、报废、毁损、对外投资、非货币性资产交换、债务重组等。处置固定资产应通过“固定资产清理”科目核算，具体包括以下几个环节。

（一）固定资产转入清理

商业银行因出售、报废、毁损、对外投资、非货币性资产交换、债务重组等转出的固定资产，按该项固定资产的账面价值，借记“固定资产清理”科目，按已计提的累计折旧，借记“累计折旧”科目，按已计提的减值准备，借记“固定资产减值准备”科目，按其账面原价，贷记“固定资产”科目。

（二）发生清理费用等

对于固定资产清理过程中应支付的相关税费及其他费用，应借记“固定资产清理”科目，贷记“银行存款(存放中央银行款项)”“应交税费——应交营业税”等科目。

（三）收回出售固定资产的价款、残料价值和变价收入等

对于收回的出售固定资产的价款、残料价值和变价收入等，应借记“银行存款(存放中央银行款项)”“原材料”等科目，贷记“固定资产清理”科目。

（四）保险赔偿等

对应由保险公司或过失人赔偿的损失，应借记“其他应收款”等科目，贷记“固定资产清理”科目。

（五）清理净损益

固定资产清理完后，属于生产经营期间正常的处理损失的，借记“营业外支出——处置非流动资产损失”科目，贷记“固定资产清理”科目；属于自然灾害等非正常原因造成的损失的，借记“营业外支出——非常损失”科目，贷记“固定资产清理”科目。如为贷方余额，则借记“固定资产清理”科目，贷记“营业外收入”科目。

例 8-17 某商业银行出售一座建筑物，原价为 2 000 000 元，已计提折旧 1 000 000 元，未计提减值准备，实际出售价格为 1 200 000 元，已收回价款。该商业银行应作如下会计处理。

(1)将出售固定资产转入清理时。

借：固定资产清理	1 000 000	
累计折旧	1 000 000	
贷：固定资产		2 000 000

(2)收回出售固定资产的价款时。

借：银行存款(存放中央银行款项)	1 200 000	
贷：固定资产清理		1 200 000

(3)计算销售该固定资产应缴纳的营业税，按规定适用的营业税税率为 5%，应缴纳营业税 60 000 元(1 200 000×5%)。

借：固定资产清理	60 000	
贷：应交税费——应交营业税		60 000

(4) 结转出售固定资产实现的利得时。

借：固定资产清理　　140 000

　　贷：营业外收入——非流动资产处置利得　　140 000

六、固定资产减值

固定资产在资产负债表日存在可能发生减值的情况时，其可收回金额低于账面价值的，商业银行应当将该固定资产的账面价值减记至可收回金额，减记的金额确认为减值损失，计入当期损益，同时计提相应的资产减值准备，借记“资产减值损失——计提的固定资产减值准备”科目，贷记“固定资产减值准备” 科目。固定资产减值损失一经确认，在以后会计期间不得转回。

第四节　无形资产及其他资产的核算

一、无形资产概述

无形资产是指商业银行拥有或者控制的没有实物形态的可辨认非货币性资产。无形资产主要包括专利权、非专利技术、商标权、著作权、土地使用权、特许权等。商誉的存在无法与商业银行自身分离，不具有可辨认性，不属于本节所指的无形资产。无形资产具有以下三个主要特征。

(一) 不具有实物形态

无形资产是不具有实物形态的非货币性资产，它不像固定资产、存货等有形资产具有实物形体。

(二) 具有可辨认性

资产满足下列条件之一的，符合无形资产定义中的可辨认性标准：

(1) 能够从商业银行中分离或者划分出来，并能单独或者与相关合同、资产或负债一起，用于出售、转让、授予许可、租赁或者交换；

(2) 源自合同性权利或其他法定权利，无论这些权利是否可以从商业银行或其他权利或义务中转移或者分离。

(三) 属于非货币性长期资产

无形资产属于非货币性资产且能够在多个会计期间为商业银行带来经济利益。无形资产的使用年限在一年以上，其价值将在各个受益期间逐渐摊销。

无形资产同时满足以下条件时才能予以确认：①与该资产有关的经济利益很可能流入商业银行；②该无形资产的成本能够可靠地计量。

二、无形资产的核算

为了核算无形资产的取得、摊销和处置等情况，商业银行应当设置“无形资产”“累计摊销”等科目。

“无形资产”科目核算商业银行持有的无形资产成本，借方登记取得无形资产的成本，贷方登记出售无形资产转出的无形资产账面余额，期末借方余额，反映商业银行无形资产的成本。本科目应按无形资产项目设置明细账，进行明细核算。

“累计摊销”科目属于“无形资产”科目的调整科目，核算商业银行对使用寿命有限的无形资产计提的累计摊销，贷方登记商业银行计提的无形资产摊销，借方登记处置无形资产转出的累计摊销，期末贷方余额，反映商业银行无形资产的累计摊销额。

此外，商业银行无形资产发生减值的，还应当设置“无形资产减值准备”科目进行核算。

(一)无形资产的取得

无形资产应当按照成本进行初始计量。商业银行取得无形资产的主要方式有外购、自行研究开发等。取得的方式不同，其会计处理也会有所差别。

1. 外购无形资产

外购无形资产的成本包括购买价款、相关税费以及直接归属于使该项资产达到预定用途所发生的其他支出。

例 8-18 某商业银行购入一项非专利技术，支付的买价和有关费用合计为 900 000 元，以银行存款支付。该商业银行应作如下会计处理：

借：无形资产——非专利技术品　　　　900 000
　　贷：银行存款(存放中央银行款项)　　　　900 000

2. 自行研究开发无形资产

商业银行内部研究开发项目所发生的支出应区分研究阶段支出和开发阶段支出，商业银行自行开发无形资产发生的研发支出，不满足资本化条件的，借记“研发支出——费用化支出”科目；满足资本化条件的，借记“研发支出——资本化支出”科目，贷记“原材料”“银行存款(存放中央银行款项)”“应付职工薪酬”等科目。研究开发项目达到预定用途形成无形资产的，应按“研发支出——资本化支出”科目的余额，借记“无形资产”科目，贷记“研发支出——资本化支出”科目。期(月)末，应将“研发支出——费用化支出”科目归集的金额转入“业务及管理费”科目，借记“业务及管理费”科目，贷记“研发支出——费用化支出”科目。

(二)无形资产的摊销

商业银行应当于取得无形资产时分析判断其使用寿命。使用寿命有限的无形资产应进行摊销。使用寿命不确定的无形资产不应摊销。使用寿命有限的无形资产，其残值应当视为零。对于使用寿命有限的无形资产应当自可供使用(即其达到预定用途)当月起开始摊销，处置当月不再摊销。

无形资产摊销方法包括直线法、生产总量法等。商业银行选择的无形资产的摊销方法，应当反映与该项无形资产有关的经济利益的预期实现方式。无法可靠确定预期实现方式的，应当采用直线法摊销。

商业银行应当按月对无形资产进行摊销。无形资产的摊销额一般应计入当期损益，商业银行自用的无形资产，其摊销金额计入业务及管理费；出租的无形资产，其摊销金额计入其他业务成本；某项无形资产包含的经济利益通过所生产的产品或其他资产实现的，其摊销金额应当计入相关资产成本。

例 8-19 某商业银行购买了一项特许权，成本为 4 800 000 元，合同规定受益年限为 10 年，该商业银行每月应摊销 40 000 元(4 800 000 ÷10 ÷12)。每月摊销时，该商业银行应作如下会计处理：

借：业务及管理费　　40 000

　　贷：累计摊销　　40 000

例 8-20 2010 年 1 月 1 日，某商业银行将其自行开发完成的非专利技术出租给其他银行，该非专利技术成本为 3 600 000 元，双方约定的租赁期限为 10 年，该商业银行每月应摊销 30 000 元(3 600 000÷10 ÷ 12)。每月摊销时，该商业银行应作如下会计处理：

借：其他业务成本　　30 000

　　贷：累计摊销　　30 000

(三) 无形资产的处置

商业银行处置无形资产，应当将取得的价款扣除该无形资产账面价值以及应交相关税费后的差额计入营业外收入或营业外支出。

(四) 无形资产的减值

无形资产在资产负债表日存在可能发生减值的情况时，其可收回金额低于账面价值的，商业银行应当将该无形资产的账面价值减记至可收回金额，减记的金额确认为减值损失，计入当期损益，同时计提相应的资产减值准备，按应减记的金额，借记“资产减值损失——计提的无形资产减值准备”科目，贷记“无形资产减值准备”科目。无形资产减值损失一经确认，在以后会计期间不得转回。

第五节　所有者权益的核算

一、实收资本的核算

《中华人民共和国企业法人登记管理条例》规定，企业申请开业，必须具备国家规定的与其生产经营和服务规模相适应的资金。为了反映和监督投资者投入资本的增减变动情况，商业银行必须按照国家统一的会计制度的规定进行实收资本的核算，真实地反映所有者投入商业银行资本的状况，维护所有者在商业银行的权益。除股份制商业银行以外，其他各类商业银行应通过“实收资本”科目核算，股份制商业银行应通过“股本”科目核算。

商业银行收到所有者投入商业银行的资本后，应根据有关原始凭证(如投资清单、银行通知单等)，分别按不同的出资方式进行会计处理。

(一) 接受现金资产投资

商业银行在核定投入资本总额后，应在实际收到现金资产时进行会计处理。

例 8-21 某股份制商业银行发行普通股 10 000 000 股，每股面值 1 元，每股发行价格 5 元。假定股票发行成功，股款 50 000 000 元已全部收到，不考虑发行过程中的税费等因素。根据上述资料，该商业银行应作如下账务处理：

应记入“资本公积”科目的金额=50 000 000 元−10 000 000 元=40 000 000 元

应编制如下会计分录：

借：银行存款(存放中央银行款项)　　50 000 000

　　贷：股本　　10 000 000

　　　　资本公积——股本溢价　　40 000 000

(二)接受非现金资产投资

《中华人民共和国公司法》规定，股东可以用货币出资，也可以用实物、知识产权、土地使用权等可以用货币估价并可以依法转让的非货币财产作价出资；但是，法律、行政法规规定不得作为出资的财产除外。对作为出资的非货币财产应当评估作价，核实财产，不得高估或者低估作价。法律、行政法规对评估作价有规定的，从其规定。全体股东的货币出资金额不得低于公司注册资本的 30%。不论以何种方式出资，投资者如在投资过程中违反投资合约，不按规定如期缴足出资额，商业银行可以依法追究投资者的违约责任。商业银行接受非现金资产投资时，应按投资合同或协议约定价值确定非现金资产价值(但投资合同或协议约定价值不公允的除外)和在注册资本中应享有的份额。

例 8-22　某商业银行于设立时收到乙公司作为资本投入的不需要安装的机器设备一台，合同约定该机器设备的价值为 2 000 000 元，增值税进项税额为 340 000 元(假设不允许抵扣)。合同约定的固定资产价值与公允价值相符，不考虑其他因素，该商业银行进行会计处理时，应编制如下会计分录：

借：固定资产　　2 340 000

　　贷：实收资本——乙公司　　2 340 000

二、资本公积的核算

资本公积，是指商业银行收到投资者的超出其在商业银行注册资本(或股本)中所占份额的投资，以及直接计入所有者权益的利得和损失等。资本公积包括资本溢价(或股本溢价)和直接计入所有者权益的利得和损失等。资本溢价(或股本溢价)是指商业银行收到投资者的超出其在商业银行注册资本(或股本)中所占份额的投资。形成资本溢价(或股本溢价)的原因有溢价发行股票、投资者超额缴入资本等。直接计入所有者权益的利得和损失是指不应计入当期损益、会导致所有者权益发生增减变动的、与所有者投入资本或者向所有者分配利润无关的利得或者损失。资本公积的核算包括资本溢价(或股本溢价)的核算、其他资本公积的核算和资本公积转增资本的核算等内容。

其他资本公积，是指除资本溢价(或股本溢价)项目以外所形成的资本公积，其中主要是直接计入所有者权益的利得和损失。本节以因被投资单位除净损益以外的所有者权益的其他变动产生的利得或损失为例，介绍相关的其他资本公积的核算。商业银行对某被投资单位的长期股权投资采用权益法核算的，在持股比例不变的情况下，对因被投资单位除净损益以外的所有者权益的其他变动，如果是利得，则应按持股比例计算其应享有被投资单位所有者权益的增加数额；如果是损失，则作相反的会计分录。在处置长期股权投资时，应转销与该笔投资相关的其他资本公积。

例 8-23　某商业银行于 2011 年 1 月 1 日向 A 公司投资 8 000 000 元，拥有该公司 20%

的股份，对该公司有重大影响，因而对 A 公司的长期股权投资采用权益法核算。2011 年 12 月 31 日，A 公司除净损益之外的所有者权益增加了 1 000 000 元。假定除此以外，A 公司的所有者权益没有变化，该商业银行的持股比例没有变化，A 公司资产的账面价值与公允价值一致，不考虑其他因素。该商业银行的会计分录为：

借：长期股权投资——A 公司　　200 000

　　贷：资本公积——其他资本公积　　200 000

经股东大会或类似机构决议，用资本公积转增资本时，应冲减资本公积，同时按照转增前的实收资本(或股本)的结构或比例，将转增的金额记入“实收资本”(或“股本”)科目下各所有者的明细账。

三、留存收益的核算

留存收益包括盈余公积和未分配利润两个部分。利润分配，是指商业银行根据国家有关规定和企业章程、投资者协议等，对商业银行当年可供分配的利润所进行的分配。利润分配的顺序依次是：①提取法定盈余公积；②提取任意盈余公积；③向投资者分配利润。

(一)未分配利润的核算

未分配利润是经过弥补亏损、提取法定盈余公积、提取任意盈余公积和向投资者分配利润等利润分配之后剩余的利润。它是商业银行留待以后年度进行分配的历年结存的利润。相对于所有者权益的其他部分来说，商业银行对于未分配利润的使用有较大的自主权。

商业银行应通过“利润分配”科目，核算商业银行利润的分配(或亏损的弥补)和历年分配(或弥补)后的未分配利润(或未弥补亏损)。该科目应分别按“提取法定盈余公积”“提取任意盈余公积”“应付现金股利或利润”“盈余公积补亏”“未分配利润”等进行明细核算。商业银行未分配利润通过“利润分配——未分配利润”明细科目进行核算。年度终了，商业银行应将全年实现的净利润或发生的净亏损，自“本年利润”科目转入“利润分配——未分配利润”科目，结转后，“利润分配——未分配利润”科目如为贷方余额，则表示累积未分配的利润数额；如为借方余额，则表示累积未弥补的亏损数额。

例 8-24　某商业银行年初未分配利润为 0，本年实现净利润 2 000 000 元，本年提取法定盈余公积 200 000 元，宣告发放现金股利 800 000 元。假定不考虑其他因素，该商业银行会计处理如下：

(1)结转本年利润。

借：本年利润　　2 000 000

　　贷：利润分配——未分配利润　　2 000 000

如果该商业银行当年发生亏损，则应借记“利润分配——未分配利润”科目，贷记“本年利润”科目。

(2)提取法定盈余公积、宣告发放现金股利。

借：利润分配——提取法定盈余公积　　200 000

　　　　　　——应付现金股利　　800 000

　　贷：盈余公积　　200 000

　　　　应付股利　　800 000

同时，

借：利润分配——未分配利润　　1 000 000

　　贷：利润分配——提取法定盈余公积　　200 000

　　　　　　　　——应付现金股利　　800 000

结转后，如果“未分配利润”明细科目的余额在贷方，则表示累计未分配的利润；如果余额在借方，则表示累积未弥补的亏损。本例中，“利润分配——未分配利润”明细科目的余额在贷方，此贷方余额为 1 000 000 元(本年利润 2 000 000 元–提取法定盈余公积 200 000 元–支付现金股利 800 000 元)即为该商业银行本年年末的累计未分配利润。

(二)盈余公积的核算

盈余公积，是指商业银行按规定从净利润中提取的积累资金。公司制商业银行的盈余公积包括法定盈余公积和任意盈余公积。

按照《中华人民共和国公司法》的有关规定，商业银行应当按照净利润(减弥补以前年度亏损，下同)的 10%提取法定盈余公积。法定盈余公积累计额已达注册资本的 50%时可以不再提取。值得注意的是，在计算提取法定盈余公积的基数时，不应包括年初未分配利润。商业银行可根据股东大会的决议提取任意盈余公积。法定盈余公积和任意盈余公积的区别在于其各自计提的依据不同，前者以国家的法律法规为依据；后者由商业银行的权力机构自行决定。

商业银行提取的盈余公积经批准可用于弥补亏损、转增资本、发放现金股利或利润等。

1. 提取盈余公积

商业银行按规定提取盈余公积时，应通过“利润分配”和“盈余公积”等科目处理。

例 8-25　某商业银行本年实现净利润为 5 000 000 元，年初未分配利润为 0。经股东大会批准，按当年净利润的 10%提取法定盈余公积。假定不考虑其他因素，该商业银行的会计分录为：

借：利润分配——提取法定盈余公积　　500 000

　　贷：盈余公积——法定盈余公积　　500 000

本年提取盈余公积金额=5 000 000 元×10%=500 000 元

2. 盈余公积补亏

例 8-26　经股东大会批准，某商业银行用以前年度提取的盈余公积弥补当年亏损，当年弥补亏损的金额为 600 000 元。假定不考虑其他因素，该商业银行的会计分录为：

借：盈余公积　　600 000

　　贷：利润分配——盈余公积补亏　　600 000

3. 盈余公积转增资本

例 8-27　因扩大经营规模需要，经股东大会批准，某商业银行将盈余公积 400 000 元转增股本。假定不考虑其他因素，该商业银行的会计分录为：

借：盈余公积　　400 000

　　贷：股本(实收资本)　　400 000

第六节　收入、费用与利润的核算

一、收入的核算

商业银行的营业收入是指商业银行在日常活动中形成的、会导致所有者权益增加的、与所有者投入资本无关的经济利益的总流入，包括利息收入、手续费及佣金收入、汇兑收益和其他营业收入等。

（一）收入的确认原则

商业银行的营业收入同时满足下列条件的，才能予以确认。

1．相关的经济利益很可能流入商业银行

商业银行在确定营业收入是否很可能收回时，应当根据对方企业的信誉和生产经营情况、双方就结算方式和期限等达成的合同或协议条款等因素，综合进行判断。如果估计收入收回的可能性不大，就不应确认收入。

2．收入的金额能够可靠地计量

当收入金额能够可靠地计量时，商业银行才能确认收入。

（二）收入核算的会计科目

"利息收入"科目，核算商业银行根据《企业会计准则第 14 号——收入》确认的利息收入，包括发放的各类贷款（银团贷款、贸易融资、贴现和转贴现融出资金、协议透支、信用卡透支和垫款等）、与其他金融机构（中国人民银行、同业等）之间发生资金往来业务、买入返售金融资产等所取得的利息收入等。资产负债表日，商业银行应按合同约定的名义利率计算确定的应收利息的金额，借记"应收利息""买入返售金融资产"等科目，按《企业会计准则第 14 号——收入》或《企业会计准则第 22 号——金融工具确认和计量》计算确定的利息收入金额，贷记本科目，按其差额，借记或贷记"贷款——溢折价"等科目。期末，应将本科目余额转入"本年利润"科目，结转后本科目无余额。

"手续费及佣金收入"科目，核算商业银行根据《企业会计准则第 14 号——收入》确认的手续费及佣金收入，包括办理结算业务、咨询业务、担保业务、代保管等代理业务以及办理受托贷款及投资业务等取得的手续费及佣金，如结算手续费收入、佣金收入、业务代办手续费收入、基金托管收入、咨询服务收入、担保收入、受托贷款手续费收入、代保管收入和代理买卖证券、承销证券、兑付证券、保管证券、保险业务等代理业务以及其他相关服务实现的手续费收入及佣金等。商业银行确认的手续费及佣金收入，按应收金额，借记"应收账款""代理承销证券款"等科目，贷记本科目；实际收到手续费时，借记"银行存款（存放中央银行款项）""结算备付金""吸收存款"等科目，贷记"应收账款"等科目。期末，应将本科目余额转入"本年利润"科目，结转后本科目无余额。

"汇兑损益"科目，核算商业银行外币货币性项目因汇率变动而形成的收益或损失。本科目借方反映因汇率变动而产生的汇兑损失，贷方反映因汇率变动而产生的汇兑收益。期末，"外汇买卖"各外币明细科目的期末余额，应按照期末汇率折合为记账本位币。按照期末汇率折合的记账本位币金额与“外汇买卖——记账本位币”科目余额之间的差额，如为贷方余额，则借记“外汇买卖——记账本位币”科目，贷记本科目；如为借方余额，则借记本科目，贷记 “外汇买卖——记账本位币”科目。期末，应将本科目的余额转入“本年利润”科目，结转后本科目无余额。

(三) 收入的账务处理

例 8-28 某商业银行向乙公司贷款，第一季度贷款利息为 60 000 元，结息日如果乙公司有足够存款支付该笔利息，则银行可填制贷款利息结算凭证，办理转账。该商业银行确认利息收入的会计分录为：

借：活期存款　　60 000

　　贷：利息收入　　60 000

二、费用的核算

(一) 费用概述

商业银行的费用，是指商业银行在日常活动中发生的、会导致所有者权益减少的、与向所有者分配利润无关的经济利益的总流出，主要包括利息支出、手续费及佣金支出、汇兑损失、营业税金及附加、业务及管理费、其他业务成本等。

(二) 费用核算的会计科目

“利息支出”科目，核算商业银行发生的利息支出，包括吸收的各种存款（单位存款、个人存款、信用卡存款、特种存款和转贷款资金等）、与其他金融机构(中国人民银行、同业等)之间发生资金往来业务、卖出回购金融资产等产生的利息支出以及按期分摊的未确认融资费用等。资产负债表日，商业银行应按《企业会计准则第 22 号——金融工具确认和计量》计算确定的各项利息费用的金额，借记本科目，按合同约定的名义利率计算确定的应付利息的金额，贷记“应付利息”“卖出回购金融资产款”等科目，按其差额，借记或贷记“吸收存款——溢折价”等科目。期末，应将本科目余额转入“本年利润”科目，结转后本科目无余额。

“手续费及佣金支出”科目，核算商业银行发生的各项手续费、佣金等支出。商业银行发生手续费、佣金等支出时，借记本科目，贷记“银行存款(存放中央银行款项)”“存放同业”“库存现金”“应付账款”等科目。期末，应将本科目余额转入“本年利润”科目，结转后本科目无余额。

“业务及管理费”科目，核算商业银行在业务经营和管理过程中所发生的各项费用，包括折旧费、业务宣传费、业务招待费、电子设备运转费、钞币运送费、安全防范费、邮电费、劳动保护费、外事费、印刷费、低值易耗品摊销、职工工资、差旅费、水电费、修理费、职工教育经费、工会经费、税金、会议费、诉讼费、公证费、咨询费、无形资产摊销、长期待摊费用摊销、取暖降温费、聘请中介机构费、技术转让费、绿化费、董事会费、财产保险费、劳动保险费、待业保险费、住房公积金、物业管理费、研究费用等。商业银行不应再设置“管理费用”科目。商业银行发生上述费用时，借记本科目，贷记“现金”“银行存款(存放中央银行款项)”“应付职工薪酬”“累计折旧”等科目。期末，应将本科目余额转入“本年利润”科目，结转后本科目无余额。

(三) 费用的账务处理

例 8-29 某商业银行销售部 2010 年 8 月份共发生费用 220 000 元，其中：销售人员薪酬为 100 000 元，销售部专用办公设备折旧费为 50 000 元，业务费为 70 000 元(均用银行存款支付)。该商业银行的会计分录为：

借：业务及管理费　　220 000

　　贷：应付职工薪酬　　100 000

　　　　累计折旧　　50 000

　　　　银行存款(存放中央银行款项)　　70 000

三、利润的核算

(一) 利润及其构成

商业银行的利润，是指商业银行在一定会计期间的经营成果。利润包括收入减去费用后的净额、直接计入当期利润的利得和损失等。直接计入当期利润的利得和损失是指应当计入当期损益、会导致所有者权益发生增减变动的、与所有者投入资本或者向所有者分配利润无关的利得或者损失。

利润相关计算公式如下。

1. 营业利润

营业利润=利息净收入+手续费及佣金净收入+投资收益(–投资损失)+汇兑收益(–汇兑损失)+公允价值变动收益(–公允价值变动损失)+其他业务收入–营业税金及附加–业务及管理费–资产减值损失–其他业务成本

2. 利润总额

利润总额=营业利润+营业外收入–营业外支出

其中，营业外收入，是指商业银行发生的与其日常活动无直接关系的各项利得。

营业外支出，是指商业银行发生的与其日常活动无直接关系的各项损失。

3. 净利润

净利润=利润总额–所得税费用

其中，所得税费用是指商业银行确认的应从当期利润总额中扣除的所得税费用。

(二) 营业外收入与营业外支出的核算

1. 营业外收入的核算

营业外收入，是指商业银行发生的与其日常活动无直接关系的各项利得。营业外收入并不是商业银行经营资金耗费所产生的，不需要商业银行付出代价，实际上是经济利益的净流入，不可能也不需要与有关的费用进行配比。营业外收入主要包括非流动资产处置利得、盘盈利得、罚没利得、捐赠利得、确实无法支付而按规定程序经批准后转作营业外收入的应付款项等。

非流动资产处置利得包括固定资产处置利得和无形资产出售利得。固定资产处置利得，是指商业银行出售固定资产所取得的价款或报废固定资产的材料价值和变价收入等，扣除处置固定资产的账面价值、清理费用、处置相关税费后的净收益；无形资产出售利得，是指商业银行出售无形资产所取得的价款，扣除无形资产的账面价值、出售相关税费后的净收益。

盘盈利得，主要是指对现金等清查盘点中盘盈的现金等，报经批准后计入营业外收入的金额。

罚没利得，是指商业银行取得的各项罚款，在弥补由于违反合同或协议而造成的经济损失后的罚款净收益。

捐赠利得，是指商业银行接受捐赠产生的利得。

商业银行应通过“营业外收入”科目，核算营业外收入的取得及结转情况。该科目贷方登记商业银行确认的各项营业外收入，借方登记期末转入本年利润的营业外收入，结转后该科目无余额。该科目应按照营业外收入的项目进行明细核算。

商业银行确认营业外收入时，借记“固定资产清理”“银行存款”“待处理财产损溢”“应付账款”等科目，贷记“营业外收入”科目。期末，应将“营业外收入”科目余额转入“本年利润”科目，借记“营业外收入”科目， 贷记“本年利润”科目。

例 8-30 某商业银行将固定资产报废清理的净收益 8 000 元转作营业外收入。其会计分录为：

借：营业外收入　　180 000

　　贷：本年利润　　180 000

2. 营业外支出的核算

营业外支出是指商业银行发生的与其日常活动无直接关系的各项损失，主要包括非流动资产处置损失、盘亏损失、罚款支出、公益性捐赠支出、非常损失等。

非流动资产处置损失包括固定资产处置损失和无形资产出售损失。固定资产处置损失是指商业银行出售固定资产所取得的价款或报废固定资产的材料价值和变价收入等，不足以抵补处置固定资产的账面价值、清理费用、处置相关税费所发生的净损失；无形资产出售损失是指商业银行出售无形资产所取得的价款，不足以抵补出售无形资产的账面价值、出售相关税费后所发生的净损失。

盘亏损失，主要是指对财产清查盘点中盘亏的资产，在查明原因处理时按确定的损失计入营业外支出的金额。

罚款支出，是指商业银行由于违反税收法规、合同等而支付的各种滞纳金和罚款。

公益性捐赠支出，是指商业银行对外进行公益性捐赠发生的支出。

非常损失，是指商业银行对于因客观因素(如自然灾害等)造成的损失，在扣除保险公司赔偿款后应计入营业外支出的净损失。

商业银行应通过“营业外支出”科目，核算营业外支出的发生及结转情况。该科目借方登记商业银行发生的各项营业外支出，贷方登记期末转入本年利润的营业外支出。结转后该科目无余额。该科目应按照营业外支出的项目进行明细核算。

商业银行发生营业外支出时，借记“营业外支出”科目，贷记“固定资产清理”“待处理财产损溢”“库存现金”“银行存款”等科目。期末，应将“营业外支出”科目余额转入“本年利润”科目，借记“本年利润”科目，贷记“营业外支出”科目。

例 8-32 某商业银行用银行存款支付税款滞纳金 30 000 元。其会计分录为：

借：营业外支出　　30 000

　　贷：银行存款　　30 000

例 8-33 某商业银行本期营业外支出总额为 840 000 元，期末结转本年利润。其会计分录为：

借：本年利润　　840 000

　　贷：营业外支出　　840 000

（三）所得税费用的核算

所得税是根据商业银行应纳税所得额的一定比例上交的一种税金。商业银行在计算确定当期所得税以及递延所得税费用（或收益）的基础上，应将两者之和确认为利润表中的所得税费用（或收益）。计算公式如下：

所得税费用（或收益）=当期所得税+递延所得税费用（–递延所得税收益）

递延所得税费用=递延所得税负债增加额+递延所得税资产减少额

1. 当期所得税的计算

应纳税所得额是在商业银行税前会计利润（即利润总额）的基础上调整确定的。计算公式为：应纳税所得额=税前会计利润+纳税调整增加额–纳税调整减少额。纳税调整增加额主要包括税法规定允许扣除项目中，商业银行已计入当期费用但超过税法规定扣除标准的金额（如超过税法规定标准的工资支出、业务招待费支出），以及商业银行已计入当期损失但税法规定不允许扣除的金额（如税收滞纳金、罚款、罚金）。纳税调整减少额主要包括按税法规定允许弥补的亏损和准予免税的项目，如前五年内的未弥补亏损和国债利息收入等。

商业银行当期所得税的计算公式为：应交所得税=应纳税所得额×所得税税率

例 8-34 某商业银行 2007 年度按《企业会计准则》计算的税前会计利润为 19 700 000 元，所得税税率为 25%。当年按税法核定的全年计税工资为 2 000 000 元，全年实发工资为 2 200 000 元；经查，该商业银行当年营业外支出中有 100 000 元为税款滞纳罚金。假定该商业银行全年无其他纳税调整因素。

本例中，该商业银行有两项纳税调整因素：一是已计入当期费用但超过税法规定标准的工资支出；二是已计入当期营业外支出但按税法规定不允许扣除的税款滞纳金，这两个因素均应调整增加应纳税所得额。该商业银行当期所得税的计算如下：

纳税调整数=2 200 000 元–2 000 000 元+100 000 元=300 000 元

应纳税所得额=19 700 000 元+300 000 元=20 000 000 元

当期应交所得税税额=20 000 000 元×25%=5 000 000 元

2. 所得税费用的会计处理

商业银行应根据规定，对当期所得税加以调整计算后，据以确认应从当期利润总额中扣除的所得税费用。

例 8-35 承例 8-34 某商业银行递延所得税负债年初数为 400 000 元，年末数为 500 000 元，递延所得税资产年初数为 250 000 元，年末数为 200 000 元。该商业银行的会计处理如下。

该商业银行所得税费用的计算如下：

递延所得税费用=(500 000– 400 000)元+(250 000–200 000)元=150 000元

所得税费用=当期所得税+递延所得税费用=5 000 000元+150 000元=5 150 000元

其会计分录为：

借：所得税费用 5 150 000

　　贷：应交税费——应交所得税 5 000 000

　　　　递延所得税负债 100 000

　　　　递延所得税资产 50 000

(四)本年利润的核算

会计期末结转本年利润的方法有表结法和账结法两种。年度终了，应将本年收入和支出相抵后结出的本年实现的净利润，由“本年利润”科目转入“利润分配”科目。

年末结转本年利润的会计分录如下。

1. 将各损益类科目年末余额转入“本年利润”科目

(1)结转各项收入、利得类科目。

借：利息收入

　　手续费及佣金收入

　　汇兑损益

　　投资收益

　　公允价值变动损益

　　其他业务收入

　　营业外收入

　　贷：本年利润

(2)结转各项费用、损失类科目。

借：本年利润

　　贷：利息支出

　　　　手续费及佣金支出

　　　　其他业务成本

　　　　营业税金及附加

　　　　业务及管理费

　　　　资产减值损失

　　　　营业外支出

2. 将确认的所得税费用转入“本年利润”科目

借：本年利润

　　贷：所得税费用

3. 将“本年利润”科目年末余额转入“利润分配——未分配利润”科目

借：本年利润

　　贷：利润分配——未分配利润

第九章

财务会计报告

第一节　财务会计报告概述

一、财务会计报告的定义与构成

财务会计报告，是指商业银行对外提供的反映商业银行某一特定日期财务状况和某一会计期间经营成果、现金流量和所有者权益等会计信息的书面文件。它以账簿记录为主要依据，经过加工、汇总形成，是会计核算的最终成果，是传递会计信息的主要手段。财务会计报告通常包括财务报表及其附注和其他应当在财务会计报告中披露的相关信息和资料。

财务报表，是对商业银行财务状况、经营成果和现金流量的结构性表述，是财务会计报告的核心内容。财务报表至少应包括以下几个部分：资产负债表、利润表、现金流量表、所有者权益变动表和附注。

财务报表可以按照不同的标准进行分类：①按财务报表编报期间的不同，可以分为中期财务报表和年度财务报表。中期财务报表包括月报、季报和半年报等。②按财务报表编报主体的不同，可以分为个别财务报表和合并财务报表。个别财务报表是由企业在自身会计核算基础上对账簿记录进行加工而编制的财务报表，主要用以反映企业自身的财务状况、经营成果和现金流量情况。合并财务报表是以母公司和子公司组成的企业集团为会计主体，根据母公司和其子公司的财务报表，由母公司编制的综合反映企业集团财务状况、经营成果和现金流量的财务报表。

二、财务会计报告编制的要求

商业银行在编制财务会计报告的过程中必须按照一定的程序、方法和统一的要求进行编制。为了真实、正确地反映企业的财务状况和经营成果，保证财务会计报告所提供的信息能够满足使用者的需要，编制财务会计报告时必须符合以下要求。

(1)商业银行应当以持续经营为基础，根据实际发生的交易或事项，依据各项会计准则确认和计量的结果编制财务报表。

(2)依据重要性原则，在编制财务报表的过程中，对于性质或功能不同的项目要单独列报，但不具有重要性的项目除外；对于性质或功能相同的项目应予以合并。

(3)财务报表项目的列报应当在各个会计期间保持一致，不得随意变更。但下列情况除外：①会计准则要求改变财务报表项目的列报；②商业银行经营业务的性质发生重大变化后，变更财务报表项目的列报能够提供更可靠、相关的会计信息。

(4)财务报表项目应当以总额列报，资产和负债、收入和费用不能相互抵销，即不得以净额列报，但《企业会计准则》另有规定的除外。

(5)商业银行在列报当期财务报表时，至少应当提供所有列报项目上一可比会计期间的比较数据，以及与理解当期财务报表相关的说明，但《企业会计准则》另有规定的除外。

此外，商业银行应当在财务报表的表首部分披露：编报商业银行的名称；报表涵盖的会计期间；货币单位和名称；财务报表是合并财务报表的，应当予以标明。商业银行至少应当编制年度财务报表。

第二节　资产负债表

一、资产负债表的内容

资产负债表是反映商业银行在某一特定日期财务状况的会计报表。它反映了商业银行在特定日期所拥有或控制的经济资源，所要承担的现实义务和所有者对商业银行净资产的剩余要求权。

根据会计恒等式“资产-负债=所有者权益”，商业银行的资产负债表应该按照资产、负债和所有者权益项目分类列报。《企业会计准则》强调金融企业的各项资产或负债，按照流动性顺序列示能够提供可靠且相关信息的，可以按照其流动性顺序列示。

资产按照流动怯可分为流动资产和非流动资产。资产满足下列条件之一的，应当归为流动资产：

(1)预计在一个正常营业周期中变现、出售或耗用；

(2)主要为交易目的而持有；

(3)预计在资产负债表日起 1 年内(含 1 年，下同)变现；

(4)自资产负债表日起 1 年内，交换其他资产或清偿负债的能力不受限制的现金或现金等价物。

流动资产以外的资产应当归类为非流动资产，并应按其性质分类列示。

负债是商业银行所要承担的现时义务，反映商业银行的财务状况。按照债务偿还期限的长短一般分为流动负债和非流动负债。满足下列条件之一的，应当归类为流动负债：

(1)预计在一个正常营业周期中清偿；

(2)主要为交易目的而持有；

(3)自资产负债表日起 1 年内到期应予以清偿；

(4)商业银行无权自主地将清偿推迟至资产负债表日后 1 年以上。

流动负债以外的负债，应当归类为非流动负债。非流动负债应当按照长期负债的性质分类列示。

另外，商业银行还要特别注意以下方面。

(1)对于在资产负债表日起 1 年内到期的负债，商业银行预计能够自主地将清偿义务展期至资产负债表日后 1 年以上的，应当归类为非流动负债；不能自主地将清偿义务展期的，即使在资产负债表日后、财务报表批准报出日前签订了重新安排清偿计划协议，该项负债也应当归类为流动负债。

(2) 商业银行在资产负债表日或之前违反了长期借款协议，导致贷款人可随时要求清偿的负债，应当归类为流动负债。

(3) 贷款人在资产负债表日或之前同意提供在资产负债表日起一年以上的宽限期，商业银行能够在此期限内改正违约行为，且贷款人不能要求随时清偿的负债，应当归类为非流动负债。

所有者权益同负债一样也是按照需要偿还时间的长短来列示的，偿还时间短的排在前面。所有者权益在商业银行破产清算之前不需要偿还的排在最后面。所有者权益按照实收资本（或股本）、资本公积、盈余公积、未分配利润等项目列示。

二、资产负债表的格式

资产负债表根据会计要素及要素项目的排列方式的不同，格式也各有不同。常见的资产负债表有报告式和账户式两种格式。在我国，资产负债表采用账户式。

账户式资产负债表是将表分为左右两边，左边列示资产项目，反映全部资产的分布及形态；右边列示负债项目和所有者权益项目，反映负债和所有者权益的内容和构成情况。左边合计数=右边合计数，即资产各项目的合计数=负债合计数+所有者权益合计数。资产负债表还就各项目再分为“年初余额”和“期末余额”两栏分别填列。账户式资产负债表可以清晰地显示商业银行资产和权益之间的平衡关系。资产负债表的具体格式，如表 9-1 所示。

表 9-1　资产负债表

会商银 01 表

编制单位：　　　　______ 年____月____日　　　　单位：元

资　产	期末余额	年初余额	负债及所有者权益（或股东权益）	期末余额	年初余额
资产：			负债：		
现金及存放中央银行款项			向中央银行借款		
存放同业款项			同业及其他金融机构存放款项		
贵金属			拆入资金		
拆出资金			交易性金融负债		
交易性金融资产			衍生金融负债		
衍生金融资产			卖出回购金融资产款		
买入返售金融资产			吸收存款		
应收利息			应付职工薪酬		
发放贷款和垫资			应交税费		
可供出售金融资产			应付利息		
持有至到期投资			预计负债		
长期股权投资			应付债券		
投资性房地产			递延所得税负债		
固定资产			其他负债		
无形资产			负债合计		
递延所得税资产			所有者权益（或股东权益）		
其他资产			实收资本（股本）		
			资本公积		
			减：库存股		
			盈余公积		
			一般风险准备		
			未分配利润		
			所有者权益（或股东权益）合计		
资产总计			负债和所有者权益（或股东权益）总计		

三、资产负债表的编制方法

1. 资产负债表“年初余额”栏的填列方法

表中的“年初余额”栏通常根据上年年末有关项目的期末余额填列，且与上年末资产负债表“期末余额”栏一致。商业银行在首次执行新会计准则时，应当按照《企业会计准则第 38 号——首次执行企业会计准则》的要求对首次执行新准则当年的“年初余额”栏中的有关项目进行相应调整。此外，如果商业银行上年度资产负债表规定的项目名称和内容与本年不一致，应对上年末资产负债表相关项目的名称和数字按照本年度的规定进行调整，填入“年初余额”栏。

2. 资产负债表“期末余额”栏的填列方法

“期末余额”栏一般应根据资产、负债和所有者权益类科目的期末余额填列。

(1)根据总账账户余额直接填列。如“拆出资金”“交易性金融资产”“应收利息”“递延所得税资产”“应付职工薪酬”“应交税费”“应付利息”“预计负债”“递延所得税负债”等项目，应根据有关总账科目的余额填列。

(2)根据同类科目余额相加后填列。如“现金及存放中央银行款项”项目是根据“库存现金”和“存放中央银行款项”科目的期末余额相加后填列。

(3)根据明细账科目余额计算填列。“应付债券”项目应根据“应付债券”科目的明细账科目余额分析填列；“未分配利润”项目应根据“利润分配”科目中的“未分配利润”明细科目期末余额填列。

(4)根据总账余额和明细账科目余额分析计算填列。资产负债表的某些项目不能根据总账账户的期末余额或若干个总账账户的期末余额或若干个总账账户的期末余额计算填列，也不能根据有关账户的相关明细账户的期末余额分析计算填列，而是根据总账账户和明细账户的期末余额计算填列。

(5)根据有关科目余额减去其备抵科目余额后的净额填列。如“长期股权投资”科目应当根据“长期股权投资”科目的期末余额减去“长期股权投资减值准备”科目余额后的净额填列。“固定资产”科目应当根据“固定资产”科目的期末余额减去“累计折旧”“固定资产减值准备”科目余额后的净额填列。

四、资产负债表的作用

资产负债表是最重要的财务报表，为管理层、投资者、债权人和国家等报表使用者提供资料，对报表使用者作出相关决策有着重要的作用。它主要反映商业银行以下几个方面情况：①商业银行所拥有或控制的经济资源及其分布状况；②其所承担的负债及其状况；③所有者权益的构成及其状况；④为商业银行未来财务状况变化趋势提供信息。报表使用者可以据此分析商业银行资产结构及其资产质量的总体状况、分析商业银行贷款质量及其内在风险、评价商业银行的经营业绩，预测其发展前景，进而作出合理的经济决策。

第三节 利 润 表

一、利润表的结构

利润表是反映商业银行在一定会计期间的经营成果的会计报表。商业银行通过编制利润表可以如实反映商业银行实现的收入情况、费用耗费情况，以及商业银行生产经营活动的成果，即净利润的实现情况。

常见的利润表结构主要有单步式和多步式两种。我国商业银行的利润表一般采用多步式。通过对当期的收入、费用、支出项目按性质加以归类，按利润形成的主要环节列示一些中间性利润指标，分步计算当期净损益。通常分为以下几步：

(1)以利息净收入、手续费及佣金净收入和其他业务收入为基础，减去营业税金及附加、业务及管理费、资产减值损失、其他业务成本，加上公允价值变动收益(减损失)、投资收益(减损失)和汇兑收益(减损失)计算出营业利润；

(2)在营业利润的基础上，加上营业外收入，减去营业外支出，计算出利润总额；

(3)在利润总额的基础上，减去所得税费用，计算出净利润或净亏损；

(4)根据净利润和商业银行发行在外的股份计算每股收益。

利润表的格式，如表 9-2 所示。

表 9-2　利润表

会商银 02 表

编制单位：　　　　______ 年___月___日　　　　单位：元

项　　目	本期金额	上期金额
一、营业收入		
利息净收入		
利息收入		
利息支出		
手续费及佣金净收入		
手续费及佣金收入		
手续费及佣金支出		
投资收益(损失以“-”号填列)		
其中：对联营企业和合营企业的投资收益		
公允价值变动收益(损失以“-”号填列)		
汇兑收益(损失以“-”号填列)		
其他业务收入		
二、营业支出		
营业税金及附加		
业务及管理费		
资产减值损失		
其他业务成本		
三、营业利润(亏损以“-”号填列)		
加：营业外收入		
减：营业外支出		
四、利润总额(亏损以“-”号填列)		
减：所得税费用		
五、净利润(净亏损以“-”号填列)		
六、每股收益：		
(一)基本每股收益		
(二)稀释每股收益		

二、利润表的编制方法

利润表中的栏目分为“上期金额”和“本期金额”两栏。“上期金额”栏应根据上年该期利润表“本期金额”栏内所列数字填列。如果上年该期利润表规定的各个项目的名称和内容同本期不一致，应对上年该期利润表各项目的名称和数字按本期的规定进行调整，填入“上期金额”栏。

“本期金额”栏反映各项目的本期实际发生额。报表内各项目的填列方法如下。

(1)“营业收入”项目，反映“利息净收入”“手续费及佣金净收入”“投资收益”“公允价值变动收益”“汇兑收益”“其他业务收入”等项目的合计金额。

(2)“利息净收入”项目，反映“利息收入”项目金额减去“利息支出”项目金额后的余额。其中，“利息收入”“利息支出”项目反映商业银行经营存贷款业务等确认的利息收入和支出。

(3)“手续费及佣金净收入”项目,反映“手续费及佣金收入”项目金额减去“手续费及佣金支出”项目金额后的余额。其中，“手续费及佣金收入”“手续费及佣金支出”项目反映商业银行确认的包括办理结算业务等在内的手续费、佣金收入和发生的支出。

(4)“汇兑收益”项目，反映商业银行进行外汇买卖或外币兑换等业务而发生的汇兑净收益或损失，根据“汇兑收益”科目的发生额分析填列。

(5)“营业支出”项目，反映商业银行各项与经营业务有关的支出费用的总和，根据“营业税金及附加”“业务及管理费”“资产减值损失”“其他业务支出”等项目的发生额分析填列。

(6)“业务及管理费”项目，反映商业银行在业务经营和管理过程中发生的电子设备运转费、安全防范费、物业管理费等费用。

三、利润表的作用

利润表提供的盈利(或亏损)的信息，往往是衡量管理成绩的依据，对债权人、投资者及税务机关等相关报表使用者具有重要作用。通过利润表可以了解：商业银行利润的多少或亏损的程度及形成原因，据以分析、考核商业银行经营目标和利润计划的执行情况；商业银行经营业绩的主要来源和构成，据以判断净利润的质量及风险，进而预测净利润的持续性；商业银行依法纳税情况；对商业银行投资的价值和回报，判断商业银行的资本保值增值情况。利润表中的信息与资产负债表中的信息相结合，还可以提供进行财务分析的基本资料，如资产收益率、存货周转率等财务指标，表现商业银行资金周转情况以及商业银行的盈利能力，便于报表使用者判断商业银行未来的发展趋势，作出正确的经济决策。

第四节　现金流量表

一、现金流量表的内容及结构

(一)现金流量表的内容

现金流量表是以现金为基础编制的，反映商业银行在一定时期内现金和现金等价物流入和流出的财务状况变动表。它能够综合反映商业银行获得现金和现金等价物的能力。现金流量对商业银行非常重要，是商业银行时刻都离不开的“血液”。

现金是指商业银行的库存现金以及可以随时用于支付的存款。不能随时用于支付的存款不属于现金。现金主要包括库存现金及存入本行营业部门的银行存款、存放中央银行款项、存放同业款项(可随时用于支付的款项)。现金等价物是指商业银行持有的期限短、流动性强、易于转换为已知金额的现金、价值变动风险小的投资。

(二)现金流量表的结构

现金流量表是以现金及现金等价物为基础按照收付实现制原则编制，将权责发生制下的盈利信息调整为收付实现制下的现金流量信息。根据商业银行业务活动的性质和现金流量的来源，现金流量表在结构上将商业银行在一定期间产生的现金流量分为以下三类。

(1)经营活动产生的现金流量。经营活动是指商业银行投资活动或筹资活动以外的所有交易或事项。它主要包括吸收存款、发放贷款、同业存放、同业拆借、利息收入和利息支出、收回的已于前期核销的贷款等。

(2)投资活动产生的现金流量。投资活动是指商业银行长期资产的构建和不包括在现金等价物范围内的投资及其处置活动。它包括权益性证券的投资、债券投资、固定资产、无形资产和其他长期投资等。

(3)筹资活动产生的现金流量。筹资活动是指导致商业银行资本及债务规模和构成发生变化的活动。这里所说的资本，既包括实收资本(股本)，也包括资本溢价(股本溢价)。它主要包括吸收权益性资本、发行债券、借入资金、支付股利和偿还债务等。

二、现金流量表的格式及其编制方法

(一)现金流量表的格式

我国商业银行现金流量表采用报告式结构，由主表和补充材料两部分组成，分类反映经营活动、投资活动和筹资活动产生的现金流量，最后汇总反映商业银行某一会计期间现金及现金等价物的净增加额。

现金流量表的具体格式，如表 9-3 和表 9-4 所示。

表 9-3　现金流量表

会商银 03 表

编制单位：　　　　________ 年____月　　　　单位：元

项　　目	本期金额	上期金额
一、经验活动产生的现金流量		
客户存款和同业存放款项净增加额		
向中央银行借款净增加额		
向其他金融机构拆入资金净增加额		
收取利息、手续费及佣金的现金		
收到其他与经验活动有关的现金		
经营活动现金流入小计		
客户贷款及垫款净增加额		

续表

项　　目	本期金额	上期金额
存放中央银行和同业款项净增加额		
支付手续费及佣金的现金		
支付给职工及为职工支付的现金		
支付的各项税费		
支付其他与经营活动有关的现金		
经营活动现金流出小计		
经营活动产生的现金流量净额		
二、投资活动产生的现金流量		
收回投资收到的现金		
取得投资收益收到的现金		
收到其他与投资活动有关的现金		
投资活动现金流入小计		
投资支付的现金		
购建固定资产、无形资产和其他长期资产支付的现金		
支付其他与投资活动有关的现金		
投资活动现金流出小计		
投资活动产生的现金流量净额		
三、筹资活动产生的现金流量		
吸收投资收到的现金		
发行债券收到的现金		
收到其他与筹资活动有关的现金		
筹资活动现金流入小计		
偿还债务支付的现金		
分配股利、利润或偿付利息支付的现金		
支付其他与筹资活动有关的现金		
筹资活动现金流出小计		
筹资活动产生的现金流量净额		
四、汇率变动对现金及现金等价物的影响		
五、现金及现金等价物余额		
加：期初现金及现金等价物余额		
六、期末现金及现金等价物余额		

表 9-4　现金流量表补充资料

补 充 资 料	本期金额	上期金额
1.将净利润调节为经营活动现金流量		
净利润		
加：资产减值准备		
固定资产折旧、油气资产折耗、生产性生物资产折旧		
无形资产摊销		
长期待摊费用摊销		
处置固定资产、无形资产和其他长期资产的损失(收益以“-”号填列)		
固定资产报废损失(收益以“-”号填列)		
公允价值变动损失(收益以“-”号填列)		
财务费用(收益以“-”号填列)		

续表

补 充 资 料	本期金额	上期金额
投资损失(收益以"-"号填列)		
递延所得税资产减少(增加以"-"号填列)		
递延所得税负债增加(减少以"-"号填列)		
存货的减少(增加以"-"号填列)		
经营性应收项目的减少(增加以"-"号填列)		
经营性应对项目的增加(减少以" "号填列)		
其他		
经营活动产生的现金流量净额		
2.不涉及现金收支的重大投资和筹资活动		
债务转为资本		
一年内到期的可转换公司债券		
融资租入固定资产		
3.现金及现金等价物净变动情况		
现金的期末余额		
减：现金的期初余额		
加：现金等价物的期末余额		
减：现金等价物的期初余额		
现金及现金等价物增加额		

(二)现金流量表的编制方法

编制现金流量表时，列报经营活动现金流量的方法有直接法和间接法两种。

直接法，是指以利润表中的营业收入为起算点，调节与经营活动有关的项目的增减变动，然后计算出经营活动产生的现金流量。采用直接法编报的现金流量表，有助于报表使用者分析商业银行经营活动产生的现金流量的来源和用途，预测和评价商业银行现金流量的发展前景。

间接法，是指将净利润调整为经营活动现金流量，实际上是将按权责发生制原则确定的净利润调整为现金净流入，并排除投资活动和筹资活动对现金流量的影响。采用间接法编制的现金流量表，有助于将净利润与经营活动产生的现金流量净额进行比较，了解净利润与经营活动产生现金流量差异的原因，从现金流量的角度分析净利润的质量。

因此，我国企业会计准则规定企业应当采用直接法编制现金流量表，同时要求在附注中提供以净利润为基础调节到经营活动现金流量的信息。

三、现金流量表的作用

商业银行编制现金流量表，能够为会计报表使用者提供一定会计期间内现金及现金等价物流入和流出的信息，以便其了解和评价商业银行获取现金和现金等价物的能力，并据以预测商业银行未来的现金流量。现金流量表弥补了资产负债表和利润表提供信息的不足，有助于报表使用者分析商业银行收益质量及现金净流量的影响因素。现金流量表有助于报表使用者评价商业银行支付能力、偿债能力和周转能力，以便预测商业银行未来的现金流量，进而作出合理的经济决策。

第五节　所有者权益变动表

一、所有者权益变动表的内容

所有者权益变动表是反映商业银行所有者权益的各组成部分当期的增减变动情况的报表。所有者权益变动表不仅要反映所有者权益总量的增减变动，还应反映所有者权益增加和减少变动情况的重要结构性信息，特别是要反映直接计入所有者权益的利得和损失，让财务报表使用者能够准确了解所有者权益增减的根源。

在所有者权益变动表中，商业银行至少应当单独列示反映下列信息项目：① 净利润；②直接计入所有者权益的利得和损失项目及其总额；③会计政策变更和差错更正的累积影响金额；④所有者投入资本和向所有者分配利润等；⑤提取的盈余公积；⑥实收资本或股本、资本公积、盈余公积、未分配利润期初和期末余额及其调节情况。

二、所有者权益变动表的结构及填列方法

(一)所有者权益变动表的结构

所有者权益变动表包括表头和正表两部分。其中，表头列示所有者权益变动表、编制单位、货币单位、会计期间等信息。正表以矩阵的形式列示：一方面，列示导致所有者权益变动的交易或事项，改变了以往仅仅按照所有者权益的各部分反映所有者权益变动的情况，而是从所有者权益变动的来源对特定时期所有者权益变动情况进行全面反映；另一方面，按照所有者权益各组成部分(包括实收资本、资本公积、盈余公积、未分配利润和库存股)及其总额列示交易或事项对所有者权益的影响。此外，商业银行还需要提供比较所有者权益变动表，因此所有者权益变动表还就各项目再分为“本年金额”和“上年金额”两栏分别填列。所有者权益的具体结构，如表 9-5 所示。

表 9-5　所有者权益变动表

编制单位：　　　　　　　　　　＿＿＿＿年度　　　　　　　　　　单位：元

项目	本年金额							上年金额						
	实收资本(或股本)	资本公积	减：库存股	盈余公积	一般风险准备	未分配利润	所有者权益合计	实收资本(或股本)	资本公积	减：库存股	盈余公积	一般风险准备	未分配利润	所有者权益合计
一、上年年末余额														
加：会计政策变更														
前期差错更正														
二、本年年初余额														
三、本年增减变动金额(减少以“-”号填列)														
(一)净利润														
(二)直接计入所有者权益的利得和损失														

续表

项目	本年金额							上年金额						
	实收资本（或股本）	资本公积	减：库存股	盈余公积	一般风险准备	未分配利润	所有者权益合计	实收资本（或股本）	资本公积	减：库存股	盈余公积	一般风险准备	未分配利润	所有者权益合计
1.可供出售金额资产公允价值变动净额														
(1)计入所有者权益的金额														
(2)转入当期损益的金额														
2.现金流量套期工具公允价值变动净额														
(1)计入所有者权益的金额														
(2)转入当期损益的金额														
(3)计入被套期项目初始确认金额中的金额														
3.权益法下被投资单位其他所有者权益变动的影响														
4.与计入所有者权益项目相关的所得税影响														
5.其他														
上述(一)和(二)小计														
(三)所有者投入和减少资本														
1.所有者投入资本														
2.股份支付计入所有者权益的金额														
3.其他														
(四)利润分配														
1.提取盈余公积														
2.提取一般风险准备														
3.对所有者(或股东)的分配														
4.其他														
(五)所有者权益内部结转														
1.资本公积转增资本(或股本)														
2.盈余公积转增资本(或股本)														
3.盈余公积弥补亏损														
4.一般风险准备弥补亏损														
5.其他														
四、本年年末余额														

(二)所有者权益变动表的填列方法

所有者权益变动表根据所有者权益账户及其所属的各明细账户的发生额分析填列。“上年金额”栏内各项数字，根据上年所有者权益变动表中的“本年金额”栏的数据填列。“本年金额”栏各项数字一般应根据“实收资本”“资本公积”“盈余公积”“一般风险准备”“未分配利润”“库存股”“以前年度损益调整”等账户进行分析填列。报表内各项目的填列方法如下：

(1)“上年年末余额”项目，反映商业银行上年年末各所有者项目的余额。

(2)“会计政策变更”“前期差错更正”项目，反映商业银行由于会计政策变更或前期会计差错对以前年度所有者各项目的影响金额，主要涉及“盈余公积”“未分配利润”项目。

(3)“本年年初余额”项目，反映所有者权益各项目的“上年年末金额” 经过“会计政策变更”“前期差错更正”项目调整后的金额。

(4)“本年增减变动金额”项目，反映商业银行所有者权益的增加或减少额。该项目根据“净利润”“直接计入当期所有者权益的利得和损失”等项目对所有者权益的影响金额合计填列。

(5)“净利润”项目，反映商业银行全年实现的净利润。该项目根据“利润表”中的“净利润”项目金额填入本表“未分配利润”项目。

(6)“直接计入所有者权益的利得和损失”项目。该项目根据“资本公积”账户的明细账户分析计算填入本表的“资本公积”项目。

(7)“可供出售金融资产公允价值变动净额”项目，反映可供出售金融资产公允价值变动对资本公积的影响净额。该项目根据“资本公积——其他资本公积”明细账户的本期发生额分析填入本表的“资本公积”项目。

(8)“权益法下被投资单位其他所有者权益变动的影响”项目，反映商业银行按照权益法核算长期股权投资时，被投资单位其他所有者权益变动对本商业银行所有者权益的影响。该项目根据“资本公积——其他资本公积”明细账户的本期发生额分析填入本表的“资本公积”项目。

(9)“与计入所有者权益项目相关的所得税影响”项目。该项目根据“资本公积——其他资本公积”明细账户的本期发生额分析填入本表的“资本公积”项目。

(10)“所有者投入资本”项目。该项目根据“实收资本”“资本公积——资本溢价”账户本期发生额分析计算填入本表的“实收资本”和“资本公积”项目。

(11)“股份支付计入所有者权益的金额”项目。该项目根据“实收资本”“资本公积——资本溢价”和“利润分配——转作股本的股利”账户本期发生额分析计算填入本表的“实收资本”“资本公积”和“未分配利润”项目。

(12)“提取盈余公积”项目。该项目根据“盈余公积”“利润分配”账户及其所属明细账户本期发生额分析计算填入本表的“盈余公积”和“未分配利润”项目。

(13)“对所有者(或股东)的分配”项目。该项目根据“利润分配——应付现金股利或利润”账户本期发生额分析计算填入本表的“未分配利润”项目。

(14)“资本公积转增资本(或股本)”项目。该项目根据“资本公积——资本溢价”和“实收资本”账户本期发生额分析计算填入本表的“资本公积”和“实收资本”项目。

(15)“盈余公积转增资本(或股本)”项目。该项目根据“盈余公积”和“实收资本”账户本期发生额分析计算填入本表的“盈余公积”和“实收资本”项目。

(16)“本年年末余额”项目应与资产负债表中所有者权益项目的“期末余额”项目金额相等。

三、所有者权益变动表的作用

所有者权益变动表反映了商业银行各项交易和事项引起的所有者权益增减变动，及其所有者权益各组成部分增减变化的结构性信息，有助于报表使用者分析商业银行所有者权益的来源和构成。同时该表不仅列示了直接计入所有者权益的利得和损失，也列示了归属于所有者权益变动的净利润，体现了商业银行综合收益的特点。所有者权益变动表全面体现了商业银行所有者权益年度变化情况，综合体现了商业银行当期经营活动对净资产的影响，便于信息使用者准确把握所有者权益的增减变动情况，进而深入分析商业银行资本保值增值情况，从而作出理性的投资决策。

第六节　财务报表附注

一、附注概述

附注是对资产负债表、利润表、现金流量表和所有者权益变动表等报表中列示项目的文字描述或明细资料，以及对未能在这些报表中列示项目的说明等。附注是财务报表的重要组成部分。

二、附注的主要内容

商业银行财务报表附注主要包括以下内容。

(一)商业银行的基本情况

(1)商业银行注册地、组织形式和总部地址。

(2)商业银行的业务性质和主要经营活动。

(3)母公司以及集团母公司的名称。

(4)财务会计报告的批准报出者和财务会计报告批准报出日。

(二)财务报表的编制基础

略。

(三)遵循企业会计准则的声明

商业银行应当明确说明编制的财务报表符合企业会计准则的要求，真实、公允地反映了商业银行的财务状况、经营成果和现金流量等有关信息，以此明确商业银行编制财务报表所依据的制度基础。如果商业银行编制的财务报表只是部分地遵循了企业会计准则，则附注中不得作出这种表述。

(四)重要会计政策及会计估计

略。

(五)会计政策和会计估计变更以及差错更正的说明

略。

(六)重要报表项目的说明

(1)现金及存放中央银行款项的披露格式，如表 9-6 所示。

(2)拆出资金的披露格式，如表 9-7 所示。

(3)交易性金融资产(不含衍生金融资产)的披露格式，如表 9-8 所示。

表 9-6　现金及存放中央银行款项的披露

项　　目	期末账面余额	年初账面余额
库存现金		
存放中央银行法定准备金		
存放中央银行超额存款准备金		
存放中央银行的其他款项		
合　　计		

表 9-7　拆出资金的的披露

项　　目	期末账面余额	年初账面余额
拆放其他银行		
拆放非银行金融机构		
减：贷款损失准备		
拆出资金账面价值		

表 9-8　交易性金融资产(不含衍生金融资产)的披露

项　　目	期末公允价值	年初公允价值
债券		
基金		
权益工具		
其他		
合计		

如有指定为以公允价值计量且其变动计入当期损益的金融资产，应比照上述格式进行披露。

(4)衍生工具的披露格式，如表 9-9 所示。

表 9-9　衍生工具的披露

类别	期末金额						年初金额					
	套期工具			非套期工具			套期工具			非套期工具		
	名义金额	公允价值		名义金额	公允价值		名义金额	公允价值		名义金额	公允价值	
		资产	负债		资产	资产		资产	负债		资产	负债
利率衍生工具 衍生工具 1 ……												
货币衍生工具 衍生工具 1 ……												
权益衍生工具 衍生工具 1 ……												
信用衍生工具 衍生工具 1 ……												
其他衍生工具 1												
合计												

(5)买入返售金融资产的披露格式，如表 9-10 所示。

表 9-10　买入返售金融资产的披露

项　　目	期末账面余额	年初账面余额
证券		
票据		
贷款		
其他		
减：坏账准备		
买入返售金融资产账面价值		

(6) 发放贷款及垫款情况。

① 贷款及垫款按个人和企业分布情况的披露格式，如表 9-11 所示。

表 9-11　贷款及垫款按个人和企业分布情况的披露

项　　目	期末账面余额	年初账面余额
个人贷款和垫资 ——信用卡 ——住房抵押 ——其他		
企业贷款和垫资 ——贷款 ——贴现 ——其他		
贷款和垫资总额		
减：贷款损失准备 其中：单项计提数 组合计提数		
贷款和垫款账面价值		

② 贷款及垫款按行业分布情况的披露格式如表 9-12 所示。

表 9-12　贷款及垫款按行业分布情况的披露

行业分布	期末账面余额	比例(%)	年初账面余额	比例(%)
农牧业、渔业				
采掘业				
房地产业				
建筑业				
金融保险业				
……				
其他行业				
贷款和垫款总额				
减：贷款损失准备 其中：单项计提数 组合计提数				
贷款和垫款账面价值				

注：银行可以按行业风险集中情况自行确定行业分布。

③ 贷款及垫款按地区分布情况的披露格式，如表 9-13 所示。

表 9-13　贷款及垫款按地区分布情况的披露

行业分布	期末账面余额	比例(%)	年初账面余额	比例(%)
华南地区				
华北地区				
……				
其他地区				
贷款和垫款总额				
减：贷款损失准备 其中：单项计提数 组合计提数				
贷款和垫款账面价值				

注：银行可以按地区风险集中情况自行确定地区分布。

④ 贷款及垫款按担保方式分布情况的披露格式，如表 9-14 所示。

表 9-14　贷款及垫款按担保方式分布情况的披露

项　目	期末公允价值	年初公允价值
信用贷款		
保证贷款		
附担保物贷款		
其中：抵押贷款		
质押贷款		
……		
贷款和垫资总额		
减：贷款损失准备 其中：单项计提数 组合计提数		
贷款和垫款账面价值		

(7) 可供出售金融资产的构成及期末、期初公允价值等信息的披露格式，如表 9-15 所示。

表 9-15　可供出售金融资产的构成及期末、期初公允价值等信息的披露

项　目	期末公允价值	年初公允价值
债券 其中：债券类别 1 ……		
权益工具 其中：权益类别 1 ……		
其他		
合计		

(8) 持有至到期投资的构成及期末、期初公允价值等信息的披露格式，如表 9-16 所示。

(9) 其他资产(存出保证金、应收股利、其他应收可抵债资产)期末账面余额和年初账面余额的披露。

(10) 商业银行应当分别按借入中央银行款项、国家外汇存款等披露期末账面余额和年初账面余额。

(11) 商业银行应当分别按同业、其他金融机构存放款项披露期末账面余额和年初账面余额。

表 9-16 持有至到期投资的构成及期末、期初公允价值等信息的披露

项　　目	期末账面余额	年初账面余额	期末公允价值
债券 　其中：债券类别 1 　　……			
其他			
持有至到期投资合计			
减：持有至到期投资减值准备			
持有至到期投资账面价值			

(12)商业银行应当分别按银行拆入、非银行拆入披露期末账面余额和年初账面余额。

(13)交易性金融负债(不含衍生金融负债)的期初、期末公允价值。

(14)卖出回购金融资产的披露格式，如表 9-17 所示。

表 9-17 卖出回购金融资产的披露

项　　目	期末账面余额	年初账面余额
证券		
票据		
贷款		
其他		
合　　计		

(15)吸收存款的披露格式，如表 9-18 所示。

表 9-18 吸收存款的披露

项　　目	期末账面余额	年初账面余额
活期存款 　一公司 　……		
定期存款(含通知存款) 　一公司 　……		
其他存款(含汇出汇款、应解汇款等)		
合　　计		

(16)应付债券的披露格式，如表 9-19 所示。

表 9-19 应付债券的披露

债券类型	发行日	到期日	利率	期初账面余额	本期增加额	本期减少额	期末账面余额
债券类别 1							
……							
合计							

注：发行次级债券的，应补充披露发行总面值、转换选择权条款、未摊销发行成本余额等；发行可转换公司债券的，应补充披露发行日可转换公司债券面值、债券成分和权益成分的初始确认金额、本期和上期的利息总额等。

(17)其他负债的披露格式，如表 9-20 所示。

表 9-20　其他负债的披露

项　　目	期末账面余额	年初账面余额
存入保证金		
应付股利		
其他应付款		
……		
合　　计		

(18)披露一般风险准备的期末、年初余额及计提比例。

(19)利息收入和支出的披露格式，如表 9-21 所示。

表 9-21　利息收入和支出的披露

项　　目	本期发生额	上期发生额
利润收入		
——存放同业		
——存放中央银行		
——拆出资金		
——发放贷款及垫款		
其中：个人贷款和垫款		
公司贷款和垫款		
票据贴现		
——买入返售金融资产		
——债券投资		
——其他		
其中：已减值金融资产利息计入		
利息支出		
——同业存放		
——向中央银行借款		
——拆入资金		
——吸收存款		
——卖出回购金融资产		
——发行债券		
——其他		
利息净收入		

(20)手续费及佣金净收入的披露格式，如表 9-22 所示。

表 9-22　手续费及佣金净收入的披露

项　　目	本期发生额	上期发生额
手续费及佣金收入		
——结算与清算手续费		
——代理业务手续费		
——信用承诺手续费及佣金		
——银行卡手续费		
——顾问和咨询费		
——托管及其他受托业务佣金		
——其他		
手续费及佣金支出		
——手续费支出		
——佣金支出		
手续费及佣金净收入		

(21)投资收益的披露格式，如表 9-23 所示。

表 9-23　投资收益的披露

项　　目	本期发生额	上期发生额
以公允价值计量且其变动计入当期损益的金融工具投资		
可供出售权益工具投资		
长期股权投资		
其他		
合　　计		

(22)公允价值变动收益的披露格式，如表 9-24 所示。

表 9-24　公允价值变动收益的披露

项　　目	本期发生额	上期发生额
交易性金融工具		
制定为以公允价值计量且其变动计入当期损益的金融工具		
衍生工具		
其他		
合计		

(23)业务及管理费的披露格式，如表 9-25 所示。

表 9-25　业务及管理费的披露

项　　目	本期发生额	上期发生额
电子设备运转费		
安全防范费		
物业管理费		
其他		
合　　计		

(24)分部报告。商业银行应当区分主要报告形式和次要报告形式披露分部信息。主要报告形式应按规定披露较为详细的分部信息，如分部收入、分部费用、分部利润、分部资产和分部负债等；次要报告形式则披露较为简单的分部信息。

(25)担保物。按照《企业会计准则第 37 号——金融工具列报》第 21 条和第 22 条的相关规定进行披露。

(26)金融资产转移(含资产证券化)。按照《企业会计准则第 37 号——金融工具列报》第 20 条的相关规定进行披露。

(七)其他需要说明的重要事项

这主要包括或有和承诺事项、资产负债表日后非调整事项、关联方关系及交易等。

(八)风险管理

按照《企业会计准则第 37 号——金融工具列报》第 25 条至第 45 条的相关规定进行披露。

第十章

保险公司的会计核算

保险公司的主要经营对象是保险风险。保险公司(通常也称保险人)承担的被保险人的保险风险是通过与投保人签订的保险合同来体现的。保险合同分为原保险合同和再保险合同。

第一节　原保险合同的会计核算

一、原保险合同概述

(一)保险合同的定义

保险合同，是指保险人与投保人约定保险权利义务关系，并承担源于被保险人保险风险的协议。其中，保险人是指与投保人订立保险合同，并承担赔偿或者给付保险金责任的保险公司。对于原保险合同而言，投保人是指与保险公司订立原保险合同，并按照合同约定负有支付保险费义务的自然人、法人或其他组织；对于再保险合同而言，投保人是指与保险公司(再保险接受人)订立再保险合同，并按照合同约定负有支付保险费义务的保险公司。被保险人是指其财产或者人身受保险合同保障，享有保险金请求权的自然人、法人或其他组织，投保人可以为被保险人。

承担被保险人的保险风险是保险合同的本质特征，是保险合同区别于其他合同的关键。保险人承担的保险风险是被保险人已经存在的风险，其表现形式有多种，如可能对被保险人财产造成损害或毁坏，如水灾的发生或不发生，被保险人是否能生存到合同约定的年龄，被保险人是否会患合同约定的重大疾病等。如果保险人承担了被保险人的保险风险，双方签订的合同是保险合同；如果保险人没有承担被保险人的保险风险，承担的是其他风险，如金融工具价格、商品价格、汇率、费率指数、信用等级、信用指数等可能发生变化的风险，则双方签订的合同不是保险合同。有时，保险人与投保人签订的合同可能具有保险合同的法律形式，但是保险人并没有承担被保险人的保险风险。在这种情况下，双方签订的合同就不属于保险合同。根据保险人与投保人签订的协议，如果保险人承担源于被保险人的保险风险不重大，双方签订的合同也不属于保险合同。

(二)原保险合同的定义

原保险合同，是指保险人向投保人收取保费，对约定可能发生的事故因其发生所造成的财产损失承担赔偿保险金责任，或者当被保险人死亡、伤残、疾病或达到约定的年龄、期限时承担给付保险金责任的协议。保险人与投保人签订原保险合同，承担了源于被保险人的保险风险。判断保险人与投保人签订的合同是否属于原保险合同，应当关注合同的经济实质而不是法律形式，并根据合同条款判断保险人是否、承担了被保险人的保险风险。如果保险人能够判断一组相对同质的合同中的某项合同，使保险人承担了被保险人的保险风险，那么不需要对该组相对同质合同中的其他合同进行分析判断，就可以确定该组相对同质的所有合同均属于原保险合同。确定保险人是否承担了被保险人的保险风险，应当根据产品合同条款判断发生保险事故是否可能导致保险人承担赔付保险金责任。如果发生保险事故可能导致保险人承担赔付保险金责任，则保险人承担了被保险人的保险风险；如果发生保险事故不可能导致保险人承担赔付保险金责任，则保险人没有承担被保险人的保险风险。其中，保险事故是指保险合同约定的保险责任范围内的事故。例如，被保险人死亡、伤残、疾病或者达到约定的年龄、期限时仍生存，火灾、爆炸、暴雨、台风、洪水、雷击、泥石流、雹灾、碰撞、自燃等可能造成财产损失的事故，均可在合同中约定作为保险事故。

（三）原保险合同的分类

根据保险人在原保险合同延长期内是否承担赔付保险金责任，可将原保险合同分为寿险原保险合同和非寿险原保险合同。如果保险人在原保险合同延长期内承担赔付保险金责任，则该原保险合同为寿险原保险合同；如果保险人在原保险合同延长期内不承担赔付保险金责任，则该原保险合同为非寿险原保险合同。通常情况下，定期寿险、终身寿险、两全保险、年金保险、长期健康保险等均属于寿险原保险合同；企业财产保险、家庭财产保险、工程保险、责任保险、信用保险、保证保险、机动车交通事故责任强制保险、船舶保险、货物运输保险、农业保险、短期健康保险和意外伤害保险等均属于非寿险原保险合同。

原保险合同延长期是指投保人自上一期保费到期日未交纳保费，保险人仍承担赔付保险金责任的期间。原保险合同是否存在延长期取决于保单是否存在现金价值。在保单存在现金价值时，即使投保人后期未交保费，保险人仍可以保单现金价值自动垫缴保费，从而延长原保险合同有效期，直至保单现金价值用完为止。也就是说，如果保单存在现金价值，则原保险合同存在延长期；反之，则原保险合同不存在延长期。宽限期是保险人给予投保人延期缴费的一种优惠，由合同加以约定，被保险人在宽限期内发生保险事故，保险人应负保险责任。

保单现金价值是指寿险原保险合同具有的价值，通常体现为投保人解除原保险合同时，由保险人向投保人退还的金额。对于寿险原保险合同而言，保险人通常采取均衡保费的方法收取保费，将投保人交纳的全部保费在整个交易期内均摊。在被保险人年青时，死亡概率低，投保人交纳的保费比实际需要的多，多交的保费由保险人逐年积累；在被保险人年老时，死亡概率高，投保人当期交纳的保费不足以支付当期赔付款，不足的部分将正好由被保险人年青时多交的保费予以弥补。这部分多交的保费加上每年产生的利息滚存累积的金额，就是保单现金价值。通常情况下，保险人在出现以下情况时，应当按照合同约定向投保人退还保单现金价值：①保险人根据规定解除保险合同，且投保人已经交足两年以上保险费；②以死亡为给付保险金条件的合同，自合同成立之日起两年内被保险人自杀；③被保险人故意犯罪导致其自身伤残或死亡，且投保人已经交足两年保险费；④投保人解除合同，且已经交足两年以上保险费。

（四）混合风险合同的分拆

保险人与投保人签订的合同，有可能使得保险人既承担保险风险，又承担其他风险。对于既含有保险风险又含有其他风险的合同，保险人应当分情况进行处理。保险风险部分和其他风险部分能够区分，并且能够单独计量的，保险人可以将保险风险部分和其他风险部分进行分拆，也可以不将二者进行分拆。通常情况下，只有在保险人根据合同条款就可以清楚地区分保险风险部分和其他风险部分，并且分拆处理后能够提供有关保险人财务状况和经营成果等更可靠、更相关的会计信息时，保险人才可以将二者进行分拆。保险人将保险风险部分和其他风险部分进行分拆的，保险风险部分应确定为原保险合同，其他风险部分不应确定为原保险合同。保险人不将保险风险部分和其他风险部分进行分拆的，或者二者不能够区分，或虽能够区分但不能够单独计量的，应将整个合同确定为原保险合同。

例 10-1 B财产保险股份有限公司（以下简称B公司）的人投资保障型（3年期）合同约定，每份保险金额为 20 000 元，每份保险金额对应的保险投资金为 4 000 元，每份保险的年保费为 24 元。保费由保险人从投资收益中获得（年收益率预计为 2.2%），投保人无需在交纳保险投资金外另行支付。

本例中，B 公司的 A 投资保障型合同既有保险风险部分又有投资风险部分。根据合同条款可以清楚地认定保险风险部分为年保费 24 元，其他风险部分为保险投资金 4 000 元。因此，B 公司可以将保险风险部分和其他风险部分进行分拆，将保险风险部分确定为原保险合同，将其他风险部分不确定为原保险合同。

二、原保险合同收入的确认与计量

原保险合同收入，只有当保费收入同时满足以下规定的条件，才能予以确认。

（一）原保险合同成立并承担相应的保险责任

原保险合同成立是指原保险合同已经签订。承担相应保险责任是指保险人在原保险合同生效时开始承担约定的保险责任。保险人和投保人在签订原保险合同时，通常会约定一个保险责任起讫时间。例如，某非寿险原保险合同约定，保险责任起讫时间以保险单载明的时间为准，从保险责任起始日起，每 12 个月为一个保险年度。再如，某寿险原保险合同约定，保险责任自保险人同意承保并收到首期保费的次日零时开始，至合同列明的终止性保险事故发生时止。如果原保险合同签订日和生效日不是同一天，则保险人在合同生效日前收到的款项，不应确认为保费收入，而应确认为一笔负债。

（二）与原保险合同相关的经济利益很可能流入

与原保险合同相关的经济利益很可能流入是指与原保险合同相关的保费收回的可能性大于不能收回的可能性，即保费收回的可能性超过 50%。保险人在确定保费能否收回时，应当结合以前和投保人交往的直接经验、投保人的信用和财务状况、其他方面取得的信息等因素，进行综合判断。如果投保人信用良好，能够按照合同约定的期限和金额按期支付保费，则通常意味着相关的经济利益很可能流入；如果投保人破产、死亡，财务状况出现严重困难，或由于其他原因造成投保人的生产或生存环境严重恶化，则通常意味着相关的经济利益不是很可能流入。通常情况下，对于一次性收取保费的原保险合同，签订合同时就会收到保费，即意味着相关的经济利益已经流入；对于分期收取保费的原保险合同，签订合同时会收到第一期保费，其他各期保费尚未收到，因此，其他各期保费是否能够收回，需要保险人进行职业判断。

(三)与原保险合同相关的收入能够可靠地计量

保险人签发的原保险合同，保费金额通常已经确定，这表明保费收入金额能够可靠地计量。对于非寿险原保险合同和寿险原保险合同，由于保险人承担的保险风险性质不同，保费计量依据的假设不同，保费收入的计量方法也各不相同。

1. 非寿险原保险合同

非寿险原保险合同的保险期间一般较短(通常为 1 年或短于 1 年)，保费通常是一次性收取。即使在分期收取保费的情况下，投保人一般也不能单方面取消合同，保险人在签订原保险合同时通常即可认为保费收回的可能性大于不能收回的可能性。因此，保险人应当根据原保险合同约定的保费总额确定保费收入金额。

例 10-2 2009 年 1 月 1 日，B 财产保险股份有限公司(以下简称 B 公司)与王某签订一份家庭财产保险合同，保险金额为 2 000 000 元，保险期间为 1 年，保费为 2 000 元。合同规定，B 公司自 2 月 1 日零时起开始承担保险责任。合同签订当日，B 公司收到王某缴纳的全部保费并存入银行。

B 公司的账务处理如下。

(1)1 月 1 日收到保费 2 000 元。

借：银行存款	2 000	
贷：预收保费		2 000

(2)2 月 1 日确认原保费收入 2 000 元。

借：预收保费	2 000	
贷：保费收入		2 000

例 10-3 2009 年 1 月 1 日，B 财产保险股份有限公司(以下简称 B 公司)与 N 公司签订一份工程保险合同，保险金额为 8 000 000 元，保险期间为 2009 年 1 月 1 日零时至 2010 年 12 月 31 日 24 时；保费总额为 8 000 元，分两年于每年年初等额收取。合同生效当日，B 公司收到第一期保费并存入银行。B 公司的账务处理如下。

(1)2009 年 1 月 1 日收到保费 4 000 元，确认原保费收入 8 000 元。

借：银行存款	4 000	
应收保费	4 000	
贷：保费收入		8 000

(2)2010 年 1 月 1 日收到保费 4 000 元。

借：银行存款	4 000	
贷：应收保费		4 000

2. 寿险原保险合同

寿险原保险合同的保险期间一般较长，保费通常分期收取，一次性收取的较少，投保人可以单方面取消合同，保费的收回存在不确定性。因此，对于分期收取保费的寿险原保险合同，保险人应当根据当期应收取的保费确定保费收入金额；对于一次性收取保费的寿险原保险合同，保险人应当根据一次性应收取的保费确定保费收入金额。

例 10-4 2008 年 12 月 31 日，C 人寿保险股份有限公司(以下简称 C 公司)与李某签订一份定期寿险合同，保险金额为 2 000 000 元，保险期间为 2009 年 1 月 1 日零时至 2028 年 12 月 31 日 24 时；保费总额为 120 000 元，分 5 期于前 5 年每年 1 月 1 日等额收取。合同生效当日，C 公司收到李某缴纳的第一期保费 24 000 元(120 000÷5)，C 公司的账务处理如下：

借：银行存款　　24 000

　　贷：保费收入　　24 000

以后各年收取保费的账务处理同上。

例 10-5 2008 年 12 月 31 日，C 人寿保险股份有限公司(以下简称 C 公司)与王某签订一份两全保险合同，保险金额为 1 000 000 元，保费总额为 160 000 元， 保险期间为 2009 年 1 月 1 日零时至 2019 年 12 月 31 日 24 时。合同生效当日，C 公司收到 N 公司缴纳的保费总额 160 000 元。C 公司的账务处理如下：

借：银行存款　　160 000

　　贷：保费收入　　160 000

三、原保险合同准备金的确认与计量

原保险合同准备金包括未到期责任准备金、未决赔款准备金、寿险责任准备金和长期健康险责任准备金。其中，未到期责任准备金、未决赔款准备金适用于非寿险原保险合同，寿险责任准备金、长期健康险责任准备金适用于寿险原保险合同。未决赔款准备金、寿险责任准备金、长期健康险责任准备金又称为保险责任准备金。

(一)未到期责任准备金

未到期责任准备金，是指保险人为尚未终止的非寿险保险责任提取的准备金。在保险人按原保险合同约定的保费总额确认保费收入的情况下，为了真实地反映保险人当期已赚取的保费收入，保险人就有必要在确认保费收入的当期期末，按照保险精算部门确定的未到期责任准备金金额，提取未到期责任准备金，作为保费收入的调整，并确认未到期责任准备金负债。从性质上讲，未到期责任准备金属于未赚取保费收入的调整，确认未到期责任准备金就是确认未赚取保费收入的调整。随着时间的推移，保险风险在逐渐减少，未赚取的保费收入也随之转化为已赚取的保费收入。因此，通常情况下，对同一尚未终止的非寿险保险责任而言，保险人在资产负债表日按照保险精算部门重新计算确定的未到期责任准备金金额应当小于上一资产负债表日已确认的未到期责任准备金余额。为了真实地反映保险人当期期末已赚取的保费收入，保险人应当在资产负债表日，按照保险精算部门重新计算确定的未到期责任准备金金额与已确认的未到期责任准备金余额的差额，对未到期责任准备金余额进行调整。

例 10-6 2009 年 11 月 1 日，B 财产保险股份有限公司(以下简称 B 公司)确认 D 公司投保的 M 财产保险合同保费收入 96 000 元；11 月 30 日，B 公司保险精算部门计算确定 M 财产保险合同未到期责任准备金金额为 88 000 元；12 月 31 日，B 公司保险精算部门计算确定 M 财产保险合同未到期责任准备金金额为 80 000 元。B 公司的账务处理如下。

(1)11 月 1 日确认原保费收入 96 000 元。

借：银行存款　　96 000

贷：保费收入　　　　　　　　　　　　　　　　　　96 000

(2) 11 月 30 日确认未到期责任准备金 88 000 元。

借：提取未到期责任准备金　　　　　　　　　　88 000

贷：未到期责任准备金　　　　　　　　　　　　　88 000

(3) 12 月 31 日调减未到期责任准备金 8 000 元(88 000 元–80 000 元)。

借：未到期责任准备金　　　　　　　　　　　　8 000

贷：提取未到期责任准备金　　　　　　　　　　　8 000

(二) 未决赔款准备金

未决赔款准备金，是指保险人为非寿险保险事故已发生尚未结案的赔偿提取的准备金，包括已发生已报案未决赔偿准备金、已发生未报案未决赔偿准备金和理赔费用准备金。其中，已发生已报案未决赔偿准备金是指保险人为非寿险保险事故已发生并已向保险人提出索赔、尚未结案的赔偿提取的准备金。已发生已报案未决赔款准备金的基础数据主要来源于理赔部门，应当反映理赔部门对于理赔模式、赔付支出变化、零赔案、大赔案等问题的经验和判断。已发生未报案未决赔偿准备金是指保险人为非寿险保险事故已发生、尚未向保险人提出索赔的赔案提取的准备金。理赔费用准备金是指保险人为非寿险保险事故已发生尚未结案的赔案可能发生的律师费、诉讼费、损失检验费、相关理赔人员薪酬等理赔查勘费用提取的准备金。根据与具体赔案之间的关系，理赔费用准备金可分为直接理赔费用准备金和间接理赔费用准备金。保险人专门设置的理赔部门发生的理赔人员薪酬，通常应当根据与具体赔案之间的关系，分别归属于直接理赔费用准备金和间接理赔费用准备金。直接理赔费用准备金是指保险人为直接发生于具体赔案的律师费、诉讼费、损失检验费等提取的理赔费用准备金。间接理赔费用准备金是指保险人为非直接发生于具体赔案的理赔人员薪酬等理赔查勘费用提取的理赔费用准备金。在计算确定间接理赔费用准备金的金额时，保险精算部门通常采用比率分摊法进行评估。保险人与投保人签订原保险合同，向投保人收取保费，同时承担了在保险事故发生时向受益人赔付保险金的责任。对于非寿险原保险合同，在保险事故发生之前，保险人承担的向受益人赔付保险金的责任是一种潜在义务，不满足负债的确认条件，不应当确认为负债。保险事故一旦发生，保险人承担的向受益人赔付保险金的责任变成一种现时义务，满足负债的确认条件，应当确认为负债。因此，保险人应当在非寿险保险事故发生的当期，按照保险精算部门确定的未决赔款准备金额，提取未决赔款准备金，并确认未决赔款准备金负债。

例 10-7　2009 年 5 月 31 日，B 财产保险股份有限公司(以下简称 B 公司)保险精算部门计算确定的某类财产保险合同未决赔偿准备金金额为 200 000 元。其中，已发生已报案未决赔款准备金为 120 000 元，已发生未报案未决赔款准备金为 40 000 元，理赔费用准备金为 40 000 元。B 公司的账务处理如下：

借：提取保险责任准备金　　　　　　　　　　200 000

贷：保险责任准备金　　　　　　　　　　　　　200 000

(三) 寿险责任准备金和长期健康险责任准备金

寿险责任准备金，是指保险人为尚未终止的人寿保险责任准备提取的准备金。长期健康险责任准备金，是指保险人为尚未终止的长期健康保险责任准备提取的准备金。通常情况下，对于定期寿险、终身寿险、两全寿险、年金寿险等原保险合同，保险人应当在确认保费收入的当期，根据保险精算部门确定的寿险责任准备金确认寿险责任准备金负债；对于长期健康保险等原保险合同，保险人应当在确认保费收入的当期，根据保险精算部门确定的长期健康险责任准备金确认长期健康险责任准备金负债。保险人与投保人签订原保险合同，向投保人收取保费，同时承担了在保险事故发生时向受益人赔付保险金的责任，这种责任是保险人承担的现实义务。寿险原保险合同保险事故的表现形式是被保险人死亡、伤残、疾病或者达到约定的年龄、期限，对于这类保险事故，保险人承担赔付保险金责任导致经济利益流出的可能性超过 50%。虽然寿险原保险合同保险事故具体发生的时间具有不确定性，保险事故发生时具体应当给付的金额具有不确定性，但是，根据保险精算的原理，保险人能够可靠地估计承担的向受益人赔付保险金责任的大小和时间。因此，保险人承担的向受益人赔付保险金的责任满足负债的确认条件，应当确认为负债，即保险人应当在确认寿险保费收入的当期，按照保险精算部门确定的寿险责任准备金金额，提取寿险责任准备金、长期健康险责任准备金，并确认为负债。

例 10-8 2009 年 12 月 31 日，C 人寿保险股份有限公司（以下简称 C 公司）保险精算部门计算确定的某团体终身寿险合同寿险责任准备金金额为 240 000 元。C 公司的账务处理如下：

借：提取保险责任准备金　　240 000

　　贷：保险责任准备金　　240 000

（四）保险责任准备金充足性测试

保险人在非寿险保险事故发生的当期，已经根据保险精算部门确定的未决赔款准备金金额确认了保险责任准备金（未决赔款准备金在确认寿险保费收入的当期，已经根据保险精算部门确定的寿险责任准备金、长期健康险责任准备金金额确认了保险责任准备金（寿险责任准备金、长期健康险责任准备金）。但是，随着理赔案件调查的深入（如未决赔款准备金）和时间的推移（如寿险责任准备金、长期健康险责任准备金），原定保险精算假设可能发生变化，从而导致已确认的保险责任准备金金额与保险人应承担的赔付保险金责任不一致。此时，如果不对已确认的保险责任准备金金额进行调整，就不能真实地反映保险人承担的赔付保险金责任。基于会计信息质量特征中的谨慎性要求，并考虑成本效益原则，保险人应当至少于每年年度终了，以掌握的有关资料为依据，选择恰当的方法对保险责任准备金进行充足性测试。如果保险人保险精算部门重新计算确定的相关保险责任准备金金额超过充足性测试日已确认的相关保险责任准备金余额的，应当按照其差额补提相关保险责任准备金；如果保险人保险精算部门重新计算确定的相关保险责任准备金金额小于充足性测试日已确认的相关保险责任准备金余额的，不调整相关保险责任准备金。

例 10-9 2009 年 12 月 31 日，B 财产保险股份有限公司（以下简称 B 公司）保险精算部门计算确定的某财产保险合同未决赔款准备金金额为 320 000 元，前期已确认的相关未决赔款准备金金额为 220 000 元。B 公司补提未决赔款准备金 100 000 元（320 000–220 000）的账务处理如下：

借：提取保险责任准备金　　100 000

　　贷：保险责任准备金　　100 000

（五）原保险合同提前解除

投保人由于各种原因可能提前解除保险人与投保人签订的原保险合同。投保人要求提前解除原保险合同的，保险人应当按照原保险合同的约定计算确定应退还投保人的金额，其表现形式是退保费。原保险合同提前解除时，保险人应当分别按不同的原保险合同进行处理。

1. 非寿险原保险合同

对于非寿险原保险合同，投保人在保险责任开始后要求提前解除原保险合同的，保险人可以收取自保险责任开始之日起至合同解除之日止期间的保险费，剩余的应当退还投保人的保险费即为退保费。投保人在保险责任开始前要求提前解除原保险合同的，投保人应当向保险人支付手续费，保险人应当退还保险费。保险人在这种情况下退还的保险费不是退保费，而是预收保费的退还。同时，保险人在确认非寿险原保险合同保费收入的当期，通过确认未到期责任准备金，已将保费收入调整为已赚取的保费收入。在非寿险原保险合同提前解除时，尚未赚取的保费收入已经不可能再赚取。因此，保险人应当在非寿险原保险合同提前解除时，转销相关的尚未赚取的保费收入，即转销相关未到期责任准备金余额。对于非寿险原保险合同确认的未决赔款准备金，其确认的前提条件是发生非寿险保险事故。在发生非寿险保险事故的情况下，理性的投保人是不可能要求解除合同的，因此，一般也就不存在转销相关的未决赔款准备金余额。

例 10-10 2009 年 10 月 8 日，B 财产保险股份有限公司（以下简称 B 公司）收到 N 公司通知，要求提前解除投保的企业财产保险合同。B 公司按约定计算应退还 N 公司保费 12 000 元，并于当日以银行存款转账支付。假定 B 公司已为该企业财产保险合同确认未到期责任准备金 10 000 元。

B 公司的账务处理如下：

借：保费收入	12 000	
贷：银行存款		12 000
借：未到期责任准备金	10 000	
贷：提取未到期责任准备金		10 000

2. 寿险原保险合同

对于寿险原保险合同，投保人在保险责任开始后提前解除原保险合同的，如果在犹豫期内，保险人应当在扣除手续费后退还保险费，退还的保险费作为退保费，应直接冲减保费收入。如果过了犹豫期，保险人应当按照合同约定退还保险单的现金价值，保险人退还的保险单的现金价值即为退保费，应计入退保金。同时，保险人在确认寿险原保险合同保费收入的当期，已经将未来应承担的赔付保险金责任确认为寿险责任准备金、长期健康险责任准备金。在寿险原保险合同提前解除时，保险人原确认的未来应承担的赔付保险金责任已经不复存在，应当同时转销相关准备金余额。因此，保险人应当在寿险原保险合同提前解除时，转销已确认的相关寿险责任准备金、长期健康险责任准备金。

四、原保险合同成本的确认与计量

原保险合同成本，是指原保险合同发生的、会导致所有者权益减少的、与向所有者分配利润无关的经济利益的总流出。原保险合同成本主要包括发生的手续费或佣金支出、赔付成本，以及提取的未决赔款准备金、寿险责任准备金、长期健康险责任准备金等。

（一）保单取得成本

保单取得成本，是指保险人在取得原保险合同过程中发生的支出，包括发生的手续费或佣金支出、保单签订费、医药费、检查费等。其中，保险人在取得原保险合同过程中发生的手续费或佣金支出，是保单取得成本的主要内容。现行保单取得成本的会计处理方法主要有两种：一种是将保单取得成本资本化，在保险期间内采用一定的方法进行摊销，计入当期损益，如美国；另一种是将保单取得成本在发生时计入当期损益，国际会计准则理事会在关于保险合同项目第二阶段的初步结论中倾向于采用这种方法，我国实务中也采用这种方法。

（二）赔付成本

赔付成本，包括保险人支付的赔款、给付，以及在理赔过程中发生的律师费、诉讼费、损失检验费、相关理赔人员薪酬等理赔费用。

1. 非寿险原保险合同

（1）确定支付赔付款项。对于非寿险原保险合同，保险人在发生保险事故当期，已经根据保险精算部门计算确定的未决赔款准备金金额，确认了保险责任准备金（未决赔款准备金）负债，同时确认提取保险责任准备金，计入了当期损益。因此，保险人在确定了实际应支付赔偿款项金额的当期，应当先将确定支付的赔偿款项金额计入当期赔付支出，然后按照确定支付的赔偿款项金额，冲减相应的保险责任准备金（未决赔款准备金）余额。保险人将实际应支付的赔偿款确认为赔付支出单独核算，而不是直接冲减未决赔款准备金余额，主要是为了满足赔付率监管的需要，并与未决赔款准备金精算实务相衔接。在实务中，保险精算部门是根据有效保单定期计算未决赔款准备金余额，已决保单没有包括在有效保单内。在资产负债表日，会计部门根据保险精算部门的计算结果按差额确认未决赔款准备金时，已经自动将已决保单相关的未决赔款准备金转销。

例 10-11 2009 年 4 月 12 日，B 财产保险股份有限公司（以下简称 B 公司）确定应赔偿张某投保的家庭财产保险款 160 000 元，款项尚未支付。2009 年 4 月 30 日，B 公司为该保险事故确认的未决赔款准备金金额为 160 000 元。B 公司的账务处理如下：

借：赔付支出	160 000	
贷：应付赔付款		160 000
借：保险责任准备金	160 000	
贷：提取保险责任准备金		160 000

保险人在保险事故发生后较短的时间内（通常为保险事故发生当月）即能够结案定损的，保险人不需要先确认未决赔款准备金，再予以转销，而可以直接将确定支付的赔付款项金额计入当期损益。

例 10-12 2009 年 5 月 15 日，B 财产保险股份有限公司（以下简称 B 公司）某被保险人发生交通事故死亡；5 月 20 日，B 公司确定应赔偿该保险受益人保险款 240 000 元并于当日支付。B 公司的账务处理如下：

借：赔付支出	240 000	
贷：银行存款		240 000

（2）发生理赔费用。保险事故发生后，保险人为了确定应承担赔付保险金责任的金额，需要经过一系列的调查核实过程，如现场查勘、审查有关单证、审核责任、核定赔偿范围等。

在这一过程中发生的律师费、诉讼费、损失检验费、相关理赔人员薪酬等，即为理赔费用。

保险人发生的理赔费用，应当在实际发生的当期计入赔付支出，同时冲减相应的保险责任准备金(未决赔款准备金、寿险责任准备金、长期健康险责任准备金)余额。理赔费用准备金中包括的相关理赔人员薪酬，应当在实际分配的当期计入赔付支出，同时冲减相应的保险责任准备金(未决赔款准备金、寿险责任准备金、长期健康险责任准备金)余额。

例 10-13 2009 年 5 月 31 日，C 财产保险股份有限公司(以下简称 C 公司)分配相关理赔人员薪酬 86 000 元，其中与寿险责任准备金有关的金额为 46 000 元，与长期健康险责任准备金有关的金额为 40 000 元。C 公司的账务处理如下：

借：赔付支出 86 000
　　贷：应付职工薪酬 86 000
借：保险责任准备金——寿险责任准备金 46 000
　　　　　　　　　——长期健康险责任准备金 40 000
　　贷：提取保险责任准备金 86 000

2. 寿险原保险合同

对于寿险原保险合同，保险人在确认保费收入当期，已经根据保险精算部门计算确定的寿险责任准备金、长期健康险责任准备金金额，确认了保险责任准备金(寿险责任准备金、长期健康险责任准备金)负债，同时确认提取保险责任准备金，计入当期损益。保险人在确定了实际支付给付款项金额的当期，应当先将确定支付的给付款项金额，计入当期赔付支出；然后，应当按照确定支付的给付款项金额，冲减相应的保险责任准备金(寿险责任准备金、长期健康险责任准备金)余额。

例 10-14 2009 年 6 月 30 日，C 财产保险股份有限公司(以下简称 C 公司)确定应给付李某投保的团体终身寿险款项 1 200 000 元，款项尚未支付。C 公司的账务处理如下：

借：赔付支出 1 200 000
　　贷：应付赔付款 1 200 000
借：保险责任准备金 1 200 000
　　贷：提取保险责任准备金 1 200 000

(三)损余物资

损余物资，是指保险人对非寿险保险事故承担赔偿保险金责任后取得的原保险标的受损后的财产。通常情况下，保险人承担赔偿保险金责任时，一般将取得的有关财产折价给受益人，该财产不属于保险人的损余物资，不应当纳入保险人的资产负债表内反映，而应当将其从应支付的赔偿款项中扣除，按扣除后的金额支付给受益人。如果保险人承担赔偿保险金责任时，没有将取得的原保险标的受损后的有关财产折价给受益人，则该资产属于保险人的损余物资，在满足确认条件时应纳入保险人的资产负债表内反映。保险人取得的损余物资是对其发生赔付支出的补偿，因此，在确认损余物资时，应当按照同类或类似资产的市场价格计算确定的金额确认为资产，同时冲减赔付支出。同类或类似资产，通常是指与损余物资的性质相同、功能相近的资产。保险人处置损余物资时，应当根据收到的金额与相关损余物资账面价值的差额，调整当期赔付支出。

例 10-15 张某投保的小轿车发生被盗保险事故，B 财产股份有限公司(以下简称 B 公司)

已结案并支付保险金。2009 年 4 月 12 日，B 公司通过公安部门找回了该被盗小轿车，参照同类资产的市场价格确定的入账价值为 160 000 元。B 公司的账务处理如下：

借：损余物资	160 000	
贷：赔付支出		160 000

（四）代位追偿款

代位追偿款，是指保险人承担赔偿保险金责任后，依法从被保险人取得代位追偿权向第三者责任人索赔而应取得的赔款。保险人承担赔付保险金责任后应取得的代位追偿款，只有在同时满足《企业会计准则第 25 号——原保险合同》规定的条件时才能予以确认。对于不满足确认条件的代位追偿款，保险人不应当确认。在判断代位追偿款能否收回时，保险人应当根据以往的经验、债务人的财务状况和现金流量等相关信息进行合理估计。如果判断代位追偿款收回的可能性大于不能收回的可能性，就应当认为代位追偿款能够收回。如果判断代位追偿款收回的可能性小于不能收回的可能性，就不应当确认应收代位追偿款，而应当提供确凿的证据。保险人确认的应收代位追偿款，其实质是对保险人发生的赔付支出的补偿，在确认时应当冲减赔付支出。收到应收代位追偿款时，保险人应当按照收到的金额与相关应收代位追偿款账面价值的差额，调整当期赔付支出。

例 10-16　2009 年 5 月 15 日，李某投保的小轿车发生碰撞保险事故，B 公司赔偿保险金责任后，取得向责任方代位追偿的权利，估计能够收回的代位追偿款为 60 000 元。6 月 23 日，B 公司从责任方收到代位追偿款 58 000 元，款项已存入银行。B 公司的账务处理如下：

（1）5 月 15 日确认应收代位追偿款 60 000 元。

借：应收代位追偿款	60 000	
贷：赔付支出		60 000

（2）6 月 23 日收到应收代位追偿款 58 000 元。

借：银行存款	58 000	
赔付支出	2 000	
贷：应收代位追偿款		60 000

第二节　再保险合同的会计核算

一、再保险合同概述

保险公司主要从事风险经营，为加强风险管理、均衡业务、稳定经营，保险公司需要将超过自身业务承受能力的一部分风险责任转嫁给其他保险公司来分担，由此产生再保险业务。保险公司之间的再保险关系是通过签订再保险合同确立的。

（一）再保险合同的概念及特征

再保险合同是指一个保险人（再保险分出人）分出一定的保费给另一个保险人（再保险接受人），再保险接受人对再保险分出人由原保险合同所引起的赔付成本及其他相关费用进行补偿的保险合同。再保险合同属于保险合同，与原保险合同相比较，具有以下特征。

(1)再保险合同是保险人与保险人之间签订的合同，一方为再保险分出人，另一方为再保险接受人。再保险分出人是根据再保险合同，有义务向再保险接受人支付一定的保费，同时有权利就其由原保险合同所引起的赔付成本及其他相关费用从再保险接受人获得补偿的保险人；再保险接受人是根据再保险合同，有权利向再保险分出人收取一定的保费，同时有义务对再保险分出人由原保险合同所引起的赔付成本及其他相关费用进行补偿的保险人。

(2)再保险合同是补偿性合同。不论原保险合同是寿险合同还是非寿险合同，再保险合同的标的都是再保险分出人所承担的保险责任。再保险合同不具有直接对原保险合同标的进行赔偿或给付的性质，而是以补偿再保险分出人对原保险合同所承担的保险责任为目的，即对于原保险合同标的发生保险事故所产生的损失，先由再保险分出人全额进行赔偿或给付，再将应由再保险接受人承担的部分摊回，由再保险接受人向再保险分出人进行补偿。

(3)再保险合同独立于原保险合同。这主要体现在再保险合同与原保险合同在法律上没有任何承继关系。一方面，再保险合同的再保险接受人与原保险合同的投保人和保险受益人之间不发生任何法律或业务关系，再保险合同的再保险接受人无权向原保险合同的投保人收取保费，原保险合同的保险受益人无权直接向再保险合同的再保险接受人提出索赔要求；另一方面，原保险合同的保险人(再保险合同的再保险分出人)也不得以再保险接受人不对其履行补偿义务为借口而拒绝、减少或延迟履行其对保险受益人的赔偿或给付义务。

(二)再保险合同基本业务

再保险合同业务包括分出业务和分入业务。再保险分出业务涉及分出保费、摊回分保手续费、摊回赔付成本等基本业务。同原保险转嫁风险需要支付保费相同，再保险分出人转嫁保险风险责任也要向再保险接受人支付一定的保费，这种保费叫做分保费或再保险费。同时，由于再保险分出人在销售原保险保单以及维护和管理保险业务过程中发生了一定的费用，再保险分出人需要向再保险接受人摊回一部分费用予以补偿，这种由再保险接受人支付给再保险分出人的费用被称为分保手续费。当被保险人发生保险责任范围内的保险事故时，再保险分出人按原保险合同约定负责向保险受益人提供赔偿或给付，再将应由再保险接受人承担的份额摊回，此为摊回赔付成本。

与再保险分出业务相对应，再保险分入业务涉及收取分保费、支付分保手续费、支付分保赔付款等基本业务。

此外，再保险接受人与再保险分出人之间还有支付和收取纯益手续费的业务。纯益手续费是指再保险接受人为鼓励再保险分出人谨慎地选择原保险合同所承保的业务，在其取得纯益基础上付给再保险分出人一定比例(即纯益手续费率)的报酬。“纯益”指某个业务年度的再保险分人业务获得的纯收益，即该年度分人业务收入项目合计减去支出项目合计的差额。

保险人之间履行再保险合同的约定、办理再保险业务和进行再保险资金结算的主要凭据是分保业务账单。分保业务账单一般由再保险分出人按季度编制。为了减少付款次数和不必要的汇款费用,再保险合同双方通常约定按照账单上各项应收应付款相抵后的净额结算。“应付你方余额”为账单贷方金额合计减去借方金额合计后的净额，是再保险分出人应向再保险接受人实际支付的金额；“应付你方余额”为账单借方金额减去贷方金额合计后的净额，是再保险接受人应向再保险分出人实际支付的金额。

（三）再保险合同分类

再保险合同按自留额和分保额计算基础的不同，可分为比例再保险合同和非比例再保险合同。自留额是指再保险分出人对于每一危险单位或一系列危险单位的责任或损失，承担自负责任的限额；分保额是指对于再保险分出人每一危险单位或一系列危险单位的责任或损失，再保险接受人承担分保责任的限额。

1. 比例再保险合同

比例再保险合同，是指以原保险合同保险金额为自留额和分保额计算基础的一种再保险合同。该种再保险方式下，再保险分出人与再保险接受人按照保险金额的一定比例分担责任，并按此比例分出保费和分摊赔付款。比例再保险合同又分为成数再保险合同和溢额再保险合同。

(1)成数再保险合同。成数再保险合同签约双方一般对某种业务的每一危险单位自留额和分保额约定固定的比例，再保险分出人对约定的业务，一律按分保比例向再保险接受人分出保费和摊回赔付款。成数再保险合同有时还约定再保险接受人所承担分保额的最高限额。

(2)溢额再保险合同。溢额再保险合同签约双方一般约定再保险分出人对某种业务的每一危险单位保险金额自己所承担的自留额，当保险金额超出自留额时，超出部分(即溢额)由再保险接受人承担，但再保险接受人承担的溢额不超过合同约定的最高限额(在最高限额之内承担的溢额为分保额)。签约双方以自留额和分保额为基础，计算确定每一危险单位的自留额和分保额之间的比例，分别称为自留比例和分保比例。再保险分出人按分保比例向再保险接受人分出保费和摊回赔付款。对于溢额超出再保险接受人最高承担限额的部分，再保险分出人不作分保或另作分保安排。与成数分保不同的是，溢额分保的比例不是固定的，而是根据每一标的的保额大小而变动，分出保费和赔付款项的摊回金额也随之变化。

2. 非比例再保险合同

非比例再保险合同，是指以再保险分出人赔付款金额(实际损失)为自留额和分保额计算基础的一种再保险合同。该种再保险方式下，再保险分出人与再保险接受人并不是按比例分配相关的保费和赔付款，而是通常先规定两个限额，一是再保险分出人自己承担的赔付限额(赔款限额或赔付率限额)；二是再保险接受人承担的最高赔付限额。再保险分出人按合同规定在期初向再保险接受人预付一定的保费，合同责任期满后再对预付保费进行调整；当原保险发生保险事故后的赔付金额或全年赔付率不超过自负责任限额时，相关损失由再保险分出人自行承担；对于超过自负责任限额部分的赔付款由再保险接受人承担，但不超过约定应承担的最高限额。非比例再保险是在比例再保险承担补偿责任以后才承担补偿责任的再保险。非比例再保险合同分为超额赔款再保险合同和赔付率超赔再保险合同。

(1)超额赔款再保险合同。超额赔款再保险合同一般约定，以再保险分出人每一危险单位所发生的赔款金额或者一次巨灾事故中多数危险单位的责任累积赔款为基础，确定再保险分出人的自负责任限额和再保险接受人承担的分保限额，自负责任限额以内的损失由再保险分出人自行承担，超过自负责任限额以上的损失由再保险接受人负担最高限额内的部分。其中，以再保险分出人每一危险单位所发生的赔款金额为基础确定自留额和分保额的，为险位超赔再保险合同；以一次巨灾事故中多数危险单位的责任累积赔款额为基础确定自留额和分保额的，为事故(或巨灾)超赔再保险合同。安排超额赔款再保险时，可将所要求的整个超赔保障数额分割为几“层”。

(2)赔付率超赔再保险合同。赔付率超赔再保险合同一般约定，按再保险分出人年度赔付率为基础计算自负责任额和分保责任额，当再保险分出人赔付率超过规定赔付率时，超过部分的赔付款由再保险接受人负担至一定的限额。

二、分出业务的核算

分出业务的核算主要包括应收分保准备金、分出保费及摊回款项、预收赔款和存入分保保证金等。

(一)应收分保准备金

1. 应收分保准备金与有关原保险合同准备金不得相互抵销

根据相关规定，再保险分出人不应当将再保险合同形成的资产与有关原保险合同形成的负债相互抵销。这里“原保险合同形成的负债”主要是指再保险分出人对原保险合同提取的各项准备金；“再保险合同形成的资产”主要是指再保险分出人对再保险合同确认的各项应收分保准备金。在签订再保险合同的情况下，再保险分出人提取相关原保险合同各项准备金(未到期责任准备金除外）确认应付保险受益人负债的同时,也产生了向再保险接受人收取补偿金额的权利，该权利所带来的经济利益很可能流入保险人并且权利金额能够可靠地计量，符合资产要素的定义及确认条件，应当确认为应收分保准备金资产。需要说明的是，应收分保未到期责任准备金属于分出的未赚保费，本质上不属于预期从再保险接受人处获得补偿的权利金额。

应收分保准备金的确认应符合与有关原保险合同准备金不相互抵销的要求，即再保险分出人不应仅以各项原保险合同准备金扣除相关应收分保准备金后的金额列示于资产负债表的负债方。原保险合同准备金反映再保险分出人应付保险受益人的负债，而应收分保准备金反映的则是再保险分出人应收再保险接受人的债权。再保险合同的签订并不能减少或免除再保险分出人对原保险合同保险受益人的保险责任，无论再保险接受人能否对再保险分出人支付补偿金额，再保险分出人都要向保险受益人全额履行赔付义务。因此，应收分保准备金与相关原保险合同准备金不应相互抵销，抵销处理会掩盖再保险分出人客观存在的信用风险，造成信息披露不充分。按照《企业会计准则第 26 号——再保险合同》的要求，再保险分出人应在资产负债表中全额列示原保险合同各项准备金，以全面、真实地反映其对原保险合同保险受益人的负债情况，同时将各项应收分保准备金作为资产单独列示，以真实地反映其对再保险接受人应有的债权。这样，也有利于准确考核再保险分出人的偿付能力。应收分保未到期责任准备金和未到期责任准备金同样不符合相互抵销的条件，应分别列示于资产负债表的资产方和负债方。

2. 应收分保准备金的确认

再保险分出人应当在确认非寿险原保险合同保费收入的当期，按照相关再保险合同的约定，计算确认相关的应收分保未到期责任准备金资产，并冲减提取未到期责任准备金。再保险分出人应当在提取原保险合同未决赔款准备金、寿险责任准备金、长期健康险责任准备金的当期，按照相关再保险合同的约定，计算确定应向再保险接受人摊回的相应准备金，确认为相应的应收分保准备金资产。应收分保未到期责任准备金实质上属于分出的未赚保费，确认应收分保未到期责任准备金是对当期分出保费的调整，并非收入的实现。提取未到期责任准备金(含分保未到期责任准备金)和确认应收分保未到期责任准备金的最终结果都是对当期自留保费(原保险合同保费收入加上分保费收入再减去分出保费后的金额)的调整，即将当期的自留保费调整为已赚保费。因此，确认应收分保未到期责任准备金时应作冲减提取未到期责任准备金处理，通过“提取未到期责任准备金”科目集中反映将当期自留保费调整为已赚保费的调整金额。而应收分保未决赔款准备金、应收分保寿险责任准备金和应收分保长期健康险责任准备金都表示再保险分出人预期从再保险接受人处获得补偿的金额，具有收入性质，确认时应作为摊回相应准备金处理。

例 10-17 2008 年 12 月 2 日，B 保险股份有限公司(以下简称 B 公司)与 A 保险股份有限公司(以下简称 A 公司)签订一份成数分保财险再保险合同，将合同规定范围内的原保险业务向 A 公司办理分保。合同约定，分保比例为 10%；分保手续费以分出保费作为计算基础，分保手续费率为 25%；合同起期日为 2009 年 1 月 1 日，保险责任期间为 1 年。2009 年 1 月 1 日，B 公司就该再保险合同规定业务范围内的 E 企业财产保险合同确认保费收入 240 000 元；1 月 31 日，B 公司就 E 企业财产保险合同提取未到期责任准备金 220 000 元；3 月 18 日，E 企业财产保险合同约定的保险事故发生，至 3 月 31 日尚未结案定损，B 公司就该合同提取未决赔款准备金 150 000 000 元。B 公司确认应收分保准备金的会计处理如下。

(1) 2009 年 1 月 31 日，确认应收分保未到期责任准备金。

B 公司应确认的对 A 公司应收分保未到期责任准备金=220 000 元×10%=22 000 元

借：应收分保未到期责任准备金　　22 000

　　贷：提取未到期责任准备金　　22 000

(2) 2009 年 3 月 31 日，确认应收分保未决赔款准备金。

B 公司应确认的对 A 公司应收分保未决赔款准备金=150 000 000 元×10%=15 000 000 元

借：应收分保未决赔款准备金　　15 000 000

　　贷：摊回未决赔偿准备金　　15 000 000

3. 应收分保准备金账面余额调整

(1) 应收分保未到期责任准备金的调整。再保险分出人在资产负债表日按照保险精算部门重新计算确定的未到期责任准备金额与已提取的未到期责任准备金余额的差额调整未到期责任准备金余额时，应按照相关再保险合同约定计算确定应收分保未到期责任准备金的相应调整额，调整应收分保未到期责任准备金和提取未到期责任准备金的账面余额。

(2) 应收分保未决赔款准备金、应收分保寿险责任准备金、应收分保长期健康险责任准备金的调整。再保险分出人对未决赔款准备金、寿险责任准备金、长期健康险责任准备金进行充足性测试而补提相关准备金时，应按照相关再保险合同约定计算确定相关应收分保准备金的增加金额，调整增加相关应收分保准备金和摊回责任准备金的账面余额。

4. 应收分保准备金的冲减或转销

再保险分出人在确定支付赔偿款项或实际发生理赔费用而冲减原保险合同未决赔款准备金、寿险责任准备金、长期健康险责任准备金余额的当期，应按照相关再保险合同约定计算确定应收分保准备金的相应冲减金额，冲减相关应收分保准备金和摊回责任准备金的账面余额。再保险分出人应当在原保险合同提前解除而转销相关未到期责任准备金、寿险责任准备金、长期健康险责任准备金余额的当期，转销相关应收分保准备金余额。

(二)分出保费及摊回款项

1. 分出保费及摊回款项与有关原保险合同收入或费用不得相互抵销

《企业会计准则第 26 号——再保险合同》规定，再保险分出人不应当将再保险合同形成的收入或费用与有关原保险合同形成的费用或收入相互抵销。这里“再保险合同形成的收入”是指再保险分出人按照再保险合同约定向再保险接受人摊回的准备金、分保费用、赔付成本等；“再保险合同形成的费用”是指再保险分出人按照再保险合同约定向再保险接受人分出的保费等。分出业务的分出保费及摊回金额与原保险合同保费收入及相关费用所反映的经济内容与实质不同。原保险合同保费收入是再保险分出人向投保人销售保单，为承担源自被保险人的保险风险责任所取得的收入；分出保费则是再保险分出人向再保险接受人购买保险所付出的代价，不同于共同保险业务各保险人之间对保费收入的分配。分出业务各项摊回金额是对再保险分出人由原保险合同所引起的提取保险责任准备金、赔付成本及其他相关费用的补偿，而非对原保险合同受益人的直接赔偿或给付。 因此，为全面、真实地反映再保险分出人原保险业务和再保险业务的经济内容与实质，再保险合同分出业务的分出保费不应直接记入原保险合同保费收入的借方进行抵减，再保险合同分出业务摊回准备金、摊回赔付成本、摊回分保费用不应直接记入原保险合同提取准备金、赔付成本、手续费支出等的贷方进行抵减，均应单独确认并在利润表中分别列报。

2. 分出保费、摊回分保手续费及摊回赔付成本的处理

(1)分出保费、摊回分保手续费及摊回赔付成本的确认。再保险分出人应当在确认原保险合同保费收入的当期，按照相关再保险合同的约定，计算确定分出保费和应向再保险接受人摊回的分保费用，计入当期损益。再保险分出人应当在确定支付赔付款项金额或实际发生理赔费用而冲减原保险合同相应准备金余额的当期，冲减相应的应收分保准备金余额；同时，按照相关再保险合同的约定，计算确定应向再保险接受人摊回的赔付成本，计入当期损益。这里“摊回的分保费用”是指摊回的分保手续费。摊回准备金和摊回赔付成本的区别在于：摊回准备金是预计由再保险接受人补偿的金额；摊回赔付成本是由再保险接受人实际补偿的金额。因此，在确认摊回赔付成本的同时应冲减相应的摊回准备金。分出保费、摊回分保费用、摊回赔付成本的计算方法因再保险合同种类的不同而不同，具体计量金额一般由保险人业务部门根据再保险合同约定计算确定。

例 10-18 2009 年 1 月 31 日，C 保险股份有限公司(以下简称 C 公司)与客户刘某签订一份人身意外伤害保险合同，保险金额为 720 万元，自 2009 年 2 月 1 日零时合同生效，保险期间为 1 年；刘某于合同生效当日一次性交纳保险费 14 400 元，C 公司开始承担保险责任并确认了保费收入。该份人身意外伤害保险合同属于 C 公司与 F 保险股份有限公司(以下简称 F 公司)签订的溢额再保险合同约定的业务范围。该再保险合同约定：每一被保险人的意外险自留额为 2 000 000 元，F 公司的分保额最高限额为 6 000 000 元，分保手续费率为 25%。2009 年 7 月 10 日，被保险人刘某发生车祸死亡，C 公司确定该事故属于全额赔偿责任范围，于事故发生当月确认了赔付成本 7 200 000 元。2009 年 7 月 29 日，C 公司向刘某家属支付了保险赔款，该保险事故结案。C 公司就上述业务计算出应向 F 公司分出的保费金额为 10 400 元 [14 400 ×(7 200 000–2 000 000)÷360]，分保手续费金额为 2 600 元(10 400 × 25%)，应从 F 公司摊回赔款金额为 5 200 000 元 [360×(7 200 000–2 000 000)÷360]。C 公司分出保费、摊回分保费用、摊回赔付成本的账务处理如下。

① 2009 年 2 月，确认分出保费、摊回分保费用。

借：分出保费　　10 400

　　贷：应付分保账款——F 公司　　10 400

借：应付分保账款——F 公司　　2 600

　　贷：摊回分保费用　　2 600

② 2009 年 7 月，确认应摊回的赔付成本。

借：应收分保账款——F 公司　　5 200 000

　　贷：摊回赔付支出　　5 200 000

实务中，保险公司对于保险事故发生后很快（一般指当月）能够结案定损的，往往不提未决赔款准备金，本例即属于此种情况，因此在确认摊回赔付成本时不涉及转销相关应收分保未决赔款准备金的处理。

(2) 分出保费、摊回分保手续费、摊回赔付成本的调整。再保险分出人对分出保费、摊回分保手续费、摊回赔付成本进行调整时，应将调整金额计入调整当期的损益，主要有以下几种情况。

① 再保险分出人应当在原保险合同提前解除的当期，按照相关再保险合同的约定，计算确定分出保费、摊回分保费用的调整金额，计入当期损益。

② 再保险分出人应当在因取得和处置损余物资、确认和收到应收代位追偿款等而调整原保险合同赔付成本的当期，按照相关再保险合同的约定，计算确定摊回赔付成本的调整金额，计入当期损益。

③ 再保险分出人与再保险接受人约定采用浮动（或累进）分保手续费方式下，再保险分出人依据合同规定在能够计算确定实际分保手续费率而调整分保手续费时，应将调整金额计入当期损益。再保险分出人确认入账的分保手续费调整金额应为经再保险接受人确认一致后的金额。

例 10-19 B 保险股份有限公司（以下简称 B 公司）与 F 保险股份有限公司（以下简称 F 公司）签订一份成数分保财产再保险合同，将约定的原保险业务向 F 公司办理分保。合同约定分保手续费采用浮动分保手续费率制，预付分保手续费率为 30%。假定 B 公司对该再保险合同业务年度的业务进行结算时实际计算确定的分保手续费率为 35%，据此计算的分保手续费调整金额为 16 000 000 元并经 F 公司确认一致。此时，B 公司调整分保手续费的账务处理如下：

借：应收分保账款　　16 000 000

　　贷：摊回分保费用　　16 000 000

3. 纯益手续费的处理

再保险分出人应当根据相关再保险合同的约定，在能够计算确定应向再保险接受人收取的纯益手续费时，将该项纯益手续费作为摊回分保费用计入当期损益。纯益手续费只有再保险接受人实际上有纯益时才给付。实务中，保险人通常按照业务年度计算纯益，而一个业务年度的再保险业务往往要跨越若干个会计年度才能结算出损益。再保险分出人确认纯益手续费收入主要应考虑其可靠计量问题，只有能够依据相关数据计算确定应向再保险接受人收取的纯益手续费时，即纯益手续费能够可靠地计量时，纯益手续费收入才予以确认。分保手续费是再保险接受人对再保险分出人取得和经营原保险业务所发生费用的补偿。纯益手续费是再保险接受人对再保险分出人谨慎地选择原保险业务而为其带来盈利的一种奖励措施，其实质是对再保险分出人经营原保险业务的额外补偿。因此，纯益手续费与分保手续费性质相类似，确认应取得的纯益手续费时应作摊回分保费用处理。

例 10-20 承例 10-19，假定再保险合同签订 3 年后，B 公司按照合同约定计算出应向 F 公司收取的纯益手续费金额为 2 880 000 元，双方确认一致的纯益手续费金额为 2 808 000 元。B 公司应于双方确认一致时作如下账务处理：

借：应收分保账款——F 公司　　2 808 000

　贷：摊回分保费用　　2 808 000

4. 非比例再保险合同分出保费、摊回赔付成本的处理

对于超额赔款再保险等非比例再保险合同，再保险分出人应当根据再保险合同的约定，计算确定分出保费，计入当期损益。再保险分出人调整分出保费时，应当将调整金额计入当期损益。再保险分出人应当在能够计算确定应向再保险接受人摊回的赔付成本时，将该项应摊回的赔付成本计入当期损益。这里“再保险分出人应当根据再保险合同的约定，计算确定分出保费，计入当期损益”指的是再保险分出人向再保险接受人预付保费的情况。预付保费通常与所谓的最低保费数额相同。对于非比例再保险合同，再保险分出人难以根据每一原保险合同保费收入的一定比例来计算分保费，而是按照再保险合同保险责任年度毛净保费（年度原保险保费收入减去退保费和比例再保险分出保费后的金额）乘以超赔费率来计算确定。年度毛净保费往往要到再保险责任年度终了后才能计算确定，但再保险分出人通常要在合同起期时按估计的年度毛净保费向再保险接受人计算预付一定金额的保费。预付保费可以分期支付，也可于合同起期时一次性支付。一次性支付预付保费的，应在发出预付分保费账单时将预付金额一次性计入当期损益；分次支付预付保费的，应在每次发出预付分保费账单时按每次支付金额分次计入当期损益。非比例再保险合同通常不需要按一定期间编发账单。其首期账单一般要求在合同起期后即刻发送（一般不能迟于合同起期后的 2 周），主要内容是向再保险接受人预付分保费，合同责任期满后调整预付分保费时再编制分保费调整账单。超额赔款再保险合同项下发生的赔款，均须编送出险通知和赔款账单。而“再保险分出人调整分出保费时，应当将调整金额计入当期损益”指的是再保险责任年度终了后再保险分出人能够按合同约定计算确定毛净保费，进而计算确定分出保费的最终金额时，应将分出保费的最终金额与预付金额的差额计入当期损益。有的再保险合同约定在年度中期要对预付保费先行调整一次，会计处理方法同年度终了后的调整。对于非比例再保险合同，再保险分出人应在能够计算确定应向再保险接受人摊回的赔付成本时，将该项应摊回的赔付成本计入当期损益。

例 10-21 2008 年 12 月 20 日，B 保险股份有限公司（以下简称 B 公司）与 G 保险股份有限公司（以下简称 G 公司）签订一份事故超赔再保险合同，将由台风引发的保险赔款向 G 公司办理分保。合同起期日为 2009 年 1 月 1 日，保险责任期间为 1 年。2009 年 1 月 3 日，B 公司向 G 公司发出的分保业务账单中标明的一次性预付保费金额为 45 600 000 元。2009 年 12 月 31 日，由台风引起的索赔案件基本结案定损，B 公司计算出应向 G 公司摊回的赔款余额为 91 200 000 元，同时按照实际年度毛净保费计算出应向 G 公司支付的实际保费金额为 50 000 000 元。B 公司相关会计处理如下。

（1）2009 年 1 月 3 日，确认分出保费。

借：分出保费　　45 600 000

贷：应付分保账款——G 公司　　45 600 000

(2)2009 年 12 月 31 日，调整预付保费时。

借：分出保费　　4 400 000

贷：应付分保账款——G 公司　　4 400 000

确认摊回赔款时。

借：应收分保账款——G 公司　　91 200 000

贷：摊回赔付支出　　91 200 000

(三)预收赔款与存入分保保证金

1. 预收赔款的核算

再保险分出人在发生大额索赔的情况下有可能会垫付很大金额的再保险份额的赔款。为了避免这种情况的发生，有些再保险合同约定再保险分出人承保的每一张保险单项下或每一次事故的估计损失达到或超过合同约定的限额时，再保险分出人可根据已决赔款或预付赔款的结付金额向再保险接受人发出现金赔款通知书及相关理赔资料，要求再保险接受人预先支付与分保份额相对应的现金赔款；再保险分出人收到该现金赔款后，视为已决赔款，在当季账单中进行冲销。这种情况下，分保业务账单的贷方栏中会增加“现金赔款(冲销)”等类似项目。再保险分出人收到再保险接受人预付的现金赔款时，借记“银行存款”科目，贷记“预收赔付款”科目；发出分保业务账单时，按照账单中转销的现金赔款金额，借记“预收赔付款”科目，贷记“应收分保账款”科目。

2. 存入分保保证金的核算

分保保证金，是再保险分出人从应付给再保险接受人的分保费中以一定比例扣存，作为再保险接受人履行分保未了责任的保证金。该保证金留存期一般为 12 个月，至次年同期归还，归还时要支付利息。分保保证金从性质上属于再保险接受人的预付款。当再保险接受人无力履行分保赔付责任时，扣存的分保保证金给再保险分出人提供了一定的安全保障。在再保险合同约定再保险分出人扣存分保保证金的情况下，相关分保业务账单借方栏中会增加“扣存分保保证金”项目，贷方栏中会增加“转回上年度扣存的分保保证金”“分保保证金利息”等项目。因再保险分出人扣存分保保证金的交易具体体现在分保业务账单中，再保险分出人应当在发出分保业务账单时，依据账单标明的相关金额进行会计处理。再保险分出人对于存入的分保保证金，应当按期计提利息。

例 10-22　2008 年 12 月 8 日，B 保险股份有限公司(以下简称 B 公司)作为分出人与 H 保险股份有限公司(以下简称 H 公司)签订一份溢额再保险合同，合同起期日为 2009 年 1 月 1 日，保险责任期间为 1 年。合同约定，B 公司在每季度账单中，从应付给 H 公司的分保费中按照一定比例计算扣存分保保证金，扣存期为 12 个月，次年同期归还，归还时支付利息，保证金年利率为 4%。假定 B 公司 2009 年 4 月 15 日发出的当年第一季度账单中，“扣存本期分保保证金”项目金额为 7 200 000 元。B 公司相关账务处理如下：

借：应付分保账款——H 公司　　7 200 000

贷：存入保证金　　7 200 000

B 公司应自 2009 年 4 月至 2010 年 3 月每月计提分保保证金利息，每月分保保证金利息=7 200 000 元×4%÷12=24 000 元，每月计提分保保证金利息时：

借：利息支出　　　　　　　　　　　　　　　　　　　　　24 000

　贷：应付分保账款——H 公司　　　　　　　　　　　　　　24 000

B 公司于 2010 年 4 月发出的本年度第一季度对 H 公司的分保业务账单中，“转回上年同期扣存分保保证金”项目金额为 7 200 000 元。B 公司账务处理如下：

借：存入保证金　　　　　　　　　　　　　　　　　　7 200 000

　贷：应付分保账款——H 公司　　　　　　　　　　　　7 200 000

三、分入业务的核算

（一）分保费收入及分保费用

1. 分保费收入及分保手续费的核算

分保费收入同时满足下列条件时才能予以确认。

(1) 再保险合同成立并承担相应保险责任。再保险合同一般自签订日起成立，但自合同规定的起期日起才开始承担保险责任。因此，再保险合同的签订日与开始承担保险责任的日期可能一致，也可能不一致。

(2) 与再保险合同相关的经济利益很可能流入。对于再保险接受人而言，与再保险合同相关的经济利益即为分保费。如果再保险接受人能够确定分保费收回的可能性大于不能收回的可能性，即分保费收回的可能性超过 50%，则表明经济利益很可能流入。一般情况下，如果再保险分出人信用良好，能够按照合同规定如期发送分保业务账单，并能够按约定及时进行分保往来款项的结算，则意味着与再保险合同相关的经济利益很可能流入再保险接受人。

(3) 与再保险合同相关的收入能够可靠地计量。由于再保险合同一般只是规定某一时期再保险所承保的业务范围和地区范围、自留额和分保额的计算基础、分保费及手续费的计算方法等，并不直接明确分保费的具体金额，分保费的具体金额往往要根据再保险分出人原保险合同保费收入金额来计算确定，因此，再保险接受人在判断“与再保险合同相关的收入能够可靠地计量”条件时就产生了两种情况。第一种情况是再保险接受人可以在每一会计期间对该期间的分保费收入金额作出合理估计。如果再保险接受人具有长期积累的丰富经验和大量的数据资料，能够采用先进的估算方法，借助专门的技术手段，对再保险合同项下每一会计期间再保险分出人相关原保险合同保费收入进行估计，进而按照再保险合同约定计算出相关分保费收入金额，且该估计金额与收到的分保业务账单标明的分保费金额比较接近，则表明再保险接受人可以在每一会计期间对该期间内的分保费收入金额进行可靠计量。这种情况下，如果分保费收入确认的其他条件均满足，再保险接受人应在每一会计期间按照估计金额确认当期分保费收入，并按照再保险合同约定计算确认当期分保费用，待后期收到该期间的分保业务账单时，再按照账单标明的金额进行调整，将调整金额计入调整当期的损益。按账单金额调整估计金额属于资产负债表日后事项的，按资产负债表日后事项进行处理。第二种情况是再保险接受人只有收到分保业务账单时才能对分保费收入进行可靠计量。如果再保险接受人由于缺乏丰富的经验数据资料和先进的技术方法、手段，而无法对再保险合同项下每一会计期间分保费收入金额进行估计，或估计金额可能与实际金额产生重大差异，则表明再保险接受人只能于收到分保业务账单时才能对分保费收入进行可靠计量。这种情况下，再保险接受人应当于收到分保业务账单时根据账单标明的金额确认分保费收入及相关的分保费用。

例 10-23 2008 年 12 月 22 日，B 保险股份有限公司(以下简称 B 公司)与 I 保险股份有限公司(以下简称 I 公司)签订一份成数再保险合同，接受 I 公司分出的原保险业务。合同约定的分保比例为 40%，分保手续费率为 35%。合同起期日为 2009 年 1 月 1 日，保险责任期间为 1 年。B 公司在经验、技术等方面比较成熟，采用预估方法确认每期的分保费收入。假定 B 公司预估 2009 年第一季度各月份与 I 公司再保险合同项下的分保费收入金额：1 月份为 13 600 000 元，2 月份为 14 600 000 元，3 月份为 12 000 000 元。B 公司于 5 月 20 日收到 I 公司发来的第一季度的分保业务账单，账单标明的分保费为 42 000 000 元，分保手续费为 14 700 000 元。B 公司相关账务处理如下。

(1)2009 年 1 月。

借：应收分保账款——I 公司 13 600 000
　　贷：保费收入 13 600 000
借：分保费用 4 760 000
　　贷：应付分保账款——I 公司 4 760 000

(2)2009 年 2 月。

借：应收分保账款——I 公司 14 600 000
　　贷：保费收入 14 600 000
借：分保费用 5 110 000
　　贷：应付分保账款 5 110 000

(3)2009 年 3 月。

借：应收分保账款——I 公司 12 000 000
　　贷：保费收入 12 000 000
借：分保费用 4 200 000
　　贷：应付分保账款一 I 公司 4 200 000

(4)2009 年 4 月预估确认分保费收入和分保费用的会计分录略。

(5)2009 年 5 月 20 日，收到账单时调整第一季度确认的分保费收入和分保费用：

分保费收入的调整金额=42 000 000 元－(13 600 000+14 600 000+12 000 000)元＝1 800 000 元

分保手续费调整金额=14 700 000 元－(4 760 000+5 110 000+4 200 000)元=630 000 元

借：应收分保账款——I 公司 1 800 000
　　贷：保费收入 1 800 000
借：分保费用 630 000
　　贷：应付分保账款——I 公司 630 000

此例中，若 B 公司不具备对分保费收入进行预估确认的条件，则 B 公司应在 2009 年 5 月 20 日收到分保业务账单时直接作如下账务处理：

借：应收分保账款——I 公司 42 000 000
　　贷：保费收入 42 000 000
借：分保费用 14 700 000
　　贷：应付分保账款——I 公司 14 700 000

2. 纯益手续费的核算

因纯益手续费计算的特殊性，再保险接受人应当根据相关再保险合同的约定，在能够计算确定应向再保险分出人支付的纯益手续费时，将该项纯益手续费作为分保费用，计入当期损益。再保险接受人确认入账的纯益手续费支出金额应为经双方确认一致后的金额。

例 10-24 承例 10-20 F 公司确认纯益手续费支出的账务处理如下：

借：分保费用　　2 808 000

　　贷：应付分保账款——B 公司　　2 808 000

（二）分保赔付成本

再保险接受人确认分保赔付成本的会计处理与保险人确认原保险合同赔付成本的会计处理相类似，即再保险接受人应当在收到分保业务账单的当期，按照账单标明的分保赔付款项金额，作为分保赔付成本，计入当期损益；同时，冲减相应的分保准备金余额。

例 10-25 承例 10-23 B 公司于 2009 年 5 月 20 日收到 I 公司发来的第一季度分保业务账单中标明的分保赔款金额为 18 000 000 元，B 公司已提取的相应分保未决赔款准备金为 16 000 000 元。B 公司相关账务处理如下：

借：分保赔付支出　　18 000 000

　　贷：应付分保账款——I 公司　　18 000 000

借：未决赔款准备金　　16 000 000

　　贷：提取未决赔款准备金　　16 000 000

（三）预付赔款与存出分保保证金

1. 预付赔款的核算

再保险接受人向再保险分出人预付的现金赔款，应当在支付预付赔款时，借记“预付赔付款”科目，贷记“银行存款”科目；收到分保业务账单时，按照账单上转销的赔款，借记“应付分保账款”科目，贷记“预付赔付款”科目。

2. 存出分保保证金的核算

再保险接受人应当在收到分保业务账单时，依据账单标明的相关金额进行存出分保保证金的会计处理。再保险接受人对存出的分保保证金，应当按期计提利息。

第三节　保险公司的财务会计报告

一、保险公司财务会计报告的编制方法

（一）保险公司资产负债表的编制方法

保险公司资产负债表的编制，除下列项目外，应比照商业银行资产负债表的编制方法处理。

(1)“货币资金”项目，反映企业期末持有的现金、银行存款、其他货币资金等的总额，应根据“库存现金”“银行存款”“其他货币资金”等科目的期末余额合计填列。企业持有的原始存款期限在 3 个月以内的定期存款，也在本项目反映。

(2)“应收保费”“应收代位追偿款”“应收分保账款”“应收分保未到期责任准备金”“保户质押贷款”“应收分保未决赔款准备金”“应收分保寿险责任准备金”“应收分

保长期健康险责任准备金”“存出资本保证金”“独立账户资产”“预收保费”“应收手续费及佣金”“应付分保账款”“保户储金及投资款”“未到期责任准备金”“独立账户负债”等资产项目，反映企业期末持有的相应资产的实际价值，应根据“应收账款”“应收代位追偿款”“应收分保账款”“应收分保未到期责任准备金”“贷款”等科目期末借方余额，减去“坏账准备”“贷款损失准备”等科目的相关明细科目期末余额后的金额填列。在填列相关科目的期末余额时，资产已计提减值准备的，还应扣减相应的减值准备。

(3)“应收分保未决赔款准备金”“应收分保寿险责任准备金”“应收分保长期健康险责任准备金”项目，反映企业从事再保险业务应向再保险接受人摊回的相应准备金扣减累计减值准备后的账面价值，应根据“应收分保保险责任准备金”科目的相关明细科目期末借方余额，减去“坏账准备”科目的相关明细科目期末余额后的金额分析填列。

(4)“存出资本保证金”“独立账户资产”等资产项目,反映企业期末持有的相应资产的价值，应根据“存出资本保证金”“独立账户资产”等科目的期末借方余额填列。

(5)“其他资产”项目，反映企业应收股利、应收代位追偿款、预付账款、存出保证金、其他应收款等资产的账面余额，应根据有关科目的期末余额填列。已计提减值准备的，还应扣减相应的减值准备。长期应收款账面余额扣减累计减值准备和未实现融资收益后的净额、抵债资产账面余额扣减累计跌价准备后的净额、损余物资账面余额扣减累计跌价准备后的净额，也在本项目反映。

(6)“预收保费”“应付手续费及佣金”“应付分保账款”“保户储金及投资款”“未到期责任准备金”“独立账户负债”等负债项目，反映企业从事再保险业务应向再保险分出人或再保险接受人支付但尚未支付的款项等，应根据“预收账款”“应付账款”“应付分保账款”“保户储金”“未到期责任准备金”“独立账户负债”等科目的期末贷方余额填列。

(7)“未决赔款准备金”“寿险责任准备金”“长期健康险责任准备金”等负债项目,反映企业提取的未决赔款准备金、寿险责任准备金、长期健康险责任准备金期末余额，应根据“保险责任准备金”科目的相关明细科目期末贷方余额分析填列。

(8)“其他负债”项目，反映企业应付股利、应付利息、存入保证金、预计负债等负债的账面余额，应根据有关科目的期末余额填列。长期应付款账面余额减去未确认融资费用后的净额，也在本项目反映。

(二)保险公司利润表的编制方法

保险公司利润表的编制，除下列项目外，应比照商业银行利润表的编制方法处理。

(1)“营业收入”项目,应根据“已赚保费”“投资收益”“公允价值变动收益”“汇兑收益”“其他业务收入”等项目的发生额合计填列。定期存款、保户质押贷款、买入返售金融资产形成的利息收入，也在“投资收益”项目反映。

(2)“已赚保费”项目，应根据“保险业务收入”“分出保费”“提取未到期责任准备金”科目的发生额分析填列。

(3)“保险业务收入”项目，反映企业从事保险业务确认的原保费收入和分保费收入，应根据“保费收入”科目的发生额分析填列。

(4)“分出保费”项目，反映企业从事再保险业务分出的保费，应根据“分出保费”科目的发生额分析填列。

（5）“提取未到期责任准备金”项目，反映企业提取的未到期责任准备金，应根据“提取未到期责任准备金”科目的发生额分析填列。

（6）“营业支出”项目,反映“退保金”“赔付支出”“提取保险责任准备金”“保单红利支出”“分保费用”“营业税金及附加”“手续费及佣金支出”“业务及管理费”“其他业务成本”“资产减值损失”等项目金额合计，减去“摊回赔付支出”“摊回保险责任准备金”“摊回分保费用”等项目金额后的余额。

（7）“退保金”项目，反映企业寿险原保险合同提前解除时按照约定退还投保人的保单现金价值，应根据“退保金”科目的发生额分析填列。

（8）“赔付支出”项目，反映企业因保险业务发生的赔付支出，包括原保险合同赔付支出和再保险合同赔付支出，应根据“赔付支出”科目的发生额分析填列。

（9）“提取保险责任准备金”项目，反映企业提取的保险责任准备金，包括未决赔款准备金、寿险责任准备金、长期健康险责任准备金，应根据“提取保险责任准备金”科目的发生额分析填列。

（10）“保单红利支出”项目，反映企业按原保险合同约定支付给投保人的红利，应根据“保单红利支出”科目的发生额分析填列。

（11）“分保费用”项目，反映企业从事再保险业务支付的分保费用，应根据“分保费用”科目的发生额分析填列。

（12）“摊回赔付支出”“摊回保险责任准备金”“摊回分保费用”等项目，反映企业从事再保险分出业务向再保险接受人摊回的赔付支出、保险责任准备金、分保费用，应根据“摊回赔付支出”“摊回保险责任准备金”“摊回分保费用”等科目的发生额分析填列。

（三）保险公司现金流量表的编制方法

保险公司现金流量表的编制，除下列项目外，应比照一般企业现金流量表的编制方法处理。

（1）“收到原保险合同保费取得的现金”项目，反映保险公司本期收到的原保险合同保费取得的现金净额。它包括本期收到的原保险保费收入、本期收到的前期应收原保险保费、本期预收的原保险保费和本期代其他企业收取的原保险保费，扣除本期保险合同提前解除以现金支付的退保费。本项目应根据“库存现金”“银行存款”“应收账款”“预收账款”“保费收入”等科目的记录分析填列。

（2）“收到再保业务现金净额”项目，反映保险公司本期从事再保险业务实际收支的现金净额。本项目可以根据“银行存款”“应收分保账款”“应付分保账款”等科目的记录分析填列。

（3）“支付原保险合同赔付款项的现金”项目，反映保险公司本期实际支付原保险合同赔付的现金。本项目应根据“赔付支出”等科目的记录分析填列。

（4）“保户储金及投资款净增加额”项目，反映保险公司向投保人收取的以储金利息作为保费收入的储金，以及以投资收益作为保费收入的投资保障型保险业务的投资本金，减去保险公司向投保人返还的储金和投资本金后的净额。本项目可以根据“库存现金”“银行存款”“保户储金”“应收保户储金”等科目的记录分析填列。

（5）“支付手续费及佣金的现金”项目反映保险公司本期实际支付的手续费及佣金等现

金。本项目应根据“应付账款”“手续费及佣金支出”等科目的记录分析填列。

(6)“质押贷款净增加额”项目，反映保险公司本期发放保户质押贷款的现金净额。本项目可以根据“贷款”“银行存款”等科目的记录分析填列。

(7)保险公司可以单独设置“处置损余物资收到的现金净额”和“代位追偿款收到的现金”等项目，或者在“收到的其他与经营活动有关的现金”项目中反映。

保险公司的所有者权益变动表，比照商业银行格式。

二、保险公司财务会计报告的具体格式

(1)保险公司的资产负债表，如表10-1所示。

表10-1 资产负债表

会保01表

编制单位： ______年____月____日 单位：元

资　产	期末余额	年初余额	负债及所有者权益(或股东权益)	期末余额	年初余额
资产：			负债：		
货币资金			短期借款		
拆出资金			拆入资金		
交易性金融资产			交易性金融负债		
衍生金融资产			衍生金融负债		
买入返售金融资产			卖出回购金融资产款		
应收利息			预收保费		
应收保费			应付手续费及佣金		
应收代位追偿款			应付分保账款		
应收分保账款			应付职工薪酬		
应收分保未到期责任准备金			应交税费		
应收分保未决赔款准备金			应付赔付款		
应收分保寿险责任准备金			应付报单红利		
应收分保长期健康险责任准备金			保护储金及投资款		
保户质押贷款			未到期责任准备金		
定期存款			未决赔款准备金		
可供出售金融资产			寿险责任准备金		
持有至到期投资			长期健康险责任准备金		
长期股权投资			长期借款		
存出资本保证金			应付债券		
投资性房地产			独立账户负债		
固定资产			递延所得税负债		
无形资产			其他负债		
独立账户资产			负债合计		
递延所得税资产			所有者权益(或股东权益)：		
其他资产			实收资本(或股本)		
			资本公积		
			减：库存股		
			盈余公积		
			一般风险准备		
			未分配利润		
			所有者权益(或股东权益)合计		
资产总计			负债和所有者权益(或股东权益)总计		

(2)保险公司的利润表，如表10-2所示。

表10-2 利润表

会保02表

编制单位：______年___月 单位：元

项　　目	本期金额	上期金额
一、营业收入		
已赚保费		
保险业务收入		
其中：分保费收入		
减：分出保费		
提取未到期责任准备金		
投资收益(损失以"-"号填列)		
其中：对联营企业和合营企业的投资收益		
公允价值变动收益(损失以"-"号填列)		
汇兑收益(损失以"-"号填列)		
其他业务收入		
二、营业支出		
退保金		
赔付支出		
减：摊回赔付支出		
提取保险责任准备金		
减：摊回保险责任准备金		
保单红利支出		
分保费用		
营业税金及附加		
手续费及佣金支出		
业务及管理费		
减：摊回分保费用		
其他业务成本		
资产减值损失		
三、营业利润(亏损以"-"号填列)		
加：营业外收入		
减：营业外支出		
四、利润总额(亏损以"-"号填列)		
减：所得税费用		
五、净利润(净亏损以"-"号填列)		
六、每股收益		
(一)基本每股收益		
(二)稀释每股收益		

三、保险公司报表附注

保险公司应当按照规定披露附注信息，主要包括下列内容。

(一)保险公司的基本情况

略。

（二）财务报表的编制基础

略。

（三）遵循企业会计准则的声明

略。

（四）重要会计政策和会计估计

略。

（五）会计政策和会计估计变更以及差错更正的说明

以上（一）～（五）项，应当比照一般企业进行披露。

（六）报表重要项目的说明

（1）应收保费账龄结构的披露格式，如表 10-3 所示。

表 10-3　应收保费账龄结构的披露

项　　目	期末账面余额	年初账面余额
3 个月以内（含 3 个月）		
3 个月至 1 年（含 1 年）		
1 年以上		
合　　计		

（2）应收代位追偿款。

① 应收代位追偿款账龄结构的披露格式如表 10-4 所示。

表 10-4　应收代位追偿款账龄结构的披露

项　　目	期末账面余额	年初账面余额
1 个月以内（含 1 个月）		
1 个月至 3 个月（含 3 个月）		
3 个月至 1 年（含 1 年）		
1 年以上		
合　　计		

② 金额重大代位追偿款产生的原因和未确认的理由。

（3）定期存款的披露格式，如表 10-5 所示。

表 10-5　定期存款的披露

项　　目	期末账面余额	年初账面余额
1 个月至 3 个月（含 3 个月）		
3 个月至 1 年（含 1 年）		
1 年至 2 年（含 2 年）		
2 年至 3 年（含 3 年）		
3 年至 4 年（含 4 年）		
4 年至 5 年（含 5 年）		
5 年以上		
合计		

债券投资到期期限结构，比照上述格式披露。

(4)其他资产的披露格式，如表 10-6 所示。

表 10-6　其他资产的披露

项　　目	期末账面余额	年初账面余额
应收股利		
损余物资		
……		
其他		
合计		

注：损余物资产生的原因、所处置损余物资的账面价值、实现的损益，应同时予以披露。

(5)保户储金(或保户投资款)的披露格式，如表 10-7 所示。

表 10-7　保户储金(或保户投资款)的披露

项　　目	期末账面余额	年初账面余额
1 年以内(含 1 年)		
1 年至 3 年(含 3 年)		
3 年至 5 年(含 5 年)		
5 年以上		
合计		

(6)保险合同准备金。

① 保险合同准备金增减变动情况的披露格式，如表 10-8 所示。

表 10-8　保险合同准备金增减变动情况的披露

项目	年初账面余额	本期增加额	本期减少额				期末账面余额
			赔付款项	提前解除	其他	合计	
未到期责任准备金 原保险合同 再保险合同							
未决赔准备金 原保险合同 再保险合同							
寿险准备金 原保险合同 再保险合同							
长期健康险责任准备金 原保险合同 再保险合同							
合　计							

② 保险合同准备金未到期期限的披露格式，如表 10-9 所示。

③ 原保险合同未决赔款准备金的披露格式，如表 10-10 所示。

(7)其他负债的披露格式，如表 10-11 所示。

(8)企业应当分别按原保险合同和再保险合同披露提取未到期责任准备金的本期发生额和上期发生额。

表 10-9　保险合同准备金未到期期限的披露

项目	期末账面余额		年初账面余额	
	1 年以下(含 1 年)	1 年以上	1 年以下(含 1 年)	1 年以上
未到期责任准备金 原保险合同 再保险合同				
未决赔准备金 原保险合同 再保险合同				
寿险准备金 原保险合同 再保险合同				
长期健康险责任准备金 原保险合同 再保险合同				
合　计				

表 10-10　原保险合同未决赔款准备金的披露

未决赔款准备金	期末账面余额	年初账面余额
已发生已报案未决赔偿款准备金		
已发生未报案未决赔偿款准备金		
理赔费用准备金		
合　计		

表 10-11　其他负债的披露

项　目	期末账面余额	年初账面余额
应付利息		
……		
合计		

(9)赔付支出。

① 赔付支出按保险合同列示的披露格式，如表 10-12 所示。

表 10-12　赔付支出按保险合同列示的披露

项　目	本期发生额	上期发生额
原保险合同		
再保险合同		
合计		

② 赔付支出按内容列示的披露格式，如表 10-13 所示。

表 10-13　赔付支出按内容列示的披露

项　目	本期发生额	上期发生额
赔款支出		
满期给付		
年金给付		
死伤医疗给付		
……		
合　计		

(10)提取保险责任准备金。

① 提取保险责任准备金按保险合同列示的披露格式，如表 10-14 所示。

表 10-14 提取保险责任准备金按保险合同列示的披露

项目	本期发生额	上期发生额
提取未决赔款准备金		
原保险合同		
再保险合同		
提取寿险责任准备金		
原保险合同		
再保险合同		
提取长期健康险责任准备金		
原保险合同		
再保险合同		
合计		

② 提取原保险合同未决赔款准备金按构成内容列示的披露格式，如表 10-15 所示。

表 10-15 提取原保险合同未决赔款准备金按构成内容列示的披露

项目	本期发生额	上期发生额
已发生已报案未决赔款准备金		
已发生未报案未决赔偿款准备金		
理赔费用准备金		
合计		

(11)摊回保险责任准备金的披露格式，如表 10-16 所示。

表 10-16 摊回保险责任准备金的披露

项目	本期发生额	上期发生额
摊回未决赔款准备金		
摊回寿险责任准备金		
摊回长期健康险责任准备金		
合计		

(12)分部报告。

① 主要报告形式是业务分部的披露格式，如表 10-17 所示。

表 10-17 主要报告形式是业务分部的披露

项目	××业务		××业务		其他		抵销		合计	
	本期	上期	本期	上期	本期	上期	本期	上期	本期	上期
一、营业收入										
二、营业费用										
三、营业利润(亏损)										
四、资产总额										
五、负债总额										
六、补充信息										
1.折旧和摊销费用										
2.资本性支出										
3.折旧和摊销以外的非现金费用										

注：主要报告形式是地区分部的，比照业务分部格式进行披露。

② 在主要报告形式的基础上，对于次要报告形式，企业还应披露对外交易收入、分部资产总额。

(13)投资连结产品。

① 投资连结产品基本情况，包括名称、设立时间、账户特征、投资组合规定、投资风险等。

② 独立账户单位数及每一独立账户单位净资产。

③ 独立账户的投资组合情况。

④ 风险保费、独立账户管理费计提情况。

⑤ 投资连结产品采用的主要会计政策。

⑥ 独立账户资产的估值原则。

(14)除以上项目以外的其他项目，应当比照商业银行进行披露。

(七)或有事项

或有事项，比照商业银行进行披露。

(八)资产负债表日后事项

资产负债表日后事项，比照商业银行进行披露。

(九)关联方关系及其交易

关联方关系及其交易，比照商业银行进行披露。

(十)风险管理

1. 保险风险

(1)风险管理目标和减轻风险的政策。

① 管理资产负债的技术，包括保持偿付能力的方法等。

② 选择和接受可承保保险风险的政策，包括确定可接受风险的范围和水平等。

③ 评估和监控保险风险的方法，包括内部风险计量模型、敏感性分析等。

④ 限制和转移保险风险的方法，包括共同保险、再保险等。

(2)保险风险类型。

① 保险风险的内容。

② 减轻保险风险的因素及程度，包括再保险等。

③ 可能引起现金流量发生变动的因素。

(3)保险风险集中度。

① 保险风险集中的险种。

② 保险风险集中的地域。

(4)不考虑分出业务的索赔进展信息的披露格式，如表 10-18 所示。

扣除分出业务后的索赔进展信息，比照上述不考虑分出业务的索赔进展信息的格式进行披露。

(5)与保险合同有关的重大假设。

① 重大假设，包括死亡率、发病率、退保率、投资收益率等。

表 10-18　不考虑分出业务的索赔进展信息的披露

项　目	前四年	前三年	前二年	前一年	本年	合计
本年末累计赔付款项估计额						
一年后累计赔付款项估计额						
二年后累计赔付款项估计额						
三年后累计赔付款项估计额						
四年后累计赔付款项估计额						
累计赔付款项估计额						
累计支付的赔付款项						
以前期间调整额						
尚未支付的赔付款项						

② 对假设具有重大影响的数据的来源。

③ 假设变动的影响及敏感性分析。

④ 影响假设不确定性的事项和程度。

⑤ 不同假设之间的关系。

⑥ 描述过去的经验和当前情况。

⑦ 假设与可观察到的市场价格或其他公开信息的符合程度。

2. 除保险风险以外的其他风险

除保险风险以外的其他风险，应当比照商业银行进行披露。

第十一章

证券公司的会计核算

第一节　证券公司会计概述

一、证券公司及其业务类别

证券公司是专门从事有价证券买卖的法人企业，通常可简称为券商。根据《中华人民共和国证券法》的规定，证券公司是依照《中华人民共和国公司法》的规定，经国务院证券监督管理机关审查批准设立的从事证券经营业务的有限责任公司或者股份有限公司。证券公司承担着证券代理发行、证券代理买卖、资产管理以及证券咨询等重要职能，始终是证券市场上最重要的中介机构，同时也是证券市场的主要参与者。为强化对证券市场中作为重要中介机构力量的证券公司业务活动的监管，国家规定了不同的证券公司，设立条件不同，其经营业务的范围也不同。根据《中华人民共和国证券法》的规定，我国对证券公司实行分类管理，即分为综合类证券公司和经纪类证券公司。综合类证券公司的证券业务，可以覆盖证券承销业务、证券自营业务、证券经纪业务和经国务院证券监督管理机构核定的其他证券业务四种；而经纪类证券公司只允许专门从事证券经纪业务，即只能从事代理客户买卖股票、基金、可转换企业证券、认股权证等业务。

(一) 证券承销业务

证券承销业务，是指证券公司代理证券发行人面向投资人发行证券的行为。它是综合类证券公司的一项主要业务。在证券承销与发行过程中，证券公司需要就证券发行的种类、时间、条件等对发行公司提出建议。承销的关键环节是签订承销协议或合同，确定承销方式。承销方式主要有两种：包销和代销。包销是指证券公司将发行人的证券按照协议全部按承销价付款买进，然后再按发行价卖出，或在承销期结束时，将售后剩余证券全部自行购入的承销方式；代销是指证券公司代发行人发售证券，在发行期结束后，将未售出的证券全部退还给发行人或包销人的承销方式。很显然，包销方式下，证券公司要承担全部发行风险，这比较适用于发行金额大、急需用款、效益信誉都非常好的发行人。如果一家公司证券发行规模较大，单一证券公司的实力难以承担承销责任，可以若干家证券公司组成承销团，其中有一家证券公司任主承销商，并联合其他副主承销商或分销商共同承销。

(二) 证券自营业务

证券自营业务是指证券公司从事自身投资的行为，即为本公司买卖证券谋取差价并承担相应风险的行为。证券公司的业务中，一方面是证券买入者，以自有资金和自身账户参与证券市场交易；另一方面又充当卖出者，卖出属于自己所有的证券，并赚取收益。由于证券市场的高收益性和高风险性，证券公司的自营业务具有一定的投机性、风险较大。证券公司的自营业务有利于维护证券市场交易的连续性，但是由于公司在交易成本、资金实力和获取信息的便利条件等方面都比投资大众占有优势，因此在自营活动中容易存在操纵市场和内幕交易等不正当行为。为此，许多国家都制定了专门的法律法规，对证券公司的自营业务进行严格管理。

（三）证券经纪业务

证券经纪业务又称代理买卖证券业务，是指证券公司接受客户委托代客买卖有价证券的行为。证券经纪业务是证券公司最基本的一项业务。证券公司作为中介人，代为办理证券买卖，根据委托人对证券品种、价格和交易数量的明确委托来承办证券交易。这个委托办理的过程包括办理股东账户、开户、委托和交割四个环节。在经纪业务中，证券公司应恪守代理性、效率性，并遵循公开、公平、公正原则。代理性强调证券公司必须严格遵守法律法规的禁止性规定，不能受理法律法规所禁止的证券交易参与者的委托，也不能受理全权选择证券种类、数量、价格、方向等的交易委托，始终恪守职能承担代理责任，无权参与买卖盈亏分成。效率性强调证券公司在经纪业务时要注意效率，因为证券市场上行情瞬息万变，分秒之差就可能会给委托客户造成损失。而三公原则则主要强调证券公司在开展证券经纪业务时必须做到资料、委托价格、成交的情况公开和交易的结果公开。

（四）其他证券业务

其他证券业务，是指证券公司经批准在国家允许的范围内，进行的除承销业务、自营业务和经纪业务以外的证券相关业务，如受托资产管理业务、买入返售证券业务、卖出回购证券业务和投资顾问业务等。

1. 受托投资管理业务

证券公司根据相关法律法规和投资委托人的投资意愿，作为受托投资管理人，与委托人签订受托投资管理合同，用委托人委托的资产在证券市场上购买股票、债券等金融工具的投资组合，以实现委托资产收益最大化。在受托资产管理业务中，委托人委托管理的资产必须是货币资金或是在合法的证券交易托管登记系统中的证券。受托人应将货币资金形式的受托投资按照客户交易结算资金存管方式进行管理。另外，证券公司从事受托资产管理业务，应当取得监管机关批准的受托投资管理业务资格。

2. 买入返售证券业务

买入返售证券业务是指证券公司与全国银行间同业市场其他成员以合同或协议的方式，按一定的价格买入证券，到期日再按合同或协议规定的价格卖出该批证券，以获取买入价与卖出价差价收入的业务。

3. 卖出回购证券业务

卖出回购证券业务是指证券公司根据与客户的协议或合同规定，先向客户卖出证券，在协议的期限到期后，再以协议规定的买入价将证券从客户处买回，证券公司以卖出价与买入价的价差支出获得资金的使用。

4. 投资顾问业务

证券公司作为股权市场、产权市场上进行公司并购活动的专业顾问，可以辅助客户物色适合的兼并与收购目标公司，设计并购方案，代表客户接洽目标公司，也可以帮助目标公司设计防卫措施，抵御敌意收购。这项投资顾问业务已经成为许多证券公司的重要经营项目，能够全方位地扩展证券公司的经营领域。

二、证券公司会计及其科目设置

证券公司是专门经营证券业务的金融机构。证券公司的经营活动是否规范，财务状况是否稳定，经营成果是否良好，现金流量是否正常，关系到证券市场能否健康稳定地发展。同时，会计作为一项经济管理工作，是证券公司加强经营管理必不可少的。随着我国证券公司这一金融企业群体的日益壮大，财政部于1999年专门制定印发了《证券公司会计制度——会计科目和会计报表》，并要求证券公司于2000年起实施。在执行过程中，随着证券公司业务的不断创新和统一会计制度的条件逐渐成熟，从2003年开始，证券公司开始执行统一的《金融企业会计制度》。近年来，在我国资本市场与金融市场进一步融合、共同发展的进程中，我国会计准则也加快了与国际会计准则的趋同化建设。财政部于2006年正式颁布了新的企业会计准则体系，要求包括证券公司在内的各类企业都要分步执行统一的《企业会计准则》，同时根据《〈企业会计准则第30号——财务报表列报〉应用指南》的统一规定，证券公司拥有专门为其量身定做的财务报表体系，该体系作为与一般企业、商业银行、保险公司并驾齐驱的四类报表系列之一，充分体现了证券公司在会计确认、计量与报告方面的独特性。

根据《企业会计准则》的规定，目前，证券公司的专用型会计科目主要包括以下几个。

（一）“结算备付金”科目

“结算备付金”科目属于资产类科目，专门用于证券公司为证券交易的资金清算与交收而存入指定清算代理机构的款项。证券公司向客户收取的结算手续费、向证券交易所支付的结算手续费，也通过本科目核算，而因证券交易与清算代理机构办理资金清算的款项等，可以单独设置“证券清算款”科目。本科目可按清算代理机构，分别按“自有”“客户”等进行明细核算。企业将款项存入清算代理机构，借记本科目，贷记“银行存款”等科目；从清算代理机构划回资金作相反的会计分录。接受客户委托，买入证券成交总额大于卖出证券成交总额的，应按买卖证券成交价的差额加上代扣代交的相关税费和应向客户收取的佣金等之和，借记“代理买卖证券款”等科目，贷记本科目(客户)、“银行存款”等科目。按企业应负担的交易费用，借记“手续费及佣金支出”科目，按应向客户收取的手续费及佣金，贷记“手续费及佣金收入”科目，按其差额，借记本科目(自有)、“银行存款”等科目。接受客户委托，卖出证券成交总额大于买入证券成交总额的，应按买卖证券成交价的差额减去代扣代交的相关税费和应向客户收取的佣金等后的余额，借记本科目(自有)、“银行存款”等科目。在证券交易所进行自营证券交易的，应在取得时根据持有证券的意图等对其进行分类，比照“交易性金融资产”“持有至到期投资”“可供出售金融资产”等科目的相关规定进行处理。本科目期末借方余额，反映企业存在指定清算代理机构的款项。

（二）“代理兑付证券”科目

“代理兑付证券”科目属于资产类科目，核算证券公司接受委托，代理兑付到期的债券而付出的款项，应按委托单位和证券种类设置明细账。委托单位尚未拨付兑付资金而由企业垫付的，在收到客户交来的证券时，应按兑付金额，借记本科目，贷记“银行存款”等科目。向委托单位交回已兑付的证券并收回垫付的资金时，借记“银行存款”等科目，贷记本科目。收到客户交来的无记名证券时，应按兑付金额，借记本科目，贷记“库存现金”、“银行存款”等科目。向委托单位交回已兑付的证券时，借记“代理兑付证券款”科目，贷记本科目。本科目期末借方余额，反映企业已兑付但尚未收到委托单位兑付资金的证券金额。

（三）“代理买卖证券款”科目

“代理买卖证券款”科目属于负债类科目，用于核算证券公司接受客户委托，代客户买卖股票、债券和其他有价证券，由客户交存的款项。证券公司代客户认购新股的款项、代理客户领取的现金股利和证券利息、代客户向证券交易所支付的配股款等，也在本科目中核算。本科目按客户名称类别等设置明细账。企业收到客户交来的款项，借记“银行存款——客户”等科目，贷记本科目；客户提取存款作相反的会计分录。接受客户委托，买入证券成交总额大于卖出证券成交总额的，应按买卖证券成交价的差额加上代扣代交的相关税费和应向客户收取的佣金等之和，借记本科目等，贷记“结算备付金——客户”“银行存款”等科目。接受客户委托，卖出证券成交总额大于买入证券成交总额的，应按买卖证券成交价的差额减去代扣代交的相关税费和应向客户收取的佣金等后的余额，借记“结算备付金——客户”“银行存款”等科目，贷记本科目。代理客户认购新股，收到客户交来的认购款项，借记“银行存款——客户”等科目，贷记本科目。将款项划付证券交易所，借记“结算备付金——客户”科目，贷记 “银行存款——客户”科目。客户办理申购手续，按实际支付的金额，借记本科目，贷记“结算备付金——客户”科目。证券交易所完成中签认定工作，将未中签资金退给客户时，借记“结算备付金——客户”科目，贷记本科目。企业将未中签的款项划回，借记“银行存款——客户”科目，贷记“结算备付金——客户”科目。企业将未中签的款项退给客户，借记本科目，贷记“银行存款——客户”科目。代理客户办理配股业务，采用当日向证券交易所交纳配股款的，当客户提出配股要求时，借记本科目，贷记“结算备付金——客户”科目；采用定期向证券交易所交纳配股款的，在客户提出配股要求时，借记本科目，贷记“其他应付款——应付客户配股款”科目。与证券交易所清算配股款时，按配股金额，借记“其他应付款——应付客户配股款”科目，贷记“结算备付金——客户”科目。本科目期末借方余额，反映企业接受客户存放的代理买卖证券的资金。

（四）“代理承销证券款”科目

“代理承销证券款”科目属于负债类科目，专门核算证券公司接受委托，采用承购包销方式或代销方式承销证券所形成的、应付证券发行人的承销资金。本科目可按委托单位和证券种类进行明细核算。证券公司承销记名证券时，通过证券交易所网上发行的，在证券上网发行日根据承销合同确认的证券发行总额，按承销价款，在备查簿中记录承销证券的情况。与证券交易所交割清算，按实际收到的金额，借记“结算备付金”科目，贷记本科目。承销期结束，将承销证券款项交付委托单位并收取承销手续费，按承销价款，借记本科目，按应收取的承销手续费，贷记“手续费及佣金收入”科目，按实际支付给委托单位的金额，贷记“银行存款”等科目。承销期结束有未售出证券、采用余额承购包销方式承销证券的，按合同规定由企业认购，应按承销价款，借记“交易性金融资产”“可供出售金融资产”等科目，贷记本科目。承销期结束，应将未售出证券退还委托单位。如果证券公司承销无记名证券，比照承销记名证券的相关规定进行处理。本科目期末贷方余额，反映证券公司承销证券应付未付给委托单位的款项。

同时，还可以根据证券公司业务需要设立属于资产类科目的“代理承销证券”科目。“代理承销证券”科目用于核算证券公司采用全额承购包销方式接受委托代理发行的股票、债券等证券的承购价值。本科目属于资产类科目，借方登记代理承销证券时的承购价，贷方登记发行期结束后结转的已销售代理承销证券的成本、未售出证券转为自营金融资产的成本。本科目期末借方余额反映证券公司尚未售出的代理承销证券的价值。本科目应按委托单位和代发行证券的种类设置明细账。

（五）“代理兑付证券款”科目

“代理兑付证券款”科目属于负债类科目，核算证券公司接受委托代理兑付证券收到的兑付资金。可按委托单位和证券种类进行明细核算。证券公司兑付记名证券，收到委托单位的兑付资金，借记“银行存款”等科目，贷记本科目。收到客户交来的证券，按兑付金额，借记本科目，贷记“库存现金”“银行存款”等科目。兑付无记名证券的，还应通过“代理兑付证券”科目核算。收取代理兑付证券手续费收入，向委托单位单独收取的，按应收或已收取的手续费，借记“应收手续费及佣金”等科目，贷记“手续费及佣金收入”科目。手续费与兑付款——并汇入的，在收到款项时，应按实际收到的金额，借记“结算备付金”等科目，按应兑付的金额，贷记本科目，按事先取得的手续费，贷记“其他应收款——预收代理兑付证券手续费”科目。兑付证券业务完成后确认手续费收入，借记“其他应付款——预收代理兑付证券手续费”科目，贷记“手续费及佣金收入”科目。本科目期末贷方余额，反映企业已收到但尚未兑付的代理兑付证券款项。

（六）“手续费及佣金收入”科目

“手续费及佣金收入”科目属于损益类科目，在本科目下应单独设立“代理承销手续费收入”明细账，核算证券公司采用全额承购包销方式代理发行证券的发行收入、采用代销方式和余额承购包销方式代理发行证券收取的手续费收入。会计期末，本科目余额结转“本年利润”后应无余额。

第二节　证券公司承销业务的核算

按照证券公司承销业务的具体实质性条款划分，可分为全额包销、余额包销和代销三种。

一、全额包销方式证券承销业务的核算

全额包销，是指证券公司与证券发行单位签订合同或协议，由证券公司按合同或协议确定的价格将证券从发行单位购进，并当即与发行单位结清全部款项，然后再按市场条件转售给投资者。采用此种方式，证券公司要承担全部发行风险，但可确保发行单位及时获得所需的资金。证券公司向发行单位承购证券的价格可能低于、等于或高于证券面值，由双方在协

议里确定，但发售价格由证券公司确定，发行单位原则上不干预。证券公司以全额包销方式进行承销业务的，应在按承购价格购入待发售的证券时，确认为一项资产记入“代理承销证券”科目； 证券公司将证券转售给投资者时，按发行价格确认为证券发行收入，按已发行证券的承购价格结转待发行证券的成本。发行期结束后，如有未售出的证券，应按承购价格转为证券公司自己投资的金融资产管理。

(一) 认购证券环节

先将证券全部认购，并向发行单位支付全部证券款项，按承购价，其会计分录为：

借：代理承销证券

　　贷：银行存款

(二) 发售证券环节

按承销价将证券转售给投资者，承销价与承购价之间的差额记作手续费及佣金收入。其会计分录为：

借：银行存款

　　贷：代理承销证券

　　　　手续费及佣金收入——代理承销手续费收入

(三) 剩余归已

发行期结束，将未售出的证券转为证券公司的金融资产管理，证券公司需要根据金融资产的性质及本公司管理部门的持有意图与管理策略，将其分别归类为“交易性金融资产”“可供出售金融资产”等进行记账和管理。未售出的证券按承购价记入证券公司的金融资产，其会计分录为：

借：交易性金融资产或可供出售金融资产

　　贷：代理承销证券

例 11-1　S 证券有限公司与客户公司签订协议，采用全额承购包销方式承销该公司发行的股票 6 000 万元，股票面值为 1 元，共发行 6 000 万股，证券公司承购价为 2.24 元/股，对外承销价为 2.40 元/股，发行期为 20 天，预计最后剩余 100 万股。

(1) 证券公司付清全款，客户将股票交给证券公司全额承购，其会计分录为：

借：代理承销证券	134 400 000	
贷：银行存款		134 400 000

(2) 发行期内，按承销价将证券转售给投资者，其会计分录为：

借：银行存款	141 600 000	
贷：代理承销证券		132 160 000
手续费及佣金收入——代理承销证券手续费收入		9 440 000

(3) 期末，将到期尚未实现对外发行的部分按照承购价格转作公司自身的金融资产，其会计分录为：

借：交易性金融资产	2 240 000	
贷：代理承销证券		2 240 000

二、余额包销方式证券承销业务的核算

余额包销方式，是指证券公司与委托发行单位签订合同或协议，由证券公司代委托单位发行证券，证券发行期内未售出的证券，一般由证券公司购入作为长期投资或自营证券。证券公司以余额包销方式进行承销业务的，应在收到代发行单位发售的证券时，按委托方约定的发行价格同时确认为一项资产和一项负债；发行期结束后，如有未售出的证券，应按约定的发行价转为公司的自营证券或长期投资；代发行证券的手续费收入，应在发行期结束后，与发行单位结算发行价款时确认。

(1)收到委托单位委托发行的证券时，应在备查账簿中记录承销证券的情况，不必编制会计分录。

(2)在约定的期限内售出证券时，按承销价格，其会计分录为：

借：银行存款

　　贷：代理承销证券款

(3)承销期结束，将募集资金付给委托单位并收取手续费，其会计分录为：

借：代理承销证券款

　　贷：银行存款

　　　　手续费及佣金收入——代理承销证券手续费收入

(4)冲销备查账簿中登记的承销证券。

(5)承销期结束时如有未售出的证券，采用余额包销方式承销证券的证券公司，要依据合同规定按照承销价格进行认购，把未售出的证券转为公司的金融资产管理。证券公司需要根据金融资产的性质及在本公司的用途，将其归类为“交易性金融资产”“可供出售金融资产”等进行记账和管理。其会计分录为：

借：交易性金融资产或可供出售金融资产

　　贷：代理承销证券款

例 11-2 S 证券有限公司与客户签订合同，采用余额包销方式代客户公司发行股票。客户公司交来股票 4 000 万股，每股面值 1 元，公司对外承销价为 2 元/股，代发行手续费为 0.2%。发行期结束时尚有 100 万股未售出，公司约定的承销价为 2 元/股，公司将其转作交易性金融资产处理。

(1)在承接环节，客户交来代发行股票时，证券公司在备查簿中记录待承销证券的情况。

(2)在销售环节，承销证券时，其会计分录为：

借：银行存款	78 000 000	
贷：代理承销证券款		78 000 000

(3)在清理阶段，承销期结束后，尚未售出的 100 万股转作公司的交易性金融资产处理，其会计分录为：

借：交易性金融资产	2 000 000	
贷：代理承销证券款		2 000 000

(4)将代发行证券交给客户，并从中扣取手续费 160 000，其会计分录为：

借：代理承销证券款	80 000 000	
贷：银行存款		79 840 000

手续费及佣金收入——代理承销证券手续费收入　　　　160 000

三、代销方式证券承销业务的核算

代销方式，是指证券公司接受发行单位委托，按照规定的条件，在约定的期限内，代为向社会销售证券，发行期结束，如果证券未按原定计划发行出售，未售部分仍退回发行单位，代销证券的证券公司向委托人收取手续费，不承担任何发行风险。证券公司以代销方式经办承销业务的，应在收到代发行人发售的证券时，按委托方约定的发行价格同时确认一项资产和一项负债；代发行证券的手续费收入，应于发行期结束后，与发行人结算发行价款时确认。采用代销方式代理发行证券（记名证券）主要有网上代销和柜台代销两种。

（一）网上代销

网上代销具体账务处理如下。

（1）通过证券交易所网上发行的，在证券上网发行日根据承销合同确认的证券发行总额，按承销价格，在备查账簿中记录承销证券的情况。

（2）网上发行结束后，与证券交易所交割清算，按网上发行数量和发行价格计算的发行款项扣除上网费用，其会计分录为：

借：结算备付金
　　其他应收款——应收代垫委托单位上网费
　　贷：代理承销证券款

（3）将发行证券款交给委托单位，并收取发行手续费和代垫的上网费用，其会计分录为：

借：代理承销证券款
　　贷：其他应收款——应收代垫委托单位上网费
　　　　结算备付金
　　　　手续费及佣金收入——代理承销证券手续费收入

同时，冲销备查账簿中登记的承销证券。

（4）承销期结束如有未售出的证券，则将未售出的证券退还委托单位。

（二）柜台代理

柜台代理具体账务处理如下。

（1）通过柜台代理发行证券的，收到委托单位委托发行的证券时，按约定的承销价格，在备查账簿中记录承销证券的情况。

（2）证券售出，按承销价格，其会计分录为：

借：银行存款
　　贷：代理承销证券款

（3）将发行证券款交给委托单位，收取发行手续费，其会计分录为：

借：代理承销证券款
　　贷：银行存款
　　手续费及佣金收入——代理承销证券手续费收入

（4）发行期结束，将未售出的代理承销证券退还委托单位，冲销备查账簿中登记的承销证券。

例 11-3 S 证券公司与某上市公司签订协议，代理销售其通过证券交易所上网发行的股票 200 万元。承销期内，S 证券公司为客户代垫了上网费 2 万元，发行期结束时全部售出，按合同规定扣取手续费 4 万元，将所筹集资金交给客户。

(1) 在证券上网发行日，根据承销合同确认的证券发行总额，按承销价格，在备查账簿中记录承销证券的情况。

(2) 在网上发行结束后，与证券交易所交割清算。其会计分录为：

借：结算备付金　　1 980 000
　　其他应收款——应收代垫委托单位上网费　　20 000
　　贷：代理承销证券款　　2 000 000

(3) 发行期结束后，从代理承销证券款中扣取手续费 4 万元及代垫的上网费用 2 万元，将所筹集资金交给客户，其会计分录为：

借：代理承销证券款　　2 000 000
　　贷：其他应收款——应收代垫委托单位上网费　　20 000
　　　　手续费及佣金收入——代理承销证券手续费收入　　40 000
　　　　结算备付金　　1 940 000

(4) 将清算资金如数划转至发行公司时，其会计分录为：

借：结算备付金　　1 940 000
　　贷：银行存款　　1 940 000

第三节　证券公司自营业务的核算

证券公司取得自营业务和承销业务的资格后，就可以依法开展自营业务或承销业务，以获取相应的差价收入和手续费收入，这是综合类证券公司的特有业务。证券公司如果只有经纪类许可证，则不得从事自营和承销等业务，只能从事证券经纪业务。证券公司从事自营业务，必须用证券公司自有资金和依法筹集的资金，以自己的名义和账户在证券交易所或场外交易市场买卖各种证券。自营业务的会计核算包括自营股票、自营债券、自营基金、可转换债券、认股权证等的买入、卖出和期末计价。

一、自营证券买入与持有期间业务的核算

(一) 自营非新股证券

(1) 证券公司在证券交易所办理自营证券业务时，应该在证券交易所开设清算资金账户。当划出资金时，其会计分录为：

借：结算备付金
　　贷：银行存款

(2) 证券公司买入证券时，按照清算日买入证券的公允成交价格即公允价值入账，其会计分录为：

借：交易性金融资产成本
　　贷：结算备付金

(3)如果证券公司购进证券支付的价款中，包含已到付息期但尚未领取的利息或已宣告但尚未发放的现金股利，其会计分录为：

借：交易性金融资产——成本
　　应收利息
　　贷：结算备付金

(4)证券公司因持有股票而分得的股票股利(也称为送股)，应于股权登记日，根据本公司持有股数和送股比例，计算确定本公司分得的股票股利数量，在交易性金融资产“数量”栏中登记。

(5)证券公司自营股票持有期间取得现金股利的，其会计分录为：

借：结算备付金
　　贷：投资收益

(6)证券公司自营买入的分期付息、到期还本的债券，持有期间分期取得的利息，应按实际利率计算的金额计入当期损益，其会计分录为：

借：结算备付金(或银行存款)
　　贷：投资收益

例 11-4　S 证券有限公司从证券交易所自营购入 P 公司股票 200 000 股，每股市价 24 元，相关的交易费用为 20 000 元。其会计分录为：

借：交易性金融资产——P 公司股票——成本	4 800 000	
投资收益	20 000	
贷：结算备付金		4 820 000

例 11-5　S 证券有限公司持有 Q 公司股票 60 000 股。2009 年 4 月 15 日，Q 公司宣告发放 2008 年现金股利 30 000 元，2009 年 4 月 20 日，S 证券公司收到 Q 公司发放的现金股利 30 000 元。其会计分录如下：

(1) 2009 年 4 月 15 日(宣告日)。

借：应收股利	30 000	
贷：投资收益		30 000

(2)2009 年 4 月 20 日(派息日)。

借：结算备付金	30 000	
贷：应收股利		30 000

(二)自营认购新股

(1)网上认购新股。证券公司通过网上认购新股，申购款被证券交易所从账户中划出并冻结时，其会计分录为：

借：其他应收款——应收认购新股占用款
　　贷：结算备付金

认购新股中签，与证券交易所结算中签款项时，按中签的股票的公允价值入账，其会计分录为：

借：交易性金融资产——成本
　　贷：其他应收款——应收认购新股占用款

同时，退回的未中签款项的，其会计分录为：

借：结算备付金

　　贷：其他应收款——应收认购新股占用款

(2)网下认购新股。其会计分录与网上认购有所不同：

借：其他应收款——应收认购新股占用款

　　贷：银行存款

认购新股中签，与证券交易所结算中签款项时，按中签的股票的公允价值入账，其会计分录为：

借：交易性金融资产——成本

　　贷：其他应收款——应收认购新股占用款

退回的未中签款项，会计分录为：

借：银行存款

　　贷：其他应收款——应收认购新股占用款

例 11-6　S 证券有限公司通过网上认购 R 公司发行的新股。证券交易所从该公司的账户中划出 200 000 元作为申购款，中签款项为 120 000 元。

(1)划拨申购款，其会计分录为：

借：其他应收款——应收认购新股占用款　　200 000

　　贷：结算备付金　　200 000

(2)中签认购新股，其会计分录为：

借：交易性金融资产——R 公司股票——成本　　120 000

　　贷：其他应收款——应收认购新股占用款　　120 000

(3)退回未中签的申购款项，其会计分录为：

借：结算备付金　　80 000

　　贷：其他应收款——应收认购新股占用款　　80 000

二、自营证券的期末核算

证券公司自营证券的期末核算是指期末自营证券在资产负债表上反映的价值处理，是期末自营证券的账面价值核算。资产负债表日，证券公司按持有的自营证券的公允价值与其账面余额的差额，直接计入当期损益。证券公司自营证券的期末账面余额的计算，可以采用加权平均法、先进先出法等方法。自营证券的计价方法一经确定，不得随意改变。在实际工作中，证券公司购入证券是分批进行的，各批购入的自营证券的实际成本并不相同，必须按专门的方法计算各种证券的期末账面余额。

(1)期末，证券公司持有的自营证券，公允价值大于账面余额的，其会计分录为：

借：交易性金融资产——公允价值变动

　　贷：公允价值变动损益

(2)期末，证券公司持有的自营证券，公允价值小于账面余额的，其会计分录为：

借：公允价值变动损益

　　贷：交易性金融资产——公允价值变动

例 11-7　S 证券公司于 2008 年 11 月 25 日，以 2.30 元/股的价格购入了上市的 Q 公司股票 10 万股，合计 23 万元，交易费用 1 万元。2008 年 12 月 31 日，该股票交易的市场价格为 1.30 元/股。2009 年 2 月 18 日，S 证券公司以 1.50 元/股抛售了 Q 公司股票。编制 S 证券公司在卖入 Q 公司股票时、持有期间和对外出售时的会计分录。

(1)2008 年 11 月 25 日购入股票时，交易费用记入当期投资收益处理，其会计分录为：

借：交易性金融资产——Q 公司股票——成本　　230 000

　　投资收益分配　　10 000

　　贷：银行存款　　240 000

(2)2008 年 12 月 31 日，该股票的公允价值已远低于公司买入时的价值，按照《企业会计准则》的要求，应该在期末对该项交易性金融资产按照公允值进行重新计量，将账面价值与公允价值的差额直接计入当期损益。

期末该项交易性金融资产账面价值与公允价值的差额=(2.30–1.30)元/股×100 000 股=100 000 元。其会计分录为：

借：公允价值变动损益　　100 000

　　贷：交易性金融资产——Q 公司股票——公允价值变动　　100 000

(3)2009 年 2 月 18 日，出售全部 Q 公司股票，收到银行存款 15 万元。其会计分录为：

借：银行存款　　150 000

　　交易性金融资产——Q 公司股票一公允价值变动　　100 000

　　贷：交易性金融资产——Q 公司股票——成本　　230 000

　　　　投资收益　　20 000

三、自营卖出证券的核算

证券公司卖出证券，按清算日实际收到的金额作会计分录为：

借：结算备付金(或银行存款)

　　贷：交易性金融资产——成本

　　　　投资收益

同时，证券公司出售的该笔证券在持有期间存在公允价值变动损益，结转会计分录为：

借：结算备付金(或银行存款)

　　交易性金融资产——公允价值变动(持有期间发生公允价值变动损失)

　　贷：交易性金融资产——成本

　　　　　　　　　　　——公允价值变动(持有期间发生公允价值变动利得)

　　　　投资收益

例 11-8　2009 年 1 月 1 日，S 证券公司从证券市场以银行存款 204 万元购入 A 公司发行的债券(含已到期但尚未领取的利息 4 万元)，另发生交易费用 4 万元。该债券面值为 200 万元，剩余期限为 2 年，票面年利率为 4%，每半年付息一次。S 证券公司取得该项金融资产是以赚取债券差价为目的的，故将其划分为交易性金融资产。

(1)2009 年 1 月 1 日，购入债券时。其会计分录为：

借：交易性金融资产——成本　　2 000 000

　　应收利息　　40 000

　　投资收益　　40 000

贷：银行存款　　2 080 000

(2)2009 年 1 月 5 日，收到该债券 2008 年下半年利息 4 万元。其会计分录为：

借：银行存款　　40 000

　　贷：应收利息　　40 000

(3)2009 年 6 月 30 日，该债券的公允价值为 230 万元(不含利息)。其会计分录为：

借：交易性金融资产——公允价值变动　　300 000

　　贷：公允价值变动损益　　300 000

借：应收利息　　40 000

　　贷：投资收益　　40 000

(4)2009 年 12 月 31 日，将该债券售出，取得 236 万元(含下半年利息 4 万元)。其会计分录为：

借：银行存款　　2 360 000

　　公允价值变动损益　　300 000

　　贷：交易性金融资产——成本　　2 000 000

　　　　　　　　　　——公允价值变动　　300 000

　　　　投资收益　　360 000

第四节　证券公司经纪业务的核算

证券经纪业务，是指证券经营机构通过其设立的证券营业部，接受客户委托，按照客户的要求，代理客户买卖证券的业务。证券经纪业务又称代理买卖证券业务，属于证券公司的一项基本业务。经纪类证券公司只允许专门从事证券经纪业务。证券公司办理经纪业务，必须为客户分别开立证券和资金账户，并对客户交付的证券和资金按户分账管理，如实进行交易记录，不得作虚假记载。证券公司接受委托卖出的证券必须是客户证券账户上实有的证券，不得为客户融券交易；证券公司接受委托买入证券必须以客户资金账户上实有的资金托付，不得为客户融资交易。证券公司办理经纪业务，不得接受客户的全权委托而决定证券买卖、选择证券种类、决定买卖数量或者买卖价格。证券经纪业务主要有代理买卖证券、代理兑付证券、代保管证券等。会计上为了核算证券经纪业务，需要设置相应的会计科目，除了前面已经提到的“结算备付金”外，还应设置“代理买卖证券款”“代理兑付证券”和“代理兑付证券款”等科目。

一、代理认购新股业务

(1)当证券公司发生代客户认购新股业务，在收到客户认购款时，其会计分录为：

借：银行存款

　　贷：代理买卖证券款客户

(2)当证券公司将款项划付清算代理机构时，其会计分录为：

借：结算备付金——××清算代理机构——客户

　　贷：银行存款

(3)客户办理申购手续，在证券公司与清算代理机构清算时，其会计分录为：

借：代理买卖证券款——客户

　　贷：结算备付金——××清算代理机构——客户

(4)清算代理机构完成中签认定工作，将未中签的资金退给客户账户时，其会计分录为：

借：结算备付金——××清算代理机构——客户

　　贷：代理买卖证券款——客户

(5)证券公司将未中签的款项划回时，其会计分录为：

借：银行存款

　　贷：结算备付金——××清算代理机构——客户

(6)证券公司将未中签的款项退给客户时，其会计分录为：

借：代理买卖证券款——客户

　　贷：银行存款

例 11-9　2009年3月15日，S证券公司代理D公司认购在上海证券交易所新发行的ABC股票，收到D公司交来的认购款4 000万元。3月16日，S证券公司将款项划到上海证券交易所。4月5日中签结果表明中签资金为3 600万元，办理申购手续，并将未中签资金400万元退还给客户。

(1)3月15日，收到客户转来的认购款4 000万元时，其会计分录为：

借：银行存款　　40 000 000

　　贷：代理买卖证券款——D公司　　40 000 000

(2)3月16日，将款项划到上海证券交易所时，其会计分录为：

借：结算备付金——上海证券交易所——D公司　　40 000 000

　　贷：银行存款　　40 000 000

(3)4月5日，中签结果揭晓，进行认购资金的后续处理。

对申购新股成功部分，转账处理，其会计分录为：

借：代理买卖证券款——D公司　　36 000 000

　　贷：结算备付金——上海证券交易所——D公司　　36 000 000

对没有中签的部分，资金解冻，打回证券公司账面，其会计分录为：

借：银行存款　　4 000 000

　　贷：结算备付金——上海证券交易所——D公司　　4 000 000

(4) 4月11日，将没有中签部分的解冻资金归还客户，其会计分录为：

借：代理买卖证券款　　4 000 000

　　贷：银行存款　　4 000 000

二、代理买卖证券业务

代理买卖证券业务，是指证券公司代理客户进行证券买卖的业务。证券公司代理客户买卖证券收到的代理买卖证券款，必须全额存入指定的商业银行的资金专户，不能与证券公司自身的存款混淆。证券公司在收到代理客户买卖证券款项的同时，还应当确认一项负债，与客户进行对应结算。证券公司接受客户委托，通过证券交易所代理买卖证券，如果买入证券成交总额大于卖出证券成交总额，应按清算日买卖证券成交价的差额，加代扣代缴的印花税，以及向客户收取的佣金等手续费，记入“代理买卖证券款”科目；按公司负担的交易费用，记入“手续费及佣金支出”科目；按买卖证券成交价的差额，加代扣代收的印花税和公司应负担的交易费用，冲减“结算备付金”科目；按应向客户收取的佣金等手续费，记入“手续费及佣金收入”科目。其会计分录为：

借：代理买卖证券款

手续费及佣金支出——代理买卖证券手续费支出

贷：结算备付金——客户

手续费及佣金收入——代理买卖证券手续费收入

证券公司接受客户委托，通过证券交易所代理买卖证券，与客户清算时，如果卖出证券成交总额大于买入证券成交总额的，其会计分录为：

借：结算备付金——客户

手续费及佣金支出——代理买卖证券手续费支出

贷：代理买卖证券款

手续费及佣金收入——代理买卖证券手续费收入

例 11-10 S 证券公司接受客户委托，通过证券交易所代理买卖证券，2009 年 1 月与客户清算时，买入证券成交总额大于卖出证券成交总额 5 000 000 元。代扣代交的交易税费为 20 000 元，向客户收取的佣金及手续费为 10 000 元，证券公司负担手续费支出 10 000 元。根据证券交易所传来的证券交易一级清算表、营业部出具的证券交易二级清算表、清算银行出具的资金清算账单等凭证作，其会计分录为：

借：代理买卖证券款	5 030 000	
手续费及佣金支出——代理买卖证券手续费支出	10 000	
贷：结算备付金——客户		5 030 000
手续费及佣金收入——代理买卖证券手续费收入		10 000

例 11-11 承例 11-10 S 证券公司 10 月 28 日清算后，发现证券交易所买卖成交金额差额为 10 000 000 元，手续费为 5 000 元，监管费为 1 500 元，印花税为 60 000 元，收取佣金 70 000 元，过户费为 20 000 元。

本例中，证券公司应承担的手续费支出包括手续费和监管费。证券公司的手续费收入包括收取的佣金和过户费的一半(过户费的另一半收入归证券交易所)，客户应承担的交易税费包括印花税和过户费。上述买卖成交差额若是卖出金额大于买入金额，证券公司的会计分录为：

借：结算备付金——S 证券公司(10 000 000–60 000–5 000–1 500–20 000/2)	9 923 500	
手续费及佣金支出(5 000+1 500)	6 500	
贷：手续费及佣金收入(70 000+20 000/2)		80 000
代理买卖证券款(10 000 000–60 000–70 000–20 000)		9 850 000

三、代理配股派息业务

1. 代理客户办理配股业务

代理客户办理配股业务，有以下两种情况。

(1)当日向证券交易所解交配股款的，客户提出配股要求，其会计分录为：

借：代理买卖证券款

贷：结算备付金——客户

(2)定期向证券交易所解交配股款的，客户提出配股要求时，其会计分录为：

借：代理买卖证券款

贷：其他应付款——应付客户配股款

与证券交易所清算配股款时，按配股总额所作会计分录为：

借：其他应付款——应付客户配股款

贷：结算备付金——客户

2. 代理客户领取现金股利和证券利息

代理客户领取现金股利和证券利息时，其会计分录为：

借：结算备付金——客户

贷：代理买卖证券款

3. 证券公司按规定向客户统一结息

证券公司按规定向客户统一结息时，其会计分录为：

借：利息支出

贷：代理买卖证券款

四、代理兑付证券业务

代理兑付证券，是证券公司接受国家或企业客户的委托，对其发行的证券在到期时进行兑付，即向持有证券人还本付息并清收相关债权凭证，结束客户与证券持有人之间债权债务关系的活动。在代理兑付证券完成时，证券公司从客户收取代理兑付证券的手续费，实现自身收益。

(一)接受委托代国家或企业兑付到期的无记名债券的核算

(1)收到委托单位的兑付资金，其会计分录为：

借：银行存款

贷：代理兑付证券款

(2)收到客户交来的实物债券，按兑付金额作会计分录为：

借：代理兑付证券

贷：银行存款

(3)向委托单位交回已兑付的实物证券，其会计分录为：

借：代理兑付证券款

贷：代理兑付证券

(4)如果委托单位尚未拨付兑付资金，并由证券公司垫付的，收到兑付债券时按兑付金额作会计分录为：

借：代理兑付证券

贷：银行存款

(5)向委托单位交回已兑付的证券并收回垫付的资金，其会计分录为：

借：银行存款

贷：代理兑付证券

(6)收到代兑付手续费收入，其会计分录为：

借：银行存款

贷：手续费及佣金收入——代理兑付债券手续费收入

(二)接受委托代国家或企业兑付到期的记名债券的核算

(1)收到委托单位的兑付资金时，其会计分录为：

借：银行存款

贷：代理兑付证券款

(2)兑付债券本息时，其会计分录为：

借：代理兑付证券

贷：银行存款

(三)证券公司收取代理兑付手续费收入的核算

(1)如果向委托单位单独收取手续费的，其会计分录为：

借：应收账款——委托单位(应收未收委托单位的手续费)

贷：手续费及佣金收入——代理兑付债券手续费收入

或

借：结算备付金(已收委托单位的手续费)

贷：手续费及佣金收入——代理兑付债券手续费收入

(2)如果手续费与兑付款一并汇入，其会计分录为：

借：银行存款

贷：代理兑付证券款

其他应收款——预收代兑付证券手续费

兑付债券业务完成后，确认手续费收入时的会计分录为：

借：其他应收款——预收代兑付证券手续费

贷：手续费及佣金收入——代理兑付债券手续费收入

例 11-12 S 证券公司接受委托，代某企业兑付到期的无记名债券。该企业拨来兑付资金 3 000 万元。S 证券公司的会计分录为：

借：银行存款	30 000 000	
贷：代理兑付证券款		30 000 000

兑付期收到客户交来的债券，按兑付金额支付款项，并已兑付完毕。其会计分录为：

借：代理兑付证券	30 000 000	
贷：银行存款		30 000 000

客户交来兑付债券手续费 3 万元，作会计分录为：

借：银行存款	30 000	
贷：手续费及佣金收入——代兑付债券手续费收入		30 000

例 11-13 S 证券公司接受委托，代某企业兑付到期的无记名债券 6 000 万元，兑付资金由 S 证券公司垫付，手续费在兑付业务完毕后收取。客户交来实物证券时，按兑付金额支付款项。

兑付期的会计分录为：

借：代理兑付证券　　60 000 000

　　贷：银行存款　　60 000 000

兑付期结束后，向委托单位交回已兑付的证券并收回垫付的资金 6 000 万元，收取手续费 3 万元，其会计分录为：

借：银行存款　　60 030 000

　　贷：代理兑付证券　　60 000 000

　　　　手续费及佣金收入——代兑付债券手续费收入　　30 000

例 11-14　S 证券公司接受委托代国家兑付到期的记名证券，收到拨来的 2 000 万元兑付资金，兑付期为半年，同时国家拨入手续费 4 万元。

本例与例 11-13 的区别在于手续费收入是否随兑付资金一并拨入。例 11-13 是兑付期结束后向委托单位收取手续费，本例中手续费与兑付资金一并拨入，两种情况下会计分录有所不同。款项拨入时，S 证券公司的会计分录为：

借：银行存款　　20 040 000

　　贷：代理兑付证券　　20 000 000

　　　　其他应收款——预收代兑付证券手续费　　40 000

兑付期结束时，其会计分录为：

借：其他应付款——预收代兑付证券手续费　　40 000

　　贷：手续费及佣金收入——代兑付债券手续费收入　　40 000

五、资金账户周转业务

证券公司代理客户进行证券买卖，客户将款项交存证券公司后，证券公司应设立资金专户，将代理买卖证券款与证券公司自有资金严格区分使用，不得随意挪用和占用客户资金。

(1)客户开设资金专户并交来款项时，其会计分录为：

借：银行存款——客户

　　贷：代理买卖证券款——客户

(2)客户日常存款时的会计分录与上述交来存款时的会计分录相同，取款时的会计分录则相反。

(3)客户结息销户时，应先结清利息，其会计分录为：

借：应付利息——客户

　　贷：银行存款——客户

提款销户时的会计分录为：

借：代理买卖证券款——客户

　　贷：银行存款——客户

(4)按季计提客户存款利息的会计分录为：

借：利息支出

　　贷：应付利息——客户

客户资金专户统一结息时，其会计分录为：

借：应付利息——客户(已提利息部分)

利息支出(未提利息部分)

贷：代理买卖证券款——客户

(5)证券公司为客户在证券交易所开设清算资金账户时，其会计分录为：

借：结算备付金——客户

贷：银行存款——客户

第五节　证券公司其他业务的核算

证券公司其他业务，主要是指证券公司经批准在国家许可的范围内进行的除经纪、自营和承销业务以外的与证券业务有关的业务，如受托资产管理业务、买入返售证券业务、卖出回购证券业务以及资金拆借业务等。从会计视角来分析，其他业务的开展主要是基于资源的整合与资金的通融需要而衍生的创新业务。

一、受托资产管理业务的核算

受托资产管理，是指证券公司接受委托，负责经营管理某项特定资产(包括单项资产或资产组合)的业务。证券公司受托经营管理的资产，应按实际受托资产的款项，同时确认为一项资产和一项负债；证券公司对受托管理的资产进行证券买卖，按代买卖证券业务的会计核算进行处理；合同到期，与委托单位结算收益或损失时，按合同规定的比例计算应由证券公司享有的收益或承担的损失，将其确认为当期的收益或损失。为了核算证券公司的受托资产管理业务，会计上需要设置“代理业务资产”科目和“代理业务负债”科目等。

(1)证券公司收到委托单位汇入款项，其会计分录为：

借：银行存款——受托资产管理业务客户

贷：代理业务负债

(2)证券公司用受托资金购买证券，按实际成本，其会计分录为：

借：代理业务资产——成本

贷：结算备付金——客户

(3)将购买的证券卖出，按实际收到的价款，其会计分录为：

借：结算备付金——客户

贷：代理业务资产——成本(按卖出证券的成本结转)

代理业务资产——已实现未结算损益(按卖出证券收到的款项与成本之间的差额计价入账，已实现未结算收益记入贷方，已实现未结算损失记入借方)

(4)定期或在委托合同到期与委托客户进行结算时，按合同约定比例计算代理业务资产收益，并结转已实现未结算损益。证券公司的会计分录为：

借：代理业务资产——已实现未结算损益

贷：代理业务负债(按合同规定属于委托客户的收益入账)

手续费及佣金收入——受托客户资产管理业务收入

代理业务资产发生亏损时，证券公司的会计分录为：

借：代理业务负债(按合同规定属于委托客户的收益入账)

手续费及佣金支出——受托客户资产管理业务支出

贷：代理业务资产——已实现未结算损益

(5)到期退还客户委托管理的资金及损益，其会计分录为：

借：代理业务负债

贷：银行存款——受托资产管理业务客户

例 11-15 S 证券公司接受 C 公司委托为其进行资产管理。2009 年 6 月 1 日收到 C 公司汇入 300 万元。6 月 10 日，S 证券公司用委托资金购入股票，实际成本为 180 万元。7 月 10 日将购入股票售出，扣除佣金和印花税后实际收入 192 万元。7 月底合同到期与 C 公司结算时，根据合同规定 S 证券公司获得投资收益的 20%，C 公司获得 80%。S 证券公司将委托资金和收益退还给 C 公司。

(1)6 月 1 日收到 C 公司汇入款项时，其会计分录为：

借：银行存款——C 公司	3 000 000	
贷：代理业务负债		3 000 000

(2)6 月 10 日用 C 公司委托资金购买股票，其会计分录为：

借：代理业务资产——C 公司——成本	1 800 000	
贷：结算备付金——C 公司		1 800 000

(3)7 月 10 日出售股票时，其会计分录为：

借：结算备付金——C 公司	1 920 000	
贷：代理业务资产——C 公司——成本		1 800 000
代理业务资产——C 公司——已实现未结算损益		120 000

(4)7 月底合同到期与 C 公司结算，其会计分录为：

借：代理业务资产——C 公司——已实现未结算损益	120 000	
贷：手续费及佣金收入——受托客户资产管理业务收入		24 000
代理业务负债——C 公司		96 000

(5)合同到期，退还 C 公司资金及收益，其会计分录为：

借：代理业务负债——C 公司	3 096 000	
贷：银行存款——C 公司		3 096 000

二、买入返售证券业务的核算

买入返售证券业务，是指证券公司与其他企业通过签订合同或协议，按一定价格买入证券，在到期日再按合同规定的价格将该批证券返售给其他企业，以获取该批证券买入价与卖出价的差价收入。证券公司应于买入某种证券时，按实际发生的成本确认为一项资产，而在证券到期返售时，按返售价格与买入成本价格的差额，确认为当期收入。为了核算证券公司的买入返售证券业务活动，会计上需要设置“买入返售金融资产”科目。“买入返售金融资产”科目属于资产类科目，核算证券公司等金融企业按照返售协议约定先买入再按固定价格返售的票据、证券、贷款等金融资产所融出的资金。本科目可按买入返售金融资产的类别和融资方式进行明细核算。当证券公司根据返售协议买入金融资产时，应按实际支付的金额，借记本科目，贷记“存放中央银行款项”“结算备付金”“银行存款”等科目。资产负债表日，按照计算确定的买入返售金融资产的利息收入，借记“应收利息”科目，贷记“利息收入”科目。返售日，应按实际收到的金额，借记“存放中央银行款项”“结算备付金”“银行存款”等科目，按其账面余额，贷记本科目、“应收利息”科目，按其差额，贷记“利息收入”科目。本科目期末借方余额，反映企业买入的尚未到期返售金融资产的摊余成本。

买入返售金融资产业务通常分为两个环节，即前期买进阶段和到期卖出阶段。证券公司应于买入某种证券时，按实际发生的成本确认为一项资产；证券到期返售时，按返售价格与买入成本价格的差额，确认为当期收入。

证券公司从国家规定的场所买入证券，按实际支付的款项，其会计分录为：

借：买入返售金融资产

　　贷：结算备付金

(2)资产负债表日，应按合同约定的名义利率计算确定的买入返售金融资产的利息收入，其会计分录为：

借：应收利息(或应收股利)

　　贷：利息收入(或投资收益)

收到买入返售金融资产的利息、现金股利等，其会计分录为：

借：结算备付金

　　贷：应收利息(或应收股利)

合同约定的名义利率与实际利率差异较大的，应采用实际利率计算确定利息收入。

(3)证券到期返售，按实际收到的款项，其会计分录为：

借：结算备付金

　　贷：买入返售金融资产

　　　　应收利息(或应收股利)

在交易双方违约的情况下，如企业有权取得本应按固定价格返售的票据、证券、贷款等资产的，应按取得的该资产的公允价值，借记“交易性金融资产”等科目；按交易对方支付的履约保证金，借记“结算备付金”等科目；按其账面余额，贷记“买入返售金融资产”科目；按其差额借记或贷记“利息收入”“投资收益”等科目。其会计分录为：

借：交易性金融资产(科目不固定，视持有金融资产的性质而定)

　　结算备付金(交易违约双方支付的履约保证金)

　　贷：买入返售金融资产

　　　　投资收益(如为损失，记入借方)

因取得票据、证券、贷款等资产发生的交易费用，除划分为交易性金融资产的以外，均应计入取得资产的初始确认金额。

例 11-16　S 证券公司与客户签订协议，从某证券交易所买入 2009 年国债 200 万元，合同买入价为每百元 106 元，合同返售价为每百元 110 元，期限为 3 个月。

(1)S 证券公司买入国债时的会计分录为：

借：买入返售金融资产　　2 120 000

　　贷：结算备付金　　2 120 000

(2)3 个月后返售时，S 证券公司的会计分录为：

借：结算备付金　　2 200 000

　　贷：买入返售金融资产　　2 120 000

　　　　利息收入　　80 000

三、卖出回购证券业务的核算

卖出回购证券业务，是指证券公司与其他企业通过签订合同或协议，按一定价格向对方卖出一定证券，到期日再按合同约定的价格买回该批证券。其实质在于获得一定时期内资金的使用权。证券公司应在卖出证券时，按实际收到的款项确认为一项负债，而在证券到期购回时，按实际支付的款项与卖出证券时实际收到的款项的差额，确认为当期费用。为了核算证券公司的卖出回购证券业务，会计上需要设置“卖出回购金融资产款”等科目。“卖出回购金融资产款”是负债类科目，核算证券公司等金融企业按照回购协议先卖出再按固定价格买入的票据、证券、贷款等金融资产所融入的资金。可按卖出回购金融资产的类别和融资方进行明细核算。证券公司根据回购协议卖出票据、证券、贷款等金融资产，应按实际收到的金额，借记“存放中央银行款项”“结算备付金”“银行存款”等科目，贷记该科目。资产负债表日，按照计算确定的卖出回购金融资产的利息费用，借记“利息支出”科目，贷记“应付利息”科目。回购日，按其账面余额，借记该科目、“应付利息”科目，按实际支付的金额，贷记“存放中央银行款项”“结算备付金”“银行存款”等科目，按其差额，借记“利息支出”科目。“卖出回购金融资产款”科目的期末贷方余额，反映企业尚未到期的卖出回购金融资产款。

卖出回购证券业务通常分为两个环节，即前期卖出阶段和到期回购阶段。证券公司应于签约卖出证券时，按实际收到的款项确认为一项负债；证券到期购回时，按实际支付的款项与卖出证券时实际收到的款项的差额，确认为当期费用。

(1)通过国家规定的场所卖出证券，按实际收到的款项，其会计分录为：

借：结算备付金

　　贷：卖出回购金融资产款

(2)资产负债表日，应按实际利率计算确定的卖出回购金融资产的利息费用，其会计分录为：

借：利息支出

　　贷：卖出回购金融资产款

实际利率与合同约定的名义利率差异很小的，也可以采用合同约定的名义利率计算确定利息费用。

(3)卖出回购金融资产协议到期时，其会计分录为：

借：卖出回购金融资产款

　　贷：利息支出

　　　　结算备付金

在交易双方违约的情况下，应按卖出回购金融资产款的账面余额，借记“卖出回购金融资产款”；按交易对方支付的履约保证金，借记“结算备付金”等科目；回购协议卖出票据、证券、贷款等金融资产计提减值准备的，借记“坏账准备”“贷款损失准备”等科目；按回购协议卖出票据、证券、贷款等金融资产的账面余额，贷记“交易性金融资产”“可供出售金融资产”等科目；按其差额，借记或贷记“投资收益”等科目。其会计分录为：

借：卖出回购金融资产款

　　结算备付金(交易违约方支付的履约保证金)

资产减值准备(如果金融资产已计提减值准备，还需要转销该项损失)

贷：交易性金融资产(科目不固定，视卖出金融资产的性质而定)

投资收益(如为损失，记入借方)

例 11-17 S 证券公司与客户签订合同：从上海证券交易所卖给客户 2009 年国债 50 万元，合同卖出价为每百元 102 元，合同回购价为每百元 105 元，期限为 6 个月。

(1)卖出时，证券公司的会计分录为：

借：结算备付金	510 000	
贷：卖出回购金融资产款		510 000

(2)回购时，证券公司的会计分录为：

借：卖出回购金融资产款	510 000	
利息支出		15 000
贷：结算备付金		525 000

四、融资融券业务的核算

融资融券业务是指向客户出借资金供其买入上市证券或者出借上市证券供其卖出，并收取担保物的经营活动。在我国，证券公司开展融资融券业务试点，必须经证监会批准。未经批准，任何公司不得向其客户融资、融券，也不得为其客户与客户、客户与他人之间的融资融券活动提供任何便利和服务。为正确反映融资融券业务，证券公司应增设“贷款”一级科目，按照客户名称设立二级科目，下设“融资业务”“融券业务”三级明细；增设“银行存款——融资专用” 二级科目，反映向客户融出的资金及客户归还的资金；增设“结算备付金——客户信用交易担保资金”科目，按客户进行明细核算，反映客户交存的、担保证券公司因向客户融资融券所生债权的资金；增设“交易性金融资产——融券专用”二级科目，反映公司持有的拟向客户融出的证券和客户已归还的证券；增设“代买卖证券款——信用客户”二级科目，按客户进行明细核算，反映客户未能归还的融资款及利息；增设“应收款项融券价格变动”二级科目，按客户进行明细核算，反映公司已融出证券价格变动。

(一)融资业务的核算

(1)当证券公司将拟向客户融出的资金存入融资专用资金账户，证券公司总部(以下简称公司总部)应借记“银行存款——融资专用”科目，贷记“银行存款——自有资金”科目。

(2)证券公司按一定比例向客户收取融资业务保证金存入客户信用交易担保资金账户，如为普通客户则需证券公司营业部(以下简称营业部)将客户从普通客户转为信用客户，如为信用客户则直接存款。

① 将客户信用交易担保资金从普通账户取出，证券公司营业部应借记“代买卖证券款——客户”科目，贷记“银行存款——客户”科目或者“结算备付金——客户”科目。

② 将客户从普通客户转为信用客户，证券公司营业部应借记“结算备付金客户信用交易担保资金”科目，贷记“代买卖证券款——信用客户”科目。

③ 如客户直接为营业部信用客户，则其会计分录同②。

(3)按照协议向客户发放贷款，营业部应同时增加客户信用资金。证券公司总部应借记“贷款——客户——融资业务”科目，贷记“银行存款——融资专用”科目，同时，营业部应借记“结算备付金——客户信用交易担保资金” 科目，贷记“代买卖证券款——信用客户”科目。

(4)信用客户每日证券交易资金清算、证券交易结果由客户所在营业部进行记账，同时，公司总部将信用客户清算交易结果报开户银行。

如果卖出证券金额大于买入证券金额，即为卖差，则公司总部的会计分录为：

借：结算备付金——信用客户

　　手续费及佣金支出

　　贷：代买卖证券款——信用客户

　　　　手续费及佣金收入

如为买差，则营业部的会计分录为：

借：代买卖证券款——信用客户

　　手续费及佣金支出

　　贷：结算备付金——信用客户

　　　　手续费及佣金收入

(5)证券公司逐日计算客户交存的担保物价值与所欠债务比例，当该比例低于最低维持担保比例时，应当通知客户在一定时期内补交差额。

客户缴款时，营业部的会计分录为：

借：结算备付金——客户信用交易担保资金

　　贷：代买卖证券款——信用客户

(6)融资融券合同到期，客户未能及时补交差额，证券公司按照约定处分担保物，处置资金将优先用于归还客户所欠本金和利息，剩余部分归还客户。

① 将客户所欠本金利息取出，营业部的会计分录为：

借：代买卖证券款——信用客户

　　贷：结算备付金——信用客户

② 客户还款时，公司总部的会计分录为：

借：银行存款——融资专用

　　贷：贷款——客户——融资业务

　　　　利息收入——融资利息收入

(7)客户不再从事融资融券交易，将客户从信用客户转为普通客户。

营业部的会计分录为：

借：代买卖证券款——信用客户

　　贷：结算备付金——信用客户

公司总部的会计分录为：

借：银行存款融资专用

　　贷：代买卖证券款——信用客户

(8)融资融券合同到期，客户归还借款及利息。

营业部的会计分录为：

借：代买卖证券款——信用客户

　　贷：结算备付金——信用客户

公司总部的会计分录为：
借：银行存款——融资专用
  贷：贷款——客户——融资业务
    利息收入——融资利息收入
(9)如果到期客户未能还清贷款，则将未能归还部分计入应收客户融资款。
公司总部的会计分录为：
借：银行存款——融资专用
  应收款项——客户——融资业务
  贷：贷款——客户——融资业务
    利息收入——融资利息收入
(10)期末，对客户未能还清的应收款计提减值准备。
公司总部的会计分录为：
借：资产减值损失——坏账准备
  贷：坏账准备

(二)融券业务的核算

(1)证券公司将拟向客户融出的证券存入融券专用证券账户。
公司总部的会计分录为：
借：交易性金融资产——融资专用(按账面价值结转)
  贷：交易性金融资产
(2)证券公司通过非交易过户方式将已融出证券过户至客户名下(按照转出日市价)。
公司总部的会计分录为：
借：贷款——客户(按照转出日市价)
  应收款项——融券价格变动(按差额)
  贷：交易性金融资产——融资专用(按账面价值)
(3)信用客户每日证券交易资金清算、证券交收结果由客户所在营业部进行记账，同时，公司总部将信用客户清算交收结果报开户银行。
营业部，如为卖差，则会计分录为：
借：结算备付金——信用客户
  手续费及佣金支出
  贷：代买卖证券款——信用客户
    手续费及佣金收入
营业部，如为买差，则会计分录为：
借：代买卖证券款——信用客户
  手续费及佣金支出
  贷：结算备付金——信用客户
    手续费及佣金收入
(4)按日根据客户证券市值(包括送股)变动对交易性金融资产作相应调整。
如果市值增加，公司总部的会计分录为：

借：贷款——客户——融资业务
　　贷：应收款项——客户——融券价格变动
(5)交易性金融资产分红派息，则公司总部的会计分录为：
借：贷款——客户——融资业务
　　贷：投资收益
(6)融资融券协议到期，客户归还融资人的证券。
① 客户信用账户归还融券利息。
营业部的会计分录为：
借：代买卖证券款——信用客户
　　贷：结算备付金——信用客户
② 公司收到融券利息收入。
公司总部的会计分录为：
借：银行存款——融资专用
　　贷：利息收入——融券利息收入
③ 客户还券。
公司总部的会计分录为：
借：交易性金融资产——融资专用(按照结转日成本价)
　　贷：贷款——客户——融资业务(按照客户贷款账面余额)
　　　　应收款项——客户——融资价格变动(按照借方余额冲减)
(7)将拟不作融券交易的证券账户转入自营账户。
公司总部的会计分录为：
借：交易性金融资产(按结转日成本价)
　　贷：交易性金融资产——融资专用
(8)融资融券协议到期客户未能归还融资人的证券。
公司总部的会计分录为：
借：交易性金融资产——融券(已归还证券)
　　应收款项——客户——融券(未能归证券)
　　　　　　　客户——融券利息(未能归还利息)
　　贷：贷款——客户融资业务
　　　　利息收入——融券利息收入
　　　　应收款项——客户——融资价格变动(按照借方余额冲减)
(9)期末,对公司拟融出证券余额及已融出的证券进行检查,根据公允价值调整账面价值。
如果公允价值低于账面价值，按其差额，公司总部的会计分录为：
借：公允价值变动损益——交易性金融资产
　　贷：交易性金融资产
如果公允价值大于账面价值，则作相反的会计分录。
(10)期末，对客户未能归还的证券计提减值准备。
公司总部的会计分录为：
借：资产减值损失——坏账准备
　　贷：坏账准备

第六节　证券公司的财务会计报告

一、证券公司财务会计报告的编制方法

（一）证券公司资产负债表的编制方法

证券公司资产负债表的编制，除下列项目外，应比照商业银行资产负债表的编制方法处理。

(1)“结算备付金”“存出保证金”“代理买卖证券款”“代理承销证券款”等项目,应根据相关科目的期末余额填列。

证券公司交纳的交易席位费的可收回金额，应在“无形资产”项目下单独反映；证券经纪业务取得的客户资金存款，应在“货币资金”项目下单独反映；证券经纪业务取得的客户备付金，应在“结算备付金”项目下单独反映。

(2)“货币资金”项目，反映企业期末持有的现金、银行存款和其他货币资金总额，应根据“库存现金”“银行存款”“其他货币资金”等科目的期末余额合计填列。证券经纪业务取得的客户资金存款应在本项目下单独反映。

(3)“结算备付金”项目，反映企业期末持有的为证券交易的资金清算与交收而存入指定清算代理机构的款项金额，应根据“结算备付金”科目的期末余额填列。证券经纪业务取得的客户备付金应在本项目下单独反映。

(4)“存出保证金”项目，反映企业因办理业务需要存出或交纳的各种保证金款项期末余额，应根据“存出保证金”科目的期末余额填列。

(5)“无形资产”项目，反映企业无形资产在期末的实际价值，应根据“无形资产”科目的期末余额，减去“累计摊销”“无形资产减值准备”等科目期末余额后的金额填列。

证券公司交纳的交易席位费的可收回金额应在本项目下单独反映。

(6)“其他资产”项目，反映企业应收账款、应收股利、其他应收款、长期待摊费用等资产的账面余额，应根据有关科目的期末余额填列。已计提减值准备的，还应扣减相应的减值准备。长期应收款账面余额扣减累计减值准备和未实现融资收益后的净额、抵债资产账面余额扣减累计跌价准备后的净额、“代理兑付证券”减去“代理兑付证券款”后的借方余额，也在本项目反映。

(7)“代理买卖证券款”“代理承销证券款”项目，反映企业接受客户有效的代理买卖证券资金、承销证券后应付未付给委托单位的款项，应根据“代理买卖证券款”“代理承销证券款”科目的期末贷方余额填列。

(8)“其他负债”项目，反映企业应付股利、其他应付款、递延收益等负债的账面余额，应根据有关科目的期末余额填列。长期应付款账面余额减去未确认融资费用后的净额、“代理兑付证券”减去“代理兑付证券款”后的贷方余额，也在本项目反映。

（二）证券公司利润表的编制方法

证券公司利润表的编制，除下列项目外，应比照商业银行利润表的编制方法处理。

(1)“营业收入”项目，由“手续费及佣金净收入”“利息净收入”“投资收益”“公

允价值变动收益”“汇兑收益”“其他业务收入”等项目的合计金额填列。

(2)“手续费及佣金净收入”项目，反映企业确认的代理承销、兑付和买卖证券等业务实现的手续费及佣金收入减去发生的各项手续费、风险结算金、承销业务直接相关的各项费用及佣金支出后的净额，应根据“手续费及佣金收入”“手续费及佣金支出”等科目的发生额分析计算填列。“代理买卖证券业务净收入”“证券承销业务净收入”“委托客户资产管理业务净收入”等应在本项目下单独反映。

(三)证券公司现金流量表的编制方法

证券公司现金流量表的编制，除下列项目外，应比照一般企业现金流量表的编制方法处理。

(1)“处置交易性金融资产净增加额”项目，反映证券公司本期自行买卖交易性金融资产所取得的现金净增加额。本项目可以根据“交易性金融资产”等科目的记录分析填列。本项目如为负数，应在经营活动现金流出类项目中单独列示。

(2)“拆入资金净增加额”项目，反映证券公司本期从境内外金融机构拆入款项所取得的现金，减去拆借给境内外金融机构款项而支付的现金后的净额。本项目可以根据“拆入资金”“拆出资金”等科目的记录分析填列。本项目如为负数，应在经营活动现金流出类项目中列示。

(3)“回购业务资金净增加额”项目，反映证券公司本期按回购协议卖出票据、证券、贷款等金融资产所融入的现金，减去按返售协议约定先买入再按固定价格返售给卖出方的票据、证券、贷款等金融资产所融出的现金后的现金增加额。本项目可以根据“买入返售金融资产”“卖出回购金融资产款”等科目的记录分析填列。本项目如为负数，应在经营活动现金流出类项目中单独列示。证券公司可以根据需要将本项目分为“买入返售证券收到的现金净额”“卖出回购证券支付的现金净额”等项目列示。

此外，证券公司还可以根据需要单独设置“代理买卖业务的现金净额”“代理兑付债券的现金净额”等项目，以反映证券公司从事代理业务产生的现金流量。

证券公司的所有者权益变动表，比照商业银行格式。

二、证券公司财务会计报告的格式

(1)证券公司的资产负债表格式，如表 11-1 所示。

表 11-1 资产负债表

会证 01 表

编制单位: ______ 年____月____日 单位：元

资　产	期末余额	年初余额	负债及所有者权益(或股东权益)	期末余额	年初余额
资产:			负债:		
货币资金			短期借款		
其中：客户资金存款			其中：质押借款		
结算备付金			拆入资金		
其中：客户备付金			交易性金融负债		
拆出资金			衍生金融负债		
交易性金融资产			卖出回购金融资产款		
衍生金融资产			代理买卖证券款		

续表

资　产	期末余额	年初余额	负债及所有者权益(或股东权益)	期末余额	年初余额
买入返售金融资产			代理承销证券款		
应收利息			应付职工薪酬		
存出保证金			应交税费		
可供出售金融资产			应付利息		
持有至到期投资			预计负债		
长期股权投资			长期借款		
投资性房地产			应付债券		
固定资产			递延所得税负债		
无形资产			其他负债		
其中：交易席位费			负债合计		
递延所得税资产			所有者权益(或股东权益)：		
其他资产			实收资本(或股本)		
			资本公积		
			减：库存股		
			盈余公积		
			一般风险准备		
			未分配利润		
			所有者权益(或股东权益)合计		
资产总计			负债和所有者权益(或股东权益)总计		

(2)证券公司的利润表格式，如表 11-2 所示。

表 11-2　利润表

会证 02 表

编制单位：　　　　______年____月　　　　单位：元

项　　目	本期金额	上期金额
一、营业收入		
手续费及佣金净收入		
其中：代理买卖证券业务净收入		
证券承销业务净收入		
受托客户资产管理业务净收入		
利息净收入		
投资收益(损失以“–”号填列)		
其中：对联营企业和合营企业的投资收益		
公允价值变动收益(损失以“–”号填列)		
汇兑收益(损失以“–”号填列)		
其他业务收入		
二、营业支出		
营业税金及附加		
业务及管理费		
资产减值损失		
其他业务成本		
三、营业利润(亏损以“–”号填列)		
加：营业外收入		

续表

项　　目	本期金额	上期金额
减：营业外支出		
四、利润总额(亏损以“-”号填列)		
减：所得税费用		
五、净利润(净亏损以“-”号填列)		
六、每股收益		
(一)基本每股收益		
(二)稀释每股收益		

(3)证券公司的现金流量表格式，如表 11-3 所示。

表 11-3　现金流量表

会证 03 表

编制单位：　　　　　　______ 年____月　　　　　　单位：元

项　　目	本期金额	上期金额
一、经营活动产生的现金流量		
处置交易性金融资产净增加额		
收取利息、手续费及佣金的现金		
拆入资金净增加额		
回购业务资金净增加额		
收到其他与经营活动有关的现金		
经营活动现金流入小计		
支付利息、手续费及佣金的现金		
支付给职工以及为职工支付的现金		
支付的各项税费		
支付其他与经营活动有关的现金		
经营活动现金流出小计		
经营活动产生的现金流量净额		
二、投资活动产生的现金流量		
收回投资收到的现金		
取得投资收益收到的现金		
收到其他与投资活动有关的现金		
投资活动现金流入小计		
投资支付的现金		
购建固定资产、无形资产和其他长期资产支付的现金		
支付其他与投资活动有关的现金		
投资活动现金流出小计		
投资活动产生的现金流量净额		
三、筹资活动产生的现金流量		
吸收投资收到的现金		
发行债券收到的现金		
收到其他与筹资活动有关的现金		
筹资活动现金流入小计		
偿还债务支付的现金		
分配股利、利润或偿付利息支付的现金		
支付其他与筹资活动有关的现金		
筹资活动现金流出小计		
筹资活动产生的现金流量净额		

续表

项　　目	本期金额	上期金额
四、汇率变动对现金及现金等价物的影响		
五、现金及现金等价物净增加额		
加：期初现金及现金等价物余额		
六、期末现金及现金等价物余额		

三、证券公司报表附注

证券公司应当按照规定披露附注信息，主要包括下列内容。

（一）证券公司的基本情况

略。

（二）财务报表的编制基础

略。

（三）遵循企业会计准则的声明

略。

（四）重要会计政策和会计估计

略。

（五）会计政策和会计估计变更以及差错更正的说明

以上（一）～（五）项，应当比照一般企业进行披露。

（六）报表重要项目的说明

（1）货币资金的披露格式，如表 11-4 所示。

表 11-4　货币资金的披露

项　　目	期末账面余额	年初账面余额
库存现金		
银行存款		
其中：公司自有		
经纪业务客户		
结算备付金		
其中：公司自有		
经纪业务客户		
其他货币资金		
其中：新股申购款		
合　计		

（2）买入返售金融资产除比照商业银行进行披露外，还应按交易对手披露，其格式如表 11-5 所示。

表 11-5　买入返售金融资产按交易对手列示的披露

项　　目	期末账面余额	年初账面余额
同业		
其他非银行金融机构		
合　计		

(3) 存出保证金的披露格式，如表 11-6 所示。

表 11-6　存出保证金的披露

项　　目	期末账面余额	年初账面余额
交易保证金		
履约保证金		
合　计		

(4) 企业应当披露代理承销证券的方式(全额包销、余额包销、代销)、承销证券的种类等情况。

(5) 企业应当披露代理兑付债券的方式、种类、记名证券或无记名证券情况。

(6) 交易席位费的披露格式，如表 11-7 所示。

表 11-7　交易席位费的披露

项　　目	年初账面余额	本期增加额	本期减少额	期末账面余额
一、原价合计				
1.上海证券交易所				
其中：A 股				
B 股				
2.深圳证券交易所				
其中：A 股				
B 股				
二、累计摊销额合计				
1.上海证券交易所				
其中：A 股				
B 股				
2.深圳证券交易所				
其中：A 股				
B 股				
三、交易席位费账面价值合计				
1.上海证券交易所				
其中：A 股				
B 股				
2.深圳证券交易所				
其中：A 股				
B 股				

(7) 其他资产的披露格式，如表 11-8 所示。

表 11-8　其他资产的披露

项　　目	期末账面余额	年初账面余额
应收股利		
其他应收款		
……		
其他		
合　计		

（8）卖出回购金融资产款除比照商业银行进行披露外，还应按交易对手披露，其格式如表 11-9 所示。

表 11-9　卖出回购金融资产款按交易对手列示的披露

项　　目	期末账面余额	年初账面余额
同业		
其他非银行金融机构		
合　计		

（9）代理买卖证券款的披露格式，如表 11-10 所示。

表 11-10　代理买卖证券款的披露

项　　目	期末账面余额	年初账面余额
个人客户		
法人客户		
……		
合　计		

（10）代理承销证券款的披露格式，如表 11-11 所示。

表 11-11　代理承销证券款的披露

项　　目	期末账面余额	年初账面余额
股票		
债券		
其中：国债		
金融债券		
企业债券		
其他有价证券		
合　计		

（11）代理兑付证券款的披露格式，如表 11-12 所示。

表 11-12　代理兑付证券款的披露

项　目	年初账面余额	本期收到兑付资金	本期已兑付债券	本期结转手续费收入	期末账面余额
国债					
企业债券					
金融债券					
其他债券					
合　计					

（12）其他负债的披露格式，如表 11-13 所示。

表 11-13　其他负债的披露

项　　目	期末账面余额	年初账面余额
应付股利		
其他应付款		
……		
合　计		

(13) 受托客户资产管理业务的披露格式，如表 11-14 所示。

表 11-14　受托客户资产管理业务的披露

资产项目	期末余额	年初余额	负债项目	期末余额	年初余额
受托管理资金存款			受托管理资金		
客户结算备付金			应付款项		
应收款项					
受托投资					
其中：投资成本					
已实现未结算损益					
合　计			合　计		

(14) 手续费及佣金净收入的披露格式，如表 11-15 所示。

表 11-15　手续费及佣金净收入的披露

项　目	本期发生额	上期发生额
手续费及佣金收入 ——证券承销业务 ——证券经纪业务 ——受托客户资产管理业务 ——代理兑付证券 ——代理保管证券 ——其他		
手续费及佣金支出 ——证券经纪业务手续费支出 ——佣金支出 ——其他		
手续费及佣金净收入		

(15) 受托客户资产管理手续费及佣金净收入的披露格式，如表 11-16 所示。

表 11-16　受托客户资产管理手续费及佣金净收入的披露

项　目	本期发生额	上期发生额
定向资产管理业务		
专项资产管理业务		
集合资产管理业务（按项目列示） 1. ……		
合　计		

(16) 分部报告。

① 主要报告形式是业务分部的披露格式，如表 11-17 所示。

② 在主要报告形式的基础上，对于次要报告形式，企业还应披露对外交易收入、分部资产总额。

(17) 除以上项目以外的其他项目，应当比照商业银行进行披露。

(七) 或有事项

或有事项比照商业银行进行披露。

表 11-17 主要报告形式是业务分部的披露 单位：元

项 目	××业务		××业务		其他		抵消		合计	
	本期	上期	本期	上期	本期	上期	本期	上期	本期	上期
一、营业收入										
手续费及佣金净收入										
其中：分部间手续费及佣金净收入										
其他收入										
二、营业费用										
三、营业利润(亏损)										
四、资产总额										
五、负债总额										
六、补充信息										
1.折旧和摊销费用										
2.资本性支出										
3.折旧和摊销以外的非现金费用										

(八)资产负债表日后事项

资产负债表日后事项比照商业银行进行披露。

(九)关联方关系及其交易

关联方关系及其交易比照商业银行进行披露。

(十)风险管理

1. 风险管理政策和组织架构

(1)风险管理政策，主要包括对各种风险的来源、正式风险治理组织和科学的监督流程及其定期复核制度，以及在严格职责分离、监督和控制基础上各相关业务部门、高级管理人员和风险管理职能部门之间的沟通和协作等。

(2)风险治理组织架构，主要包括各风险管理委员会和相关职能部门的设立和运转情况。

2. 信用风险

除比照商业银行披露必要的信用风险信息外，还应按行业、地区和交易对手的信用评级等分别披露信用风险信息。

3. 流动风险

除比照商业银行披露必要的流动风险信息外，还应披露进行流动性风险管理拟采取的主要措施。

4. 市场风险

比照商业银行披露市场风险信息。

第十二章

基金管理公司的会计核算

第一节　基金发行与赎回业务的核算

一、基金发行与赎回概述

基金发行分为自行发行和代理发行两种方式。其中，自行发行是指基金按净资产价值由基金单位发行人直接销售给投资人，并按照面值加一定比例的手续费；而代理发行则是指发行人通过证券承销商向社会发行基金单位。

基金赎回，是针对开放式基金而言，投资者以自己的名义直接或通过代理机构向基金管理公司要求部分或全部退出基金的投资，并将买回款汇至该投资者的账户内。投资人需填写一份买回申请书，并注明买回基金的名称及单位数(或金额)，买回款项汇入银行账户，一般约需 3～4 个工作日。当出现巨额赎回时，基金管理人可以根据本基金当时的资产组合状况决定全额赎回或部分顺延赎回。

基金发行不同于一般证券发行，有其特殊性，因而基金发行和赎回都必须遵守一定的规则：①封闭式基金应在事先确定发行总额，在封闭期内基金单位总数不变。基金成立时，实收基金按实际收到的基金发行总额入账。基金发行收入扣除相关费用后的结余，作为其他收入处理。②开放式基金的基金单位总额不固定，基金单位总额随时增减。基金成立时，实收基金按实际收到的基金单位发行总额入账；基金成立后，实收基金应于基金申购、赎回确认日，根据基金契约和招募说明书中载明的有关事项进行确认和计量。③基金管理公司应于收到基金投资人申购或赎回申请之日起，在规定的工作日内对该交易的有效性进行确认。在确认日，按照实收基金、未实现利得、未分配收益和损益平准金的余额占基金净值的比例，将确认有效的申购款项分割为三部分，分别确认为实收基金、未实现利得、损益平准金的增加或减少。④基金管理公司应当在接受基金投资人有效申购申请之日起，在规定的工作日内收回申购款项，尚未收回之前作为应收申购款入账。⑤办理申购业务的机构按规定收取的申购费，如在基金申购时收取的，由办理申购业务的机构直接向投资人收取，不纳入基金会计核算范围；如在基金赎回时收取，则待基金投资人赎回时在赎回款中抵扣。⑥基金管理公司应当在接受基金投资人有效赎回申请之日起，在规定的工作日内支付赎回款项，尚未支付之前作为应付赎回款入账。⑦开放式基金按规定收取的赎回费中基本手续费部分归办理赎回业务的机构所有，尚未支付之前作为应付赎回款入账；赎回费扣除基本手续费后的余额归基金所有，作为其他收入入账。

二、基金发行与赎回的核算

封闭式基金发行、开放式基金申购、开放式基金赎回在会计核算上存在着明显的区别，下面分别进行阐述。

（一）封闭式基金发行的核算

封闭式投资基金的基金单位一旦募集完毕便不能赎回，投资者在证券市场上买卖基金单位的活动是投资者之间的业务，与封闭式投资基金无直接联系。其净资产与其他行业企业的股东权益类似，只受基金经营活动的影响发生增减变动，如投资盈亏、派发红利等。因此，封闭式基金所有者权益的核算比较简单。无论是封闭式基金还是开放式基金，基金成立前发生的开办费不应由基金资产承担，同样，投资者购买基金时支付的发行费用也不应计入基金资产和基金净资产。《证券投资基金会计核算办法》规定，封闭式基金设立后，发行费收入与相关费用相抵后的余额，应作为其他收入处理。在封闭式基金的会计核算上，应设置“实收基金”科目。该科目相当于一般企业中的“实收资本”科目，实收资本是指投资者按照企业章程，或合同、契约的约定实际投入的资本。封闭式基金募集发行期结束，应按实际收到的金额，借记“银行存款”科目，按基金单位的发行总额，贷记“实收基金”科目，按其差额，贷记“其他业务收入”科目。

例 12-1 A 证券投资基金管理公司发行 10 亿份基金单位，基金单位发行价为 2.04 元，支付费用 1 600 万元。其会计分录为：

借：银行存款	2 040 000 000	
贷：实收基金		2 024 000 000
其他业务收入——基金发行费收入		16 000 000

（二）开放式基金申购的核算

投资者在进行开放式基金申购时，是按购买的金额提出申请，而不是按购买的份额提出申请。开放式基金的申购金额里包含了申购费用和净申购金额。投资者在进行申购时要缴纳申购费。我国《开放式证券投资基金试点办法》规定申购费率不得超过申购金额的申购费可以在申购基金时收取，也可以在赎回时从赎回金额中扣除。办理申购业务的机构按规定收取的申购费，如在基金申购时收取的，由办理申购业务的机构直接向投资人收取，不纳入基金会计核算范围；如在基金赎回时收取，则待基金投资人赎回时从赎回款中抵扣。对某一笔申购金额可以买到的基金单位的计算方法如下：

$$申购费用=申购金额\times申购费率$$

$$净申购金额=申购金额-申购费用$$

$$申购份数=净申购金额/申购当日基金单位资产净值$$

依据规定，基金管理公司应当在接受基金投资人有效申请之日起 3 个工作日内收回申购款项，尚未收回之前作为“应收申购款”入账。基金申购确认日，按有效申购款，借记“应收申购款”；按有效申购款中含有的实收基金，贷记“实收基金”科目；按有效申购款中含有的未实现利得，贷记“未实现利得”科目；按有效申购款中含有的未分配收益，贷记“损益平准金”科目。“应收申购款”科目应按办理申购业务的机构设置明细账，进行明细核算。

期末，“应收申购款”科目的借方余额反映尚未收回的有效申购款。

例 12-2 2016 年 3 月 2 日，某投资者向 A 证券投资基金管理公司申购开放式基金 2 100 万元，当日该基金单位资产净值为 2 元，申购费为 100 万元。按照契约规定，高于基金单位的部分在扣除费用后，其 3/5 作为未实现利得，2/5 作为未分配收益。其核算过程如下：

计算投资者用 2 100 万元可以买到的基金单位：

净申购金额=申购金额–申购费用=21 000 000 元–1 000 000 元=20 000 000 元

可申购份数=净申购金额/申购当日基金单位资产净值

=20 000 000 元/2=10 000 000 份(每基金单位为 1 元)

根据计算结果，编制基金申购环节的会计分录为：

借：应收申购款　　20 000 000

　贷：实收基金　　10 000 000

　　未实现利得　　6 000 000

　　损益平准金　　4 000 000

目前，我国基金采取了 T+1 交割方式，即在交易日的第二天进行款项的交割，则在 3 月 3 日款项交割时，基金管理公司的会计分录为：

借：银行存款　　20 000 000

　贷：应收申购款　　20 000 000

以后收到申购款时的会计分录为：

借：银行存款　　20 000 000

　贷：应收申购款　　20 000 000

例 12-3 某投资者用 2 100 万元申请购买 B 证券投资基金管理公司新发行的开放式基金，每个基金单位市价为 1 元，申购款为 100 万元。其核算过程如下：

申购份数=净申购金额/申购当日基金单位资产净值

=20 000 000 元/1=20 000 000 份

其会计分录为：

借：银行存款　　20 000 000

　贷：实收基金　　20 000 000

(三)开放式基金赎回的核算

开放式基金可以根据基金管理运作的实际需要收取赎回费，赎回费率一般不超过赎回金额的 3%，赎回费收入在扣除基本手续费后，余额归基金所有。基金赎回是按份额赎回，即投资者在提出赎回申请时按卖出的份额提出申请，而不是按卖出的金额提出。基金赎回时投资者所得到的金额是赎回总额扣除赎回费用的部分。其计算公式如下：

赎回总额=赎回份数×赎回当日基金单位净值

赎回费用=赎回总额×赎回费率

赎回金额=赎回总额–赎回费用

基金管理公司应当在接受基金投资人有效申请之日起 7 个工作日内支付赎回款项，尚未支付之前作为“应付赎回款”入账。开放式基金按规定收取的赎回费，其中基本手续费部分归办理赎回业务的机构所有，尚未支付之前作为应付赎回款入账；赎回费在扣除基本手续费后的余额归基金所有，作为其他收入入账。

基金赎回确认日，按赎回款中含有的实收基金，借记“实收基金”科目；按赎回款中含有的未分配收益，借记“损益平准金”科目；按赎回款中含有的未实现利得，借记“未实现利得”科目；按应付的赎回款，贷记“应付赎回款”科目；按赎回费中属于销售机构所有的部分，贷记“应付赎回费”科目；按赎回费中属于基金所有的部分，贷记“其他收入——赎回费”科目。

支付投资人赎回款时，借记“应付赎回款”科目，贷记“银行存款”科目。“应付赎回款”应按办理赎回业务的销售机构或申请赎回业务的投资人设置明细账，进行明细核算，期末贷方余额反映尚未支付的基金赎回款。向办理赎回业务的机构支付赎回费时，借记“应付赎回费”科目，贷记“银行存款”科目。“应付赎回费”应按办理赎回业务的机构设置明细账，进行明细核算。期末贷方余额反映尚未支付的基金赎回费用。

基金赎回确认日的会计分录为：

借：实收基金
　　未实现利得
　　损益平准金
　　贷：应付赎回款
　　　　其他收入——赎回费
　　　　应付赎回费——××银行

例 12-4　2016 年 6 月 2 日，投资者申请赎回 D 证券投资基金管理公司开放式基金 50 万份，当日该基金单位资产净值为 1.0029 元，赎回费率为 0.5%，应付给代为办理赎回业务的某商业银行 300 元，同时按照契约规定，结转未实现利得 1 454.25 元，损益平准金为 –4.25 元。

计算投资者赎回总额和扣除费用之后的赎回金额：

赎回总额=赎回份数×赎回当日基金单位净值=500 000 元× 1.0029 元=501 450 元

赎回费用=赎回总额×赎回费率=501 450 元×0.5%=2 507.25 元

赎回金额=赎回总额–赎回费用=501 450 元–2 507.25 元=498 942.75 元

其会计分录为：

借：实收基金	500 000	
未实现利得	1 454.25	
损益平准金	–4.25	
贷：应付赎回款		498 942.75
其他收入——赎回费		2 207.25
应付赎回费——某商业银行		300

款项交割时其会计分录为：

借：应付赎回款	498 942.75	
贷：银行存款		498 942.75

如果在某一开放日，基金净赎回申请超过了上一日基金总份额的 10%，即认为发生了巨

额赎回。在出现巨额赎回时，如果基金管理公司认为有能力兑付投资人的全部赎回申请，则按正常赎回程序执行，对投资人的利益没有影响。如果基金管理公司认为兑付投资人的赎回申请有困难，则可在当日接受赎回比例不低于上一日基金总份额10%的前提下，对其余赎回申请延期办理。对于当日的赎回申请，应当按照单个账户赎回申请量占赎回申请总量的比例，确定当日受理的赎回份额，未受理部分可延迟至下一个开放日办理，并以该开放日的基金资产净值为依据计算赎回金额。投资者可以在申请赎回的同时选择将当日未获受理部分予以撤销。如果连续发生巨额赎回，基金管理人可以按照基金契约及招募说明书载明的规定，暂停接受赎回申请，已经接受的赎回申请可以延缓支付赎回款项，但不能超过正常支付时间 20 个工作日，并应在证监会指定的信息披露媒体上公告。

第二节　证券投资业务的核算

一、投资于股票时的核算

对买入证券进行核算时，有买入上市证券和买入非上市证券两种情况。

（一）买入上市证券

买入上市证券应于成交日按照公允价值确认为基金管理公司的交易性金融资产。如果购进证券支付的价款中，包含已到付息期但尚未领取的利息或已宣告但尚未发放的现金股利，应作为“应收利息”或“应收股利”单独核算，不构成证券投资成本。与证券投资相关的交易费用，直接作为当期损益处理，也不构成证券投资成本。资金交收日，按实际支付的价款与证券登记结算机构进行资金交收。具体的会计分录为：

借：交易性金融资产——成本
　　应收股利（或应收利息）
　　投资收益
　　贷：证券清算款——××证券中央登记结算公司
　　　　应付佣金

（二）买入非上市证券

买入非上市证券与买入上市证券相比，对证券投资成本的核算是一致的，只是在资金交易日，基金管理公司需通过银行办理资金转账结算。具体的会计分录为：

借：交易性金融资产——成本
　　应收股利（或应收利息）
　　投资收益
　　贷：银行存款（或其他应付款）

例 12-5　2016 年 3 月 1 日，E 基金管理公司从上海证券中央登记结算公司购入 150 万股 A 股票，购入价格为 10 元/股，应付佣金为 12 750 元，其他各项费用为 3 000 元，印花税税率为 0.2%。

3 月 1 日，购入股票时，其会计分录为：

借：交易性金融资产——A 股票——成本　　15 000 000
　　投资收益　　45 750
　　贷：证券清算款——上海证券中央登记结算公司　　15 033 000
　　　　应付佣金　　12 750

3 月 2 日，资金交收时，其会计分录为：

借：证券清算款——上海证券中央登记结算公司　　15 033 000
　　贷：结算备付金——上海证券中央登记结算公司　　15 033 000

二、申购新股的核算

(1) 网上认购新股。基金管理公司通过网上认购新股，公司申购款被证券交易所从账户中划出并冻结时，其会计分录为：

借：证券清算款——认购新股占用款
　　贷：结算备付金

认购新股中签，与证券交易所结算中签款项时，按中签的股票的公允价值入账，其会计分录为：

借：交易性金融资产——成本
　　贷：证券清算款——认购新股占用款

同时，退回未中签款项的会计分录为：

借：结算备付金
　　贷：证券清算款——认购新股占用款

(2) 网下认购新股。其会计分录与网上认购有所不同：

借：其他应收款——应收认购新股占用款
　　贷：银行存款

认购新股中签，与证券交易所结算中签款项时，按中签的股票的公允价值入账，其会计分录为：

借：交易性金融资产——成本
　　贷：其他应收款——应收认购新股占用款

退回未中签款项的会计分录为：

借：银行存款
　　贷：其他应收款——应收认购新股占用款

例 12-6　E 基金管理公司通过网上认购 F 股份有限公司发行的新股，深圳证券交易所从该公司的账户中划出 400 000 元作为申购款，中签款项为 320 000 元。

划拨申购款时，其会计分录为：

借：证券清算款——认购新股占用款　　400 000
　　贷：结算备付金　　400 000

中签认购新股，其会计分录为：

借：交易性金融资产——E 股票——成本　　320 000
　　贷：证券清算款——认购新股占用款　　320 000

退回未中签的申购款项，其会计分录为：

借：结算备付金　　80 000
　　贷：证券清算款——认购新股占用款　　80 000

三、持有期间业务的核算

(一)发放股利的核算

如果是收到股票投资应分派的现金股利，在除息日按照上市公司宣告的分红派息比例确认股利收入，其会计分录为：

借：应收股利
　　贷：投资收益

实际收到现金股利时，其会计分录为：

借：结算备付金
　　贷：应收股利

对于股票持有期间上市公司分派的股票股利(包括送红股和公积金转增股本)，应于除权日根据上市公司股东大会决议公告，按股权登记日持有的股数及送股或转增比例，计算确定增加的股票数量，在“交易性金融资产——股票” 账户的“数量”栏进行记录。

如果是买入的分期付息、到期还本的债券，则对其持有期间分期取得的利息，应按实际利率计算的金额计入当期损益。其会计分录为：

借：结算备付金或银行存款
　　贷：投资收益

例 12-7　E 基金管理公司持有 B 公司股票 100 000 股，B 公司于 2015 年 4 月 5 日宣布分派现金股利，每 1 股 0.15 元。2015 年 4 月 10 日 E 基金管理公司收到 B 公司发放的现金股利 15 000 元。应作如下分录：

(1)2015 年 4 月 5 日(宣告日)，其会计分录为：

借：应收股利　　15 000
　　贷：投资收益　　15 000

(2)2015 年 4 月 10 日(派息日)，其会计分录为：

借：结算备付金　　15 000
　　贷：应收股利　　15 000

(二)估值日的核算

基金单位资产净值是制定基金单位交易价格的依据，而证券市场中证券的价格每天都在波动，基金资产净值也随之不断变化，对基金资产进行适时的估值，能够客观、准确地反映基金资产是否增值、保值，同时也能够真实地反映基金当时的实际价值，便于基金单位在市场上交易。估值日是指对基金资产进行估值的实际日期，大部分基金每个开放日都对基金资产进行估值，即每个开放日都是估值日。我国的《证券投资基金会计核算业务指引》规定了以下投资估值原则：①任何上市流通的有价证券，以其估值日在证券交易所挂牌的市价(平均价或收盘价)估值，而估值日无交易的，以最近交易日的市价估值。②未上市的股票应区分以下情况处理：对配股和增发新股，按估值日在证券交易所挂牌的同一股票的市价估值；对首次公开发行的股票，按成本估值。③配股权证，从配股除权日起到配股确认日止，按市价高于配股价的差额估值。④如有确凿证据表明按上述方法进行估值不能客观反映其公允价值，则基金管理公司应当根据具体情况与基金托管人商定后，按最能反映公允价值的价格估值。⑤如有新增事项，则按国家新规定估值。估值日对基金持有的股票、债券估值时，如为估值增值，则按所估价值与上一日所估价值的差额，作如下会计分录：

借：交易性金融资产——公允价值变动

贷：公允价值变动损益

如为估值减值，则按所估价值与上一日所估价值的差额，作会计分录如下：

借：公允价值变动损益

贷：交易性金融资产——公允价值变动

例 12-8 G 基金管理公司持有 H 公司股票 200 000 股，持有 I 公司股票 400 000 股，2015 年 3 月 1 日，H 公司股票的收盘价为 5 元/股，I 公司股票的收盘价为 11 元/股。3 月 2 日，H 公司股票的收盘价为 6 元/股，I 公司股票的收盘价为 12 元/股。

3 月 2 日，H 公司股票估值增值：

200 000 股×6 元/股–200 000 股×5 元/股=200 000 元

I 公司股票估值增值：

400 000 股 × 12 元/股–400 000 股×11 元/股=400 000 元

据此，当日对证券投资价值变动，编制如下会计分录：

借：交易性金融资产——H 公司股票——公允价值变动　　200 000

贷：公允价值变动损益　　200 000

借：交易性金融资产——I 公司股票公允价值变动　　400 000

贷：公允价值变动损益　　400 000

四、卖出证券的核算

基金管理公司卖出证券，将成交日实际收到的总额、账存成本、交易手续费与差额收益，作如下会计分录：

借：证券清算款

贷：交易性金融资产——成本

应付佣金

投资收益

如果考虑公司出售的该笔证券在持有期间存在公允价值变动损益，则会计分录为：

借：证券清算款

交易性金融资产——公允价值变动(持有期间发生公允价值变动损失)

贷：交易性金融资产——成本

交易性金融资产——公允价值变动

应付佣金

投资收益

例 12-9 2016 年 3 月 2 日，A 基金管理公司以 6 元/股的价格卖出 J 公司股票 75 万股，其购入价格为 5 元/股，期间没有公允价值变动损益，应支付的佣金为 2 600 元，印花税税率为 0.2%。

应收取的证券清算款=750 000 股×6 元/股−750 000 股×6 元/股×0.2%=4 491 000 元

其会计分录为：

借：证券清算款　　4 491 000

　　贷：交易性金融资产——A 股票——成本　　3 750 000

　　　　应付佣金　　2 600

　　　　投资收益　　738 400

资金交收日，其会计分录为：

借：结算备付金　　4 491 000

　　贷：证券清算款　　4 491 000

第三节　基金管理公司的财务会计报告

一、基金管理公司财务会计报告的编制方法

财务会计报告包括财务报表、报表附注和其他应当在财务会计报告中披露的相关信息和资料。财务报表至少应包括资产负债表、利润表和所有者权益(基金净值)变动表。

(一)资产负债表的编制方法

(1)本表反映一定时期资产、负债和所有者权益的情况。表中资产总计等于负债加所有者权益总计。

(2)本表“年初余额”栏内各项目数字,应根据上年末资产负债表“期末余额”栏内所列数字填列。如果本年度资产负债表规定的各个项目的名称和内容同上年度不一致，应对上年年末资产负债表各项目的名称和数字按照本年度的规定进行调整，填入本表“年初余额”栏内。

(3)本表“期末余额”各项目的内容及填列方法。

①“银行存款”项目，反映期末存在商业银行的各种款项。本项目应根据“银行存款”科目的期末余额填列。

②“结算备付金”项目，反映期末存在证券登记结算机构的款项。本项目应根据“结算备付金”科目的期末余额填列。

③“存出保证金”项目，反映交存的存出保证金期末数。本项目应根据“存出保证金”科目的期末余额填列。

④“交易性金融资产”项目，反映期末基金持有的以公允价值计量且变动计入当期损益的金融资产的公允价值。本项目应根据“股票投资”“债券投资”“资产支持证券投资”和“基金投资”等科目期末余额合计计算填列。其中：“股票投资”“债券投资”“资产支持证券投资”项目，应分别根据“股票投资”“债券投资”“资产支持证券投资”科目的期末余额计算填列项目。

⑤“衍生金融资产”项目反映期末基金持有的权证投资、远期投资、其他衍生工具、套期项目和被套期项目等属于衍生金融资产的公允价值。本项目应根据上述科目的明细科目的期末借方金额合计计算填列。

⑥“买入返售金融资产”项目，反映已经买入但尚未到期返售证券所融出的资金。本项目应根据“买入返售金融资产”科目的期末余额填列。

⑦“应收证券清算款”项目，反映期末尚未收回的证券清算款。本项目应根据“证券清算款”科目的明细科目期末借方余额填列。

⑧“应收利息”项目，反映期末尚未收回的债券投资、资产支持证券投资、买入返售金融资产、银行存款、结算备付金、存出保证金利息等各项利息。本项目应根据“应收利息”科目的期末余额填列。

⑨“应收申购款”项目,反映期末应收取的有效申购款和转换转入款。本项目应根据“应收申购款”科目的期末余额填列。

⑩“其他资产”项目，反映期末除上述资产以外的其他资产，包括其他应收款和待摊费用等项目的总额。本项目应根据有关科目的期末余额合计填列。如其他资产数额较大的，应在财务报表附注中披露其内容和金额。

⑪“短期借款”项目，反映期末尚未归还的短期借入资金的本金。本项目应根据“短期借款”科目的期末余额填列。

⑫“交易性金融负债”项目，反映期末尚未到期的交易性金融负债，应根据“交易性金融负债”科目的期末余额填列。

⑬“衍生金融负债”项目，反映远期投资、其他衍生工具、套期项目、被套期项目等属于衍生金融负债的金额，应根据上述科目的明细科目的期末贷方余额填列。

⑭“卖出回购金融资产款”项目，反映已经卖出但尚未到期回购的证券款。本项目应根据“卖出回购金融资产款”科目的期末余额填列。

⑮“应付证券清算款”项目,反映期末应付未付的证券款。本项目应根据“证券清算款”科目的明细科目期末贷方余额填列。

⑯“应付赎回款”项目,反映期末尚未支付的基金赎回款。本项目应根据“应付赎回款”科目的期末余额填列。

⑰“应付管理人员报酬”项目，反映期末尚未支付给基金管理人员的报酬。本项目应根据“应付管理人员报酬”科目的期末余额填列。

⑱“应付销售服务费”项目，反映期末尚未支付的销售服务费。本项目应根据“应付销售服务费”科目的期末余额填列。

⑲“应付托管费”项目，反映期末尚未付给基金托管人的托管费。本项目应根据“应付托管费”科目的期末余额填列。

⑳“应付交易费用”项目，反映期末尚未支付的佣金等交易费用。本项目应根据“应付交易费用”科目的期末余额填列。

㉑“应付利息”项目，反映期末尚未支付的各项利息。本项目应根据“应付利息”科目的期末余额填列。

㉒“应付利润”项目，反映期末尚未支付给基金份额持有人的利润，本项目应根据“应付利润”科目的期末余额填列。

㉓“其他负债”项目，反映除上述负债以外的其他负债，包括应付赎回费、其他应付款、预提费用等项目的总额。本项目应根据有关科目期末余额填列。其他负债数额较大的，应在财务报表附注中披露其内容和金额。

㉔“实收基金”项目，反映期末对外发行基金份额所募集的总金额在扣除平准金分摊部分后的余额。本项目应根据“实收基金”科目期末余额填列。

㉕“未分配利润”项目，反映期末尚未分配的基金净利润，年末余额反映历年积累的未分配利润(或未弥补亏损)。本项目应根据“本期利润”和“利润分配”科目的期末余额分析计算填列。未弥补的亏损在本项目内用“-”号填列。

(二)利润表的编制方法

(1)本表反映一定期间内基金实现的利润情况。

(2)本表“本期金额”栏反映各项目的本期实际发生数。在编报年度报表时，“上期金额”栏改为“上年金额”，填列上年全年累计实际发生数。如果上年度本表与本年度本表的项目名称和内容不一致，应对上年度报表项目的名称和数字按本年度的规定进行调整，填入本表“上年金额”栏。

(3)本表“本期金额”栏各项目的内容及其填列方法。

①“利息收入”项目，反映本期基金实现的利息收入，本项目应根据“利息收入”科目期末结转“本期利润”科目的数额合计计算填列。

②“投资收益”项目，反映本期基金实现的证券投资收益、衍生工具收益和股利收益等，本项目应根据“投资收益”科目期末结转“本期利润”科目的数额合计计算填列。

③“公允价值变动净收益”项目，反映本期产生的公允价值变动损益。本项目应根据“公允价值变动损益”科目的借贷方发生额分析计算填列。如为公允价值变动损失，应以“-”号填列。

④“其他收入”项目，反映除上述收入以外的其他各项收入。本项目应根据“其他收入”科目期末结转“本期利润”科目的数额填列。如为其他损失，应以“-”号填列。

⑤“管理人员报酬”“托管费”“销售服务费”项目分别反映按照基金合同和招募说明书的规定计提的基金管理人员报酬、托管费、销售服务费。本项目应分别根据“管理人员报酬”“托管费”“销售服务费”科目期末结转“本期利润”科目的数额填列。

⑥“交易费用”项目，反映在非货币市场基金运作过程中发生的各项交易费用。本项目应根据“交易费用”科目期末结转“本期利润”科目的数额填列。

⑦“利息支出”项目，反映基金运作过程中发生的各项利息支出。本项目应根据“利息支出”科目期末结转“本期利润”科目的数额填列。其中，“卖出回购金融资产支出”项目，应根据“利息支出”明细科目“卖出回购金融资产支出”期末结转“本期利润”科目的数额填列。

⑧“其他费用”项目，反映在基金运作过程中发生的除上述费用支出之外的其他各项费用。本项目应根据“其他费用”科目期末结转“本期利润”科目的数额填列。

⑨“利润总额”项目，反映本期基金利润总额，如为亏损总额应以“-”号填列。

(三)所有者权益(基金净值)变动表的编制方法

(1)本表反映一定时期基金所有者权益增减变动的情况。

(2)本表各项目应当根据期初所有者权益(基金净值)构成、本期基金经营活动产生的基金净值变动(基金净利润)、本期基金份额交易产生的基金净值变动、本期向基金份额持有人分配利润产生的基金净值变动、期末所有者权益(基金净值)构成等情况列示。

(3)本表“未分配利润”栏目反映当期基金的利润分配情况，包括期初基金未分配利润、当期利润总额、当期损益平准金、当期已分配利润以及期末未分配利润等信息。

二、基金管理公司财务会计报告的格式

基金管理公司的资产负债表格式如表 12-1 所示。

表 12-1 资产负债表

会证基 01 表

编制单位： ______ 年____月____日 单位：元

资 产	期末余额	年初余额	负债及所有者权益	期末余额	年初余额
资产：			负债：		
银行存款			短期借款		
结算备付金			交易性金融负债		
存出保证金			衍生金融负债		
交易性金融资产			卖出回购金融资产款		
其中：股票投资			应付证券清算款		
基金投资			应付赎回款		
债券投资			应付管理人员报酬		
资产支持证券投资			应付销售服务费		
衍生金融资产			应付托管费		
买入返售金融资产			应付交易费用		
应收证券清算款			应交税费		
应收利息			应付利息		
应收股利			应付利润		
应收申购款			递延所得税负债		
递延所得税资产			其他负债		
其他资产			负债合计		
			所有者权益：		
			实收基金		
			未分配利润		
			所有者权益合计		
资产总计			负债和所有者权益合计		

基金管理公司的利润表格式如表 12-2 所示。

基金管理公司的所有者权益(基金净值)变动表格式如表 12-3 所示。

表 12-2　利润表

会证基 02 表

编制单位：　　　　　　　　______ 年____月　　　　　　　　单位：元

项　　目	本期金额	上期金额
一、收入		
1.利息收入		
其中：存款利息收入		
债券利息收入		
资产支持证券利息收入		
买入返售金融资产收入		
其他利息收入		
2.投资收益(损失以“-”号填列)		
其中：股票投资收益		
基金投资收益		
债券投资收益		
资产支持证券投资收益		
衍生工具收益		
股利收益		
3.公允价值变动收益(损失以“-”号填列)		
4.汇兑收益(损失以“-”号填列)		
5.其他收入(损失以“-”号填列)		
二、费用		
1.管理人员报酬		
2.托管费		
3.销售服务费		
4.交易费用		
5.利息支出		
其中：卖出回购金融资产支出		
6.其他费用		
三、利润总额(亏损以“-”号填列)		
减：所得税费用		
四、净利润(净亏损以“-”号填列)		

表 12-3　所有者权益(基金净值)变动表

会证基 03 表

编制单位：　　　　　　　　______ 年____月　　　　　　　　单位：元

项　　目	本年金额			上年金额		
	实收基金	未分配利润	所有者权益合计	实收基金	未分配利润	所有者权益合计
一、期初所有者权益(基金净值)						
二、本期经营活动产生的基金净值变动数(本期净利润)						
三、本期基金份额交易产生的基金净值变动数(净值减少以“-”号填列)						
其中：1.基金申购款						
2.基金赎回款						
四、本期向基金份额持有人分配利润产生的基金净值变动数(净值减少以“-”号填列)						
五、期末所有者权益(基金净值)						

第十三章

租赁公司的会计核算

第一节 租赁概述

租赁，是指在约定的期间内，出租人将资产使用权让与承租人，以获取租金的协议。租赁的主要特征是，在租赁期内转移资产的使用权，而不是转移资产的所有权。这种转移是有偿的，取得使用权以支付租金为代价。在某些情况下，企业签署的协议所包含的交易虽然未采取租赁的法律形式，但该交易或交易的组成部分就经济实质而言属于租赁业务。确定一项协议是否属于或包含租赁业务，应重点考虑以下两个因素：①履行该协议是否依赖某特定资产；②协议是否转移了资产的使用权。属于租赁业务的，按《企业会计准则第 21 号——租赁》（以下简称《租赁准则》）进行会计处理；其他部分按相关会计准则处理。租赁业务作为企业融资的重要形式，越来越多的企业通过租赁的形式获取相关资产的使用权。采取租赁法律形式的一系列交易，企业应当判断其是否相关联，是否应当作为一项交易进行处理。企业在进行判断时，如果不把这一系列交易作为一个整体就无法理解其总体经济影响，则该涉及租赁法律形式的一系列交易就是相关联的，应当作为一项交易进行会计处理。

一、租赁的相关概念

租赁期，是指租赁协议规定的不可撤销的租赁期间。如果承租人有权选择续租该资产，并且在租赁开始日就可以合理确定承租人将会行使这种选择权，则不论是否再支付租金，续租期也包括在租赁期之内。

租赁开始日，是指租赁协议日与租赁各方就主要条款作出承诺日中的较早者。在租赁开始日，承租人和出租人应当将租赁认定为融资租赁或经营租赁，并确定在租赁期开始日应确认的金额。

租赁期开始日，是指承租人有权行使其使用租赁资产权利的日期，表明租赁行为的开始。在租赁期开始日，承租人应当对租入资产、最低租赁付款额和未确认融资费用进行初始确认；出租人应当对应收融资租赁款、未担保余值和未实现融资收益进行初始确认。

担保余值，就承租人而言，是指由承租人或与其有关的第三方担保的资产余值；就出租人而言，是指就承租人而言的担保余值加上由独立于承租人和出租人的第三方担保的资产余值。其中，资产余值是指在租赁开始日估计的租赁期届满时租赁资产的公允价值。为了促使承租人谨慎地使用租赁资产，尽量减少出租人自身的风险和损失，租赁协议有时要求承租人或与其有关的第三方对租赁资产的余值进行担保，此时的担保余值是针对承租人而言的。除此以外，担保人还可能是独立于承租人和出租人的第三方，如担保公司，此时的担保余值是针对出租人而言的。

未担保余值，是指租赁资产余值中扣除就出租人而言的担保余值以后的资产余值。对出租人而言，如果租赁资产余值中包含未担保余值，则表明这部分余值的风险并没有转移，其风险应由出租人承担。因此，未担保余值不能作为应收融资租赁款的一部分。

最低租赁付款额，是指在租赁期内，承租人应支付或可能被要求支付的各种款项(不包括或有租金和履约成本)，加上由承租人或与其有关的第三方担保的资产余值，但是，由出租人支付但可退还的税金不包括在内。

二、租赁的分类

承租人和出租人应当在租赁开始日将租赁分为融资租赁和经营租赁。

满足下列标准之一的，应认定为融资租赁；除融资租赁以外的租赁为经营租赁。

(1)在租赁期届满时，租赁资产的所有权转移给承租人。即，如果在租赁协议中已经约定，或者根据其他条件在租赁开始日就可以合理地判断，租赁期届满时出租人会将资产的所有权转移给承租人，那么该项租赁应当认定为融资租赁。

(2)承租人有购买租赁资产的选择权。如果所订立的购买价款预计将远低于承租人行使选择权时租赁资产的公允价值，则在租赁开始日就可以合理地确定承租人将会行使这种选择权。

例如，出租人和承租人签订了一项租赁协议，租赁期限为 3 年，租赁期届满时承租人有权以 10 000 元的价格购买租赁资产，在签订租赁协议时估计该租赁资产租赁期届满时的公允价值为 40 000 元，由于购买价格仅为公允价值的 25%(远低于公允价值 40 000 元)，如果没有特别的情况，承租人在租赁期届满时将会购买该项资产。在这种情况下，在租赁开始日即可判断该项租赁应当认定为融资租赁。

(3)即使资产的所有权不转移，但租赁期占租赁资产使用寿命的大部分。这里的“大部分”是指租赁期占租赁开始日租赁资产使用寿命的 75%以上(含 75%，下同)。需要说明的是，这里的量化标准只是指导性标准，企业在具体运用时，必须以《租赁准则》规定的相关条件进行判断。这条标准强调的是租赁期占租赁开始日租赁资产使用寿命的比例，而非租赁期占该项资产全部可使用年限的比例。如果租赁资产是旧资产，在租赁前已使用年限超过资产自全新时起可使用年限的 75%以上时，则这条判断标准不适用，不能使用这条标准来判断租赁的分类。

例如，某项租赁设备全新时可使用年限为 10 年，已经使用了 3 年，从第 4 年开始出租，租赁期为 6 年，由于租赁开始时该设备使用寿命为 7 年，租赁期占使用寿命的 85.71%(6 年/7 年)，符合第 3 条标准，因此，该项租赁应当归类为融资租赁；如果从第 4 年开始出租，租赁期为 3 年，租赁期占使用寿命的 42.86%(3 年/7 年)，就不符合第 3 条标准，则该项租赁不应认定为融资租赁(假定也不符合其他判断标准)。假如该项设备已经使用了 8 年，从第 9 年开始出租，租赁期为 2 年，此时，该设备使用寿命为 2 年，虽然租赁期占使用寿命的 100%(2 年/2 年)，但由于在租赁前该设备的已使用年限超过了可使用年限的 75%(8 年/10 年=80%>75%)，因此，不能使用这条标准来判断租赁的分类。

(4)承租人租赁开始日的最低租赁付款额的现值，几乎相当于租赁开始日租赁资产的公允价值；出租人在租赁开始日最低租赁收款额的现值，几乎相当于租赁开始日租赁资产的公允价值。这里的“几乎相当于”，通常是指占 90%以上。需要说明的是，这里的量化标准只是指导性标准，企业在具体运用时，必须以《租赁准则》规定的相关条件进行判断。

(5)租赁资产性质特殊，如果不作较大改造，只有承租人才能使用。这条标准是指租赁资产是由出租人根据承租人对资产型号、规格等方面的特殊要求专门购买或建造的，具有专购、专用性质。这些租赁资产如果不作较大的改造，其他企业通常难以使用。这种情况下，该项租赁也应当认定为融资租赁。

对于同时涉及土地和建筑物的租赁，企业通常应当将土地和建筑物分开考虑，将最低租赁付款额根据土地部分的租赁权益和建筑物的租赁权益的相对公允价值的比例进行分配。在我国，由于土地的所有权归国家，土地租赁不能归类为融资租赁。对于建筑物的租赁则按《租赁准则》的规定标准进行相应的分类。如果土地和建筑物无法分离和不能可靠计量的，则应归类为一项融资租赁，除非两部分都明显是经营租赁，在后一种情况下，整个租赁应归类为经营租赁。

第二节　承租人的核算

一、承租人对融资租赁的核算

(一)租赁期开始日

在租赁期开始日，承租人应当将租赁开始日租赁资产的公允价值与最低租赁付款额的现值两者中较低者作为承租人资产的入账价值，将最低租赁付款额作为长期应付款的入账价值，其差额作为未确认融资费用。

承租人在计算最低租赁付款额的现值时，如果知悉出租人的租赁内含利率，则应当采用出租人的租赁内含利率作为折现率；否则，应当采用租赁合同规定的利率作为折现率。如果出租人的租赁内含利率和租赁合同规定的利率均无法知悉，则应当采用同期银行贷款利率作为折现率。其中，租赁内含利率是指在租赁开始日，使最低租赁收款额的现值与未担保余值的现值之和等于租赁资产的公允价值与出租人的初始直接费用之和的折现率。

初始直接费用是指在租赁谈判和签订租赁合同的过程中发生的可直接归属于租赁项目的费用。承租人发生的初始直接费用，通常有印花税、佣金、律师费、差旅费、谈判费等。承租人发生的初始直接费用，应当计入租入资产价值。

例 13-1　2008 年 12 月 1 日，甲公司与乙公司签订了一份租赁合同。甲公司向乙公司租入塑钢机一台。合同主要条款如下。

(1)租赁标的物：塑钢机。

(2)起租日：2009 年 1 月 1 日。

(3)租赁期：2009 年 1 月 1 日～2011 年 12 月 31 日，共 36 个月。

(4)租金支付：自 2009 年 1 月 1 日起，每隔 6 个月于月末支付租金 150 000 元。

(5)该机器的保险、维护等费用均由甲公司负担，估计每年约 10 000 元。

(6)该机器在 2008 年 12 月 1 日的公允价值为 700 000 元。

(7)租赁合同规定的利率为 7%(6 个月利率)(乙公司租赁内含利率未知)。

(8)甲公司在租赁谈判和签订租赁合同过程中发生可归属于租赁项目的手续费、差旅费为 1 000 元。

(9)该机器的估计使用年限为 8 年，已使用 3 年，期满无残值。承租人采用年限平均法计提折旧。

(10)租赁期届满时，甲公司享有优惠购买该机器的选择权，购买价为 100 元，估计该日租赁资产的公允价值为 80 000 元。

(11)2010 年和 2011 年两年，甲公司每年按该机器所生产的产品——塑钢窗户的年销售收入的 5%向乙公司支付经营分享收入。

承租人(甲公司)的会计处理如下。

① 判断租赁类型。本例存在优惠购买选择权，优惠购买价 100 元远低于行使选择权日租赁资产的公允价值 80 000 元，所以在租赁开始日，即 2008 年 12 月 1 日就可合理确定甲公司将会行使这种选择权，符合第 2 条判断标准。另外，最低租赁付款额的现值为 715 041.63 元(计算过程见后面)大于租赁资产公允价值的 90%，即大于 630 000 元(700 000×90%)，符合第 4 条判断标准。因此，这项租赁应当认定为融资租赁。

② 计算租赁开始日最低租赁付款额的现值，确定租赁资产入账价值。

最低租赁付款额=各期租金之和+行使优惠购买选择权支付的金额= 150 000 元×6+100 元=900 100 元

计算现值的过程如下：

每期租金 150 000 元的年金现值=150 000 元×(P/A，7%，6)

优惠购买选择权行使价 100 元的复利现值=100 元×(P/F，7%，6)

查表得知(P/A，7%，6)=4.7665，(P/F，7%，6)=0.6663

现值合计= 150 000 元 ×4.7665 + 100 元 ×0.6663=714 975 元+66.63 元 = 715 041.63 元>700 000 元

根据租赁资产公允价值与最低租赁付款额现值孰低原则，租赁资产的入账价值应为其公允价值 700 000 元。

③ 计算未确认融资费用。

未确认融资费用=最低租赁付款额–租赁开始日租赁资产的公允价值=900 100 元–700 000 元=200 100 元

④ 将初始直接费用 1 000 元计入资产价值，则甲公司融资租入资产的入账价值为 700 000 元+1 000 元=701 000 元。

⑤ 甲公司的会计分录为：

2009 年 1 月 1 日：

借：固定资产——融资租入固定资产	701 000	
未确认融资费用	200 100	
贷：长期应付款——应付融资租赁款		900 100
银行存款		1 000

(二)未确认融资费用的分摊

在融资租赁下，承租人向出租人支付的租金中，包含了本金和利息两部分。承租人支付租金时，一方面应减少长期应付款，另一方面应同时将未确认的融资费用按一定的方法确认为当期融资费用。

在分摊未确认的融资费用时，按照租赁准则的规定，承租人应当采用实际利率法。在采用实际利率法的情况下，根据租赁开始日租赁资产和负债的入账价值的基础不同，融资费用分摊率的选择也不同；未确认融资费用的分摊率的确定具体分为下列几种情况。

(1)以出租人的租赁内含利率为折现率将最低租赁付款额折现，且以该现值作为租赁资产入账价值的，应当将租赁内含利率作为未确认融资费用的分摊率。

(2)以合同规定利率为折现率将最低租赁付款额折现，且以该现值作为租赁资产入账价值的，应当将合同规定利率作为未确认融资费用的分摊率。

(3)以银行同期贷款利率为折现率将最低租赁付款额折现，且以该现值作为租赁资产入账价值的，应当将银行同期贷款利率作为未确认融资费用的分摊率。

(4)以租赁资产公允价值为入账价值的，应当重新计算分摊率。该分摊率是使最低租赁付款额的现值等于租赁资产公允价值的折现率。

存在优惠购买选择权的，在租赁期届满时，未确认融资费用应全部摊销完毕，并且租赁负债也应当减少为优惠购买金额。在承租人或与其有关的第三方对租赁资产提供了担保或由于在租赁期届满时没有续租而支付违约金的情况下，在租赁期届满时，未确认融资费用应当全部摊销完毕，租赁负债还应减少至担保余值。

例 13-2 承例 13-1 下面列示未确认融资费用分摊的处理。

(1)确定融资费用分摊率。由于租赁资产入账价值为其公允价值，因此应重新计算融资费用分摊率。计算过程如下。

根据下列公式：

租赁开始日最低租赁付款额的现值=租赁开始日租赁资产的公允价值

可以得出：

$$150\,000\text{ 元}\times(P/A,\ r,\ 6)+100\text{ 元}\times(P/F,\ r,\ 6)=700\,000\text{ 元}$$

可在多次测试的基础上，用插值法计算融资费用分摊率。

当 r=7%时，150 000 元×4.7665 + 100 元×0.6663=714 975 元+66.63 元=715 041.63 元>700 000 元

当 r=8%时，150 000 元 ×4.6229+100 元×0.6302=693 435 元+63.02 元=693 498.02 元<700 000 元

因此，7%<r<8%。用插值法计算如下：

现值/元	利率(%)
715 041.63	7
700 000	r
693 498.02	8

(715 041.63–700 000)元/(715 041.63–693 498.02)元=(7%– r)/(7%–8%)

r=(21 543.61 元×7%+15 041.63 元×1%)/21 543.61 元=7.70%

即：融资费用分摊率为 7.70%。

(2)在租赁期内采用实际利率法分摊未确认融资费用，如表 13-1 所示。

(3)其会计分录为：

2009 年 6 月 30 日，支付第一期租金。

表 13-1　未确认融资费用分摊表(实际利率法)

日期 ①	租金 ②	确认的融资费用 ③=期初⑤×7.70%	应付本金减少额 ④=②-③	应付本金额 期末⑤=期初⑤-④
2008 年 12 月 31 日				700 000
2009 年 3 月 30 日	150 000	53 900	96 100	603 900
2009 年 12 月 31 日	150 000	46 500.30	103 499.70	500 400.30
2010 年 3 月 30 日	150 000	38 530.82	111 469.18	388 931.12
2010 年 12 月 31 日	150 000	29 947.70	120 052.30	268 878.82
2011 年 3 月 30 日	150 000	20 703.67	129 296.33	139 582.49
2011 年 12 月 31 日	150 000	10 517.51①	139 482.49②	100
2011 年 12 月 31 日	100		100	
合　计	900 100	200 100	700 000	

注：①尾数调整：10 517.51 元=150 000 元-139 482.49 元。

②尾数调整：139 482.49 元=139 582.49 元-100 元。

借：长期应付款——应付融资租赁款　　150 000
　　贷：银行存款　　150 000
借：财务费用　　53 900
　　贷：未确认融资费用　　53 900

2009 年 12 月 31 日，支付第二期租金。

借：长期应付款——应付融资租赁款　　150 000
　　贷：银行存款　　150 000
借：财务费用　　46 500.30
　　贷：未确认融资费用　　46 500.30

2010 年 6 月 30 日，支付第三期租金。

借：长期应付款——应付融资租赁款　　150 000
　　贷：银行存款　　150 000
借：财务费用　　38 530.82
　　贷：未确认融资费用　　38 530.82

2010 年 12 月 31 日，支付第四期租金。

借：长期应付款——应付融资租赁款　　150 000
　　贷：银行存款　　150 000
借：财务费用　　29 947.70
　　贷：未确认融资费用　　29 947.70

2011 年 6 月 30 日，支付第五期租金。

借：长期应付款——应付融资租赁款　　150 000
　　贷：银行存款　　150 000
借：财务费用　　20 703.67
　　贷：未确认融资费用　　20 703.67

2011 年 12 月 31 日，支付第六期租金。

借：长期应付款——应付融资租赁款　　150 000

贷：银行存款 150 000

借：财务费用 10 517.51

贷：未确认融资费用 10 517.51

(三)租赁资产折旧的计提

承租人应对融资租入的固定资产计提折旧。

1. 折旧政策

对于融资租入资产，计提租赁资产折旧时，承租人应采用与自有应折旧资产相一致的折旧政策。同自有应折旧资产一样，租赁资产的折旧方法一般有年限平均法、工作量法、双倍余额递减法、年数总和法等。如果承租人或与其有关的第三方对租赁资产余值提供了担保，则应计提的折旧总额为租赁期开始日固定资产的入账价值扣除担保余值后的余额；如果承租人或与其有关的第三方未对租赁资产余值提供担保，且无法合理确定租赁届满后承租人是否能够取得租赁资产所有权，则应计提的折旧总额为租赁期开始日固定资产的入账价值。

2. 折旧期间

确定租赁资产的折旧期间应以租赁合同而定。如果能够合理确定租赁期届满时承租人将会取得租赁资产所有权，即可认为承租人拥有该项资产的全部使用寿命，则应以租赁期开始日租赁资产的寿命作为折旧期间；如果无法合理确定租赁期届满后承租人是否能够取得租赁资产的所有权，则应以租赁期与租赁资产寿命两者中较短者作为折旧期间。

例 13-3 承例 13-1 下面列示融资租入固定资产折旧的处理。融资租入固定资产折旧计算，如表 13-2 所示。

表 13-2 融资租入固定资产折旧计算表(年限平均法)

日　期	固定资产原价	估计余值	折旧率	当年折旧费	累计折旧	固定资产净值
2009 年 1 月 1 日	701 000					701 000
2009 年 12 月 31 日	701 000		20%	140 200	140 200	560 800
2010 年 12 月 31 日	701 000		20%	140 200	280 400	420 600
2011 年 12 月 31 日	701 000		20%	140 200	420 600	280 400
2012 年 12 月 31 日	701 000		20%	140 200	560 800	140 200
2013 年 12 月 31 日	701 000		20%	140 200	701 000	
合　计	701 000			701 000		

注：在租赁开始日(2008 年 12 月 1 日)可以合理地确定租赁期届满后承租人能够取得该资产的所有权，因此在采用年限平均法计提折旧时，应按租赁期开始日租赁资产寿命 5 年(估计使用年限 8 年减去已使用年限 3 年)计提折旧。本例中租赁资产不存在担保余额，应全额计提折旧。

其会计分录为：

2009 年 12 月 31 日，计提本年折旧(假定按年计提折旧)。

借：制造费用——折旧费 140 200

贷：累计折旧 140 200

2010 年～2013 年各年分录同上。

(四)履约成本的核算

履约成本，是指租赁期内为租赁资产支付的各种使用费用，如技术咨询和服务费、人员培训费、维修费、保险费等。承租人发生的履约成本通常应计入当期损益。

例 13-4 承例 13-1 假设 2009 年 12 月 31 日，甲公司发生该机器保险费、维护费 1 000 元。其会计分录为：

借：制造费用　　1 000

　　贷：银行存款　　1 000

(五)或有租金的核算

或有租金，是指金额不固定、以时间长短以外的其他因素(如销售量、使用量、物价指数等)为依据计算的租金。由于或有租金的金额不固定，无法采用系统、合理的方法对其进行分摊，因此或有租金在实际发生时计入当期损益。

例 13-5 承例 13-1 假设 2010 年、2011 年甲公司分别实现塑钢窗户销售收入 100 000 元和 150 000 元，根据租赁合同规定，这两年应支付给乙公司经营分享收入分别为 5 000 元和 7 500 元。相应的会计分录为：

2010 年 12 月 31 日。

借：销售费用　　5 000

　　贷：其他应付款——乙公司　　5 000

2011 年 12 月 31 日。

借：销售费用　　7 500

　　贷：其他应付款——乙公司　　7 500

(六)租赁期届满时的核算

租赁期届满时，承租人对租赁资产的处理通常有返还、优惠续租和留购三种情况。

1. 返还租赁资产

租赁期届满，承租人向出租人返还租赁资产时，通常借记"长期应付款——应付融资租赁款""累计折旧"科目，贷记"固定资产——融资租入固定资产"科目。

2. 优惠续租租赁资产

承租人行使优惠续租选择权，应视同该项租赁一直存在而作出相应的账务处理。

如果租赁期届满时没有续租，根据租赁合同规定须向出租人支付违约金时，借记"营业外支出"科目，贷记"银行存款"等科目。

3. 留购租赁资产

在承租人享有优惠购买选择权的情况下，支付购买价款时，借记"长期应付款——应付融资租赁款"科目，贷记"银行存款"等科目；同时，将固定资产从"融资租入固定资产"明细科目转入有关明细科目。

例 13-6 承例 13-1 假设 2011 年 12 月 31 日，甲公司向乙公司支付购买价款 100 元。其会计分录为：

借：长期应付款——应付融资租赁款　　100

　　贷：银行存款　　100

借：固定资产——塑钢机　　701 000

　　贷：固定资产——融资租入固定资产　　701 000

二、承租人对经营租赁的核算

（一）租金的核算

在经营租赁下，承租人不必将租赁资产资本化，只需将支付或应付的租金按一定的方法计入相关资产成本或当期损益。

承租人应当将经营租赁的租金在租赁期内各个期间按照直线法计入相关资产成本或当期损益；其他方法更为系统合理的，也可以采用其他方法。一般情况下，采用直线法将承租人支付的经营租赁租金确认为费用较为合理，但在某些特殊情况下，则应采用比直线法更系统合理的方法，如根据租赁资产的使用量来确认租金费用。例如，某企业租入一台起重机，根据起重机的工作小时来确认当期应分摊的租金费用就比按年限平均法确认更为合理。

承租人确认租金费用时，借记“制造费用”“销售费用”“管理费用”等科目，贷记“银行存款”等科目。

（二）初始直接费用的核算

对于承租人在经营租赁中发生的初始直接费用，应计入当期损益。其账务处理为：借记“管理费用”等科目，贷记“银行存款”等科目。

（三）或有租金的核算

在经营租赁下，承租人对或有租金的处理与融资租赁下相同，即在实际发生时计入当期损益。其账务处理为：借记“销售费用”等科目，贷记“银行存款” 等科目。

（四）出租人提供激励措施的核算

出租人提供免租期的，承租人应将租金总额在不扣除免租期的整个租赁期内，按直线法或其他合理的方法进行分摊，免租期内应当确认租金费用及相应的负债。出租人承担了承租人某些费用的，承租人应将该费用从租金费用总额中扣除，按扣除后的租金费用余额在租赁期内进行分摊。

第三节　出租人的核算

一、出租人对融资租赁的核算

（一）租赁期开始日的核算

在租赁期开始日，将应收融资租赁款、未担保余值之和与其现值的差额确认为未实现融资收益，在将来收到租金的各期内确认为租赁收入。出租人发生的初始直接费用，应包括在应收融资租赁款的初始计量中，并减少租赁期内确认的收益金额。

例 13-7　承例 13-1 并假设融资租赁固定资产账面价值为 700 000 元。出租人（乙公司）为签订该项租赁合同发生初始直接费用 10 000 元，已用银行存款支付。以下说明乙公司的会计处理。

(1)判断租赁类型。

本例存在优惠购买选择权，优惠购买价 100 元远远小于行使选择权日租赁资产的公允价值 70 000 元，因此在 2008 年 12 月 31 日就可合理确定甲公司将会行使这种选择权，符合第 2 条判断标准；另外，在本例中，最低租赁收款额的现值=710 000 元(计算过程见后面)，大于租赁开始日租赁资产公允价值的 90%，即大于 630 000 元(700 000 ×90%)，符合第 4 条判断标准；因此这项租赁应认定为融资租赁。

(2)计算租赁内含利率。

最低租赁收款额=租金×期数+优惠购买价格=150 000 元×6+100 元=900 100 元

因此，有 150 000 元(P/A，r，6)+100 元×(P/F，r，6)=710 000 元(租赁资产的公允价值+初始直接费用)。根据这一等式，可在多次测试的基础上，用插值法计算租赁内含利率。

当 r=7%时：150 000 元×4.7665 + 100 元×0.6663=714 975 元+66.63=715 041.63 元 > 710 000 元

当 r=8%时：150 000 元×4.6229+100 元×0.6302=693 435 元+63.02=693 498.02 元< 710 000 元

因此，7%<r<8%。用插值法计算如下：

现值/元	利率(%)
715 041.63	7
710 000	r
693 498.02	8

(715 041.63–710 000)元/(715 041.63–693 498.02)元=(7%–r)/(7%–8%)

r =(21 543.61 元×7%+5 041.63 元×1%)÷21 543.61 元=7.23%

即，租赁内含利率为 7.23%。

(3)计算租赁开始日最低租赁收款额及其现值和未实现融资收益。

最低租赁收款额=最低租赁付款额=150 000 元×6+100 元=900 100 元

应收融资租赁款入账价值=900 100 元+10 000 元=910 100 元

最低租赁收款额现值=租赁开始日租赁资产公允价值+初始直接费用=710 000 元

未实现融资收益=910 100 元–710 000 元=200 100 元

(4)其会计分录为：

2009 年 1 月 1 日：

借：长期应收款——应收融资租赁款　　910 100

　贷：银行存款　　10 000

　　　融资租赁固定资产　　700 000

　　　未实现融资收益　　200 100

在本例中，融资租赁固定资产在租赁期开始日的账面价值正好与公允价值一致。如果账面价值高于或者低于公允价值，其差额应当计入当期损益，通过“营业外收入”或“营业外支出”科目核算。

在计算内含报酬率时已考虑了初始直接费用的因素，为了避免未实现融资收益高估，在初始确认时应对未实现融资收益进行调整，借记“未实现融资收益”，贷记“长期应收款——应收融资租赁款”。其会计分录为：

借：未实现融资收益　　10 000

　贷：长期应收款——应收融资租赁款　　10 000

(二) 未实现融资收益的分配

根据租赁准则的规定，未实现融资收益应当在租赁期内各个期间进行分配，确认为各期的租赁收入。分配时，出租人应当采用实际利率法计算当期应当确认的租赁收入。出租人每期收到租金时，按收到的租金金额，借记“银行存款” 科目，贷记“长期应收款——应收融资租赁款”科目。同时，每期确认租赁收入时，借记“未实现融资收益”科目，贷记“租赁收入”科目。

例 13-8 承例 13-1 下面说明出租人对未实现融资租赁收益的处理。

(1) 计算租赁期内各期应分摊的融资收益，如表 13-3 所示。

表 13-3 未确认融资收益分配表(实际利率法)

2008 年 12 月 31 日　　单位：元

日期 ①	租金 ②	确认的融资费用 ③=期初⑤×7.23%	应付本金减少额 ④=②-③	应付本金额 期末⑤=期初⑤-④
2008 年 12 月 31 日				710 000
2009 年 6 月 30 日	150 000	51 333	98 667	611 333
2009 年 12 月 31 日	150 000	44 199.38	105 800.62	505 532.38
2010 年 6 月 30 日	150 000	36 549.99	113 450.01	392 082.37
2010 年 12 月 31 日	150 000	28 347.56	121 652.44	270 429.92
2011 年 6 月 30 日	150 000	19 552.08	130 447.92	139 982.01
2011 年 12 月 31 日	150 000	10 117.99①	139 882.01②	100
2011 年 12 月 31 日	100		100	
合　计	900 100	190 100	710 000	

注：① 尾数调整：10 117.99 元=150 000 元-139 882.01 元。

② 尾数调整：139 882.01 元=139 982.01 元-100 元。

(2) 其会计分录如下。

2009 年 6 月 30 日收到第一期租金。

借：银行存款　　150 000

　　贷：长期应收款——应收融资租赁款　　150 000

借：未实现融资收益　　51 333

　　贷：租赁收入　　51 333

2009 年 12 月 31 日收到第二期租金。

借：银行存款　　150 000

　　贷：长期应收款——应收融资租赁款　　150 000

借：未实现融资收益　　44 199.38

　　贷：租赁收入　　44 199.38

2010 年 6 月 30 日收到第三期租金。

借：银行存款　　150 000

　　贷：长期应收款——应收融资租赁款　　150 000

借：未实现融资收益　　36 549.99

　　贷：租赁收入　　36 549.99

2010 年 12 月 31 日收到第四期租金。

借：银行存款　　150 000

贷：长期应收款——应收融资租赁款　　　　150 000
借：未实现融资收益　　　　28 347.56
　　贷：租赁收入　　　　28 347.56

2011 年 6 月 30 日收到第五期租金。

借：银行存款　　　　150 000
　　贷：长期应收款——应收融资租赁款　　　　150 000
借：未实现融资收益　　　　19 552.08
　　贷：租赁收入　　　　19 552.08

2011 年 12 月 31 日收到第六期租金。

借：银行存款　　　　150 000
　　贷：长期应收款——应收融资租赁款　　　　150 000
借：未实现融资收益　　　　10 117.99
　　贷：租赁收入　　　　10 117.99

(三) 未担保余值发生变动的核算

由于未担保余值的金额决定了租赁内含利率的大小，从而决定着未实现融资收益的分配，因此，为了真实地反映企业的资产和经营业绩，根据谨慎性原则的要求，在未担保余值发生减少或已确认损失的未担保余值得以恢复的情况下，均应当重新计算租赁内含利率，以后各期根据修正后的租赁投资净额和重新计算的租赁内含利率确定应确认的租赁收入。在未担保余值增加时，不作任何调整。其账务处理如下。

期末，出租人的未担保余值的预计可收回金额低于其账面价值的差额，借记"资产减值损失"科目，贷记"未担保余值减值准备"科目。同时，将未担保余值减少额与由此所产生的租赁投资净额的减少额的差额，借记"未实现融资收益"科目，贷记"资产减值损失"科目。

例 13-9　承例 13-1 并假设未担保余值为 1 000 元，于 2010 年 12 月 31 日减值为 500 元。

2008 年 12 月 31 日，计算租赁内含利率：

150 000 元×$(P/A，r，6)$+(100+1 000) 元×$(P/F，r，6)$=710 000 元

r=7.27%

(1) 计算租赁期内各期应分摊的融资收益，如表 13-4 所示。

表 13-4　未确认融资收益分配表

日期 ①	租金 ②	确认的融资费用 ③=期初⑤×7.27%	应付本金减少额 ④=②–③	应付本金额 期末⑤=期初⑤–④
2008 年 12 月 31 日				710 000
2009 年 6 月 30 日	150 000	51 617	98.383	611 617
2009 年 12 月 31 日	150 000	44 464.56	105 535.44	506 081.56
2010 年 6 月 30 日	150 000	36 792.13	113 207.87	392 873.69
2010 年 12 月 31 日	150 000	28 561.92	121.438.08	271 435.60
2011 年 6 月 30 日	150 000	19 733.37	130 266.63	141 168.97
2011 年 12 月 31 日	150 000	9 931.03①	140 068.97②	1 100
2011 年 12 月 31 日	100		100	
合　计	900 100	191 100	709 000	

注：① 尾数调整：9 931.03 元=150 000 元–140 068.97 元。

② 尾数调整：140 068.97 元=141 168.97 元–1 100 元。

2010 年 12 月 31 日，未担保余值发生减值时：

150 000 元×(*P*/*A*，*r*，3)+(100+500)元×(*P*/*F*，*r*，3)=392 873.69 元

r =7.18%

(2)重新计算租赁期内各期应分摊的融资收益，如表 13-5 所示。

表 13-5　未确认融资收益分配表

日期 ①	租金 ②	确认的融资费用 ③=期初⑤×7.27% 或×7.18%	应付本金减少额 ④=②−③	应付本金额 期末⑤=期初⑤−④
2008 年 12 月 31 日				710 000
2009 年 6 月 30 日	150 000	51 617	98.383	611 617
2009 年 12 月 31 日	150 000	44 464.56	105 535.44	506 081.56
2010 年 6 月 30 日	150 000	36 792.13	113 207.87	392 873.69
2010 年 12 月 31 日	150 000	28 208.33	121.791.67	271 082.02
2011 年 6 月 30 日	150 000	19 464.69	130 536.31	140 545.70
2011 年 12 月 31 日	150 000	10 054.30①	139 945.70②	600
2011 年 12 月 31 日	100		100	
合　计	900 100	190 600	709 500	

注：①尾数调整：10 054.30 元=150 000 元−139 945.70 元。

②尾数调整：139 945.70 元=140 545.70 元−600 元。

2010 年 12 月 31 日，未担保余值发生变动的租赁投资净额的减少额= 271 435.60 元−271 082.02 元=353.58 元，其会计分录为：

借：资产减值损失　　500

　　贷：未担保余值减值准备　　500

借：未实现融资收益　　353.58

　　贷：资产减值损失　　353.58

如果已确认损失的未担保余值得以恢复，应在原已确认的损失金额内转回，借记“未担保余值减值准备”科目，贷记“资产减值损失”科目。同时，将未担保余值恢复额与由此所产生的租赁投资净额的增加额的差额，借记“资产减值损失”科目，贷记“未实现融资收益”科目。

(四)或有租金的核算

出租人在融资租赁下收到的或有租金应计入当期损益。

例 13-10　承例 13-1 假设 2010 年和 2011 年，甲公司分别实现塑钢窗户年销售收入 100 000 元和 150 000 元。根据租赁合同的规定，两年应向甲公司收取的经营分享收入分别为 5 000 元和 7 500 元。其会计分录为：

2010 年：

借：银行存款(或应收账款)　　5 000

　　贷：租赁收入　　5 000

2011 年：

借：银行存款(或应收账款)　　7 500

　　贷：租赁收入　　7 500

(五) 租赁期届满时的核算

租赁期届满时出租人应区别以下情况进行会计处理。

1. 出租人收回租赁资产

这时有可能出现以下三种情况。

(1) 对资产余值全部担保的。出租人收到承租人交还的租赁资产时，应当借记“融资租赁资产”科目，贷记“长期应收款——应收融资租赁款”科目。如果收回租赁资产的价值低于担保余值，则应向承租人收取价值损失补偿金，借记“其他应收款”科目，贷记“营业外收入”科目。

(2) 对资产余值部分担保的。出租人收到承租人交还的租赁资产时，借记“融资租赁资产”科目，贷记“长期应收款——应收融资租赁款”“未担保余值”等科目。如果收回租赁资产的价值扣除未担保余值后的余额低于担保余值，则应向承租人收取价值损失补偿金，借记“其他应收款”科目，贷记“营业外收入”科目。

(3) 对资产余值全部未担保的。出租人收到承租人交还的租赁资产时，借记“融资租赁资产”科目，贷记“未担保余值”科目。

2. 优惠续租租赁资产

(1) 如果承租人行使优惠续租选择权，则出租人应视同该项租赁一直存在而作出相应的账务处理，如继续分配未实现融资收益等。

(2) 如果租赁期届满时承租人未按租赁合同规定续租，则出租人应向承租人收取违约金，并将其确认为营业外收入。同时，将收回的租赁资产按上述规定进行处理。

3. 出租人出售租赁资产

租赁期届满时，承租人行使了优惠购买选择权。出租人应按收到的承租人支付的购买资产的价款，借记“银行存款”等科目，贷记“长期应收款——应收融资租赁款”科目。

例 13-11 承例 13-1 假设 2012 年 1 月 1 日，乙公司收到甲公司支付的购买资产的价款 100 元。其会计分录为：

借：银行存款	100	
贷：长期应收款——应收融资租赁款		100

二、出租人对经营租赁的核算

(一) 租金的处理

在一般情况下，出租人应采用直线法将收到的租金在租赁期内确认为收益，但在某些特殊情况下，则应采用比直线法更系统合理的方法。出租人应当根据应确认的收益，借记“银行存款”等科目，贷记“租赁收入”“其他业务收入” 等科目。

(二) 初始直接费用的处理

经营租赁中出租人发生的初始直接费用是指在租赁谈判和签订租赁合同的过程中发生的可归属于租赁项目的手续费、律师费、差旅费、印花税等，应当计入当期损益。金额较大的应当资本化，在整个经营租赁期内按照与确认租金收入相同的基础分期计入当期损益。

(三) **租赁资产折旧的计提**

对于经营租赁资产中的固定资产，应当采用出租人对类似应折旧资产通常所采用的折旧政策计提折旧。

(四) **或有租金的处理**

在经营租赁下，出租人对或有租金的处理与融资租赁下相同，即在实际发生时计入当期收益。

(五) **出租人对经营租赁提供激励措施的处理**

出租人提供免租期的，出租人应将租金总额在不扣除免租期的整个租赁期内，按直线法或其他合理的方法进行分配，免租期内出租人应当确认租金收入。出租人承担了承租人某些费用的，出租人应将该费用自租金收入总额中扣除，按扣除后的租金收入余额在租赁期内进行分配。

(六) **经营租赁资产在财务报表中的处理**

在经营租赁下，与资产所有权有关的主要风险和报酬仍然留在出租人一方，因此出租人应当将出租资产作为自身拥有的资产在资产负债表中列示，如果出租资产属于固定资产，则列在资产负债表固定资产项下，如果出租资产属于流动资产，则列在资产负债表有关流动资产项下。

出租人以经营租赁方式提供的生物资产的计量，按照《企业会计准则第 5 号——生物资产》的相关规定进行处理。

第四节　售后租回交易的核算

售后租回交易是指资产卖主(承租人)将资产出售后再从买主(出租人) 租回的交易。无论是承租人还是出租人，均应按照租赁准则的规定，将售后租回交易认定为融资租赁或经营租赁。

一、售后租回交易形成融资租赁

在形成融资租赁的售后租回交易方式下，对卖主(承租人)而言，与资产所有权有关的全部报酬和风险并未转移，并且售后租回交易的租金和资产的售价往往是以一揽子方式进行谈判的，应视为一项交易，出售资产的损益应与资产的金额相联系。因此，无论卖主(承租人)出售资产的售价高于还是低于出售前资产的账面价值，所发生的收益或损失都不应立即确认为当期损益，而应将其作为未实现售后租回损益递延并按资产的折旧进度进行分摊，作为折旧费用的调整。

承租人对售后租回交易中售价与资产账面价值的差额应通过“递延收益——未实现售后租回损益(融资租赁)”科目进行核算，分摊时，按既定比例减少未实现售后租回损益，同时相应增加或减少折旧费用。

例 13-12　假设 2009 年 1 月 1 日，甲公司将一台塑钢机按 700 000 元的价格销售给乙公司。该机器的公允价值为 700 000 元，账面原价为 1 000 000 元，已提折旧 400 000 元。同时又签订了一份融资租赁协议将机器租回。

甲公司对售后租回交易中售价与资产账面价值的差额会计处理如下(计算过程如表 13-6 所示)。

表 13-6　未实现售后租回收益分摊表(年限平均法)

日　期	售价	固定资产账面价值	摊销期	分摊率	摊销率	未实现售后租回损益
2009 年 1 月 1 日	700 000	600 000	5 年			100 000
2009 年 12 月 31 日				20%	20 000	80 000
2010 年 12 月 31 日				20%	20 000	60 000
2011 年 12 月 31 日				20%	20 000	40 000
2012 年 12 月 31 日				20%	20 000	20 000
2013 年 12 月 31 日				20%	20 000	
合　计	700 000	600 000		100%	100 000	

(1)2009 年 1 月 1 日，结转出售固定资产的成本。

借：固定资产清理　　600 000
　　累计折旧　　400 000
　　贷：固定资产——塑钢机　　1 000 000

(2)2009 年 1 月 1 日，向乙公司出售塑钢机。

借：银行存款　　700 000
　　贷：固定资产清理　　600 000
　　　　递延收益——未实现售后租回损益　　100 000

(3)2009 年 12 月 31 日，确认本年度应分摊的未实现售后租回损益。

借：递延收益——未实现售后租回损益(融资租赁)　　20 000
　　贷：制造费用——折旧费　　20 000

其他会计分录略。

二、售后租回交易形成经营租赁

企业售后租回交易认定为经营租赁的，应当分情况处理：①如果有确凿证据表明售后租回交易是按照公允价值达成的，则将售价与资产账面价值的差额计入当期损益；②如果售后租回交易不是按照公允价值达成的，则有关损益应于当期确认。若该损失将由低于市价的未来租赁付款额补偿的，应将其递延，并按与确认租金费用一致的方法分摊于预计的资产使用期限内；若售价高于公允价值的，其高于公允价值的部分应予以递延，并在预计的资产使用期限内分摊。

例 13-13　假设 2009 年 1 月 1 日，甲公司将公允价值为 29 000 000 元的全新办公用房一套，按照 30 000 000 元的价格售给乙公司，并立即签订了一份租赁合同，从乙公司租回该办公用房，租期为 4 年。办公用房原账面价值为 29 000 000 元，预计使用年限为 25 年。租赁合同规定，在租期的每年年末支付租金为 600 000 元。租赁期满后预付租金不退回，乙公司收回办公用房使用权(假设甲公司和乙公司均在年末确认租金费用和经营租赁收入并且不存在租金逾期支付的情况)。

甲公司的会计处理如下。

(1)判断租赁类型。根据资料分析，该项租赁属于经营租赁。

(2)计算未实现售后租回损益。

未实现售后租回损益=售价–资产的公允价值=30 000 000 元–29 000 000 元=1 000 000 元

(3)在租赁期内按直线法分摊未实现售后租回损益，如表 13-7 所示。

表 13-7　未实现售后租回收益分摊表　　单位：元

日　期	售价	固定资产账面价值	支付的租金	租金支付比率	摊销额	未实现售后租回损益
2009 年 1 月 1 日	30 000 000	29 000 000				1 000 000
2009 年 12 月 31 日			60 000	25%	250 000	750 000
2010 年 12 月 31 日			60 000	25%	250 000	500 000
2011 年 12 月 31 日			60 000	25%	250 000	250 000
2012 年 12 月 31 日			60 000	25%	250 000	0
合　计	30 000 000	29 000 000	2 400 000	100%	1 000 000	

(4)编制会计分录。

2009 年 1 月 1 日，向乙公司出售办公用房。

借：银行存款　　30 000 000

　　贷：固定资产清理　　29 000 000

　　　　递延收益——未实现售后租回损益(经营租赁)　　1 000 000

2009 年 1 月 1 日，结转出售固定资产的成本。

借：固定资产清理　　29 000 000

　　贷：固定资产——办公用房　　29 000 000

2009 年 12 月 31 日，支付租金。

借：管理费用——租赁费　　600 000

　　贷：银行存款　　600 000

2009 年 12 月 31 分摊未实现售后租回损益。

借：递延收益——未实现售后租回损益(经营租赁)　　250 000

　　贷：管理费用——租赁费　　250 000

其他会计分录略。

在有确凿证据表明售后租回交易是按照公允价值达成低于公允价值且未来租赁付款不低于市价的情况下，实质上相当于一项正常的销售，售价与资产账面价值的差额，应当计入当期损益。

例 13-14　承例 13-13 假定有确凿证据表明该办公用房目前公允价值为 30 000 000 元，则甲公司应当将售价与资产账面价值的差额记入当期损益。甲公司的会计处理如下：

借：银行存款　　30 000 000

　　贷：固定资产清理　　29 000 000

　　　　营业外收入　　1 000 000

例 13-15　承例 13-13 假定该办公用房目前公允价值为 31 000 000 元，账面价值为 30 000 000 元，售价为 29 000 000 元，如果在市场上租用同等的办公用房需每年年末支付租金 850 000

元。则甲公司应当将售价与资产账面价值的差额予以递延。甲公司的会计处理如下。

(1)判断租赁类型。根据资料分析，该项租赁属于经营租赁。

(2)计算未实现售后租回损益。

未实现售后租回损益=售价–资产的账面价值=29 000 000 元–30 000 000 元=–1 000 000 元

(3)在租赁期内按直线法分摊未实现售后租回损益，如表 13-8 所示。

表 13-8 未实现售后租回收益分摊表 单位：元

日 期	售价	固定资产账面价值	支付的租金	租金支付比率	摊销额	未实现售后租回损益
2009 年 1 月 1 日	29 000 000	31 000 000				–1 000 000
2009 年 12 月 31 日			60 000	25%	250 000	750 000
2010 年 12 月 31 日			60 000	25%	250 000	500 000
2011 年 12 月 31 日			60 000	25%	250 000	250 000
2012 年 12 月 31 日			60 000	25%	250 000	0
合 计	29 000 000	31 000 000	2 400 000	100%	1 000 000	

(4)编制会计分录。

2009 年 1 月 1 日，向乙公司出售办公用房。

借：银行存款 29 000 000

贷：固定资产清理 29 000 000

2009 年 1 月 1 日，结转出售固定资产的成本，确认未实现售后租回损益。

借：固定资产清理 30 000 000

　　贷：固定资产—办公用房 30 000 000

2009 年 1 月 1 日，确认未实现售后租回损益。

借：递延收益——未实现售后租回损益(经营租赁) 1 000 000

　　贷：固定资产清理 1 000 000

2009 年 12 月 31 日，支付租金。

借：管理费用——租赁费 600 000

　　贷：银行存款 600 000

2009 年 12 月 31 日，分摊未实现售后租回损益。

借：管理费用——租赁费 250 000

　　贷：递延收益——未实现售后租回损益(经营租赁) 250 000

其他会计分录略。

例 13-16 承例 13-13 假定该办公用房目前公允价值为 31 000 000 元，如果在市场上租用同等的办公用房需每年年末支付租金为 850 000 元，则甲公司应当将有关损益立即予以确认。甲公司的会计处理如下。

(1)判断租赁类型。根据资料分析，该项租赁属于经营租赁。

(2)计算未实现售后租回损益。

未实现售后租回损益=售价–资产的账面价值=30 000 000 元–29 000 000 元 =1 000 000 元

(3)编制会计分录。

2009 年 1 月 1 日，向乙公司出售办公用房。

借：银行存款	30 000 000	
贷：固定资产清理		300 000 000

2009 年 1 月 1 日，结转出售固定资产的成本。

借：固定资产清理	30 000 000	
贷：固定资产——办公用房		29 000 000
营业外收入		1 000 000

2009 年 12 月 31 日，支付租金。

借：管理费用——租赁费	600 000	
贷：银行存款		600 000

其他会计分录略。

附录一

复利终值系数表(一元的终值)

期数	1%	2%	3%	4%	5%	6%	7%	8%	9%	10%
1	1.010 0	1.020 0	1.030 0	1.040 0	1.050 0	1.060 0	1.070 0	1.080 0	1.090 0	1.100 0
2	1.020 1	1.040 4	1.060 9	1.081 6	1.102 5	1.123 6	1.144 9	1.166 4	1.188 1	1.210 0
3	1.030 3	1.061 2	1.092 7	1.124 9	1.157 6	1.191 0	1.225 0	1.259 7	1.295 0	1.331 0
4	1.040 6	1.082 4	1.125 5	1.169 9	1.215 5	1.262 5	1.310 8	1.360 5	1.411 6	1.464 1
5	1.051 0	1.104 1	1.159 3	1.216 7	1.276 3	1.338 2	1.402 6	1.469 3	1.538 6	1.610 5
6	1.061 5	1.126 2	1.194 1	1.265 3	1.340 1	1.418 5	1.500 7	1.586 9	1.677 1	1.771 6
7	1.072 1	1.148 7	1.229 9	1.315 9	1.407 1	1.503 6	1.605 8	1.713 8	1.828 0	1.948 7
8	1.082 9	1.171 7	1.266 8	1.368 6	1.477 5	1.593 8	1.718 2	1.850 9	1.992 6	2.143 6
9	1.093 7	1.195 1	1.304 8	1.423 3	1.551 3	1.689 5	1.838 5	1.999 0	2.171 9	2.357 9
10	1.104 6	1.219 0	1.343 9	1.480 2	1.628 9	1.790 8	1.967 2	2.158 9	2.367 4	2.593 7
11	1.115 7	1.243 4	1.384 2	1.539 5	1.710 3	1.898 3	2.104 9	2.331 6	2.580 4	2.853 1
12	1.126 8	1.268 2	1.425 8	1.601 0	1.795 9	2.012 2	2.252 2	2.518 2	2.812 7	3.138 4
13	1.138 1	1.293 6	1.468 5	1.665 1	1.885 6	2.132 9	2.409 8	2.719 6	3.065 8	3.452 3
14	1.149 5	1.319 5	1.512 6	1.731 7	1.979 9	2.260 9	2.578 5	2.937 2	3.341 7	3.797 5
15	1.161 0	1.345 9	1.558 0	1.800 9	2.078 9	2.396 6	2.759 0	3.172 2	3.642 5	4.177 2
16	1.172 6	1.372 8	1.604 7	1.873 0	2.182 9	2.540 4	2.952 2	3.425 9	3.970 3	4.595 0
17	1.184 3	1.400 2	1.652 8	1.947 9	2.292 0	2.692 8	3.158 8	3.700 0	4.327 6	5.054 5
18	1.196 1	1.428 2	1.702 4	2.025 8	2.406 6	2.854 3	3.379 9	3.996 0	4.717 1	5.559 9
19	1.208 1	1.456 8	1.753 5	2.106 8	2.527 0	3.025 6	3.616 5	4.315 7	5.141 7	6.115 9
20	1.220 0	1.485 9	1.806 1	2.191 1	2.653 3	3.207 1	3.869 7	4.661 0	5.604 4	6.727 5
21	1.232 4	1.515 7	1.860 3	2.278 8	2.786 0	3.399 6	4.140 6	5.033 8	6.108 8	7.400 2
22	1.244 7	1.546 0	1.916 1	2.369 9	2.925 3	3.603 5	4.430 4	5.436 5	6.658 6	8.140 3
23	1.257 2	1.576 9	1.973 6	2.464 7	3.071 5	3.819 7	4.740 5	5.871 5	7.257 9	8.954 3
24	1.269 7	1.608 4	2.032 8	2.563 3	3.225 1	4.048 9	5.072 4	6.341 2	7.911 1	9.849 7
25	1.282 4	1.640 6	2.093 8	2.665 8	3.386 4	4.291 9	5.427 4	6.848 5	8.623 1	10.834 7
26	1.295 3	1.673 4	2.156 6	2.772 5	3.555 7	4.549 4	5.807 4	7.396 4	9.399 2	11.918 2
27	1.308 2	1.706 9	2.221 3	2.883 4	3.733 5	4.822 3	6.213 9	7.988 1	10.245 1	13.110
28	1.321 3	1.741 0	2.287 9	2.998 7	3.920 1	5.111 7	6.648 8	8.627 1	11.167 1	14.421
29	1.334 5	1.775 8	2.356 6	3.118 7	4.116 1	5.418 4	7.114 3	9.317 3	12.172 2	15.863 1
30	1.347 8	1.811 4	2.427 3	3.243 4	4.321 9	5.7435	7.612 3	10.062 7	13.267 7	17.449 4
35	1.488 9	2.208 0	3.026 0	4.801 0	7.040 0	10.268	14.974	21.725	31.408	45.259
40	1.644 6	2.691 6	4.383 9	7.106 7	11.467	18.420	29.457	46.902	74.358	117.39
45	1.816 7	3.281 0	5.891 6	10.520 0	18.679	32.988	57.946	101.26	176.03	304.48
50	1.010 0	1.020 0	1.040 0	1.040 0	1.050 0	1.060 0	1.070 0	1.080 0	1.090 0	1.100 0
55	1.020 1	1.040 4	1.060 9	1.081 6	1.102 5	1.243 6	1.144 9	1.166.4	1.188 1	1.210 0

续表

期数	12%	14%	15%	16%	18%	20%	24%	28%	32%	36%
1	1.120 0	1.140 0	1.150 0	1.160 0	1.180 0	1.200 0	1.240 0	1.280 0	1.320 0	1.360 0
2	1.254 4	1.299 6	1.322 5	1.345 6	1.392 4	1.440 0	1.537 6	1.638 4	1.742 4	1.849 6
3	1.404 9	1.481 5	1.520 9	1.560 9	1.643 0	1.728 0	1.906 6	2.097 2	2.300 0	2.515 5
4	1.573 5	1.689 0	1.749 0	1.810 6	1.938 8	2.073 6	2.364 2	2.684 4	3.036 0	3.421 0
5	1.762 3	1.925 4	2.011 4	2.100 3	2.287 8	2.488 3	2.931 6	3.436 0	4.008 0	4.652 6
6	1.973 8	2.195 0	2.313 1	2.436 4	2.699 6	2.986 0	3.632 5	4.398 0	5.289 9	6.327 5
7	2.210 7	2.502 3	2.660 0	2.826 2	3.185 5	3.583 2	4.507 7	5.629 5	6.982 6	8.605 4
8	2.476 0	2.852 6	3.059 0	3.278 4	3.758 9	4.299 8	5.589 5	7.205 8	9.217 0	11.703
9	2.773 1	3.251 9	3.517 9	3.803 0	4.435 5	5.159 8	6.931 0	9.223 4	12.166	15.917
10	3.105 8	3.707 2	4.045 6	4.411 4	5.233 8	6.191 7	8.594 4	11.806	16.060	21.647
11	3.478 6	4.226 2	4.652 4	5.117 3	6.175 9	7.430 1	10.657 1	15.112	21..119	29.439
12	3.896 0	4.817 9	5.350 3	5.936 0	7.287 6	8.916	13.215	19.343	27.983	40.037
13	4.363 5	5.492 4	6.152 8	6.885 8	8.599 4	10.699	16.386	24.759	36.937	54.451
14	4.887 1	6.261 3	7.075 7	7.987 5	10.147 2	12.839	20.319	31.691	48.757	74.053
15	5.473 6	7.137 9	8.137 1	9.265 5	11.974	15.407	25.196	40.565	64.359	100.71
16	6.130 4	8.137 2	9.357 6	10.748	14.129	18.488	31.243	51.923	84.954	136.97
17	6.866 0	9.276 5	10.761	12.468	16.672	22.186	38.741	66.461	112.14	186.28
18	7.690 0	10.575	12.375	14.463	19.673	26.623	48.039	85.071	148.02	253.34
19	8.612 8	12.056	14.232	16.777	23.214	31.948	59.568	108.89	195.39	344.54
20	9.646 3	13.743	16.367	19.461	27.393	38.338	74.864	139.38	257.92	468.57
21	10.804	15.668	18.822	22.574	32.324	46.005	91.592	178.41	340.45	637.26
22	12.100	17.861	21.645	26.186	38.142	55.206	113.57	228.36	449.39	866.67
23	13.552	20.362	24.891	30.376	45.008	66.247	140.83	292.30	593.20	1 178.7
24	15.179	23.212	28.625	35.236	53.109	79.497	174.63	374.14	783.02	1 603.0
25	17.000	26.462	32.919	40.874	62.669	95.396	216.54	478.90	1 033.6	2 180.1
26	19.040	30.167	37.857	47.414	73.949	114.48	268.51	613.00	1 364.3	2 964.9
27	21.325	34.390	43.535	55.000	87.260	137.37	332.95	784.64	1 800.9	4 032.3
28	23.884	39.204	50.066	63.800	102.97	164.84	412.86	1004.3	2 377.2	5 483.9
29	26.750	44.693	57.575	74.009	121.50	197.81	511.95	1 285.6	3 137.9	7 458.1
30	29.960	50.950	66.212	85.850	143.37	237.38	634.82	1 645.5	4 142.1	10 143
35	903.05	188.83	267.86	378.72	750.38	1 469.8	5 455.9	1 9427	6 6521	*
40	289.00	700.23	1 083.7	1 670.7	3 927.4	9100.4	46 890	*	*	*
45	897.60	2 595.9	4 384.0	7 370.2	20 555	56 348	*	*	*	*
50	1.120 0	1.140 0	1.150 0	1.160 0	1.180 0	1.200 0	1.240 0	1.280 0	1.320 0	*
55	1.254 4	1.299 6	1.322 5	1.345 6	1.392.4	1.440 0	1.537 6	1.638 4	1.742 4	1.849 6
	* > 99 999									

附录二

复利现值系数表(一元的现值)

期数	1%	2%	3%	4%	5%	6%	7%	8%	9%	10%
1	0.990 1	0.980 4	0.970 9	0.961 5	0.952 4	0.943 4	0.934 6	0.925 9	0.917 4	0.909 1
2	0.980 3	0.971 2	0.942 6	0.924 6	0.907 0	0.890 0	0.873 4	0.857 3	0.841 7	0.826 4
3	0.970 6	0.942 3	0.915 1	0.889 0	0.863 8	0.839 6	0.816 3	0.793 8	0.722 2	0.751 3
4	0.961 0	0.923 8	0.888 5	0.854 8	0.822 7	0.792 1	0.762 9	0.735 0	0.708 4	0.683 0
5	0.951 5	0.905 7	0.862 6	0.821 9	0.783 5	0.747 3	0.713 0	0.680 6	0.649 9	0.620 9
6	0.942 0	0.888 0	0.837 5	0.790 3	0.746 2	0.705 0	0.666 3	0.630 2	0.596 3	0.564 5
7	0.932 7	0.860 6	0.813 1	0.759 9	0.710 7	0.665 1	0.622 7	0.583 5	0.547 0	0.513 2
8	0.923 5	0.853 5	0.789 4	0.730 7	0.676 8	0.627 4	0.582 0	0.540 3	0.501 9	0.466 5
9	0.914 3	0.836 8	0.766 4	0.702 6	0.644 6	0.591 9	0.543 9	0.500 2	0.460 4	0.424 1
10	0.905 3	0.820 3	0.744 1	0.675 6	0.613 9	0.558 4	0.508 3	0.463 2	0.422 4	0.385 5
11	0.896 3	0.804 3	0.722 4	0.649 6	0.584 7	0.526 8	0.475 1	0.428 9	0.387 5	0.350 5
12	0.887 4	0.788 5	0.701 4	0.624 6	0.556 8	0.497 0	0.444 0	0.397 1	0.355 5	0.318 6
13	0.878 7	0.773 0	0.680 0	0.600 6	0.530 3	0.468 8	0.415 0	0.367 7	0.326 2	0.289 7
14	0.870 0	0.757 9	0.661 0	0.577 5	0.505 1	0.442 3	0.387 8	0.340 5	0.299 2	0.263 3
15	0.861 3	0.743 0	0.641 9	0.555 3	0.481 0	0.417 3	0.362 4	0.315 2	0.274 5	0.239 4
16	0.852 8	0.728 4	0.623 2	0.533 9	0.458 1	0.393 6	0.338 7	0.291 9	0.251 9	0.217 6
17	0.844 4	0.714 2	0.605 0	0.513 4	0.436 3	0.371 4	0.316 6	0.270 3	0231 1	0.197 8
18	0.836 0	0.700 2	0.587 4	0.493 6	0.415 5	0.350 3	0.295 9	0.250 2	0.212 0	0.179 9
19	0.827 7	0.686 4	0.570 3	0.474 6	0.395 7	0.330 5	0.276 5	0.231 7	0.194 5	0.163 5
20	0.819 5	0.673 0	0.553 7	0.456 4	0.376 9	0.311 8	0.258 4	0.214 5	0.178 4	0.148 6
21	0.811 4	0.659 8	0.537 5	0.438 8	0.358 9	0.294 2	0.241 5	0.198 7	0.163 7	0.135 1
22	0.803 4	0.646 8	0.521 9	0.422 0	0.341 8	0.277 5	0.225 7	0.183 9	0.150 2	0.122 8
23	0.795 4	0.634 2	0.506 7	0.405 7	0.325 6	0.261 8	0.210 9	0.170 3	0.137 8	0.111 7
24	0.787 6	0.621 7	0.491 9	0.390 1	0.310 1	0.247 0	0.197 1	0.157 7	0.126 4	0.101 5
25	0.7798	0.609 5	0.477 6	0.375 1	0.295 3	0.233 0	0.184 2	0.146 0	0.166 0	0.092 3
26	0.772 0	0.597 6	0.463 7	0.360 4	0.281 2	0.219 8	0.172 2	0.135 2	0.106 4	0.083 9
27	0.764 4	0.585 9	0.450 2	0.346 8	0.267 8	0.207 4	0.160 9	0.125 2	0.097 6	0.076 3
28	0.756 8	0.574 4	0.437 1	0.333 5	0.255 1	0.195 6	0.150 4	0.115 9	0.089 5	0.069 3
29	0.749 3	0.563 1	0.424 3	0.320 7	0.242 9	0.184 6	0.140 6	0.107 3	0.082 2	0.063 0
30	0.741 9	0.552 1	0.412 0	0.308 3	0.231 4	0.174 1	0.131 4	0.099 4	0.075 4	0.057 3
35	0.705 9	0.500 0	0.355 4	0.253 4	0.181 3	0.130 1	0.093 7	0.067 6	0.049 0	0.035 6
40	0.671 7	0.452 9	0.306 6	0.208 3	0.142 0	0.097 2	0.066 8	0.046 0	0.031 8	0.022 1
45	0.639 1	0.410 2	0.264 4	0.171 2	0.111 3	0.072 7	0.047 6	0.031 3	0.020 7	0.013 7
50	0.608 0	0.371 5	0.288 1	0.140 7	0.087 2	0.054 3	0.033 9	0.021 3	0.013 4	0.008 5
55	0.578 5	0.336 5	0.196 8	0.115 7	0.068 3	0.040 6	0.024 2	0.014 5	0.008 7	0.005 3

续表

期数	12%	14%	15%	16%	18%	20%	24%	28%	32%	36%
1	0.892 9	0.877 2	0.869 6	0.862 1	0.847 5	0.833 3	0.806 5	0.781 3	0.757 6	0.735 3
2	0.797 2	0.769 5	0.756 1	0.743 2	0.718 2	0.694 4	0.650 4	0.610 4	0.573 9	0.540 7
3	0.711 8	0.675 0	0.657 5	0.640 7	0.608 6	0.578 7	0.524 5	0.476 8	0.434 8	0.397 5
4	0.635 5	0.592 1	0.571 8	0.552 3	0.515 8	0.482 3	0.423 0	0.372 5	0.329 4	0.292 3
5	0.567 4	0.519 4	0.497 2	0.476 2	0.437 1	0.401 9	0.341 1	0.291 0	0.249 5	0.214 9
6	0.506 6	0.455 6	0.432 3	0.410 4	0.370 4	0.334 9	0.275 1	0.227 4	0.189 0	0.158 0
7	0.452 3	0.399 6	0.375 9	0.353 8	0.313 9	0.279 1	0.221 8	0.177 6	0.143 2	0.116 2
8	0.403 9	0.350 6	0.326 9	0.305 0	0.266 0	0.232 6	0.178 9	0.138 8	0.108 5	0.085 4
9	0.360 6	0.307 5	0.284 3	0.262 0	0.225 5	0.193 8	0.144 3	0.108 4	0.082 2	0.062 8
10	0.322 0	0.269 7	0.247 2	0.226 7	0.191 1	0.161 5	0.116 4	0.084 7	0.062 3	0.046 2
11	0.287 5	0.236 6	0.214 9	0.195 4	0.161 9	0.134 6	0.093 8	0.066 2	0.047 2	0.034 0
12	0.256 7	0.207 6	0.186 9	0.168 5	0.137 3	0.112 2	0.075 7	0.051 7	0.035 7	0.025 0
13	0.229 2	0.182 1	0.162 5	0.145 2	0.116 3	0.093 5	0.061 0	0.040 4	0.027 1	0.018 4
14	0.204 6	0.159 7	0.141 3	0.125 2	0.098 5	0.077 9	0.049 2	0.031 6	0.020 5	0.013 5
15	0.182 7	0.140 1	0.122 9	0.107 9	0.083 5	0.064 9	0.039 7	0.024 7	0.015 5	0.009 9
16	0.163 1	0.122 9	0.106 9	0.098 0	0.070 9	0.054 1	0.032 0	0.019 3	0.011 8	0.007 3
17	0.145 6	0.107 8	0.092 9	0.080 2	0.060 0	0.045 1	0.025 9	0.015 0	0.008 9	0.005 4
18	0.130 0	0.094 6	0.080 8	0.069 1	0.050 8	0.037 6	0.020 8	0.011 8	0.006 8	0.003 9
19	0.116 1	0.082 9	0.070 3	0.059 6	0.043 1	0.031 3	0.016 8	0.009 2	0.005 1	0.002 9
20	0.103 7	0.072 8	0.061 1	0.051 4	0.036 5	0.026 1	0.013 5	0.007 2	0.003 9	0.002 1
21	0.092 6	0.063 8	0.053 1	0.044 3	0.030 9	0.021 7	0.010 9	0.005 6	0.002 9	0.001 6
22	0.082 6	0.056 0	0.046 2	0.038 2	0.026 2	0.018 1	0.008 8	0.004 4	0.002 2	0.001 2
23	0.073 8	0.049 1	0.040 2	0.032 9	0.022 2	0.015 1	0.007 1	0.003 4	0.001 7	0.000 8
24	0.065 9	0.043 1	0.034 9	0.028 4	0.018 8	0.012 6	0.005 7	0.002 7	0.001 3	0.000 6
25	0.058 8	0.037 8	0.030 4	0.024 5	0.016 0	0.010 5	0.004 6	0.002 1	0.001 0	0.000 5
26	0.052 5	0.033 1	0.026 4	0.021 1	0.013 5	0.008 7	0.003 7	0.001 6	0.000 7	0.000 3
27	0.046 9	0.029 1	0.023 0	0.018 2	0.011 5	0.007 3	0.003 0	0.001 3	0.000 6	0.000 2
28	0.041 9	0.025 5	0.020 0	0.015 7	0.009 7	0.006 1	0.002 4	0.001 0	0.000 4	0.000 1
29	0.037 4	0.024 4	0.017 4	0.013 5	0.008 2	0.005 1	0.002 0	0.000 8	0.000 3	0.000 1
30	0.033 4	0.019 6	0.015 1	0.011 6	0.007 0	0.004 2	0.001 6	0.000 6	0.000 2	
35	0.018 9	0.010 2	0.007 5	0.005 5	0.003 0	0.001 7	0.000 5	0.000 2	0.000 1	
40	0.010 7	0.005 3	0.003 7	0.002 6	0.001 3	0.000 7	0.000 2	0.000 1	*	*
45	0.006 1	0.002 7	0.001 9	0.001 3	0.000 6	0.000 3	0.000 1	*	*	*
50	0.003 6	0.001 4	0.000 9	0.000 6	0.000 3	0.000 1	*	*	*	*
55	0.002 0	0.000 7	0.000 5	0.000 3	0.000 1	*	*	*	*	*
	*<0.0001									

附录三

年金终值系数表（一元年金的终值）

期数	1%	2%	3%	4%	5%	6%	7%	8%	9%	10%
1	1.000 0	1.000 0	1.000 0	1.000 0	1.000 0	1.000 0	1.000 0	1.000 0	1.000 0	1.000 0
2	2.010 0	2.020 0	2.030 0	2.040 0	2.050 0	2.060 0	2.070 0	2.080 0	2.090 0	2.100 0
3	3.030 1	3.060 4	3.090 9	3.121 6	3.153 5	3.183 6	3.214 9	3.246 4	3.278 1	3.310 0
4	4.060 4	4.121 6	4.183 6	4.246 5	4.310 1	4.374 6	4.439 9	4.506 1	4.573 1	4.641 0
5	5.101 0	5.204 0	5.309 1	5.416 3	5.525 6	5.637 1	5.750 7	5.866 6	5.984 7	6.105 1
6	6.152 0	6.308 1	6.468 4	6.633 0	6.801 9	6.975 3	7.153 3	7.335 9	7.523 3	7.715 6
7	7.213 5	7.434 3	7.662 5	7.898 3	8.142 0	8.394 8	8.654 0	8.922 8	9.200 4	9.487 2
8	8.285 7	8.583 0	8.892 3	9.214 2	9.549 1	9.879 5	10.260	10.637	11.028	11.436
9	9.368 5	9.754 6	10.159	10.583	11.027	11.491	11.978	12.488	13.021	13.579
10	10.462	10.950	11.464	12.006	12.578	13.181	13.816	14.487	15.913	15.937
11	11.567	12.169	12.808	13.486	14.207	14.972	15.784	16.645	17.560	18.531
12	12.683	13.412	14.192	15.026	16.917	16.870	17.888	18.977	20.141	21.384
13	13.809	14.680	15.618	16.627	17.713	18.882	20.141	21.495	22.953	24.523
14	14.947	15.974	17.086	18.292	19.599	21.015	22.550	24.214	26.019	27.975
15	16.097	17.293	18.599	20.024	21.579	23.276	25.129	27.152	29.361	31.772
16	17.258	18.639	20.157	21.825	23.657	25.673	27.888	30.324	33.003	35.950
17	18.430	20.012	21.762	23.698	25.84	28.213	30.840	33.750	36.974	40.545
18	19.615	21.412	23.414	25.645	28.132	30.906	33.999	37.450	41.301	45.599
19	20.811	22.841	25.117	27.671	30.539	33.760	37.379	41.446	46.018	51.159
20	22.019	24.297	26.870	29.778	33.066	36.786	40.995	45.762	51.160	57.275
21	23.239	25.783	28.676	31.969	35.719	39.993	44.865	50.423	56.765	64.002
22	24.472	27.299	30.537	34.249	38.505	43.392	49.006	55.457	62.875	71.403
23	25.716	28.845	32.453	36.618	41.430	46.996	53.436	60.883	69.532	79.543
24	26.973	30.422	34.426	39.083	44.502	50.816	58.177	66.765	76.790	88.497
25	28.243	32.03	36.459	41.646	47.727	54.863	63.294	73.106	84.701	98.347
26	29.526	33.671	38.553	44.312	51.113	59.156	68.676	79.954	93.324	109.18
27	30.821	35.344	40.710	47.084	54.669	63.706	74.484	87.351	102.72	121.10
28	31.129	37.051	42.931	49.968	58.403	68.528	80.698	95.339	112.97	134.21
29	33.450	38.792	45.219	52.966	62.323	73.640	87.347	103.97	124.14	148.63
30	34.785	40.568	47.575	56.085	66.439	79.058	94.461	113.28	136.31	164.49
40	48.886	60.402	75.401	95.026	120.80	154.76	199.64	259.06	337.89	442.59
50	64.463	84.579	112.80	152.67	209.35	290.34	406.53	573.77	815.08	1163.9
60	81.670	114.05	163.05	237.99	353.58	533.13	813.52	1 253.2	1 944.8	3 034.8

续表

期数	12%	14%	15%	16%	18%	20%	24%	28%	32%	36%
1	1.000 0	1.000 0	1.000 0	1.000 0	1.000 0	1.000 0	1.000 0	1.000 0	1.000 0	1.000 0
2	2.120 0	2.140 0	2.150 0	2.160 0	2.180 0	2.200 0	2.240 0	2.280 0	2.320 0	2.360 0
3	3.374 4	3.439 6	3.472 5	3.505 6	3.572 4	3.640 0	3.777 6	3.918 4	3.062 4	3.6
4	4.779 3	4.921 1	4.993 4	5.066 5	5.215 4	5.368 0	5.684 2	6.015 6	6.362 4	6.725 1
5	6.352 8	6.610 1	6.742 4	6.877 1	7.154 2	7.442 6	8.048 4	8.699 3	9.398 3	10.146
6	8.115 2	8.535 5	8.753 7	8.977 5	9.442 0	9.929 9	10.980	12.136	13.406	14.799
7	10.089	10.730	11.067	11.414	12.142	12.916	14.615	16.534	18.696	21.126
8	12.300	13.233	13.727	14.240	15.327	16.499	19.123	22.163	25.678	29.732
9	14.776	16.085	16.786	17.519	19.086	20.799	24.712	29.369	34.895	41.435
10	17.549	19.337	20.304	21.321	23.521	25.959	31.643	38.593	47.062	57.352
11	20.655	23.045	24.349	25.733	28.755	32.150	40.238	50.398	63.122	78.988
12	24.133	27.271	29.002	30.850	34.931	39.581	50.895	65.510	84.32	108.44
13	28.029	32.089	34.352	36.786	42.219	48.497	64.110	84.853	112.30	148.47
14	32.393	37.581	40.505	43.672	50.818	54.196	80.496	109.61	149.24	202.93
15	37.280	43.842	47.580	51.660	60.965	72.035	100.82	141.3	198.00	276.98
16	42.753	50.980	55.717	60.925	72.939	87.442	126.01	181.87	262.36	377.69
17	48.884	59.118	65.075	71.673	87.068	105.93	157.25	233.79	347.31	514.66
18	55.750	68.394	75.836	84.141	103.74	128.12	195.99	300.25	459.45	770.94
19	63.440	79.969	88.212	98.603	123.41	154.74	244.03	385.32	607.47	954.28
20	72.052	91.025	120.44	115.38	146.63	186.69	303.60	494.21	802.86	1 298.8
21	81.699	104.77	118.81	134.84	174.02	225.03	377.46	633.59	1 060.8	1 767.4
22	92.503	120.44	137.63	157.41	206.34	271.03	469.06	812.00	1 401.2	2 404.7
23	104.60	138.30	159.28	183.60	244.49	326.24	582.63	1 040.4	1 850.6	3 271.3
24	118.16	185.66	184.17	213.98	289.49	392.48	723.46	1 332.7	2 443.8	4 450.0
25	133.33	181.87	212.79	249.21	342.60	471.98	898.09	1 706.8	3 226.8	6 053.0
26	150.33	208.33	245.71	290.09	405.27	567.38	1 114.6	2 185.7	4 260.4	8 231.1
27	169.37	238.50	283.57	337.50	479.22	681.85	1 383.1	2 798.7	5 624.8	11 198.0
28	190.70	272.89	327.10	392.50	566.48	819.22	1 716.1	3 583.3	7 425.7	15 230.3
29	214.58	312.09	377.17	456.30	669.45	984.07	2 129.0	4 587.7	9 802.9	20 714.2
30	241.33	356.79	434.75	530.31	790.95	1 181.9	2 640.9	5 873.2	12 941	28 172.3
40	767.09	1 342.0	1 779.1	2 360.8	4 163.2	7 343.9	27 290	69 377	*	*
50	2400.0	4 994.5	7 217.7	10 436	21 813	45 497	*	*	*	*
60	7 471.6	18 535	29 220	46 058	*	*	*	*	*	*
	* >99 999									

附录四

年金现值系数表(一元年金的现值)

期数	1%	2%	3%	4%	5%	6%	7%	8%	9%
1	0.990 1	0.980 4	0.970 9	0.961 5	0.952 4	0.943 4	0.934 6	0.925 9	0.917 4
2	1.970 4	1.941 6	1.913 5	1.886 1	1.859 4	1.833 4	1.808 0	1.783 3	1.759 1
3	2.941 0	2.883 9	2.828 6	2.775 1	2.723 2	2.673 0	2.624 3	2.577 1	2.531 3
4	3.900 0	3.807 7	3.717 1	3.629 9	3.545 0	3.465 1	3.387 2	3.312 1	3.239 7
5	4.853 4	4.713 5	4.579 7	4.451 8	4.329 5	4.212 4	4.100 2	3.992 7	3.889 7
6	5.795 5	5.601 4	5.417 2	5.242 1	5.075 7	4.917 3	4.766 5	4.622 9	4.485 9
7	6.728 2	6.472 0	6.230 3	6.002 1	5.786 4	5.582 4	5.389 3	5.206 4	5.033 0
8	7.651 7	7.325 5	7.019 7	6.732 7	6.463 2	6.209 8	5.971 3	5.746 6	5.534 8
9	8.566 0	8.162 2	7.786 1	7.435 3	7.107 8	6.801 7	6.515 2	6.246 9	5.995 2
10	9.471 3	8.982 6	8.530 2	8.110 9	7.721 7	7.360 1	7.023 6	6.710 1	6.417 0
11	10.367	9.786 8	9.252 6	8.760 5	8.306 4	7.886 9	7.498 7	7.139 0	6.805 2
12	11.255	10.575	9.954 0	9.385 1	8.863 3	8.383 8	7.942 7	7.536 1	7.160 7
13	12.133	11.348	10.635	9.985 6	9.393 6	8.852 7	8.357 7	7.903 8	7.486 9
14	13.003	12.106	11.296	10.563	9.898 6	9.295 0	8.745 5	8.244 2	7.786 2
15	13.865	12.849	11.937	11.118	10.379	9.712 2	9.107 9	8.559 5	8.060 7
16	14.717	13.577	12.561	11.652	10.837	10.105	9.446 6	8.851 4	8.312 6
17	15.562	14.291	13.166	12.165	11.274	10.477	9.763 2	9.121 6	8.543 6
18	16.398	14.992	13.753	12.659 6	11.689	10.827	10.059	9.371 9	8.755 6
19	17.226	15.678	14.323	13.133 9	12.085	11.158	10.355	9.603 6	8.960 1
20	18.045	16.351	14.877	13.590	12.462	11.469	10.594	9.818 1	9.128 5
21	18.857	17.011	15.415	14.029	12.821	11.764	10.061	10.061	9.292 2
22	19.660	17.658	15.936	14.451	13.163	12.041	11.272	10.200	9.442 6
23	20.455	18.292	16.443	14.856	13.488	12.303	11.469	10.371	9.580 2
24	21.243	18.913	16.935	15.247	13.798	12.550	11.653	10.528	9.706 6
25	22.023	19.523	17.413	15.622	14.093	12.783	11.825	10.674	9.822 6
26	22.795	20.121	17.876	15.982	14.375	13.003	11.986	10.810	9.929 0
27	23.559	20.705	18.327	16.329	14.643	13.210	12.137	10.935	10.026
28	24.316	21.281	18.764	16.663	14.898	13.406	12.277	11.051	10.116
29	25.065	21.844	19.188	16.983	15.141	13.590	12.409	11.158	10.198
30	25.807	22.396	19.600	17.292	15.372	13.764	12.947	11.257	10.273
35	29.408	24.998	21.487	18.664	16.374	14.498	12.947	11.654	10.566
40	32.834	27.355	23.114	19.792	17.159	15.046	13.331	11.924	10.757
45	36.094	29.490	24.518	20.720	17.774	15.455	13.605	12.108	10.881
50	39.196	31.423	25.729	21.482	18.255	15.761	13.800	12.233	10.961
55	42.147	33.174	26.774	22.108	18.633	15.990	13.939	12.318	11.014

续表

期数	10%	12%	14%	15%	16%	18%	20%	24%	30%	35%
1	0.909 1	0.892 9	0.877 2	0.869 6	0.862 1	0.847 5	0.833 3	0.806 5	0.769 2	0.740 7
2	1.735 5	1.690 1	1.646 7	1.625 7	1.605 2	1.565 6	1.527 8	1.456 8	1.360 9	1.289 4
3	2.486 9	2.401 8	2.321 6	2.283 2	2.245 9	2.174 3	2.106 5	1.981 3	1.816 1	1.695 9
4	3.169 9	3.037 3	2.913 7	2.855 0	2.798 2	2.690 1	2.588 7	2.404 3	2.166 2	1.996 9
5	3.790 8	3.604 8	3.433 1	3.352 2	3.274 3	3.127 2	2.990 6	2.745 4	2.435 6	2.220 0
6	4.355 3	4.111 4	3.888 7	3.784 5	3.684 7	3.497 6	3.325 5	3.020 5	2.642 7	2.385 2
7	4.868 4	4.563 8	4.288 2	4.160 4	4.038 6	3.811 5	3.604 6	3.242 3	2.802 1	2.507 5
8	5.334 9	4.967 6	4.638 9	4.487 3	4.343 6	4.077 6	3.837 2	3.421 2	2.924 7	2.598 2
9	5.759 0	5.328 2	4.946 4	4.771 6	4.606 5	4.303 0	4.031 0	3.565 5	3.019 0	2.665 3
10	6.144 6	5.650 2	5.216 1	5.018 8	4.833 2	4.494 1	4.192 5	3.681 9	3.091 5	2.715 0
11	6.495 1	5.937 7	5.452 7	5.233 7	5.028 4	4.656 0	4.327 1	3.775 7	3.147 3	2.751 9
12	6.813 7	6.194 4	5.660 3	5.420 6	5.197 1	4.793 2	4.439 2	3.851 4	3.190 3	2.779 2
13	7.103 4	6.423 5	5.842 4	5.583 1	5.342 3	4.909 5	4.532 7	3.912 4	3.223 3	2.799 4
14	7.366 7	6.628 2	6.002 1	5.725 5	5.467 5	5.008 1	4.610 6	3.961 6	3.248 7	2.814 4
15	7.606 1	6.810 9	6.142 2	5.847 4	5.575 5	5.091 6	4.675 5	4.001 3	3.268 2	2.825 5
16	7.823 7	6.974 0	6.265 1	5.954 2	5.668 5	5.162 4	4.729 6	4.033 3	3.283 2	2.833 7
17	8.021 6	7.119 6	6.372 9	6.047 2	5.748 7	5.222 3	4.774 6	4.059 1	3.294 8	2.839 8
18	8.201 4	7.249 7	6.467 4	6.128 0	5.817 8	5.273 2	4.812 2	4.079 9	3.303 7	2.844 3
19	8.364 9	7.365 8	6.550 4	6.198 2	5.877 5	5.316 2	4.843 5	4.096 7	3.310 5	2.847 6
20	8.513 6	7.469 4	6.623 1	6.259 3	5.928 8	5.352 7	4.869 6	4.110 3	3.315 8	2.850 1
21	8.648 7	7.562 0	6.687 0	6.312 5	5.973 1	5.383 7	4.891 3	4.121 2	3.319 8	2.851 9
22	8.771 5	7.644 6	6.742 9	6.358 7	6.011 3	5.409 9	4.909 4	4.130 0	3.323 0	2.853 3
23	8.883 2	7.718 4	6.792 1	6.398 8	6.044 2	5.432 1	4.924 5	4.137 1	3.325 4	2.854 3
24	8.984 7	7.784 3	6.835 1	6.433 8	6.072 6	5.450 9	4.937 1	4.142 8	3.327 2	2.855 0
25	9.077 0	7.843 1	6.872 9	6.464 1	6.097 1	5.466 9	4.947 6	4.147 4	3.328 6	2.855 6
26	9.160 9	7.895 7	6.906 1	6.490 6	6.118 2	5.480 4	4.956 3	4.151 1	3.329 7	2.856 0
27	9.237 2	7.942 6	6.935 2	6.513 5	6.136 4	5.491 9	4.963 6	4.154 2	3.330 5	2.856 3
28	9.306 6	7.984 4	6.960 7	6.533 5	6.152 0	5.501 6	4.969 7	4.156 6	3.331 2	2.856 5
29	9.369 6	8.021 8	6.983 0	6.550 9	6.165 6	5.509 8	4.974 7	4.158 5	3.331 7	2.856 7
30	9.426 9	8.055 2	7.002 7	6.566 0	6.177 2	5.516 8	4.978 9	4.160 1	3.331 2	2.856 8
35	9.644 2	8.175 5	7.070 0	6.616 6	6.215 3	5.538 6	4.991 5	4.164 4	3.330 0	2.857 1
40	9.799 1	8.243 8	7.105 0	6.641 8	6.233 5	5.548 2	4.165 9	4.165 9	3.333 2	2.857 1
45	9.862 8	8.282 5	7.123 2	6.654 3	6.242 1	5.552 3	4.998 6	4.166 4	3.333 3	2.857 1
50	9.914 8	8.304 5	7.132 7	6.660 5	6.246 3	5.554 1	4.999 5	4.166 6	3.333 3	2.857 1
55	9.947 1	8.317 0	7.137 6	6.663 6	6.248 2	5.554 9	4.999 8	4.166 6	3.333 3	2.857 1

参考文献

[1] 财政部会计司编写组. 企业会计准则讲解 2008 [M]. 北京：人民出版社，2008.

[2] 中华人民共和国财政部. 企业会计准则——应用指南 2006 [M]. 北京：中国财政经济出版社，2006.

[3] 中华人民共和国财政部. 企业会计准则 2006 [M]. 北京：经济科学出版社，2006.

[4] 财政部会计资格评价中心. 中级会计实务[M]. 北京：经济科学出版社，2016.

[5] 财政部会计资格评价中心. 初级会计实务[M]. 北京：中国财政经济出版社，2016.

[6] 魏永宏. 公允价值计量相关问题研究[J]. 合作经济与科技，2015(6).

[7] 魏永宏. 我国金融资产评估存在的问题与对策研究[J]. 全国商情，2015(15).

[8] 魏永宏. 财务报表附注在财务分析中的作用[J]. 合作经济与科技，2015(2).

[9] 崔刚，汪要文，侯立新. 金融企业会计[M]. 北京：机械工业出版社，2011.

[10] 赵兴梅，王爱霞. 商业银行会计[M]. 北京：北京理工大学出版社，2012.

[11] 戴建中，国际银行业务[M]. 北京：清华大学出版社，北京交通大学出版社，2008.

[12] 侯旭华. 保险公司会计(第二版)[M]. 上海：复旦大学出版社，2008.

[13] 韩俊梅，吕德勇. 商业银行会计学[M]. 北京：中国金融出版社，2007.

[14] 黄颖利，徐鹿. 金融企业会计[M]. 南京：东南大学出版社，2005.

[15] 李晓梅，关新红. 金融企业会计[M]. 北京：首都经济贸易大学出版社，2006.

[16] 孟艳琼，金融企业会计[M]. 武汉：武汉理工大学出版社，2007.

[17] 唐丽华. 金融企业会计(第二版)[M]. 大连：东北财经大学出版社，2008.

[18] 唐宴春. 金融企业会计[M]. 北京：中国金融出版社，2006.

[19] 王保平，栗利玲. 保险公司会计实务[M]. 北京：中国财政经济出版社，2009.

[20] 王保平. 商业银行会计实务[M]. 北京：中国财经经济出版社，2009.

[21] 王允平，关新红，李晓梅. 金融企业会计学[M]. 北京：经济科学出版社，2007.

[22] 杨华. 金融企业新会计准则应用与讲解[M]. 北京：中国金融出版社，2007.

[23] 于春红. 银行会计学[M]. 北京：对外经济贸易大学出版社，2009.

[24] 章颖薇. 金融企业会计[M]. 成都：西南财经大学出版社，2008.

[25] 周彦平，孙娜. 证券公司与基金公司会计实务[M]. 北京：中国财政经济出版社，2009.

[26] 志学红. 银行会计[M]. 北京：中国人民大学出版社，2008.